Inhalt

Klaus J. Bade

Kritik und Gewalt

Sarrazin-Debatte,
‚Islamkritik' und Terror in der
Einwanderungsgesellschaft

WOCHEN
SCHAU
VERLAG

Bibliografische Information der Deutschen Nationalbibliothek

Die Deutsche Nationalbibliothek verzeichnet diese Publikation in der Deutschen Nationalbibliografie; detaillierte bibliografische Daten sind im Internet über http://dnb.d-nb.de abrufbar.

© by WOCHENSCHAU Verlag
Schwalbach/Ts. 2013

www.wochenschau-verlag.de

Titelgestaltung: Ohl Design
Titelbild: © sashpictures – fotolia.com
Gesamtherstellung: Wochenschau Verlag
Gedruckt auf chlorfreiem Papier
ISBN 978-3-89974893-2

Zur Erinnerung an
Liselotte Funcke
20.7.1918-1.8.2012

Widmung

Dieses Buch widme ich Liselotte Funcke, die am 1. August 2012 verstarb, als ich am Abschluss des Manuskripts arbeitete. Liselotte Funcke (FDP) war zuletzt Vizepräsidentin des Deutschen Bundestages (1969-1979) und Ministerin für Wirtschaft, Mittelstand und Verkehr des Landes Nordrhein-Westfalen (1979/80) gewesen, als sie 1981 von Ministerpräsident a.D. Heinz Kühn (SPD) das – fortan nur noch von Frauen geleitete – Amt des (!) ‚Beauftragten der Bundesregierung für Ausländerfragen' übernahm. Als Ausländerbeauftragte der Bundesregierung (1981-1991) wurde Liselotte Funcke durch ihren Kampf um eine Versachlichung der oft hysterischen ‚Ausländerdiskussion' bekannt. Ihrem kleinen Büro war ich als wissenschaftlicher Politikberater lange Jahre verbunden. Damit begann eine Zusammenarbeit, die sich im Interesse an der Sache über die Parteigrenzen hinweg mit allen ihren Nachfolgerinnen fortsetzte: von Cornelia Schmalz-Jacobsen (FDP) über Marieluise Beck (Bündnis 90/Die Grünen) bis zu Maria Böhmer (CDU).

Liselotte Funcke und ihr kleines Team im Bundesministerium für Arbeit und Sozialordnung waren in der ‚Ära Zimmermann' der christlich-liberalen Koalition Kämpfer wider den regierungsamtlichen Ungeist der von mir damals so genannten ‚demonstrativen Erkenntnisverweigerung' gegenüber dem unverkennbaren Weg von der ‚Gastarbeiterfrage' zur Einwanderungsfrage im Einwanderungsland und schließlich weiter zu der Einwanderungsgesellschaft, in der wir heute leben. Liselotte Funcke trat aus Protest gegen diesen borniertem Ungeist am 15. Juli 1991 zurück.

„Die ausländische Arbeitnehmerbevölkerung sieht sich einer wachsenden Abwehr in der deutschen Bevölkerung und sogar tätlichen Angriffen ausgesetzt, ohne dass von politischer Seite ihre Anwesenheit begründet und ihre erwiesenen Leistungen gewürdigt werden", schrieb Liselotte Funcke in ihrer Rücktrittsankündigung. Es sei „zu befürchten, dass die zunehmende Beunruhigung in der deutschen und die Enttäuschungen in der ausländischen Bevölkerung zu Entwicklungen führen, die immer schwerer beherrschbar werden. Die wachsende Fremdenfeindlichkeit in den fünf neuen Bundesländern ist ein Alarmsignal."[1]

Die Feiern zum 20. Jahrestag des Pogroms von Rostock-Lichtenhagen erinnerten 2012 daran, wie Recht nicht nur Liselotte Funcke mit ihrer Warnung vor gesellschaftlicher Eskalation und fahrlässig vernachlässigter gesellschaftspolitischer Vermittlungsarbeit hatte. In den Reden zu diesem traurigen Jubiläum fehlte verständlicherweise eine zureichende, politische Lernprozesse signalisierende Erinnerung an diese dringenden Warnungen, zumal dies der sorgsam vermiedenen Akzeptanz einer politischen Teilschuld an dem Desaster gleichgekommen wäre.

Die Leitungsposition im Amt der Ausländerbeauftragten blieb damals, ausgerechnet in der eskalierenden Krise, vier Monate lang unbesetzt. Das sollte demonstrieren, für wie unwichtig und zugleich misslich auch in nachgeordnetem Rang und ohne Kabinettszugang die Bundesregierung unter Helmut Kohl die Institution des ‚Beauftragten der Bundesregierung für Ausländerfragen‘ und damit auch die Vertretung der Zuwandererbevölkerung gegenüber der Bundesregierung hielt. Auch Funckes Nachfolgerin Cornelia Schmalz-Jacobsen (1991-1998) bekam diese Abwehrhaltung zu spüren.

Eine Bedeutungssteigerung der Institution begann erst unter der rot-grünen Bundesregierung mit der Aufwertung von

Schmalz-Jacobsens Nachfolgerin Marieluise Beck (1998-2005) durch deren Berufung (2002) in die Bundesregierung als Parlamentarische Staatssekretärin im Bundesministerium für Familie, Senioren, Frauen und Jugend sowie als Beauftragte der Bundesregierung für Migration, Flüchtlinge und Integration. Dieser Weg fand nach dem Regierungswechsel 2005 mit der Berufung von Maria Böhmer zur Staatsministerin bei der Bundeskanzlerin und Beauftragten der Bundesregierung für Migration, Flüchtlinge und Integration mit Sitz im Bundeskanzleramt ihren vorläufigen Abschluss.

Erst durch die Berufung von Marieluise Beck in die Bundesregierung 2002 wurde mit dem Kabinettszugang endlich jene politische Kommunikationsbrücke realisiert, die Liselotte Funcke demonstrativ verweigert worden war. Zu den Ausgrenzungen ihres Amtes (die mitunter allerdings auch Marieluise Beck unter Bundesinnenminister Otto Schily noch trafen) gehörte, dass Liselotte Funcke am Ende nicht einmal mehr einen Gesprächstermin für ihre im engeren Kreis entwickelten, zukunftsweisenden Ideen zu Fragen der Integrationspolitik und insbesondere Integrationsförderung bei Bundeskanzler Kohl erhalten konnte. Helmut Kohl hielt jedwede Aufwertung ihres Amtes – etwa im Sinne des seinerzeit von mir wiederholt vorgeschlagenen Bundesamtes für Migration und Integration – für eine regierungspolitisch und verwaltungstechnisch unvertretbare Verantwortungsaufsplitterung.[2]

Dahinter stand eine politische Verdrängungshaltung, die Helmut Kohls Missverhältnis zu den lästigen Themen Migration und Integration mit demjenigen Bismarcks gegenüber der missliebigen Auswanderungsfrage im späten 19. Jahrhundert vergleichbar macht: Sie war der Grund, weshalb das deutsche Auswanderungsgesetz erst 1897, sieben Jahre nach Bismarcks Sturz, kam, als die millionenstarke deutsche Massenauswanderung in die Neue Welt schon der Vergangenheit angehörte.[3] Den gleichen Effekt hatte die politische Verweigerungs- und Verdrängungshaltung gegenüber den unübersehbaren Gestaltungsaufgaben von Migration und Integration im Deutschland des späten 20. Jahrhunderts: Das erstmals konzeptorientierte Zuwanderungsgesetz von 2005 mit seinen integrationspolitischen Angeboten und Auflagen kam rund ein Vierteljahrhundert zu spät.[4]

Hätte man auf die dringenden Warnungen des ersten Ausländerbeauftragten der Bundesregierung Heinz Kühn vom Ende der 1970er Jahre ('Kühn-Memorandum') und diejenigen seiner Nachfolgerin Liselotte Funcke vom Ende der 1980er Jahre gehört, hätte die schon durch viele erkennbare und immer wieder kritisierte Gestaltungsschwächen belastete Geschichte von Migration und vor allem Integration in Deutschland noch einen anderen, für alle Beteiligten erträglicheren Weg einschlagen können. Die Geschichte von Migrations- und Integrationspolitik in Deutschland aber blieb jahrzehntelang eine Kette von fahrlässigen Versäumnissen, Verdrängungen, Nichtentscheidungen und Spätentscheidungen mit Schleifspuren bis in die Gegenwart hinein, für die, rückblickend betrachtet, lange niemand politische Mitverantwortung zu übernehmen bereit war.[5]

Eine der Wegmarken auf dieser politischen Stolperstrecke war die brüskierende, unverhohlen zur Amtsniederlegung drängende Gesprächsverweigerung Helmut Kohls gegenüber seiner verdienten und allseits beliebten Ausländerbeauftragten Liselotte Funcke, die in der Türkei zu Recht und zum Missfallen der Bundesregierung als 'Mutter der Türken' verehrt wurde. Für die von ihr und in ihrem Umfeld entwickelten innovativen Ideen gab es in der Agenda Kohl keinen Platz. Diese letzte, auch persönlich gezielte und so empfundene Erniedrigung gab den Ausschlag für den Rücktritt von Liselotte Funcke, die eine über die Maßen ehrenhafte und standfeste Politikerin war.

Anmerkungen

1 Bade, Ausländer – Aussiedler – Asyl, S. 78 f.

2 Hierzu meine Korrespondenz zu diesem Thema mit Bundeskanzler Helmut Kohl, auszugsweise abgedruckt, in: ebd., S. 76 f.; vgl. u.v.a.: Bade, Die neue Einwanderungssituation und
die Bringschuld der Politik; ders., Von der Ratlosigkeit der Politik und der Sprachlosigkeit
zwischen Politik und Wissenschaft; ders., Ein verlorenes Jahrzehnt. Die Konzeptionslosigkeit
der Politik nährt die Unsicherheit in Deutschland, in: Deutsches Allgemeines Sonntagsblatt,
19.7.1991.

3 Bade, Friedrich Fabri, S. 364-368.

4 Vgl. Am Orde, Sabine/Bax, Daniel: Bei uns kommt alles 25 Jahre zu spät. Interview mit
Klaus J. Bade, in: Die Tageszeitung, 28.6.2012.

5 Allg. hierzu: Bade, Leviten lesen; ders., Migration und Integration.

Vorwort

Dieses Buch entstand im Sommer 2012 nach der Präsentation des dritten Jahresgutachtens des Sachverständigenrats deutscher Stiftungen für Integration und Migration (SVR) am 8. Mai 2012 und nach meinem Ausscheiden aus dem Amt des SVR-Gründungsvorsitzenden, aber auch aus dem Sachverständigenrat insgesamt zum 1. Juli 2012.

Der auf meine Konzeptidee und die dazu entwickelte Strategie der ‚kritischen Politikbegleitung‘ über die Medien gegründete SVR war Ende 2008 auf Initiative der Stiftung Mercator und der VolkswagenStiftung zustande gekommen. Er ist ein unabhängiges und gemeinnütziges Beobachtungs-, Bewertungs- und Beratungsgremium, das zu integrations- und migrationspolitischen Themen Stellung bezieht und handlungsorientierte Politikberatung anbietet.

Den Vorsitz des Sachverständigenrates hatte ich nur für die besonders schwierige und arbeitsintensive Aufbauphase übernommen, die die Leitung der ersten drei Jahresgutachten umfassen sollte. Daraus sind am Ende dreieinhalb Jahre geworden, weil ich darum gebeten wurde, über das Ende der drei Jahre im Januar 2012 noch bis zur Präsentation des dritten SVR-Jahresgutachtens und seiner Diskussion in den Medien, d.h. bis Juni 2012, im Amt zu bleiben.[1] Die Gründungsjahre des Sachverständigenrats waren erfolgreich: Der SVR gilt heute als das wichtigste Sachverständigengremium zur Beurteilung der Entwicklung von Migration und Integration sowie von Migrations- und Integrationspolitik in Deutschland.

Der SVR spricht, wie in seiner Satzung festgelegt, in der Öffentlichkeit in der Regel ‚mit einer Stimme‘ – derjenigen des Vorsitzenden. Deshalb war meine Position als Vorsitzender in den Medien unvermeidlich exponiert, vor allem dann, wenn ich mich, nach Abstimmung im Kreis der Sachverständigen, in lau-

fende Kontroversen einschaltete. Das war zur Zeit der sogenannten Sarrazin-Debatte in besonderem Maße der Fall.

Ich blicke in dieser Studie nach dem Ende meiner Zeit als
Gründungsvorsitzender aus der Perspektive des Zeithistorikers,
der ich von Hause bin, auf diese Debatte zurück. Ich schreibe
aber auch aus persönlicher Sicht, weil mich diese Debatte
2010/11 nicht nur in meiner Funktion als Vorsitzender des
Sachverständigenrats, sondern auch als Person wiederholt beschäftigt und betroffen hat.[2]

Im Blick auf die Sarrazin-Debatte konzentriere ich mich auf
die argumentativen Frontlinien der medialen Diskussion in den
Themenfeldern Migration und Integration und deren potentielle Folgen für die demokratische Einwanderungsgesellschaft. Das
Gleiche gilt für zentrale Argumentationslinien der schon älteren
– von der vergleichenden Religionskritik zu unterscheidenden –
vulgärrationalistischen ‚Islamkritik‘, die in wechselseitiger Verstärkung durch die Sarrazin-Debatte hindurch liefen. In dieser
scheinaufklärerischen antiislamischen Bewegung mitlaufende
kulturrassistische Vorstellungen überschnitten sich – nicht inten-
tional, aber in den ideellen Argumentationslinien klar erkennbar
– mit völkischen Selbst- und Fremdbildern. Sie verbanden sich
in einem kollektiv-emotional hoch aufgeladenen, in vieler Hinsicht irrational-diffusen weltanschaulich-ideologischen Kreu-
zungsfeld zu antiislamisch-kulturrassistisch-völkischen Vorstellungen. Dass es dabei auch im Spannungsfeld von Wortgewalt
und Tatgewalt[3] gefährliche Schnittmengen gibt, haben, allen
empörten Distanzbeschreibungen zum Trotz, die Terrorerfahrungen in Norwegen und Deutschland blutig belegt.[4]

Im Blick auf Sarrazin-Debatte wie ‚Islamkritik‘ geht es hier
weder um historiographische Diskursbeschreibungen als solche
noch um eine neuerliche Prüfung von Sach- und Stichhaltigkeit
der jeweils vorgetragenen Argumente. Es geht um meinungsbe-
stimmende Argumentationslinien, Formen und Wirkungen einer öffentlichen Debatte, die Bruchlinien in der Einwanderungsgesellschaft markierte.

Im Beobachtungsfeld von Migration und Integration lavierten Sarrazin-Debatte und ,islamkritische' Diskussion in der gefährlichen Mitte zwischen mehr oder minder sachbezogener Problemaufklärung und spaltender, negativer Integration im Sinne der identitätsstiftenden Selbstvergewisserung der Mehrheit durch Abgrenzung von zugewanderten Minderheiten. Hier hatten die am meisten verbreiteten kulturpessimistischen und integrationskritischen, xenophoben und insbesondere islamophoben Versionen von Sarrazin-Debatte und vulgärrationalistischer ,Islamkritik' in Deutschland eine doppelte Ersatzfunktion:

Sie boten eine empörungsstarke Ersatzdebatte für die angstvoll verdrängte Diskussion um eine neue kollektive Identität in der Einwanderungsgesellschaft. Und sie ersetzten in Deutschland das Wirken einer hier (jenseits der relativ unbedeutenden NPD) nicht vorhandenen größeren fremdenfeindlichen, ethnonationalistischen und/oder kulturrassistischen Partei, wie es sie in vielen anderen modernen europäischen Einwanderungsländern gibt: von Österreich (FPÖ) sowie der Schweiz (SVP) im alpinen Raum und Italien (Lega Nord) im Süden bis nach Finnland (,Wahre Finnen') im Norden und von den Niederlanden mit der ,Freiheitspartei' von Wilders und dem ,Vlaams Belang' sowie Frankreich (Front National) im Westen bis nach Polen (PiS) und Ungarn (Fidesz und Jobbik) im Osten.

Die paradox wirkende Tatsache, dass ethnische und kulturelle Pluralität von einer wachsenden Mehrheit und insbesondere von jüngeren Menschen als selbstverständliche Alltagserfahrung akzeptiert wird und sich zugleich schrille gruppenfeindliche Töne zu Wort melden, ist, so betrachtet, nur ein scheinbarer Widerspruch: Gerade die Tatsache, dass die Alltagsrealisten der Einwanderungsgesellschaft die ethnische und kulturelle Pluralität mit zunehmender Gelassenheit akzeptieren, alarmiert die schrumpfende und deshalb umso lautstarker warnende Gruppe der Zivilisationskritiker, Kulturpessimisten und Kulturrassisten, deren publizistische Meinungsführer oft von einem statischen, möglichst wenig zu verändernden und vor allem gegen kulturelle ‚Überfremdung' zu verteidigenden Kulturverständnis ausgehen.

Ergebnis dieser paradoxen Spannung ist eine gefährliche Ersatzdebatte anstelle jener überfälligen Diskussion um die neue Identität in der Einwanderungsgesellschaft. Das Buch beschreibt diese Ersatzdebatte als negative Integration: Integration durch partielle Segregation im Sinne der erwähnten Selbstvergewisserung der Mehrheit durch die Ausgrenzung einer großen – muslimischen – Minderheit. Politik verkennt die Brisanz dieser negativen Integration, solange sie ‚Integrationspolitik' nicht als Gesellschaftspolitik für alle zu verstehen und zu vermitteln lernt.

Ausgangspunkt ist die Sarrazin-Debatte, durch die die schon seit Jahren betriebene alarmistische ‚Islamkritik' weiter angeheizt wurde. Diese ‚Islamkritik' hat ihren Ort in der Publizistik, im Print- und TV-Journalismus sowie in aggressiv islamfeindlichen Internetportalen und Blogs mit zum Teil fließenden Grenzen zu rechtsextremen und neonationalsozialistischen Strömungen.

Das neue Buch von Wolfgang Benz[5] über Muslimskepsis, ‚Islamkritik' und Islamfeindschaft habe ich zu meinem Bedauern erst unmittelbar vor der Druckvorbereitung dieses Manuskripts im September 2012 zu Gesicht bekommen und konnte deshalb nur noch einige Querverweise für interessierte Leser nachtragen. Unsere beiden Bücher ergänzen und verstärken sich gegenseitig. Sie gehen von unterschiedlichen Ausgangspunkten aus:

Wolfgang Benz kommt von der Vorurteilsforschung her, ich selber gehe von der Migrations- und Integrationsforschung aus. Wolfgang Benz fragt nach den Folgen der ‚Islamkritik' für die Demokratie, ich frage nach den Folgen der Sarrazin-Debatte mit ihrem Begleitfeld ‚Islamkritik' für die demokratische Einwanderungsgesellschaft. Wir kommen aus unterschiedlichen Richtungen und auf unterschiedlichen, nur gelegentlich parallel laufenden Wegen im Blick auf eines der Zentralthemen von Wolfgang Benz, die ‚Islamkritik' in ihrer dominierenden, vulgär-aufklärerischen Form, zu dem gleichen Ergebnis: Sie ist für Demokratie und demokratische Einwanderungsgesellschaft gleichermaßen gefährlich.

In eine verwandte Richtung weist die neue Studie ‚Freiheit, Gleichheit und Intoleranz' von Kai Hafez, die ich ebenfalls erst kurz vor der Drucklegung meines Manuskripts in den Druckfahnen einsehen konnte: Sie bietet ein theoretisches und systematisches Fundament für die Diskussion einer doppelten Schlüsselfrage: die Bedeutung der Islam-Integration und die Gefahren islamophober Abwehrhaltungen für die liberalen Einwanderungsgesellschaften in Deutschland und Europa.[6]

Viele hilfreiche und ermutigende Diskussionen haben die Entstehung dieses Manuskripts begleitet. Hier danke ich besonders meinem Freund und früheren Kollegen am Osnabrücker Institut für Migrationsforschung und Interkulturelle Studien (IMIS), Prof. Dr. Jochen Oltmer, sowie Prof. Dr. Elisabeth Beck-Gernsheim, Erlangen und Trondheim/Norwegen; Dank für kritische Anmerkungen und Hinweise schulde ich auch Dr. Naika Foroutan, HU Berlin; Dr. Holger Kolb, SVR, Berlin; Prof. Dr. Ursula Neumann, Univ. Hamburg; Dr. Mark Terkessidis, Köln/Berlin und Prof. Dr. Werner Schiffauer, Europa-Universität Viadrina Frankfurt a.O. Für eine in diesem Konfliktfeld immer tunliche medienrechtliche Prüfung danke ich zwei Juristen aus der Politik sowie aus dem Stiftungsbereich, die ungenannt bleiben wollen. Steffen Pötzschke, M.A., GESIS, Mannheim, danke ich für die redaktionelle Druckvorbereitung des Manuskripts.[7] Der Freudenberg-Stiftung und der Stiftung Mercator danke ich für die Förderung der Drucklegung durch Zuschüsse. Christian Petry danke ich für seine Beratung in Verlagsfragen, Peter E. Kalb vom Wochenschau Verlag und Ferda Ataman vom Mediendienst Integration für ihr Engagement.

Das Buch wendet sich über den engeren Adressatenkreis der Migrations- und Integrationsforschung hinaus an die weitere Öffentlichkeit. Ich bemühe mich deshalb um eine erträgliche Verbindung von wissenschaftlicher Fundierung und menschenfreundlicher Prosa. Auf weitere Zusammenhänge der Entwicklung von Migration und Integration, von Migrations- und Integrationspolitik, von kritischer Politikbegleitung und Stiftungsengagement in diesem in seiner gesellschaftspolitischen Bedeutung in Deutschland lange verkannten, aber in der Einwanderungsgesellschaft immer wichtiger gewordenen Bereich komme ich unter autobiographischer Perspektive noch eingehender zurück.

Anmerkungen

1 Der SVR (www.svr-migration.de) wird neben den beiden genannten Stiftungsinitiatoren, der Stiftung Mercator und der VolkswagenStiftung, von insgesamt acht im Themenfeld Integration aktiven Stiftungen getragen: Bertelsmann-Stiftung, Freudenberg-Stiftung, Gemeinnützige Hertie-Stiftung, Körber-Stiftung, Vodafone-Stiftung Deutschland, ZEIT-Stiftung Ebelin und Gerd Bucerius). Vgl. hierzu: Bade, Kritische Politikbegleitung in der Einwanderungsgesellschaft; SVR: Migration, Integration, Politik und wissenschaftliche Politikberatung in Deutschland.

2 Vorstudien zu dieser Untersuchung: Bade, Pragmatismus und Hysterie; ders., Integration in Deutschland ist viel besser als ihr Ruf; ders., Heute will es, wieder einmal, niemand gewesen sein, in: MiGAZIN, 29.11.2011. Für weitere Hinweise s. www.kjbade.de.

3 Für das hier genutzte Argumentationsmuster ,Wortgewalt/Tatgewalt' in ganz anderem Zusammenhang (Studentenbewegung/RAF in Deutschland) s. den Schlussbeitrag von Beckenbach, in: ders. (Hrsg.), Wege zur Bürgergesellschaft.

4 Hierzu zuletzt: Staud/Radke, Neue Nazis; vgl. Anm. 144, S. 229. Nicht minder deutlich sind die argumentativen Schnittmengen der antiislamischen Bewegung mit den verschiedensten, zum Teil rasch wechselnden, rechtspopulistisch-programmatischen bzw. aktionistischen Gruppierungen wie z.B. mit der neuen, hier nicht näher zu behandelnden, vom Verfassungsschutz beobachteten ,identitären Bewegung', die von Frankreich ausging, international vernetzt, von Land zu Land unterschiedlich ausgeprägt ist, die deutsche Neonazi-Szene abrupt antiquiert aussehen ließ und in Deutschland – möglicherweise deswegen – von neurechten Ideologen und Strategen der ,konservativ-subversiven Aktion' (ksa) übernommen wurde. Sie ähnelt in ihren bislang vorwiegend auf Selbstdarstellung und Veranstaltungsstörungen zielenden Aktionsformen denjenigen die russischen Neonazis, der Spaßguerilla und den düsteren rassistischen Maskendemonstrationen der ,Unsterblichen' (der im Juli 2011 verbotenen ,Spreelichter') gegen den ,Volkstod' im Gefolge des Zusammenwirkens von Geburtendefizit und ,Überfremdung' durch Zuwanderung und insbesondere ,Islamisierung'. Hierzu: Identitäre Bewegung. Die Kampfansage (http://identitaere-bewegung.de/, 28.12.2012); Roland Sieber, Neonazis übernehmen ,Identitäre Bewegung', in: Störungsmelder (Zeit Online), 16.12.2012 (http://blog.zeit.de/stoerungsmelder/2012/12/16/neonazis-ubernehmen-die-identitare-bewegung_10828).

5 Benz, Die Feinde aus dem Morgenland. Vgl. dazu das nach wie vor nützliche, in der Verbindung von kritischer Analyse und Interviews (auch mit Wolfgang Benz) verwandt angelegte, in der öffentlichen Diskussion leider viel zu wenig beachtete Buch von Sokolowsky, Feindbild Moslem.

6 Hafez, Freiheit, Gleichheit und Intoleranz.

7 Das Manuskript dieses Buches war ursprünglich für die – auch im Netz stehenden – IMIS-Beiträge (Beiträge des Instituts für Migrationsforschung und Interkulturelle Studien) gedacht. Der Überlänge des Textes wegen hatte ich den wissenschaftlichen Apparat beschränkt, die Anmerkungen in der Regel auf reine Belegfunktionen reduziert, auch das Literaturverzeichnis knapp gehalten und Medienbeiträge nur in den Anmerkungen genannt. Am Ende ist das Manuskript dann doch zu umfangreich für die IMIS-Beiträge geworden, aber ich habe es in dieser Form belassen.

1. Einleitung

Die Bürgergesellschaften in Europa haben sich seit dem späten
20. Jahrhundert zumeist in Einwanderungsgesellschaften verwandelt. Anerkennung, Teilhabe, sozialer Frieden und eine – über
bloße ‚Toleranz' hinausgehende – Akzeptanz kultureller Vielfalt
sind tragende Säulen in der Architektur dieser Einwanderungsgesellschaften. Ihre Basis ist das Grundvertrauen zwischen Mehr-
heits- und Einwandererbevölkerung.

Die Einwanderungsgesellschaft ist – im Gegensatz zu vielen
Integrations(schein)debatten mit ahistorischen statischen Ge-
sellschaftsbildern – kein Zustand, sondern ein vielgestaltiger
und komplexer Kultur- und Sozialprozess, der sich stets weiter
ausdifferenziert.[1] Er besteht aus dem räumlich, sektoral und sozial unterschiedlich voranschreitenden Zusammenwachsen von
Mehrheits- und Zuwandererbevölkerung in einem Interaktions-
prozess, der beide Seiten tiefgreifend verändert.

Ergebnis ist ein beschleunigter, manche Zeitgenossen über-
fordernder, mitunter kulturelle Angst und mentalen Stress ver-
ursachender Wandel von Strukturen und Lebensformen. Vor
allem dieser Kulturangst erregende Wandel[2] und weniger die in
vielen Umfragen immer wieder abgefragte Angst um Arbeit und
Einkommen ist offenbar ein wesentlicher Hintergrund für lange
rätselhafte Abwehrhaltungen gegenüber starker Zuwanderung
nicht nur in Deutschland, sondern auch in anderen europäischen Einwanderungsländern. Das zeigte eine Anfang 2012
veröffentlichte Umfrage unter 40.000 Europäern aus 21 Ländern, die u.a. nach deren Einstellung zur Einwanderungspolitik
fragte. Ergebnis: Soziokulturelle Faktoren bestimmen die Haltung zu Einwanderungsfragen zwei- bis fünfmal stärker als wirtschaftliche Aspekte. Die „Befürchtung, dass sich das gewohnte
kulturelle und soziale Umfeld zu stark verändern könnte", trieb
die Befragten offenbar deutlich mehr um als die Angst vor Ver-

drängungseffekten am Arbeitsmarkt in Gestalt von Arbeitsplatz-
verlust und Lohneinbußen.[3]

Im Herbst 2009 vorgelegte Umfrageergebnisse einer von der
VolkswagenStiftung geförderten religionssoziologischen Studie
(Detlef Pollack/Olaf Müller) hatten durchaus verwandte Ergebnisse zutage gefördert: In Westdeutschland sahen 72 Prozent
und in Ostdeutschland 69 Prozent der Befragten „in der wachsenden Vielfalt der Religionen eine Bedrohung des sozialen
Friedens" und ihrer kulturellen Identität, wobei das negative
Bild fremder Religionen „in erster Linie durch den Islam geprägt" war.[4] Noch bevor die im Spätsommer 2010 einsetzende
Sarrazin-Debatte der ‚Islamkritik' weiteren starken Auftrieb gab,
hatten die Münsteraner Forscher ihre Umfrage im Frühsommer
2010 auf breiterer Grundlage fortgesetzt:

Im Exzellenzcluster ‚Religion und Politik' wurde eine der größten ländervergleichenden Umfragen zur religiösen Vielfalt in Europa durchgeführt. Befragt wurden je 1.000 Menschen in Ost-
und Westdeutschland, Frankreich, Dänemark, Portugal und den
Niederlanden. Ergebnis: „Die Deutschen haben zu nichtchristli-
chen Religionen ein deutlich schlechteres Verhältnis als ihre europäischen Nachbarn [...] und sind weniger bereit, den Anhängern
anderer Religionen gleiche Rechte einzuräumen." Nur 49 Prozent der befragten Westdeutschen und 53 Prozent der Ostdeutschen waren dazu bereit, im Gegensatz zu 73 Prozent in Dänemark, 82 Prozent in den Niederlanden, 86 Prozent in Frankreich
und 89 Prozent in Portugal. Dabei dominierten Abwehrhaltungen gegenüber dem Islam, der allerdings für die Befragten aller
Länder ähnlich negative Konnotationen hat: Alle Befragten verbanden mit dem Islam vor allem die Benachteiligung der Frau
(ca. 80 %), Fanatismus (ca. 70 %), Gewaltbereitschaft (ca. 60 %)
und geistige Engstirnigkeit (ca. 50 %).

Zwei Fünftel der Befragten in Westdeutschland sahen ihr
Land durch „fremde Kulturen bedroht" und lagen damit ebenfalls noch im Durchschnitt der untersuchten Länder, die Befragten in Ostdeutschland (ca. 50 %) deutlich darüber. Die Frage,

ob die zunehmende religiöse Vielfalt eine Bereicherung sei, beantworteten in Deutschland nur rund 50 Prozent, in den anderen Ländern hingegen ca. 80 Prozent positiv.

Geradezu dramatisch waren die Unterschiede zwischen Deutschland und den anderen westeuropäischen Ländern bei der Frage nach der persönlichen Haltung zu Mitgliedern unterschiedlicher religiöser Gruppen. In Ländern wie Frankreich, den Niederlanden und Dänemark, in denen es öffentlich ausgetragene Konflikte mit der muslimischen Minderheit gab, hatte eine klare Mehrheit ein persönlich positives Bild von Muslimen, in Deutschland nur eine Minderheit: 34 Prozent im Westen und 26 Prozent im Osten der Republik. Das kontrastiert scharf z.B. zu den Niederlanden, in denen es die Ermordung des Filmemachers Theo van Gogh gab und in denen der Islamhetzer Geert Wilders agitiert, aber 62 Prozent der Befragten eine persönlich positive Haltung gegenüber Muslimen bekundeten. 42 Prozent der Deutschen erklärten sogar, „die Ausübung des islamischen Glaubens" müsse stark eingeschränkt werden.[5]

Abwehrhaltungen und Ängste gegenüber religiös-kultureller Vielfalt in Deutschland bestätigten im Vorfeld der Sarrazin-Debatte auch andere Umfragen, von derjenigen des Instituts für Demoskopie Allensbach von 2006 bis zur Sinus-Studie ‚Diskriminierung im Alltag' der Antidiskriminierungsstelle des Bundes vom Frühjahr 2009. Das erklärte, warum von wissenschaftlicher Seite immer wieder erbrachte Nachweise, dass eine bedarfsorientierte Beschäftigung von Zuwanderern auch in großer Zahl in der Regel volkswirtschaftlich von Vorteil sei, keine beruhigende Wirkung auf diese wesentlich soziokulturell motivierten Stimmungslagen haben konnten. Und es zeigte einmal mehr, dass es hier nicht nur oft unzureichend wahrgenommene politische Gestaltungsaufgaben, sondern auch eine unerfüllte Bringschuld an begleitenden gesellschaftspolitischen Vermittlungsaufgaben gab, an deren Stelle sogar oft fahrlässiger kulturalistischer Populismus getreten war. Davon wird noch wiederholt zu reden sein.

Die Bereitschaft aber, die Herausforderung durch diesen all-
täglich erlebbaren und eigendynamisch fortschreitenden Wandel als Normalität[6] anzunehmen, ist unabdingbar für eine möglichst konfliktarme (nie ,konfliktfreie') Entwicklung der Einwanderungsgesellschaft. Das gilt nicht nur für Großstädte mit
starker Zuwandererbevölkerung, sondern auch für Regionen,
deren Bewohner Zuwanderung und Integration fast nur aus den
Medien kennen, sich aber mental nicht selten umso mehr davon
betroffen fühlen.

Mitunter ist das Verhältnis von Zuwandererstärke und Grad
der Skepsis gegenüber Zuwanderern nachgerade umgekehrt
proportional, wie z.B. in Mecklenburg-Vorpommern, das den
niedrigsten Ausländeranteil von allen Bundesländern hat, aber
das einzige Bundesland ist, in dem in allen Kreistagen und darüber hinaus (wie ansonsten nur noch in Sachsen) auch im Parlament (und zwar hier schon zum zweiten Mal) die NPD vertreten ist, die gegenüber Ausländern „hinter manchmal auch biede-
rer Fassade Ängste und Ressentiments schürt."[7] Durchaus ähnlich ist die Situation in Thüringen: Nach dem ,Thüringen-Mo-
nitor 2008' des Instituts für Politikwissenschaft der Universität
Jena „bekannten 16 Prozent der Befragten sich zu rechtsextremen Einstellungen, 36 Prozent outeten sich als Ausländerfeinde,
49 Prozent stimmten überwiegend oder vollauf dem Statement
zu, die Bundesrepublik sei ,durch die vielen Ausländer in einem
gefährlichen Maße überfremdet'."[8]

Zur Annahme der mit dem Weg zur Einwanderungsgesellschaft verbundenen gesellschaftspolitischen Herausforderungen
und zur oft zögerlichen Gestaltung der damit verbundenen
Aufgaben kam es in Deutschland erst sehr spät; denn Deutschland blieb lange ein in seiner Selbsterkenntnis verspätetes Einwanderungsland wider Willen. Es litt an der aus der defensiven
Erkenntnisverweigerung seiner politischen Eliten resultierenden
realitätsfernen Selbstdefinition als ,Nicht-Einwanderungsland'.
Daraus resultierte eine starke Unterschätzung der eigenen Integ-
rationskraft als Einwanderungsgesellschaft, verbunden mit

Ängsten vor kultureller ‚Überfremdung‘, sozialer Überforderung, ökonomischer Benachteiligung und daraus resultierenden Abwehrhaltungen.

Diese unnötigen Ängste und Abwehrhaltungen wurden jahrzehntelang, besonders in den berüchtigten, sozial aggressiven und kulturrassistischen ‚Ausländerdiskussionen‘ zu Wahlkampfzeiten, durch die Agitation populistischer Politiker und Publizisten stets neu geschürt.[9] Es waren oft die gleichen politischen und publizistischen Akteure oder deren Vorgänger in Amt oder Partei, die durch das Mantra der defensiven Erkenntnisverweigerung ‚Deutschland ist kein Einwanderungsland‘ lange teils fahrlässig, teils wider besseres Wissen für eine Blockierung realitätsbezogener Gestaltungskonzepte für Migrationssteuerung und Integrationsförderung gesorgt haben.[10] Heute suchen sie ihre unverkennbare historische Mitschuld an der unnötigen Erschwerung der ohnehin komplexen Probleme von Migration und Integration gern anderen anzulasten – vorzugsweise einer dubiosen ‚MultiKulti‘-Front, die es auf Bundesebene in Regierungsverantwortung nie gab.[11]

Die politische Blockadehaltung wurde endgültig enthüllt durch die berühmte selbstkritische Schlafmetaphorik des seinerzeitigen Bundespräsidenten Horst Köhler (CDU), der 2006 in einem semantischen Befreiungsschlag erklärte, man habe das Thema Integration jahrzehntelang schlicht und einfach „verschlafen".[12] Nach anfänglichen Empörungen über das als parteipolitische Nestbeschmutzung verstandene provozierende Eingeständnis aus höchstem Munde schlossen sich immer mehr Politiker auch aus CDU/CSU dieser Einschätzung an.[13]

Sie war schon im Jahr zuvor auch von dem seinerzeitigen Bundesinnenminister Otto Schily (SPD) klar angesprochen worden: „Die Integration von Bürgerinnen und Bürgern ausländischer Herkunft ist lange als Problem verdrängt worden. Wie mit zwei Scheuklappen wurde versucht, die Realität auszublenden: zur Rechten mit der Parole, Deutschland sei kein Einwanderungsland, zur Linken mit dem Credo reiner Multikulti-Seligkeit."[14] Für seine eigene Partei vergab Schily keine historischen ‚Scheuklappen' – zu Unrecht; denn auch die SPD hatte auf dem Weg zur Einwanderungsgesellschaft in ihren eigenen Reihen mit erheblichen Problemen der Realitätsakzeptanz zu tun, wie am Ende noch einmal die Sarrazin-Debatte selbst zeigen sollte.

Heute ist diese demonstrative Realitätsverdrängung in den Übergangszonen von Einwanderungs- und Integrationsfragen, die von der Bundespolitik seit den späten 1970er Jahren konstant und folgenreich betrieben wurde, längst geschichtsnotorisch und schon in den Geschichtsbüchern nachzulesen. Auch die Integrationsbeauftragte der Bundesregierung, Prof. Dr. Maria Böhmer, spricht heute von „Riesenversäumnissen" in der Integrationspolitik, „weil es über Jahrzehnte hinweg eine Nichtintegrationspolitik in Deutschland gab."[15] Böhmer hat recht, aber irgendwann ist es historisch immer einmal zu spät – in diesem Falle nicht für aktives, aber für pro-aktives Handeln. Nach historischen Versäumnissen in der pro-aktiven Integrationspolitik mit erheblichen sozialen Folgekosten blieb bereichsweise ein Flickenteppich von retrospektiven Reparaturmaßnahmen, die immer unvergleichbar teurer und trotzdem ergebnisärmer sind als rechtzeitige Interventionen.

Ich hatte seit Anfang der 1980er Jahre, zusammen mit wenigen anderen Forschern mit Praxisbezug im Feld von Migration und Integration und einigen Experten der Migrations- und Integrationspraxis, immer wieder vor den gesellschaftlich gefährlichen Folgen dieser demonstrativen Erkenntnisverweigerung und insbesondere davor gewarnt, die Eigendynamik von Integration „als gesellschaftspolitisches Problem ersten Ranges" zu unterschätzen. Das könnte, schrieb ich 1983, am Ende „für die politischen Parteien in der parlamentarischen Demokratie dieser Republik schwerwiegende Legitimationsprobleme aufwerfen."[16] Solche vergeblichen Weckrufe wurden von im Sinne des Diktums von Horst Köhler ‚schlafenden' Politikern als ärgerliche Ruhestörung registriert. Sie wurden von ihnen und der ihnen geneigten Presse oft brüsk zurückgewiesen oder regelrecht verlacht. Das galt besonders für die *Frankfurter Allgemeine Zeitung*, die lange ein „Sperrriegel" (Dieter Oberndörfer) gegen Innovationen in der Migrations- und Integrationspolitik war und in dieser Hinsicht mancherlei Initiativen fast schmähkritisch kaputtgeschrieben hat.

Heute lacht in dieser Hinsicht niemand mehr. Und auch die Überheblichkeit von in Integrationsfragen damals vermeintlich allfällig besserwissenden Politikern ist nach zureichenden Unfallerfahrungen einer zumindest etwas bescheideneren und zugleich aufgeschlosseneren Haltung gegenüber wissenschaftlichen Erkenntnissen gewichen. Wer es aber wagt, an die frühen Einsichten und Warnungen von aufmerksamen Zeitgenossen zu erinnern, erhält in aller Regel eine abweisende politische Antwort, wie ich sie Ende der 1990er Jahre in einem Gespräch mit einem ehemals führenden Beamten aus dem Bundesministerium des Innern (BMI) erhielt, den ich bis dahin nicht persönlich kannte:

Auf einem Empfang in Bonn im Anschluss an die Vorstellung der Ergebnisse eines von mir mitgeleiteten großen deutsch-amerikanischen Forschungsprojekts zur vergleichenden Integrationsforschung stellte er sich mir mit den Worten vor: Er sei derjenige, der im BMI Anfang der 1980er Jahre alles verhindert habe, was ich damals vorgeschlagen hätte: Ich hätte gesagt, wir seien auf dem Weg zum Einwanderungsland. Nötig seien deswegen Konzepte für steuernde Einwanderungsgesetzgebung und aktive Integrationspolitik. Das BMI habe das Gegenteil für richtig gehalten: Deutschland sei nicht auf dem Weg zum Einwanderungsland und solle auch nicht auf diesen Weg geraten. Deswegen seien die von mir und anderen Wissenschaftlern und Experten der Integrationspraxis geforderten legislativen und politischen Initiativen verwerflich, weil sie im Sinne dieser Abwehrpolitik kontraproduktiv wirken und den Weg zum Einwanderungsland durch Verrechtlichung nur befördern könnten.

Ich bestätigte meinem Gesprächspartner, dass das Bundesministerium des Innern mit seiner Verweigerungshaltung hier ja sehr erfolgreich gewesen sei, was er offensichtlich als Kompliment verstand. Als ich ihn dann aber fragte, wer denn nun rückblickend Recht gehabt hätte mit der Einschätzung der seinerzeitigen Trendentwicklungen, entgegnete mein Gesprächspartner entrüstet: Rückblickend betrachtet hätte ich da seinerzeit wohl Recht gehabt – aber das hätte ich damals doch nur schreiben und gar nicht wissen können!

Der von mir hochgeschätzte Wolfgang Schäuble (CDU), der als Bundesinnenminister ein versierter und realitätsorientierter Gesellschaftspolitiker war, bat mich in einer Podiumsdiskussion einmal: „Lassen Sie uns keine rückwärtsgewandten Rechthaberdiskussionen führen!" Verständlich angesichts der einschlägigen Fehlerhäufung besonders bei seiner Partei, obgleich gerade er einer der wenigen Politiker im konservativen Meinungsspektrum war, die frühzeitig erkannt hatten, dass etwas aus dem Ruder lief.

Man könnte diese Epoche auch mit vier von mir selbst eingeführten Begriffen umschreiben als den Weg von der „demonstrativen Erkenntnisverweigerung" über die mangelnde Einsicht in die gesellschaftspolitische Verkehrsregel „Integration ist keine Einbahnstraße" bis hin zu dem schließlich als Notlösung von mir vorgeschlagenen Reparaturkonzept in der Verbindung von „nachholender" und „vorausplanender Integrationspolitik".[17] Im ersten Jahrzehnt dieses Jahrhunderts haben Migrations- und Integrationspolitik auf der Bundesebene kraftvoll Tritt gefasst. Aber konzeptionelle Mutlosigkeit und die Ängste der Politiker vor den oft nur vermeintlichen Ängsten der Wähler lebten fort.

Das gehörte 2010 zu den Gründen für den exorbitanten Erfolg des Buches von Thilo Sarrazin. Aber wo Sarrazin in seiner Kritik an Migrations- und Integrationspolitik Recht hatte und wo er dabei sachlich blieb, schrieb er der Tendenz nach kaum anderes als das, was schon ein Vierteljahrhundert vorher zu lesen gewesen war. Das aber zu sagen und zu schreiben war – im Gegensatz zur offenen und risikolosen Debatte in der Gegenwart und damit im Unterschied zum falschen Heroenkult gegenüber

Thilo Sarrazin – damals tatsächlich noch „mutig" (Joachim Gauck über Thilo Sarrazin).[18]

Die Tabu-Formel „Deutschland ist kein Einwanderungsland" wurde zwar in dem Manifest gestrichen, das der Dresdner Parteitag der CDU Ende 1991 verabschiedete. Und ich erinnere mich noch genau daran, wie Heiner Geißler, einigermaßen verspätet, zu einer schon laufenden Sitzung der Jury ausgerechnet zur Verleihung des Carl Bertelsmann-Preises ‚Zusammenleben in einem multikulturellen Staat' (1992) in Gütersloh hereinkam, sich etwas erschöpft neben mich setzte und auf meine Frage: „Ist der Satz raus?" knapp entgegnete „Ist raus!" Aber die über mehr als zwei Jahrzehnte hinweg eingebrannte politische Botschaft ‚Deutschland ist kein Einwanderungsland' wirkte fort und ließ Einwanderung im erklärten Nicht-Einwanderungsland als eine Art Hausfriedensbruch erscheinen. Die alte Botschaft wird neuerdings wieder aufgenommen von im Internet agitierenden fremden- und insbesondere islamfeindlichen, rechtsradikalen, völkisch-kulturrassistischen und neonationalsozialistischen Netz- und Hetzwerken, die sich erkennbar zu einer ‚Bewegung' zu formieren beginnen.

Das erste, im Mai 2010 vorgelegte SVR-Jahresgutachten ‚Einwanderungsgesellschaft 2010' bot empirisch-sozialwissenschaftlich begründete Gegenbotschaften zu der notorischen Mischung aus verschreckter Abwehr und verschämter Selbstunterschätzung im ‚Nicht-Einwanderungsland'.[19] Es erbrachte ein im In- und Ausland Aufsehen erregendes, in der öffentlichen Integrationsdebatte nachgerade ‚historisches', weil diskursbrechendes Ergebnis: Es war die Abkehr von dem von der Desintegrationspublizistik komponierten und mit festen Stereotypen immer neu intonierten Klagelied von der angeblich flächendeckend ‚gescheiterten Integration', aus der es aufgrund der durch Zuwanderung und die in ihrer Folge religiös-kulturell vollzogenen Tatsachen keinen Ausweg mehr gebe (‚Der Islam ist nicht integrierbar').

Dafür stand besonders der Name der deutsch-türkischen Publizistin, Erfolgsschriftstellerin und bekennenden ‚Islamkritikerin' Necla Kelek mit ihren serienweise produzierten Artikeln in deutschen ‚Leitmedien' und ihren vielbesuchten Lesungen und Vorträgen im Anschluss an ihren ersten Bestseller ‚Die fremde Braut' (2005). In diesem Kultbuch der ‚Islamkritik', das die Öffentlichkeit mit seinen Schreckensmeldungen zum Thema ‚Zwangsheirat' alarmierte, aber auch gängige Vorurteile über ‚den' Islam und ‚die' Muslime bzw. ‚die' Türken bestätigte, war pauschalisierend und ohne wissenschaftlich tragfähige empirische Grundlage die von einer islamskeptischen und empörungsbereiten Öffentlichkeit gern geahnte und im medialen Diskurs inflationierte Behauptung zu lesen: „Die Integration der Mehrheit der in Deutschland lebenden Türken ist gescheitert".[20]

Einschätzungen dieser Art begegnete man nicht nur in der skandalisierenden Desintegrationspublizistik, sondern auch in der Wissenschaft: Im Januar 2010 z.B. berichtete eine politikwissenschaftliche *FAZ*-Rezension, die wegen ihrer Überschrift ‚Abschied von Multikulti' sogleich begeistert von kulturrassistisch-islamophoben Netz- und Hetzwerken des ‚Counterjihad' umverteilt wurde: „Dass es sich bei der Eingliederung der Migrationsbevölkerung hierzulande großenteils um eine Misserfolgsgeschichte handelt, wird mittlerweile nur noch von wenigen angezweifelt. Für die politische Debatte bedeutet diese Erkenntnis an sich bereits einen großen Fortschritt."[21]

Das desintegrative publizistische Gejammer auf hohem Niveau wurde bestimmt durch einen teils desaströs-depressiven, teils aggressiven, Minderheiten abwertenden Tunnelblick. Mit Integration als Kultur- und Sozialprozess auf Gegenseitigkeit im Alltag der Einwanderungsgesellschaft[22] hatte das oft so viel zu tun wie eine Reportage aus der Geisterbahn.

Es fehlte die Einsicht in die von mir seit vielen Jahren betonte Tatsache, dass gelungene Integration in aller Regel unauffällig bleibt. Auffällig sind und in den Medien deshalb kommuniziert wurden lange vorwiegend Fälle, Formen und Folgen gescheiterter Integration. Bei einer Gesamtbewertung der Integrationsentwicklung in Deutschland aber käme eine Orientierung an den

Betriebsunfällen der Integration dem Versuch gleich, aus einer
Statistik der Verkehrsunfälle die geheimen Regeln des zumeist
ruhig fließenden Straßenverkehrs abzuleiten. Es ist eben weitaus
schwieriger, die Ursachen des unauffälligen Gelingens von Integration zu erklären, als nur immer wieder die ohnehin auffälligen Erscheinungsformen ihres Scheiterns zu beschreiben.

Das populistische gruppenbezogene Gerede von ‚der gescheiterten Integration‘ war ohnedies schon semantisch abwegig,
denn: ‚Die‘ Integration in ‚die‘ Gesellschaft gibt es nicht, weil
Gesellschaften aus den verschiedensten Teilbereichen bestehen.
Als soziale Integration hat der Sachverständigenrat deutscher
Stiftungen für Integration und Migration (SVR) deshalb die von
Michael Bommes und mir 2004 für den Sachverständigenrat
der Bundesregierung für Zuwanderung und Integration (Zuwanderungsrat) entwickelte operationale Integrationsdefinition
übernommen:

Als soziale Integration gilt dabei die empirisch messbare Teilhabe an den zentralen Bereichen des gesellschaftlichen Lebens.
Dazu gehören z.B. Erziehung, Bildung, Ausbildung, Arbeitsmarkt, Recht, soziale Sicherheit, die – statusabhängige – politische Mitbestimmung u.a.m. Dementsprechend zielt Integrationsförderung auf die möglichst chancengleiche Teilhabe an den
zentralen Bereichen des gesellschaftlichen Lebens in der Einwanderungsgesellschaft. Diese bereichsspezifische und teilhabe-
orientierte Integrationsdefinition ist nicht an Herkunft aus dem
Ausland, also an Migration als eigene oder als Familienerfahrung
gebunden und kann deshalb für Menschen mit wie ohne Migrationshintergrund eingesetzt werden (wobei im Sachverständigenrat im Sinne seines Auftrags der Schwerpunkt auf den Menschen mit Migrationshintergrund liegt).

Das umfragegestützte SVR-Jahresgutachten 2010 berichtete
in seinen ‚Kernbotschaften‘: Deutschland ist angekommen in
der Einwanderungsgesellschaft. Integration ist besser als ihr Ruf
im Land, auch im internationalen Vergleich. Fraglos vorhandene, bereichs- und gruppenspezifisch zum Teil schwerwiegende

Defizite sind klar anzusprechen und im Rahmen des Möglichen zu begrenzen. Sie bilden aber die – nicht ethnokulturell, sondern vorwiegend milieubedingten – Ausnahmen, die, aufs Ganze gesehen, nur die Regel der mehr oder minder erfolgreichen Integration bestätigen. Dabei war ‚Erfolg‘ ein relativer Begriff; denn die Integrationsentwicklung in Deutschland ist natürlich vor dem Hintergrund der noch zu erörternden, miserablen Rahmenbedingungen der seinerzeitigen Migrationspolitik der offenen Tür ohne Qualifikationsfilter zu bewerten. Sie kann deswegen auch, was oft übersehen wird, in ihren Ergebnissen nicht etwa mit derjenigen in Kanada (Punktesystem) verglichen werden.[23]

Die Ergebnisse des SVR waren helle Töne gegenüber dem düsteren Klagechor zum ‚Scheitern‘ Deutschlands in der Integration. Einige Monate lang klärte sich der durch die Blitz- und Donnerdiskurse der kakophonen Desintegrationspublizistik verdüsterte Himmel über dem – davon meist unberührten – Alltag der Einwanderungsgesellschaft auf. Verdutzt verstummten fürs Erste die publizistischen Meinungsführer der desintegrativen Gegenaufklärung und insbesondere der ‚Islamkritik‘.[24]

Zum Populismus neigende Politiker sahen sich genötigt, in ihren Redemanuskripten die Applaus sichernden Textbausteine zum allfälligen Thema ‚gescheiterte Integration‘ abmildern zu lassen. Aber schon wenige Monate später schienen die alten Versatzstücke wieder brauchbar zu werden; denn im Sommer zog über dem öffentlichen Diskursfeld Integration eine neue Gewitterfront auf: Ausgangspunkt war Thilo Sarrazins Buch ‚Deutschland schafft sich ab‘.[25]

Über dem in der breiten Mitte der Einwanderungsgesellschaft nach wie vor tragenden Grundvertrauen entfachte die von diesem Buch, vor allem aber von seiner aggressiven medialen Vermarktung ausgelöste Debatte mancherlei Oberflächenwirbel. Sie griffen, je nach gruppenspezifisch gefühlter Betroffenheit, unterschiedlich tief. Sie sind nicht zu verwechseln mit den erwähnten, in Deutschland seit den 1980er Jahren immer wieder zu beobachtenden Konjunkturen der Ausländer- oder Fremdenfeindlichkeit. Diese historischen Vorläufer wurden oft nur durch die gesellschaftspolitisch fahrlässige Instrumentalisierung der Themen Migration und Integration zu Wahlkampfzwecken provoziert.

Schon damals indes war dieses wegen der Mischung von politischer Realitätsverdrängung ('kein Einwanderungsland') und gruppenspezifischer Herabsetzung bzw. Menschenverachtung ('Asylschmarotzer' u.a.) ebenso schäbige wie gesellschaftspolitisch unverantwortliche Spiel mit dem Feuer im wahrsten Sinne des Wortes brandgefährlich. Das konnte man spätestens Anfang der 1990er Jahre beobachten, wie dies am 26. August 2012 das Gedenken an den 20 Jahre zurückliegenden, tagelang anhaltenden Pogrom von Rostock-Lichtenhagen mahnend in Erinnerung rief:

Während die Bundesregierung offen davon redete, dass das Land „unregierbar" (Helmut Kohl) zu werden drohe und kurzfristig sogar Putschgerüchte über eine Grundgesetzänderung zu Asylfragen am Parlament vorbei die Runde machten, schien 1992/93 die Flamme zum Symbol der Kommunikation in der heraufdämmernden Einwanderungsgesellschaft zu werden: Ein grölender Mob warf Molotow-Cocktails, während um den gesellschaftlichen Frieden besorgte Bürger sich mit Kerzen schweigend zu Lichterketten formierten, um zu zeigen, dass die randalierende fremdenfeindliche Minderheit nicht der Vertreter einer angstvoll schweigenden Mehrheit war.[26]

Aber Integration wurde damals weithin noch immer – und auch damals schon falsch – als innenpolitisches Randthema eingeschätzt. Heute ist unverantwortliches politisches Zündeln oder gar das Auftreten von als Feuerwehr verkleideten publizistischen Brandstiftern in diesem Feld noch riskanter, weil Integration ein Mainstream-Thema geworden ist. Bereichsweise immer wieder zu beobachtende integrationspanische Strömungen sind von der oft gruppenfeindlichen, insbesondere islamophoben bzw. islamophagen Desintegrationspublizistik und vor allem von demagogischen Blog-Agitationen zeitweise zu einer Art

„diskursivem Bürgerkrieg"[27] gesteigert worden. Wenn Politik solche Strömungen populistisch aufnimmt, können am Ende tiefer reichende Brüche in der politischen Kommunikation, möglicherweise sogar in der politischen Struktur das Ergebnis sein.

Die Einschätzung des Sarrazin-Buches, das hier inhaltlich nicht noch einmal zusammengefasst und diskutiert werden soll[28], rangierte in der nach dem Buch benannten Debatte zwischen Extrempositionen: Was die einen als willkommenen ‚Klartext' über lange politisch unausgesprochene oder verdrängte Probleme begrüßten, erschien anderen als existenzielle Gefährdung von kultureller Akzeptanz und sozialem Frieden in der Einwanderungsgesellschaft oder gar als Abbruchkante zum ideologischen Luzifersturz in albtraumartige Erinnerungen an den Vorabend des düstersten Kapitels der deutschen Geschichte.

Daraus resultierte in der Sarrazin-Debatte bereichsweise eine an Exorzismus erinnernde Beschwörungs- und Austreibungssemantik, der gegenüber der konservative Tagesspiegel-Kommentator Alexander Gauland vor dem Hintergrund des amerikanischen Wahlkampfs 2012 im transatlantischen Vergleich rückblickend daran erinnerte, dass in US-Wahlkämpfen „die Sarrazins fast hinter jedem konservativen Rundfunkmikrofon" sitzen.[29] Dabei darf aber der entscheidende Unterschied nicht übersehen werden: Im klassischen Einwanderungsland USA gibt es eine historisch gewachsene, sehr robuste, zum Teil auch sehr grobe Einwanderungsgesellschaft mit einem marktorientierten Integrationsmodus unter dem Motto: ‚Wer wirtschaftlich nicht auf eigenen Beinen stehen kann, soll zurückwandern oder weiterziehen'.[30] Im modernen Einwanderungsland Deutschland hingegen gibt es einerseits ein wohlfahrtsstaatliches Integrationsregime mit Förderungen und Hilfen unter dem – neuerdings wieder umstrittenen – Motto: ‚Wer legal zugewandert ist, aber es wirtschaftlich nicht schafft, kann nach zureichender Aufenthaltszeit staatliche Hilfe in Anspruch nehmen'. Und es gibt andererseits eine noch relativ junge, erst wenig selbstsicher, geschweige denn robust wirkende Einwanderungsgesellschaft, die sich auch noch nicht zureichend auf den Begriff gebracht hat. Und doch ist sie mit der Akzeptanz ihrer Vielfalt schon viel weiter, als sie vielleicht selber glaubt.[31]

Vor dem Hintergrund solcher Unklarheiten, Unsicherheiten und einer auch aus ganz anderen Gründen gewachsenen Empörungsbereitschaft war die Sarrazin-Debatte weit mehr als nur eine ausufernde Buch-Diskussion. Sie beleuchtete deutlich weitreichendere kommunikative, gesellschaftliche und gesellschaftspolitische Bruchlinien und Spannungsfelder. Sie werden hier in verschiedene Schwerpunktbereiche auseinandergehoben, die sich zum Teil überschneiden. Gelegentliche Wiederholungen aufgrund des mehrfachen Perspektivenwechsels sind dabei im Sinne der Lesefreundlichkeit durchaus gewollt.

Zunächst geht es um den Autor Thilo Sarrazin (Kap. 2.1), dann um sein Buch ‚Deutschland schafft sich ab‘ (Kap 2.2, 2.3) und um die Mediendebatte über dieses Buch (Kap. 3.1). Es folgt ein Überblick über die schon ältere, durch das Buch forcierte und zugleich dessen Wirkung steigernde publizistische ‚Islamkritik‘ (Kap. 3.2). Das wird vertieft durch eine exemplarische Schilderung der konzentrischen Angriffe dieser ‚islamkritischen‘ Desintegrationspublizistik auf unerwünschte wissenschaftliche, aber auch politische Ergebnisse, hier demonstriert am Beispiel des Agitationskartells Sarrazin, Kelek & Co. (Kap. 4).

Dabei geht es zuerst um Necla Kelek als Galionsfigur der ‚islamkritischen‘ Desintegrationspublizistik (Kap. 4.1), um ihre Kulturalisierung der Integration und ihr (Miss-)Verhältnis zur akademischen Migrationsforschung (4.2). Dann geht es um den folgenreichen Einfluss der ‚Islamkritik‘ auf Behörden und Politik (4.3) und schließlich um den denunziativen Zangenangriff der um ihre argumentativen Pfründe besorgten ‚islamkritischen‘ Agitatoren auf den Sachverständigenrat und seinen Gründungsvorsitzenden, der ihren kakophonen Visionen und Menetekeln von ‚gescheiterter Integration‘ und kultureller ‚Überfremdung‘ offensiv in den Weg getreten war (Kap. 4.4).

Es folgt ein Überblick über – an die publizistische ‚Islamkritik' anschließende, aber diese Publizistik auch umgekehrt beeinflussende – Diskussionen, Agitationen und Denunziationen in den islamfeindlichen Netz- und Hetzwerken radikaler Internetportale und Blogs, an deren völkisch-rechtsextremistischen Rändern es fließende Übergänge zu neonationalsozialistischen Strömungen gibt (Kap. 5).

Das führt zur Diskussion um Zusammenhänge zwischen Wortgewalt und Tatgewalt (Kap. 6). Dabei geht es auch um die Frage nach den Reaktionen von publizistischer ‚Islamkritik' und islamfeindlichen Netz- und Hetzwerken auf den antiislamisch und antimultikulturell motivierten Massenmord in Norwegen vom Juli 2011 (Kap. 6.1) und die ab November 2011 bekannt gewordenen, schon Jahre zurückliegenden neonationalsozialistischen Serienmorde in Deutschland (Kap. 6.2).

In den beiden abschließenden Kapiteln werden, die erarbeiteten Linien überblickend und zusammenführend, Rahmenbedingungen überprüft (Kap. 7) und Schlussfolgerungen versucht (Kap. 8):

Das siebte Kapitel fragt, warum es in der Konfrontation mit der Terrorerfahrung nach verspäteter politischer Wahrnehmung der seit Langem erkennbaren Gefahren in Deutschland nur zur Trauer und zur Warnung vor Rechtsextremismus gereicht hat, nicht aber, im Gegensatz zu Norwegen, zur Warnung vor minderheitenfeindlicher, insbesondere antiislamischer Aggressivität und zum Bekenntnis zu kultureller Vielfalt, zu Akzeptanz und Anerkennung in der Einwanderungsgesellschaft. Vor diesem Hintergrund geht es zuerst um die Frage, was die für Gefahrenabwehr zuständigen Behörden aus der Terrorerfahrung gelernt haben bzw. lernen sollten (Kap. 7.1). Am Beispiel des hier zentral zuständigen Bundesministeriums des Innern geht es dann um die Spannung zwischen der Konzentration auf Gefahrenabwehr und Sicherheitspolitik und der Notwendigkeit, in der Einwanderungsgesellschaft Integrationspolitik als Zentralbereich der Gesellschaftspolitik zu verstehen.

Kapitel 8 bietet eine umfragegestützte Gesamtbewertung der Sarrazin-Debatte und der durch sie eminent forcierten ‚Islamkritik'. Es analysiert vor diesem Hintergrund das Paradox zwischen zunehmender Akzeptanz kultureller Vielfalt, besonders unter jüngeren Menschen, und wachsenden Abwehrhaltungen gegenüber Islam und Muslimen. Interpretiert wird dies als Ausdruck einer Ersatzdebatte anstelle der verdrängten Diskussion um die neue Identität der Einwanderungsgesellschaft. Im Sinne negativer Integration suchen durch den rapiden und eigendynamischen Wandel in der Einwanderungsgesellschaft, aber auch aus anderen Gründen verunsicherte Mehrheiten nach Selbstdeutung aus der Abgrenzung von einer als identitätsstiftendes Gegenbild beschriebenen millionenstarken – muslimischen – Minderheit (Kap. 8.1).

Das letzte Teilkapitel zeigt, dass es in der Einwanderungsgesellschaft nicht nur darum gehen kann, wogegen man sich wehren muss, sondern auch darum, wofür man gemeinsam einstehen will als Grundlage für jenes solidarische ‚Wir', das der intentionalen Allianz der Extremisten aller Seiten ein Dorn im Auge ist. Dazu werden Ansätze zu neuen Selbstbildern diskutiert, die dazu beitragen können, in der Einwanderungsgesellschaft Anerkennung durch Teilhabe und eine Akzeptanz kultureller Vielfalt in sozialem Frieden zu sichern (8.2).

Wenn nach der Beschäftigung mit der Sarrazin-Debatte und ihren Wirkungen sowie mit der dadurch forcierten ‚Islamkritik' und ihren Folgen nicht islamistisch-fundamentalistischer, sondern antiislamisch-rechtsradikal/rechtsextremistischer Terror im Vordergrund stehen, dann hat das mit dem unterschiedlichen Gewicht der Terrorpräsenz in Europa und Deutschland zu tun:

Nach Informationen von Europol gab es 2010 in der EU zwar 249 Terroranschläge, von denen aber nur drei einen islamistischen Hintergrund hatten. Dass der fundamentalistisch-terroristische Islamismus eine Weltgefahr darstellt, bedarf ebenso wenig der Betonung wie die Tatsache, dass terroristische Islamisten-Diktaturen das Gegenteil eines demokratischen Rechtsstaates sind. Aber wir leben in der Bundesrepublik Deutschland und nicht in Mali.

Überdies sind Islamismus und Islam ebenso wenig eins wie ‚der‘ Islam: Es gibt nicht ‚den‘ Islam, sondern nur eine Vielzahl von islamischen Lehrtraditionen, die zum Teil viel weiter voneinander entfernt sind als etwa die christlichen Konfessionen untereinander. Ebenso wenig gibt es ‚die islamische Kultur‘ oder ‚die‘ Muslime. Sie können strenggläubige Konservative, Anhänger eines diffusen ‚Volksislams‘, aber z.B. auch liberale Atheisten sein, die nur ‚als Muslim geboren‘ sind und sich nicht offiziell vom Islam abgewandt haben, weil sie sich Scherereien in Verwandtschaft und Bekanntschaft ersparen wollen.[32]

Es gibt in Deutschland heute mehr als vier Millionen Muslime, die fast zur Hälfte deutsche Staatsbürger sind und ihr ganz persönliches Verhältnis zum Islam haben, ob sie es nach außen hin zeigen oder nicht. Sie wollen auch nicht im Sinne religiös-kultureller Differenzierung ständig als ‚Muslime‘ angesprochen werden, sondern im Sinne funktionaler Differenzierung als das, was sie im Alltag der Einwanderungsgesellschaft sind: Wissenschaftler oder Automechaniker, Polizistin oder Friseurin, Vater, Mutter, Schüler oder Studentin. Und sie wollen ebenso wenig ständig gefragt werden, was sie vom islamistischen Terror halten, wie katholische Christen gefragt werden wollen, was sie vom Bombenterror der IRA oder vom Knabenmissbrauch durch Priester halten.[33]

Es gibt in Deutschland in großstädtischen Distrikten mit starker Einwanderer- bzw. Ausländerbevölkerung neben der weit überwiegenden Mehrheit der multi-ethnisch geprägten Viertel auch Straßenzüge, die z.B. vorzugsweise türkisch- oder arabisch-islamisch geprägt sind. Sie mögen bei dem einen oder anderen, insbesondere touristischen Besucher, der wie im Märchen ‚auszog, das Gruseln zu lernen‘, vielleicht auch dieses gesuchte kulturelle ‚Gruseln‘ wecken. Dies sind aber nicht urbane Trainingszentren islamistischer Gewalt. Es sind schlicht kulturell anders geprägte, im Blick der Beobachter von außen nur scheinbar monokulturell wirkende, intern meist sehr vielgestaltige Einwandererdistrikte, wie es sie in allen Einwanderungsländern auf Zeit gab und gibt. Das gilt auch für den Berliner Bezirk Neukölln, der von seinem Bezirksbürgermeister und Medienstar Heinz Buschkowsky in seinem Buch mit der falschen Titelthese ,Neukölln ist überall' zuletzt zur urbanen Vorhölle erklärt worden ist.[34]

Ganz anders ist das Bild in einigen Regionen besonders im deutschen Osten, ansatzweise aber auch in einigen Distrikten im Westen, in denen rechtsradikal/rechtsextremistische und antiislamische Machtpräsenz und mitunter auch Alltagsterror erlebbar sind. In den ,National befreiten Zonen' bzw. den ,No Go Areas' im Osten, die jeder kennt, der sich dort öfters bewegt, deren Existenz aber von ahnungslosen Zeitgenossen mitunter immer noch bestritten wird, gibt es viele durch den alltäglichen Terrordruck traumatisierte oder durch schiere Angst angepasste Bewohner, aber auch mutig Widerstehende, die viel riskieren. Es gibt im Osten aber auch Regionen, in denen Neonazis durch ein faktische Versorgungs- und Beratungslücken schließendes soziales Engagement vor Ort eine stille Machtergreifung anstreben oder auch schon vollzogen haben.[35]

Überdies haben rechtsradikal/rechtsextremistischer und antiislamischer Terror in Deutschland eine lange Blutspur hinter sich: In den beiden Jahrzehnten seit der Wiedervereinigung gab es mehr als 180 von Rechtsradikalen/Rechtsextremisten im Affekt bestialisch getötete, insbesondere erschlagene bzw. buchstäblich zertretene oder kaltblütig ermordete Opfer, eine um ein Vielfaches größere Zahl von bei solchen Gewaltverbrechen Schwerverletzten und eine schier unübersehbar große Zahl von traumatisierten und oft für ihr Leben psychisch zerbrochenen Opfern, die meist nach wie vor mit ihrem Leid und ihrer Angst allein geblieben sind; ganz abgesehen von denen, deren Schicksal nie aktenkundig und damit statistisch erfassbar wurde, weil sie unter dem Druck der allgegenwärtigen Bedrohung keine Anzeige zu erstatten wagten.[36]

Konzentration auf die Erfahrung des antiislamistischen und rechtsradikal/rechtsextremistischen Terrors heißt nicht, die Gefahr des islamistischen Terrors unterschätzten; denn dessen kriminelles Potenzial schlug zum Teil deswegen so wenig durch, weil die polizeiliche und geheimdienstliche Abwehr sich ganz einseitig darauf und, wie man spätestens seit den ‚Pannen‘ bei der NSU-Verfolgung weiß, unvergleichbar weniger auf die Abwehr von antiislamistischer und rechtsradikal/rechtsextremistischer Gefahr konzentrierte. Die Folgen werden in diesem Buch behandelt.

Gefahr droht von beiden Seiten bis hin zu den Planspielen zu Terror und Gegenterror, in den Worten von *Politically Incorrect (PI)* von ‚Dschihad‘ und ‚Counter-Dschihad‘. Dabei sind sich die Kampfgruppen der fundamentalistischen Islamisten und die Exponenten der christlich-fundamentalistischen Islamfeinde mit ihren fließenden Grenzen zu Rechtsradikalen/Rechtsextremisten in einer negativen Koalition der Extremisten über alle Gegensätze hinweg in einem entscheidenden Punkt einig: in ihrem Missverhältnis zum liberal-demokratischen Rechtsstaat, der seiner angeblichen Schwäche halber als Einfallstor der jeweils anderen Seite verstanden und deshalb angegriffen wird.

Es gibt dabei allerdings einen gravierenden Unterschied: Auf der Seite der Islamfeinde und Rechtsradikalen/Rechtsextremisten, deren Lager zum Teil fließende Grenzen haben, sind Gewaltakzeptanz und Gewaltbereitschaft gegenüber ‚Volksfremden‘ und ‚Kulturfremden‘ bzw. den von dem hasserfüllten Internetpranger *Politically Incorrect (PI)* offen rassistisch als ‚Müllmenschen‘ (‚Trash People‘)[37] bezeichneten Zuwanderern programmatisch konstitutiv. Auf Seiten der Muslime in Deutschland gilt dies nur für winzige Gruppen von potentiellen Anhängern fundamentalistischer Vorstellungen und Sekten, die freilich nicht minder gefährlich sind.

Der Beobachtungszeitraum des Buches reicht vom Beginn der Sarrazin-Debatte bis zur Verarbeitung der Terrorerfahrungen von 2011 in Gestalt des Massakers des antiislamisch/christlich-fundamentalistischen Terroristen Breivik in Norwegen im Juli 2011 und der Aufdeckung der antiislamischen Serienmorde der Zwickauer Terrorzelle aus dem ‚Nationalsozialistischen Untergrund' (NSU) ab November 2011, deren Hintergrundanalysen bis heute nicht abgeschlossen sind: Der Beobachtungszeitraum beginnt im Sommer 2010, in dem das Sarrazin-Buch erschien und innerhalb von Wochen Rekordmarken auf dem Buchmarkt setzte. Eine erste Zäsur bildete der Sommer 2011, in dem der Autor und ihm nahestehende Medien den ersten Jahrestag des Publikationstermins vergeblich für den Start einer zweiten Sarrazin-Debatte zu nutzen suchten. Als zweite Zäsur folgte im Januar 2012 ein neuerlicher, abermals misslungener Neustart-Versuch in Gestalt der medial nicht minder kraftvoll inszenierten Präsentation der Taschenbuchauflage des Sarrazin-Buches.

In beiden Fällen wurde in der Konkurrenz um die Medienresonanz, so könnte man im Stile Sarrazins sarkastisch sagen, der Teufel mit dem Beelzebub ausgetrieben: Die Renaissance der am meisten Aufsehen erregenden, stark antiislamisch ausgerichteten, in den Medien weiter vergröberten und von islamophagen Internet-Blogs, Netz- und Hetzwerken begierig aufgesogenen Thesen Sarrazins wurde in den Medien zweifach abgedrängt: zuerst durch das Echo des Massakers in Norwegen im Juli 2011 und seit November 2011 durch die mediale Konzentration auf die Aufdeckung der antiislamischen Serienmorde aus dem ‚Nationalsozialistischen Untergrund' (NSU) in Deutschland (s. Kap. 2.1).

Auch den aggressiv islamfeindlichen Protagonisten der ‚islamkritischen' Publizistik in Deutschland, die Sarrazins Buch stark favorisiert hatten, machte die Konfrontation mit der serienweisen öffentlichen Hinrichtung von eingewanderten Muslimen oder solchen, die man dafür hielt, durch das neonationalsozialistische ‚Zwickauer Trio' zu schaffen; denn damit war die Frage nach dem Zusammenhang von Wortgewalt und Tatgewalt unausweichlich geworden (s. Kap. 6.1, 6.2).

Anmerkungen

1 Allgemein hierzu: Wimmer, Kultur als Prozess; Vertovec, Super-diversity and its Implications; ders., Towards Post-multiculturalism?

2 Beispielschilderung: Keller, Claudia: Allein zu Haus. Wie es ist, sich als letzte Deutsche in der eigenen Welt fremd vorzukommen, in: Der Tagesspiegel, 17.8.2011.

3 Card/Dustmann/Preston, Immigration, Wages, and Compositional Amenities; vgl. Pennekamp, Johannes: Vorurteile sind sozial, nicht ökonomisch begründet, in: Der Tagesspiegel, 22.2.2012.

4 Dabei ging es um Vorstellungen von kultureller Bedrohung und nicht etwa um interreligiöse Konkurrenzerwägungen: Angesichts der „immer schwächer werdenden Verankerung des Christentums in der Bevölkerung" favorisierten die allermeisten Befragten klar nicht eine religiöse, sondern eine „Strategie der säkularen Abgrenzung": 73 % der Westdeutschen und 80 % der Ostdeutschen votierten gegen eine Verankerung des Gottesbegriffs in der europäischen Verfassung und 70 % aller Deutschen sprachen sich gegen eine religiöse Beeinflussung der Politik und gegen eine „Einschränkung von Wissenschaft und Forschung durch religiöse Normen und Werte" aus. Hierzu: Angst vor dem Fremden. Mehrheit der Deutschen lehnt religiöse Vielfalt ab, in: Islamische Zeitung, 6.10.2009; Skepsis gegenüber dem Islam – Religionsvielfalt löst bei jedem Zweiten Ängste aus, in: MiGAZIN, 2.9.2009.

5 Pollack, Wahrnehmung und Akzeptanz religiöser Vielfalt. Vgl. demnächst, basierend auf einer repräsentativen Umfrage im internationalen Vergleich: Pollack u.a., Grenzen der Toleranz.

6 Vgl. Bade/Oltmer, Normalfall Migration.

7 Bundespräsidialamt, Gedenkfeier ‚Lichtenhagen bewegt sich'. Rede des Bundespräsidenten Joachim Gauck zum 20. Jahrestag der fremdenfeindlichen Angriffe auf das ‚Sonnenblumenhaus' am 26.8.2012 in Rostock. Zu diesen ‚biederen Fassaden' gehört im ländlichen Raum, nicht nur in Mecklenburg-Vorpommern, die expandierende ‚braune Ökologie' mit ihrem völkisch-nationalistischen und rechtsextremistischen Hintergrund. Hierzu: Heinrich Böll-Stiftung (Hrsg.), Braune Ökologen. Diesen Hinweis verdanke ich Conchita Oberndörfer-Hübner.

8 Sokolowsky, Feindbild Moslem, S. 147.

9 Allgemein hierzu: Bade, Ausländer – Aussiedler – Asyl.

10 Vgl. Am Orde, Sabine/Bax, Daniel: Bei uns kommt alles 25 Jahre zu spät. Interview mit Klaus J. Bade, in: Die Tageszeitung, 28.6.2012.

11 Hierzu: Bade, Abwehrhaltungen und Willkommenskultur.

12 Köhler: Integration verschlafen, in: Hamburger Abendblatt, 28.4.2006.

13 Hierzu: Bade, Leviten lesen, S. 54 f.

14 Schily, Otto: Integration. Alarmierender Einblick, in: Der Spiegel, 2005, Nr. 4. Vgl. auch Bade, Leviten lesen.

15 Integrationsbeauftragte Böhmer setzt auf frühkindliche Integration. Maria Böhmer will ‚Riesenversäumnisse' Deutschlands bei der Integration von Migranten aufarbeiten (Interview) in: Deutschlandradio Online, 13.9.2010.

16 Bade, Vom Auswanderungsland zum Einwanderungsland?, S. 116, 119.

17 Vgl. u.a.: Bade, Nachholende Integrationspolitik; ders., Versäumte Integrationschancen. Aus dem von mir eingeführten Begriff der ‚nachholenden Integrationspolitik' wurde in der politisch-semantischen Praxis ‚nachholende Integration'. Das vermied den Eindruck, man könnte politisch selber etwas versäumt und nachzuholen haben und nährte die Vorstellung, nur die Zu- bzw. Einwanderer und ihre Familien hätten in Sachen Integration etwas versäumt, obgleich Versäumnisse und Nachholbedarf in Integration und Integrationspolitik sicher gleichgewichtig waren.

18 Das Gupta, Oliver/Denkler, Thorsten: Die Leute müssen aus der Hängematte aufstehen. Gauck-Interview von 2010, wieder abgedruckt in: Süddeutsche Zeitung, 19.2.2012; Thiesenhausen, Friederike von: Migranten drängen Gauck zur Integration. Deutschtürken wegen Lob für Sarrazins ‚Mut' irritiert, in: Financial Times Deutschland, 22.2.2012.

19 Bade u.a., Einwanderungsgesellschaft 2010.

20 Kelek, Die fremde Braut, S. 260; hierzu Kap. 4.1-3.

21 Decker, Frank: Abschied von Multikulti. Stefan Luft plädiert für eine realistische Integrationspolitik in Deutschland (Rezension von: Stefan Luft, Staat und Migration. Zur Steuerbarkeit von Zuwanderung und Integration, Frankfurt a.M. 2009), in: Frankfurter Allgemeine Zeitung, 4.1.2010; zur Verbreitung über die Netzwerke des ‚Counterjihad' *(Politically Incorrect)* s. z.B.: Madrasa of Time. Time of Counterjihad, 4.1.2010 (http://madrasaoftime. wordpress.com/tag/iannaccone/).

22 Vgl. dazu zuletzt: Bade u.a., Einwanderungsgesellschaft 2010.

23 Vorausgegangen war das bald großes Aufsehen erregende Integrationsgutachten des Berlin-Instituts für Bevölkerung und Entwicklung (Woellert u.a., Ungenutzte Potenziale). Es kam bei rechnerisch solider Datenverarbeitung, aber methodisch problematischen Vergleichsgruppen und aufgrund von feuilletonistisch überzogenen Bewertungen gruppenspezifischer Integrationsbilanzen zu einem düsteren Bild insbesondere der türkisch-muslimischen Integration in Deutschland, die dann auch Thilo Sarrazin zu eingehenderer Beschäftigung mit den seines Erachtens ‚kulturellen' Hintergründen unterschiedlicher Integrationserfolge motivierte.

24 Der schillernde Begriff ‚Islamkritik', der von wertebezogener Religionskritik bis herab zur vulgär-aufklärerischen Islamdenunziation reicht, wird hier nur in Anführungszeichen verwendet (vgl. Kap. 3.2). Benz, Die Feinde aus dem Morgenland, S. 39-48.

25 Sarrazin, Deutschland schafft sich ab.

26 Bade, Ausländer – Aussiedler – Asyl.

27 Assheuser, Thomas/Mangold, Ijoma: Lust an der Herabsetzung. In seinem Buch ‚Die Panikmacher' warnt Patrick Bahners vor hysterischem Alarmismus. Ein Gespräch mit Patrick Bahners, in: Die Zeit, 21.2.2011. Zu Fragen der Homophobie und Gruppenfeindlichkeit. Neben vielen anderen Studien der Forschergruppe um Wilhelm Heitmeyer, dessen Reihe Deutsche Zustände, Bd. 1-10, Frankfurt a.M. 2002-2011.

28 Auswahldokumentation zur Debatte: Schwarz (Hrsg.), Die Sarrazin-Debatte; zur kritischen Auseinandersetzung mit Sarrazins Argumenten vor allem: Foroutan u.a., Sarrazins Thesen auf dem Prüfstand; dies./Canan, Fakten zur Bildungsbeteiligung von Personen mit türkischem Migrationshintergrund; vgl. daneben noch: Kröger, Michael: Sarrazin-Debatte. Es gibt keine Integrationsmisere in Deutschland, in: Spiegel Online, 7.9.2010; Bade, Klaus J.: Wer sind die eigentlichen Integrationsverweigerer?, in: MiGAZIN, 16.9.2010; Stanicic, Anti-Sarrazin; Röhl, Wir schaffen uns nicht ab; vorwiegend apologetisch: Bellers (Hrsg.), Zur Sache Sarrazin.

29 Gauland, Alxander: Lieber kämpfen als kuscheln. In den USA ist die Demokratie lebendiger als hier, in: Der Tagesspiegel, 12.11.2012.

30 Hierzu aus der Sicht konservativer Sozialkritik und kulturpessimistischer Islamkritik: Caldwell, Reflections on the Revolution in Europe; vgl. ders., Einwanderung ist die Sozialsysteme, in: Süddeutsche Zeitung, 7.12.2009; ‚Der Islam ist in Europa wichtiger als das Christentum'. Christopher Caldwell im Interview mit Mathieu von Rohr, in: Neue Zürcher Zeitung, 8.12.2009; Lau, Miriam: Zuwanderung. Abrechnung mit einem Mythos. Bereicherung oder Bedrohung. Der US-Journalist Christopher Caldwell hat die Geschichte der Immigration analysiert – und sieht für Deutschland und Europa dramatische Konsequenzen, in: Die Welt, 10.9.2009.

31 Vgl. Lau, Jörg: ‚Das wird man wohl noch sagen dürfen!', in: Die Zeit, 22.10.2009; ders., Die Vergiftung der deutschen Integrationsdebatte, in: Zeit Online, 22.10.2012.

32 Hierzu: Schiffauer, Der unheimliche Muslim; Bielefeldt, Das Islambild in Deutschland; Amirpur, Die Muslimisierung der Muslime.

33 Vgl. Oberndörfer, Muslime als normale Staatsbürger; Uslucan, Muslime zwischen Diskriminierung und Opferhaltung.

34 Buschkowsky, Neukölln ist überall; vgl. Topçu, Özlem/Wefing, Heinrich: ‚Da helfe ich gerne beim Kofferpacken'. Interview mit Heinz Buschkowsky, in: Die Zeit, 20.9.2012. Das Buch erschien erst während der Druckvorbereitungen und konnte deshalb hier nicht mehr näher einbezogen werden. Es sollte mich sehr wundern, wenn dieser provozierende Titel, der durch den Inhalt des Buches auch gar nicht gedeckt wird, von Buschkowsky selbst und nicht von der PR-Abteilung des Verlags stammen würde; denn er hat sich ausdrücklich immer wieder und in diesem Buch erneut von den Verallgemeinerungen bei Sarrazin distanziert und gerät durch den Titel nun in eine wohl eher unfreiwillige Nähe zu Sarrazin, der Buschkowskys Buch denn auch vollmundig begrüßt hat. Buschkowsky weiß sehr wohl, dass Neukölln eben nicht „überall" ist, nicht einmal in Neukölln selbst.

35 Neueste Gesamtdarstellung: Sundermeyer, Rechter Terror in Deutschland; argumentenetzwerk antirassistische bildung e.V./DGB (Hrsg.): Flächenbrand; zur ‚sanften' Machtergreifung am Beispiel der ‚braunen Landwirtschaft' s. Anm. 18; vgl. Anke Lübbert, Kameradschaft an der letzten Bushaltestelle. In Ostdeutschland vertreten mehr Jugendliche denn je ein ‚geschlossenes rechtsextremes Weltbild', in: Süddeutsche Zeitung, 17.12.2012.

36 Vgl. „Viel Aktionismus, wenig Empathie". Im Gespräch: Cem Özdemir, Grünen-Parteivorsitzender, in: Frankfurter Allgemeine Zeitung, 19.11.2011 („Wir wissen also seit über zwanzig Jahren, wie brandgefährlich der Rechtsextremismus in unserem Land ist. Aber er wurde verharmlost und nicht entschieden genug bekämpft."); SPD-Bundestagsfraktion, Härtere Strafen für fremdenfeindliche Gewalttaten („Spätestens seit der Zwickauer Terrorzelle ist klar: In Deutschland gibt es seit vielen Jahren braune Gewalt und Terror. 16.375 rechtsextreme Straftaten, darunter 762 Gewalttaten allein im Jahr 2010. Das ist die Realität, mit der wir uns endlich verstärkt auseinander setzen müssen."); Keller Claudia/Törne, Lars von: Dilek Kolat. „Die rechtsextreme Szene in Berlin breitet sich aus", in: Der Tagesspiegel, 12.3.2012; „Rechtsextreme Gefahr unterschätzt". Gespräch mit dem Vorsitzenden des NSU-Untersuchungsausschusses Sebastian Edathy, in: MiGAZIN, 9.7.2012; Blankennagel, Jens: Kampf gegen Neonazis als Verfassungsziel, in: Berliner Zeitung, 23.8.2012; Geyer, Steven: Warnungen vor weiteren rechten Terrorzellen. Bundeskriminalamt sieht Anschlaggefahr auch auf Politiker, in: Frankfurter Rundschau, 10.9.2012; zu Rostock-Lichtenhagen: Bax, Daniel: 20 Jahre Pogrom in Lichtenhagen. Interview mit Kien Nghi Ha, in: taz.de, 20.8.2012; Grimm, Rico: Rostock. Das große Verdrängen. 20 Jahre Rostock-Lichtenhagen, in: Spiegel Online, 21.8.2012; Wyssuwa, Matthias: Rostock. Was von den Feuernächten blieb. Krawalle in Rostock-Lichtenhagen, in: Frankfurter Allgemeine Zeitung, 23.8.2012.

37 Michael C. Schneider, Unrechtsstaat Deutsahland, in: http://www.pi-news.net/2012/12/unrechtsstaat-deutschland/(16.12.2012).

2. Sarrazin und sein Buch
‚Deutschland schafft sich ab'

2.1 Der Autor Thilo Sarrazin

Der promovierte Ökonom und Finanzpolitiker, frühere Berliner
Finanzsenator, spätere Frankfurter Bundesbankvorstand und –
wegen der Auseinandersetzungen um sein Buch und seine vorherigen öffentlichen Äußerungen zum Thema – in den vorzeitigen Ruhestand genötigte Auflagenmillionär Thilo Sarrazin hat
langjährige behördliche und politische Praxiserfahrung in leiten-
der Funktion in den verschiedensten Feldern. Das galt auch für
seine Erfahrungen als Redenschreiber für hochrangige Vorgesetzte unterschiedlicher politischer Provenienz, was, wie er mir einmal
sagte, seine Feder geschärft hat.

   Der Sohn eines Arztes mit hugenottischem Familienhinter-
grund und einer westpreußischen Gutsbesitzertochter, der öffentliche Auftritte in Nadelstreifenanzug und heroischer Pose
mit kämpferisch vorgestrecktem Kinn und vor der Brust verschränkten Armen liebt, ist eine im Blick auf seine beruflichen
Lebensleistungen Achtung gebietende Persönlichkeit, geizt aber
auch nicht mit Eigenlob: Er zeichnet nach seinem Selbstbild
verantwortlich für fulminante historische Lebensleistungen in
Schlüsselfunktionen, darunter für die Sanierung des Bundes-
haushaltes (Leiter des Ministerbüros), für die Konsolidierung
der Deutschen Bahn, für viele Grundentscheidungen als Leiter
des Referats für Finanzfragen des Verkehrs, der Bundesbahn und
der Bundespost an den Schalthebeln schlechthin („wenn ich
‚nein' sagte, stand alles still, einschließlich des Bundespostminis-
ters"), als Sanierer des rheinland-pfälzischen Haushaltes, als Be-
aufsichtiger der Treuhandanstalt und dann als Geschäftsführer
der Treuhandliegenschaftsgesellschaft, und von seiner Rolle in
der neueren Berliner Kommunal- bzw. Fiskalgeschichte (Haus-

haltssanierung) über die bundesdeutsche („Ich habe die deutsch-deutsche Währungsunion gemacht") bis zur europäischen Finanzgeschichte (Euro).[1]

Sarrazin hatte schon vor seinem Bestseller ein für einen nicht hauptberuflich wissenschaftlich, schriftstellerisch oder publizistisch Tätigen beachtliches Schriftenverzeichnis.[2] Sein Buch ‚Deutschland schafft sich ab' war also, im Gegensatz zu manchen Fehleinschätzungen, nicht etwa seine publizistische Erstgeburt, sondern nur sein Debüt als Star-Autor und Publikumsliebling mit Massenauflage. Bis zu seinem Bestseller war Sarrazin aber nicht durch sachhaltige oder gar wissenschaftlich fundierte Stellungnahmen zu Fragen von Integration und Migration bekannt geworden.[3]

Er blieb auch in seinem Buch weit zurück hinter der breiten und tiefgestaffelten interdisziplinären, insbesondere kultur-, sozial- und wirtschaftswissenschaftlichen Forschungsfront zu Migration und Integration; ganz abgesehen von seinen jenseits der Wirtschaftsgeschichte[4] und dem allgemeinen bildungsbürgerlichen Fundus eher anekdotischen historischen Kenntnissen und seiner gänzlichen Ahnungslosigkeit gegenüber den Ergebnissen von historischer Migrations- und Integrationsforschung. Er gründete seine Einschätzungen zu Migration und Integration stattdessen vorwiegend auf stark vereinfachende Positionierungen, Überblicke und wissenschaftlich gekleidete Meinungspublizistik à la Necla Kelek.

Sarrazin hat aber auch als politischer Praktiker, insbesondere in seiner Zeit als Berliner Finanzsenator (2002-2009), nicht nur nicht zur Begrenzung der in seinem Buch beklagten Fehlentwicklungen bei der Integration beigetragen, im Gegenteil: Die zur Sanierung des Berliner Gesamthaushalts von Finanzsenator Sarrazin erzwungenen, in ihren Folgen bis heute nachwirkenden einschneidenden Kürzungen in den Bereichen Bildung, Kita, Soziales und Polizei wirkten kontraproduktiv gerade für die Entwicklung von Integration und Sicherheit vor Ort, deren Mängel er heute beklagt.

Einschneidend habe sich zu seiner Zeit die Abschaffung der Vorschulklassen im Jahr 2003 ausgewirkt, schrieb rückblickend im September 2010 die Bildungsexpertin der *FAZ* Heike Schmoll: „Damals besuchten etwa 10.000 Kinder die Vorklassen, 14.000 andere der gleichen Altersstufe Kitas. Im Westteil Berlins waren Erzieherinnen oder Sozialpädagogen in Vorklassen eingesetzt, im Osten der Stadt ehemalige Unterstufenlehrerinnen. Die Vorklassen versuchten, Defizite bei den Kindern zu beheben, bevor sie in die Schule kamen. Die Vorklassenleiter haben Eltern beraten, Müttern einen Sprachkurs an der Schule vermittelt. Vor allem in der Sprachförderung haben sie Migrantenkinder weitergebracht. Für viele Familien war die kostenlose Vorklasse ein Ausweg, weil die Kindergartengebühren seinerzeit gerade erhöht worden waren." Die Kürzungen in vorschulischer und schulischer Bildung in der Berliner Sarrazin-Ära brachten einen „Teufelskreis" in Gang: „So hat Sarrazin auch selbst dafür gesorgt, dass seine Prophezeiung eintritt, dass der bildungspolitische Kampf kaum zu gewinnen sei, ‚in einer Struktur, wo die Zahl der Bedürftigen von Jahr zu Jahr steigt'".[5]

Ganz ähnlich urteilte zeitgleich der seinerzeitige Bundesinnenminister de Maizière: „Man wird ja immer an seinen Taten gemessen. Und wenn ich mir die Lage von islamischen Migranten in Berlin, Stuttgart und anderswo in Deutschland anschaue, stelle ich da erhebliche Unterschiede fest. Wenn man jahrelang als Finanzsenator Verantwortung in einer Stadt trug, in der die Missstände in der Tat nicht gering sind, dann sollte man auch deswegen mit Kritik zurückhaltend sein."[6] Dem entsprach auch das Urteil der Integrationsbeauftragten der Bundesregierung, Staatsministerin Böhmer, nach Bekanntwerden von Vorinformationen zu dem Sarrazin-Buch im August 2010: „Wer selbst im Glashaus sitzt, sollte nicht mit Steinen werfen."[7]

Das galt auch für Sarrazin persönlich: Der Finanzsenator fiel seinerzeit einerseits im Senat durch die meisten, nämlich mehr als 40 amtlich gemeldete Nebentätigkeiten (2008: 46)[8] und andererseits durch verachtungsvoll ätzende, von ihm auch rückblickend noch stolz präsentierte Sozialkritik auf: Heiner Geißler berichtete empört über „Thilo Sarrazin, der seinen armen Stadtbürgern, sprich Hartz-IV-Empfängern, in *Bild am Sonntag* einen Speiseplan erstellte, der zeigte [...], ‚wie man als Arbeitsloser von 4,65 Euro am Tag leben kann. [...] Sogar schon für 3,76 Euro am Tag gibt es drei volle Mahlzeiten', sagte der Senator, der Vorstandsmitglied der Deutschen Bahn Netz AG war, in Aufsichtsräten sitzt und damals 11.000 Euro Monatsgehalt bezog."

Solche Vorstellungen seien „ein typisches Beispiel für die immer weiter voranschreitende Verrohung der Sitten gegenüber armen Mitbürgern", schreibt Geißler. „Ich hätte damals auch nicht gedacht, dass ein Landesminister wie dieser Senator eines Tages mit ‚Geiz ist geil'-Parolen arme Leute folgenlos verhöhnen darf. Aber es ist so. [...] Wenn Massenarmut einmal in Wut und Aggression umschlagen sollte, wozu die Deutschen länger brauchen als die Angehörigen anderer Nationen, dann tragen die Hartz-IV-Erfinder [...] und nicht zuletzt Provokateure wie Sarrazin dafür die Verantwortung."[9]

Auch die langjährige Ausländerbeauftragte Berlins, Barbara John, die heute u.a. als Ombudsfrau für die Angehörigen der Opfer der Serienmorde des ‚Nationalsozialistischen Untergrunds' (NSU) tätig ist, teilte diese Empörung über Sarrazins sozialsarkastische Äußerungen. „Was er sagt, ist abwertend, niedermachend, destruktiv und ausgrenzend", urteilte John. „Je niederträchtiger er zugeschlagen hat, etwa gegen Hartz-IV-Empfänger, desto höher ist er aufgestiegen. Ich will das eigentlich nicht glauben, aber es drängt sich der Verdacht auf, dass es in bestimmten Kreisen der deutschen Elite durchaus üblich ist, so verächtlich über Menschen zu reden, die täglich ihren schweren Dienst versehen oder am untersten Ende der sozialen Stufenleiter stehen. Da leben einige in dieser arroganten Selbstgerechtigkeit: Wir sind die eigentlichen Leistungsträger im Land."[10]

Das alles befremdet umso mehr, wenn man bedenkt, dass auch die Familie Sarrazin einschlägig betroffen ist, weil Sarrazins Sohn Richard Sarrazin selber zur Hartz-IV-Klientel zählte, Anfang 2011 einen Ein-Euro-Job als Garten- und Landschaftshelfer auf einem Friedhof antreten musste und von dem Magazin *Die Bunte* mit den Worten zitiert werden konnte: „Es ist eigentlich ganz gut, arbeitslos zu sein und nicht gebraucht zu werden, weil man dann sein Lebenstempo selbst bestimmen kann." Das wiederum führte er ausgerechnet auf autoritäre Überforderungen in der Jugend durch die Mutter, die Grundschullehrerin Ursula Sarrazin, zurück, die auch an ihren Schulen als ungewöhnlich strenge Lehrerin galt: „Sie ist gern zu streng und übertreibt es mit Verboten und Aufsicht. Das ging mir tierisch auf die Nerven."

Der in einem Plattenbau wohnende, von den Medien bestürmte Sohn Richard Sarrazin, der sich selbst „das schwarze Schaf der Familie" nennt, war für den verachtungsvoll sozialkritischen und auf Sanktionen pochenden Vater peinlich redselig. Nachdem der Vater vergeblich versucht hatte, die Verbreitung des Interviews mit der *Bunten* durch einen Medienanwalt unterbinden zu lassen, wurde der redselige Sohn alsbald mit unbekannter Adresse aus dem Medienverkehr gezogen, blieb aber über Facebook trotzig erreichbar.[11] Die an die Öffentlichkeit geratenen Schulprobleme seiner Gattin, die auch schon wiederholt zu Elternprotesten gegen die stark leistungsorientierte, aber offensichtlich auch ungewöhnlich strenge Lehrerin geführt hatten, die sich unter zunehmendem öffentlichen und dann auch dienstlichen Druck vom Schuldienst befreien ließ, quittierte Sarrazin mit der Erklärung: „Meine Frau wird gemobbt, weil ich prominent bin".[12]

Der gern als kantiger Polemiker und Sarkast auftretende Thilo Sarrazin ist ein in Kontroversen gefährlicher, weil situativ unberechenbarer, stets auf Show- bzw. Publikumseffekte zielender Streiter. Er „findet seine narzisstische Erfüllung in der Provokation", urteilt Rafael Seligmann, Begründer der *Jüdischen Zeitung* und Chefredakteur der deutsch-amerikanischen Monatszeitung *The Atlantic Times*.[13] Er hat darüber hinaus nicht nur eine – schon als Finanzsenator immer wieder zur Schau gestellte

und mir auch von dem Bezirksbürgermeister von Berlin-Neukölln, Heinz Buschkowsky, bestätigte – geradezu notorische
Freude an der Verletzung anderer und darüber hinaus an der
abschätzigen Schmähung ganzer Sozialmilieus im Sinne dessen,
was der frühere *FAZ*-Chefredakteur und heutige Kulturkorrespondent der New Yorker *FAZ*-Redaktion Patrick Bahners eine
„Rhetorik der Verachtung" genannt hat.[14]

Dazu gehören kulturrassistische Argumentationsformen, zu
denen der im türkischen Kayseri geborene Direktor des Essener
Zentrums für Türkeistudien und Integrationsforschung und
Professor für Moderne Türkeistudien an der Universität Duisburg-Essen, der Sozialpsychologe Haci-Halil Uslucan an die
berühmte Studie von Norbert Elias über ‚Etablierte und Außenseiter' erinnert und einen hier zentralen Gedanken von Elias
über die Beziehung von Alteingesessenen und Neuhinzugekom-
menen treffend so zusammengefasst hat: „Die Mehrheitsgesellschaft identifiziert sich mit den besten ihrer Vertreter, die Minderheit wird aber mit den negativsten Exemplaren ihres kulturellen oder ethnischen Hintergrundes gleichgesetzt. Am Ende
wird in jedem Deutschen ein Goethe oder ein Thomas Mann, in
jedem Polen aber ein potenzieller Autoknacker, in jedem Türken
ein Gewalttäter gesehen."[15]

Sarrazin argumentiert in seinen übergangslos zwischen Sach-
kritik und Polemik oszillierenden Statements auch oft in einer
Mischung von mehr oder minder präzisen Sachaussagen und
fairen oder sogar gladiatorisch-honorigen Gegner-Bewertungen
mit gezielt selektiver Wahrnehmung bzw. grob denunziativer
Entstellung von angegriffenen Positionen, Argumentationen
und Personen.[16] Zugleich ist Sarrazin schwer zu fassen und noch
schwerer argumentativ zu stellen, weil er, wie Necla Kelek, mitunter einem argumentativen Freistil-Kämpfer gleich immer
wieder die Stellung wechseln, hier ausweichen, da nachstoßen
kann, um sich dann wieder achselzuckend zurückzulehnen: „Er
will die Abwehr und den Kompromiss zugleich, und so entsteht
das dauernde Hin und Her zwischen Behauptung und Relativie-

rung, zwischen These und Beschwichtigung, das Thilo Sarrazins öffentliche Auftritte kennzeichnet."[17]

Ein Auseinanderheben der genannten verschiedenen Ebenen der Sarrazin-Debatte (Kap. 2.3) ist Thilo Sarrazin gegenüber keine exkulpierende Relativierung: Einerseits geht es hier nicht um ein Tribunal mit bewertender Einbeziehung gegebenenfalls mildernder Umstände, sondern um eine kritische zeithistorische Auseinandersetzung. Andererseits würde sich Sarrazin, so wie ich ihn kenne, eine Art relativierende ,Entschuldigung' wohl auch entschieden verbitten, obgleich er sich, wie er mir in unserer kurzen Korrespondenz einmal kokettierend mitteilte, in der ihm medial zugewachsenen Zwitterposition zwischen Heros und Opfer zeitweise durchaus unwohl fühlte.

Außerdem sollte spätestens seit dem letzten deutschen ,Historikerstreit' zum Allgemeinwissen gehören, dass Differenzierung nichts mit entlastender Relativierung zu tun hat. Das aber hat sich im Bereich von ,MultiKulti-Kritik' und ,Islamkritik' wohl zum Teil noch nicht herumgesprochen. Davon zeugt Necla Keleks Agitation gegen kulturellen „Relativismus" ebenso wie die Warnung vor einer angeblichen „Differenzierungsfalle", die Seyran Ateş zu dem bemerkenswerten Räsonnement animierte: „Wer zu viel differenziert, differenziert Probleme weg".[18]

Mehr noch: Der schon als Berliner Senator stark öffentlichkeitsorientierte, im erstrebten Scheinwerferlicht dann aber nicht selten auch chamäleonartig bescheiden argumentierende Autor Sarrazin ist ein scharf und kühl kalkulierender publizistischer Stratege. Er stand und steht nicht nur gerne im Vordergrund von mit seinem Namen verbundenen Mediendiskussionen. Er hält dabei auch bis heute an abwegigen, schon frühzeitig widerlegten Thesen fest, die aber anhaltend öffentlichkeitswirksam sind, weil sie gängige Vorurteile bestätigen. Bei allem, was der Auflage seines Buches zu Gute kommen konnte, hat Thilo Sarrazin bis zum Ende des Beobachtungszeitraums bereitwillig mitgewirkt, auch wenn er gelegentlich hinterher angeblich überzogene Berichterstattungen monierte.[19] „Ich kenne ihn seit Jahren", berichtete im September 2010 der damalige Bundesinnen-minister de Maizière. „Er hat einen großen Geltungsdrang. Er ist ein Mann, der von Provokationen lebt. Bisher hat er es genossen, dass über seine provokanten Äußerungen gestritten wird. Jetzt hat er erstmals seine Provokationen zum Gelderwerb eingesetzt, indem er damit für den Verkauf seines Buches wirbt."[20]

Thilo Sarrazin tritt in Zusammenarbeit mit verschiedenen Medien nicht nur als publizistischer Kämpfer für die seines Erachtens gute Sache, sondern auch als Agent Provocateur auf, um bei erwartbarer Gegenwehr sogleich den Empathie weckenden Märtyrer zu geben. De Maizière, der dieses Märtyrer-Management im Rollenwechsel durchschaute, berichtete, dass Sarrazin „sich geradezu danach sehnt, dass man ihm den Grenzverstoß vorwirft. Er will sich als Opfer stilisieren, weil sich dann sein Buch noch besser verkauft."[21]

Ein Beispiel, das zugleich Einblick in die einschlägige mediale Kampagnenarbeit gibt, war im Juli 2011 Sarrazins Besuch in Berlin-Kreuzberg. Er war als provokantes Skandalon geplant, um nach dem Abrutschen des Buchtitels auf den Bestsellerlisten eine Renaissance der Sarrazin-Debatte auszulösen: Es ging um einen ZDF-Vorläufer (‚Aspekte') zu einem geplanten RBB-Film zum einjährigen Jubiläum des Erscheinens seines Buches ‚Deutschland schafft sich ab'. Sarrazin besuchte dazu – ihm nach eigenem Bekunden bis dahin persönlich gar nicht bekannte – zentrale Orte in dem gern pauschal als Musterbeispiel angeblich misslungener Integration vorgeführten Berliner Stadtteil Kreuzberg, in dem insbesondere muslimische Bewohner sich von seinen Thesen angeprangert und bloßgestellt fühlen konnten.

Sarrazin kam aber nicht als Privatperson nach Kreuzberg. Er ließ sich mit medialer Entourage, also gezielt Aufsehen erregend, durch Kreuzberg geleiten: begleitet von einem Kamerateam und der Berliner Journalistin türkisch-kurdischer Herkunft Güner Yasemin Balci (‚Arabboy', ‚ArabQueen'), die den RBB-Film produzieren sollte, aber vorab zusätzlich auch noch den ZDF-Beitrag machen wollte, was, wie sich alsbald zeigten sollte, dem

RBB mit seinem Exklusivitätsinteresse wenig gefiel. Der Auftritt führte erwartungsgemäß dazu, dass Sarrazin bei seinen vor laufender Kamera, zunächst auf dem Obst- und Gemüsemarkt am Maybachufer, gesuchten bzw. provozierten Interviews nicht nur mit Antworten auf seine Fragen, sondern auch mit Kritik und Protestrufen aus dem Hintergrund bedacht wurde. Er quittierte das mit einer Mischung von Verletzungsempfinden („beleidigend"), aber auch herabsetzender Schmähung („strohdumm") und fühlte sich genötigt, den „Türkenmarkt" zu verlassen.

In dem berühmten kleinen Kreuzberger Szenelokal ‚Hasir', in dem angeblich der ‚Döner' erfunden worden ist, wurde er zunächst durchaus freundlich empfangen. Als aber schließlich rund zwei Dutzend Sarrazin-Kritiker und Schaulustige nachdrängten, wurde er aus Sicherheitsgründen gebeten, den Engpass im Eingangsbereich des Lokals zu räumen. Er musste daraufhin mit seinem medialen Tross auch hier abziehen, was seinen skandalisierenden Intentionen ebenfalls entsprochen haben dürfte; denn wer sachbezogene bzw. themenorientierte Interviews führen will, tritt zweifelsohne nicht unangemeldet mit Journalisten- und Kamerabegleitung in einem kleinen Speiselokal auf. Eine mit dem Gemeinderat der Aleviten tatsächlich verabredete Diskussion kam, zumal nach dieser Eskalation, erst gar nicht mehr zustande. Den Abbruch seines medialen Kreuzberg-Auftritts wertete Sarrazin, die Relation von Aktion und Reaktion in der provozierten Konfliktsituation geradewegs umkehrend, in der Presse als Bestätigung seiner düstersten Zukunftserwartungen schon in der Gegenwart.[22]

All dies spiegelte sich in der kampagnenartigen, auf die besagten Märtyrereffekte zielenden medialen Berichterstattung, bei der z.B. die _Welt_ mit ihrer Sarrazin besonders gewogenen Stellvertretenden Chefredakteurin Andrea Seibel in einem reißerisch aufgemachten Cover-Artikel und zugleich in Großformat im Politik-Teil unter den Überschriften berichtete: „‚Hau ab!' Was Sarrazin in Kreuzberg erlebte" und „Kreuzberg schafft sich ab: Thilo Sarrazins Besuch bei denen, die sich als seine Opfer sehen

und deshalb lautstark intolerant werden" (Güner Balci), unterstützt von einem Info-Schaukasten „Sarrazin raus aus Kreuzberg" und dem Hinweis auf „Sarrazins ausführlichen Bericht" in
der tags darauf folgenden *Welt am Sonntag.*[23]

Um die propagandistische Wirkung zu erhöhen, wurde der
polemische Artikel von Güner Balci „Kreuzberg schafft sich ab"
unter gleichem Titel, aber ,mit verändertem, Ursache und Wirkung verkehrendem Lassotext („Migranten als Opfer, Sarrazin
als Täter") und nur winzigen redaktionellen Veränderungen im
Text nicht nur in der *Welt* veröffentlicht, sondern am gleichen
Tag auch noch in der ebenfalls zum Springer-Konzern gehörenden *Berliner Morgenpost* (Stellv. Chefredakteurin ebenfalls Andrea Seibel) gedruckt.[24]

In der *Welt am Sonntag* konnte Sarrazin tags darauf, zum wiederholten Mal begleitet von einer Werbeanzeige für sein Buch,
nach eigener Wahrnehmung zutreffend, nach Angaben anderer
Berichterstatter[25] einseitig überzogen bis gezielt falsch berichten,
er sei „wie ein geprügelter Hund vom MultiKulti-Kiez verjagt"
worden: „Ein verdienter ehemaliger Berliner Senator, der sich
nichts hat zuschulden kommen lassen, außer ein Buch mit un-
willkommenen Zahlen und deren Analyse zu schreiben, wird aus
einem zentralen Berliner Stadtteil, der nach eigenem Selbstverständnis die Speerspitze der Integration in Deutschland darstellt,
förmlich heraus gemobbt. Wehe uns, wenn, wie viele hoffen,
Kreuzberger Zustände die Werkstatt des künftigen Deutschland
sind."[26] Der Märtyrer ging wieder um. Wer ,die' diffus insinuier-
ten ,Vielen' sein sollten, die angeblich ,Kreuzberger Zustände' als
Zukunftstraum herbeisehnen, blieb das im Dunkeln gehaltene
und deshalb weder zu enthüllende noch zu widerlegende Geheimnis dieser demagogisch pauschalisierenden Denunziations-
rhetorik.

Sogleich meldete sich auch die Sarrazin-freundliche *Bild*-
Zeitung mit einer Batterie von einschlägigen Empörungsarti-
keln und -zitaten zu Wort.[27] Nach dem starken Abflauen der
Sarrazin-Debatte seit dem Frühjahr 2011 schien sich Sarrazins

illustre PR-Welt im Sommerloch 2011 abrupt wieder zu entfalten, ganz wie im Jahr zuvor; denn es waren just solche kampagnenartigen medialen Provokationen, mit denen Sensationsmedien im ‚heißen' Sarrazin-Herbst 2010 die Sarrazin-Debatte zu einem nationalen Event hochgetrieben hatten.[28]

Das Massaker des zur Enttäuschung erwartungsfreudiger islamfeindlicher Netzwerk-Agitatoren[29] nicht islamisch-fundamentalistisch, sondern christlich-fundamentalistisch, antimultikulturell und antiislamisch motivierten norwegischen Terroristen Breivik vom 22. Juli 2011, der mit seiner Tat zur Rettung der „norwegischen Urbevölkerung" vor der „Islamisierung" aufrufen[30] wollte, übertönte in seinem Medienecho bald alle anderen Sensationsmeldungen. Das setzte wenige Tage nach dem strategisch inszenierten Kreuzberg-Skandalon dem Sommertraum von der medialen Sarrazin-Renaissance fürs Erste ein Ende.

Sarrazins Kreuzberg-Abenteuer blieb eine bizarre PR-Episode, die ihre Akteure nur blamierte und einmal mehr das Drehbuch der Skandalisierung enthüllte. Zu einem Flop wurde auch die RBB-Produktion, mit der Sarrazins journalistische Begleiterin Güner Balci beauftragt war. Sie wurde nach dem Debakel mit mysteriösen Argumenten abgesagt. Was blieb, war ein nicht nur fader, sondern fauliger Nachgeschmack, bei dem man nicht recht unterscheiden konnte, was Ursache oder Ergebnis war – eine „Falle namens Thilo Sarrazin", eine „Affäre Güner Balci" oder eine Affäre von ZDF und RBB.[31]

Weitgehend ungehört blieb die Stimme einer beteiligten Zeugin der von Sarrazin und Balci auch nach anderen Zeugenberichten[32] einseitig bis falsch dargestellten Kommunikation mit dem „Kreuzberger Mob". Sarrazin habe sie, eine Deutsche türkischer Herkunft, als „strohdumm" beschimpft, ihren männlichen Begleiter als „linksradikalen Faschisten" denunziert und ihm überdies das Recht abgesprochen, „sich zu empören, weil er nicht aus Deutschland stamme und sich deshalb ‚als Gast' zu verhalten habe".

Nicht erwähnt habe Balci auch, „dass Sarrazin die alevitische Gemeinde, die ihre Begründung für die Ablehnung seines Buches in einer friedlichen und ausführlichen Rede vorgetragen hat, als ,antidemokratisch' abgewertet hat." Die in einen satirischen Offenen Brief an die „Liebe Große Schwester Güner" („Sevgili Güner-Abla") gekleidete, in dem auf Migration und Integration spezialisierten Internetmagazin *MiGAZIN* veröffentlichte Kritik an Balci und an der leitmedialen Pro-Sarrazin-Kampagnenarbeit mündete in eine Art multikulturelle Kreuzberger Protestnote:

„Also sag mir doch bitte, aus welchem Grund ihr uns KreuzbergerInnen ,spontan und ohne großes Aufsehen' besuchen gekommen seid. Warum ist Dein Begleiter nicht vor seinem Bestseller auf die Idee gekommen, sich die Probleme und Sorgen der KreuzbergerInnen – speziell mit Migrationshintergrund – anzuhören, denn ein Dialog bedeutet auch zuhören. […] Wir werden uns von Euch nicht verbieten lassen, zu sprechen; denn wir sind gleichberechtigte BürgerInnen dieser Stadt und haben Mitspracherecht vor allem, wenn es um uns geht. Eure Aktion hat uns außerdem deutlich gemacht, dass wir uns nicht abschaffen lassen werden. Beri vom ,Kreuzberger Mob'".[33]

Die vorzugsweise mit Integrationsproblemen beschäftigte Publizistin Güner Balci betätigte sich nach dem Abklingen der Sarrazin-Debatte auf dem Bestsellermarkt als Steigbügelhalterin für den Sarrazin-Nachfolger Heinz Buschkowsky: Sie übernahm bei dessen Buchvorstellung (,Neukölln ist überall') im Oktober 2012 die Funktion, die Necla Kelek rund zwei Jahre zuvor bei der Vorstellung von Sarrazins Buch ,Deutschland schafft sich ab' erfüllt hatte.[34]

Der schon erwähnte zweite, nicht minder vergebliche mediale Startversuch zu einer Neuauflage der Sarrazin-Debatte folgte Anfang Januar 2012. Es war die abermals kraftvoll medial begleitete Präsentation der Taschenbuchausgabe des Sarrazin-Buches mit einem längeren, auch mir als Wissenschaftler und als SVR-Vorsitzendem geltenden, in den Medien als ,Abrechnung' verstandenen Gegenangriff des Autors im Vorwort. Diesmal geriet der mediale Wiederbelebungsversuch der ‚Sarrazin'-Debatte in den Schatten der seit Ende 2011 anhaltenden Diskussion um die schockierende Aufdeckung der Serie von mörderischen Gewaltverbrechen der ebenfalls ausgeprägt xenophoben und insbesondere islamophoben, schon seit 1998 bestehenden ‚Zwickauer Zelle' aus dem ‚Nationalsozialistischen Untergrund' (NSU). Mit Entsetzen erfuhr die Öffentlichkeit von dem scheinbar bundesweiten Unterstützerkreis dieser rassistischen Mörder und einem noch größeren antiislamischen Sympathisantenkreis, der die ‚Dönermorde' im Internet sogar offen als heroische Leistung im völkischen Kampf um Deutschlands Zukunft gewertet hatte.

Zunehmend richtete sich dabei ein fürchterlicher Verdacht gegen Strukturen, Agentenführer und V-Leute des ‚Verfassungsschutz' genannten deutschen Inlandsgeheimdienstes. Seine Blamage wurde bald nicht mehr nur mit ‚Pannen' und Organisationsproblemen, sondern mit strukturellem Unvermögen und sogar mit dem Verdacht der Ermittlungsbehinderung und der Vertuschung von Versagen oder gar Verwicklung begründet. Das führte zu reihenweise eingerichteten Untersuchungskommissionen, zum Rücktritt des Präsidenten des Bundesamtes für Verfassungsschutz sowie zu Rücktritten bzw. Amtsenthebungen oder Versetzungen von vier weiteren Verfassungsschutzleitern auf Länderebene (Sachsen, Thüringen, Sachsen-Anhalt, Berlin) und zur internen Versetzung von zahlreichen leitenden Beamten aus den Polizeibehörden. Am Ende standen Existenzfragen für den Verfassungsschutz selbst und kurzfristig auch für den Militärischen Abschirmdienst (MAD).[35]

Die Aufsehen erregende und wegen auffälliger ‚Pannen' unnötig späte Aufdeckung des zweiten großen, diesmal deutschen islamfeindlich-rassistischen Terrorfeldes blockierte nicht nur abermals die geplante Sarrazin-Renaissance. Sie potenzierte in der verstärkenden Anschlusswirkung an das Echo des ebenfalls vorwiegend antiislamisch motivierten norwegischen Blutbades

vom Juli 2011 sogar die Desorientierung in den Sarrazin stüt-
zenden Kreisen der publizistischen ‚Islamkritik'; denn sie beleuchtete unübersehbar grell die Übergänge von Wortgewalt zu
Tatgewalt an der schwimmenden Grenze zwischen werteorien-
tierter Religionskritik, scheinaufklärerischer ‚Islamkritik'[36] und
antiislamischem Kulturrassismus.[37]

Das wiederum veranlasste in Kreisen der publizistischen ‚Islamkritik', bevor noch einschlägige Kritik überhaupt hörbar
geworden war, nicht nur verräterisch vorauseilende Selbstvertei-
digungsversuche. Es führte sogar zur nervösen Androhung von
juristischen Schritten gegen etwaige Versuche, den gewaltbereiten Antiislamismus, der sich auf die ‚islamkritische' Publizistik
berief, mit den ‚islamkritischen' Publizisten in Verbindung zu
bringen.[38]

2.2 Sozialkritik und Kulturpessimismus

Im Frühjahr 2010 hatte die im ersten Jahresgutachten des Sachverständigenrats unter dem Titel ‚Einwanderungsland 2010'
präsentierte, verhalten positive Erfolgsbilanz in Sachen Integration in Deutschland national und international Aufsehen erregt.
Die Botschaft hatte die unter dem Motto ‚Integration gescheitert'
unausgesetzt skandalisierende Desintegrationspublizistik in die
Schranken gewiesen. Dann brachte die im Spätsommer 2010
einsetzende Sarrazin-Debatte einen Rücksturz hinter das gerade
erreichte Diskursniveau. „Auffällig ist, dass die Debatte um die
Integration von Migranten gerade jetzt so eskaliert, wo deren
Erfolge sichtbar werden", schrieb treffend im September 2010
der *taz*-Redakteur Daniel Bax.[39]

Schon im Vorfeld hatten diverse, soziale Probleme und Integrationsfragen skandalisierende öffentliche Bemerkungen Thilo
Sarrazins für Aufsehen und Empörung gesorgt. Am bekanntesten wurde dabei 2009 ein Interview in der Kulturzeitschrift
Lettre International, in dem der noch an seinem Buch schreiben-
de Autor mit absurd überzogenen und bald berüchtigten Re-

densarten wie ein trompetender Elefant durch den interkulturellen Porzellanladen trampelte: „Die Türken erobern Deutschland genauso, wie die Kosovaren das Kosovo erobert haben: durch eine höhere Geburtenrate", war dort zu lesen. Und: „Ich muss niemanden anerkennen, der vom Staat lebt, diesen Staat ablehnt, für die Ausbildung seiner Kinder nicht vernünftig sorgt und ständig neue kleine Kopftuchmädchen produziert. Das gilt für 70 Prozent der türkischen und 90 Prozent der arabischen Bevölkerung in Berlin." Nichts davon war richtig, alles war überzogen bis falsch und mit phantasievollen Zahlenangaben garniert. Das galt auch für Sarrazins Hammelhöllen-Bericht über die mir als Anwohner im Berliner Bezirk Mitte/Tiergarten wohlbekannte, 2012 geschlossene, bis dahin vorwiegend von deutsch-türkischen Familien genutzte Grillwiese im Berliner Tiergarten in Sichtweite des Sitzes des Bundespräsidenten im Schloss Bellevue: „Die Stadtreinigung räumt jeden Montag im Tiergarten 20 Tonnen Hammelreste der türkischen Grillfeste weg." [40] Plakativer Nonsens: Die Gewichtsangabe war eine kasinoreife Lachnummer und die Stadtreinigung war für die Parkanlagen gar nicht zuständig.

Schon Ende 2009 warnte das Präsidiumsmitglied der Islamkonferenz Badr Mohammed, dass sich Muslime in Deutschland durch Sarrazins Äußerungen getroffen und herabgewürdigt fühlten, und bat sogar Bundeskanzlerin Merkel um eine Intervention: „Sarrazin ist ein gefährlicher Prediger auf der christlichen Seite", schrieb Badr Mohammed. Er würde „ständig Öl ins Feuer gießen und so zu einer Anti-Islam-Stimmung beitragen." Dieser mutwillig und konfliktfreudig forcierte, gefährliche Kulturkampf müsse ein Ende haben. [41]

Die „verführerische Logik der Demagogie" aber entfaltete bei Sarrazin eine doppelte Eigendynamik, so Andrian Kreye, Schriftsteller, Erzähler, Dokumentarfilmer, früherer *FAZ*-Mitarbeiter und heute einer der beiden Feuilletonchefs der *Süddeutschen Zeitung*: Einerseits provozierte sie auf dem Markt der Meinungen das „Gütesiegel für jede populistische Debatte", das in dem Satz zum Ausdruck kommt: „Endlich sagt's mal einer". [42] Das Ergebnis war eine unerhörte Öffentlichkeitswirkung.

Andererseits brachte der Sog dieser Wirkung den Polemiker und Sarkasten Sarrazin vollends auf die Bahn, auf der sein Buch ‚Deutschland schafft sich ab' in der Form entstand, in der es Ende August 2010 erschien. Es war in wesentlichen Argumentationskreisen die datenreiche, deshalb in einer zahlengläubigen Welt wissenschaftlich wirkende, aber doch oft nur objektivistisch-scheinwissenschaftliche Begründung von vorausgegangenen skandalisierenden Thesen, insbesondere in seinem erwähnten, schon bald legendären Interview in *Lettre International.*

Ganz ähnlich hat im August 2010 Matthias Dobrinski, Redakteur der *Süddeutschen Zeitung,* diese selbstentfachte und dann außer Kontrolle geratene Eigendynamik auf Sarrazins Weg zu argumentativen Allzuständigkeitsvisionen beschrieben und diese megalomane Derivation mit derjenigen der deutsch-türkischen Erfolgsschriftstellerin und Sarrazin-Beraterin Necla Kelek verglichen: „Manchmal hat einer eine Idee. Diese Idee ist oft gar nicht so dumm und meist zumindest der Diskussion wert. Dann aber passiert etwas geradezu Unheimliches: Die Idee gewinnt Herrschaft über den, der sie geboren hat, sie wird selbständig und immer radikaler; ihr Urheber wird zu ihrem geistigen Sklaven. Bei Necla Kelek ist das so passiert, der Soziologin, die erst das Elend vieler muslimischer Frauen in Deutschland öffentlich machte und jetzt am liebsten den Islam abschaffen würde. Bei Thilo Sarrazin ist das auch so passiert [...]. Zu Recht hat er mehr Eigenverantwortung und Engagement von Sozialhilfeempfängern und Migranten gefordert. Heute baut er darauf eine Sozialphilosophie auf, in der es um nicht weniger als um den Erhalt des deutschen Vaterlandes geht. Sarrazin, der Gefangene seiner Idee, hat diese Philosophie nun in ein Buch gefasst, das mit großem Tamtam vorgestellt, vorabgedruckt und wohl auch in großer Zahl verkauft wird."[43]

Die aggressive PR-Strategie des zum Konzern Random House (Bertelsmann) gehörenden Verlags (DVA) und das Auflagen-

bzw. Quoteninteresse der Sensationsmedien ließen die Verkaufs-
kurve des Bestsellers mit innerhalb von knapp drei Monaten
(Mitte Juli bis Anfang Oktober 2010) bereits 1,1 Millionen
verkauften Exemplaren – nicht insgesamt, aber auf der Zeitachse
– alle seit dem Zweiten Weltkrieg in Deutschland bekannten
Sachbuch-Rekorde brechen.[44]

Multipliziere man diese Zahl mit dem Leserkoeffizienten von
12 pro Exemplar, kalkulierte der Sozialhistoriker Hans-Ulrich
Wehler, „könnten etwa 24 Millionen Leser dank mehr oder minder intensiver Lektüre mit dem Inhalt dieses Buches in Berührung
kommen."[45] Dieser sicher weit überzogenen Kalkulation wird
man entgegenhalten müssen, dass viele Leser nur durch die intensive Mediendebatte animiert wurden, das Buch zu kaufen oder
sogar, durch die erwähnten Märtyrereffekte motiviert, geradewegs als Protestkäufer handelten, das Buch dann aber doch nicht
gelesen, sondern nur einmal ‚in die Hand genommen' haben
könnten in der – meist falschen – Annahme, das Wichtigste ohnehin schon aus den Medien zu kennen. Das ändert nichts an der
Tatsache, dass das Buch und die öffentliche Diskussion darüber
ein kommunikatives Ereignis erster Ordnung waren.

Das Sarrazin-Buch und mehr noch die Sarrazin-Debatte
schlossen in Teilen an die Debatte an, die der Philosoph Peter
Sloterdijk 2009 mit elitär-sozialkonservativen Essays wie ‚Aufbruch der Leistungsträger' und ‚Die Revolution der gebenden
Hand' entfacht hatte. Im Zentrum seines Vorstoßes stand die
These von der Tendenz zur „Ausbeutungsumkehrung" im modernen Sozialstaat, in dem „die Unproduktiven mittelbar auf
Kosten der Produktiven leben". Das, so Sloterdijk, sollte die von
der „nehmenden Hand" ausgebeutete „gebende Hand" im eigenen, aber auch im aufgeklärten Gemeininteresse zu einem „anti-
fiskalischen Bürgerkrieg" animieren, der „zur Abschaffung der
Zwangssteuern und zu deren Umwandlung in Geschenke an die
Allgemeinheit" führen könnte.[46]

Andrian Kreye hat dazu in einem kritischen Vergleich im
September 2010 geurteilt: „Der entscheidende Unterschied

zwischen Sloterdijk und Sarrazin liegt in der Rhetorik und im Denken: Sloterdijk ist ein Meister des analytischen Denkens, Sarrazin ist ein meisterhafter Analytiker." Der eine suche nach großen Zusammenhängen, der andere nach Belegen für große Vereinfachungen, in deren Zentrum die Sarrazin-Debatte von Beginn an drei sarrazinöse Shortcomings gerückt habe: „die Ethnisierung des Klassenproblems; die eugenische Betrachtung eines Bildungsproblems; und die segregationistische Behandlung des Integrationsproblems."

Das demagogische Geheimnis des Sarrazin-Buches ankert, so betrachtet, in verlockender Komplexitätsreduktion: in der gezielten Vereinfachung komplexer Zusammenhänge in einem geschlossenen, in sich stimmig wirkenden Wirtschafts- und Gesellschaftsbild, in dessen Segmenten einzelne Leitgedanken so lange gewendet und zugeschliffen werden, bis ihre Probleme auf eine große Ursache zurückgeführt werden können, für die es folgerichtig auch nur eine große Lösung gibt. Die Durchschlagskraft seiner Argumente ergab sich dabei nicht nur aus den so konstruierten, unmittelbar einleuchtenden, wenn auch oft nur vermeintlichen Heureka-Effekten, sondern, so Kreye, auch daraus, dass Sarrazins Buch „nicht von der intellektuellen Lust am Gedankenspiel getrieben ist, sondern vom populistischen Instinkt, verborgene Ängste anzusprechen".[47]

Die fragwürdige ‚Meisterschaft‘ des Analytikers Sarrazin lag dabei in einer ebenso materialaufwendigen wie vordergründigen, doppelbödig ergebnisorientierten Analyse-Technik: Sarrazin griff auf wirtschafts-, sozialwissenschaftliche und demoökonomische Ergebnisdaten zurück, meist ohne deren Genese, ihren Kontext und die dadurch bedingten Grenzen ihres Informationswerts einzubeziehen[48], und setzte sie nach dem Baukastenprinzip als Erklärungs- oder Lösungsblöcke zur Sicherung seiner eigenen Ergebnisse ein. Wer aber, so kritisierte Kreye zu Recht, „vollkommen antihistorisch argumentiert und zugleich meint, über Gewissheiten über die Zukunft zu verfügen, der verliert letztlich die Ursachen und komplexen Zusammenhänge aus dem Auge.“[49] Das hat Sarrazin bis heute nicht erkannt. Er glaubt, wie viele seiner Leser, immer noch, dass in seinem Buch „die Fakten stimmen“.[50] Er übersieht nach wie vor nicht die Komplexität und Tiefenstaffelung der mit seinen Bausteinen teils markierten, teils nur verschütteten Problemfelder.

Thematisch fließende Grenzen, argumentative Gemengelagen und oszillierende Pointen machten das nur im Umschlag ‚rote‘ Buch des „leidenschaftlichen Sozialdemokraten“ Sarrazin (H.-U. Wehler)[51] vieldeutig und gefährlich:

Es enthält nüchterne, in scharfem ‚Klartext‘ geschriebene Bestandsaufnahmen und pointierte, zum Teil polemische bildungspolitische und sozialstaatskritische Argumente. Sie machen einen Schwerpunkt des Buches aus und müssen hier ebenfalls nicht mehr im Einzelnen vorgestellt und bewertet werden. In Fragen der Bildungspolitik, die Sarrazin erkennbar fremd blieb, kumulieren treffende, wenn auch längst bekannte Beobachtungen, Zeitungswissen und Fehleinschätzungen, insbesondere im Blick auf Schulen mit einem hohen Anteil an Schülern mit Migrationshintergrund. Das veranlasste den Leiter einer sehr erfolgreichen Schule im ‚Problembezirk‘ Hamburg-Wilhelmsburg, in der Schüler aus 50 Nationen lernen und nur 22 Prozent der Fünftklässler das Deutsche als Erstsprache, aber mehr als 55 Prozent das Türkische als Muttersprache haben, zu der scharfen Ansage: „Thilo Sarrazin und Konsorten haben schlicht keine Ahnung.“[52]

Ein Leitmotiv der Sozialstaatskritik Sarrazins ist seine sarkastische Wendung gegen Fehlentwicklungen, nicht intendierte Zielabweichungen, aber auch fahrlässige Fehlsteuerungen in dem unter zunehmendem demographischen Druck torkelnden Wohlfahrtsstaat, dessen offene Flanken zu Fehlverhalten geradezu einladen. Dazu gehört seine Polemik gegen den durch solche strukturellen Verlockungen gesteigerten Missbrauch des Sozialstaats, nicht nur im Transferbereich. Hier teile ich seit langer Zeit eine ganze Reihe von kritischen Positionen, weshalb ich im Blick auf einige dieser Einschätzungen und Forderungen anfangs auch im gleichen Atemzuge mit Sarrazin in den Medien genannt wurde.[53]

Ich befürworte z.B. eine Kita-Pflicht für Kinder von Eltern, die nicht imstande sind, ihrem Kind das mitzugeben, was es braucht, um in der ersten Schulklasse dem Unterricht folgen zu können, weshalb ich als SVR-Vorsitzender das ‚Betreuungsgeld‘ von Beginn an als kontraproduktiven Schuss in den Ofen kritisiert und gefordert habe, stattdessen die Kitas auszubauen. Das Gleiche gilt für verpflichtende Ganztagsschulangebote (für die Schulen, nicht für die Eltern). Sicher sollte auch die Arbeitsvermittlung neu justiert werden. Dabei könnte eine Orientierung am skandinavischen, besonders am dänischen Vorbild helfen. Dort sind die Lohnersatzleistungen höher, die Arbeitslosenzeiten kürzer und langzeitarbeitslose Erwerbsfähige eher die Ausnahme. Vor diesem Hintergrund erscheint mir auch eine – mit Qualifikationsmaßnahmen im eigenen bzw. Umschulungen in einen anderen Beruf verbundene – angemessene Arbeitsverpflichtung für arbeitsfähige, aber nicht vermittelbare langzeitarbeitslose Transferempfänger denkbar. Das gilt auch für Qualifikationsdruck dort, wo Arbeitslosigkeit offenkundig die Folge unzureichender schulischer, beruflicher oder sprachlicher Bildung ist.

Das entspricht der von mir seit Langem propagierten nachholenden Integrationsförderung für am Arbeitsmarkt nicht oder nicht mehr zureichend Integrierte mit und ohne Migrationshintergrund. Dabei geht es um den auch im SVR grundlegenden, schon erwähnten Gedanken an Integrationsförderung als Teilhabeförderung, gerade im Blick auf den Bereich Arbeit, der, neben Sprache, die wichtigste Integrationsdimension ist. Dabei kann die auf die Agenda 2010 zurückgehende Verbindung von ‚Fördern und Fordern‘ nicht schaden, wenn sie denn tatsächlich im Ergebnis auf den Arbeitsmarkt führt oder zurückführt – und nicht in jenen kaputten Paternoster, in dem in einem die weitere Öffentlichkeit empörenden, weil kostspieligen und ineffektiven Kreislauf Geförderte nach ‚oben‘ transportiert, dort aber nicht abgeholt werden und folgerichtig wieder ‚unten' landen, wo sie mit einer neuerlichen, ebenso ergebnislosen Förderung wieder in den Kreislauf zurückgeschickt werden. Das kostet nur Geld und ermüdet alle. Die Dänen machen das besser.

Und die von Sarrazin geforderte Überprüfung der Sozialleistungspflicht des Wohlfahrtsstaates für Neuzuwanderer ist ein alter Hut mit ausgefranster Krempe. Über eine Reparatur sollte aber nicht mit unsensibler Härte nachgedacht werden, sondern mit der notwendigen Differenzierung; denn hier ankern auch andere zentrale Elemente des Rechts- und Sozialstaates, die nicht aufzugeben sind, z.B. im humanitären Bereich. Das alles ist überdies immer viel leichter gefordert als umgesetzt, wenn es dabei zumindest einigermaßen sozial gerecht zugehen soll, z.B. im Blick auf erbrachte Lebensleistungen.

Hinzu kommt, dass solche Überlegungen an historischer Verspätung leiden: Die Handlungsspielräume dafür sind kleiner geworden, weil viele politische Fragen nicht mehr allein in Berlin, sondern, jedenfalls durch Rahmensetzungen, in Brüssel mit entschieden werden. Außerdem würde eine Reduktion von Transferansprüchen für Migranten heute ohnehin weitgehend ins Leere greifen; denn sie kann nicht rückwirkend eingeführt werden und würde zudem nur gegenüber Zuwanderern aus Drittstaaten wirken. Die meisten Neuzuwanderer aber kommen seit Jahren aus EU-Staaten. Auch in Sachen Migration und Integration vielleicht auf den ersten Blick schlüssig wirkende gesellschaftspolitische Konzepte brauchen realistisches Augenmaß, wenn sie nicht nur zur Empörung über mangelnde Umsetzungsbereitschaft führen sollen.[54]

Keinerlei Einverständnis aber gibt es bei mir für die bei Sarrazin immer wieder bedrohlich durchschimmernden sozial ächtenden Sanktionen, z.B. zur Aufrechterhaltung von interventionsstaatlichen Strukturschwächen wie der in vieler Hinsicht sozial ungerechten Hartz-IV-Maschinerie. Sie war ursprünglich einmal klug angedacht, wurde dann aber stets weiter verschlimmbessert und ist in ihrer sozialen Praxis heute oft nicht nur zynisch, sondern sogar verfassungswidrig.[55] Erst recht kein Verständnis habe ich für die bei Sarrazin mit sozialkritischen Argumenten vermengten sozial aggressiven elitistischen, genetischen und gruppenfeindlich-kulturalistischen bzw. kulturrassistischen Begründungen, Bewertungen bzw. Abwertungen und Schlussfolgerungen.

Die sozialstaatskritischen, sozialkritischen und bildungspolitischen Leitgedanken des Sarrazin-Buches wurden nach kurzer, meist abweisender Diskussion kaum näher aufgegriffen, weil sie in der Mediendiskussion zunehmend hinter Migrations- und insbesondere Integrationsfragen zurücktraten. Die integrationskritische Polemik mit denunziativen gruppenbezogenen Sündenbockzuschreibungen („die Muslime') war deutlich attraktiver und deshalb auflagen- bzw. quotensteigernder als Kritik am Wohlfahrtsstaat und seinen Missbrauchern – die im Übrigen mehrheitlich deutscher Herkunft sind.

Gruppenbezogen ausgrenzende Zuschreibungen im Sinne negativer Integration, die im angloamerikanischen Kontext auch als ‚Othering' oder ‚Alienation' umschrieben werden[56], bietet Sarrazins Argumentation aber auch jenseits der ethnokulturellen und ethnosozialen Projektionslinien. Das gilt besonders für die mitunter zynische Abwertung bzw. Verachtung sozialer Verlierer auch ohne Migrationshintergrund im Sinne des von der Forschungsgruppe um Wilhelm Heitmeyer entschlüsselten Syndroms der ‚gruppenbezogenen Menschenfeindlichkeit'.[57]

Insgesamt gibt es in den durch die Mediendiskussion besonders ausgeleuchteten, zum Teil auch grell überzeichneten Bereichen Integration und Migration in Sarrazins Buch mancherlei sachhaltige und treffende, wenn auch in Fachkreisen fast durchweg altbekannte und nur für ahnungslose Leser neu wirkende Argumente. Das spräche nicht gegen das Buch, sondern hätte sogar als dankenswerte Erschließung neuer, bis dahin zu wenig erreichter Adressaten bewertet werden können – wenn das der eigentliche Impetus des Autors gewesen wäre.

Aber die sachhaltigen Argumente seines Buches sind oft unterlegt mit sarkastischer Elitenlyrik, Zivilisationskritik und

Kulturpessimismus, mit anthropologischen, kulturalistischen, ethnosozialen und eugenisch-sozialbiologistischen Interpretationen. Sie sind im Sinne ‚klassischer‘ Rassismustheorien zweifelsohne nur latent rassistisch. Im Sinne ‚moderner‘ Rassismusinterpretationen aber erscheinen sie offen kulturrassistisch, denn: „Der moderne Rassist spricht nicht mehr vom ‚Blut‘, dessen Reinheit zu schützen sei, sondern von der Kultur, der Nation, der westlichen Welt, denen Gefahr drohe."[58] Solche Vorstellungen sind bei Sarrazin zugleich vielfach überformt durch brachiale Kollektivdenunziationen ‚der‘ Muslime, die auch von mir von Beginn an scharf zurückgewiesen wurden.[59]

Hinter all dem steht ein hochkonservatives, ahistorisches und statisches, zugleich stark biologistisches und sozialtechnologisches Kultur- und Gesellschaftsverständnis. Dem entspringen sendungsbewusst sogar perspektivische Aussagen bzw. Angstprognosen auf ein Jahrhundert des deutschen und europäischen Kulturverfalls hinaus und daraus resultierende grelle Menetekel. Wie abwegig das ist, erkennt sofort, wer sich vorstellt, im Jahr 1913 hätte es ein Zeitgenosse unternommen, über Deutschland im Jahr 2013 nachzudenken – ohne Kenntnis von zwei von Deutschland ausgegangenen Weltkriegen, von Hyperinflation und Weltwirtschaftskrise, von Holocaust, Flucht und Vertreibung der Deutschen aus dem Osten, deutscher Teilung und Wiedervereinigung des verkleinerten Deutschland, von Massenzuwanderung von ‚Gastarbeitern‘ im deutschen Westen und dem Weg über das Einwanderungsland zur Einwanderungsgesellschaft der Gegenwart.

Sarrazin schreibe „die heutige Situation linear fort auf fünfzig und hundert Jahre", protestierte der selber durch heftige integrationskritische Bestandsaufnahmen bekannt gewordene, aber geschichtsfestere Bezirksbürgermeister von Berlin-Neukölln, Heinz Buschkowsky. Wenn das ginge, „dann hätte sich ja die These von Karl Marx bestätigt, dann wäre es zur Verelendung der Massen gekommen, und dann hätte die Weltrevolution stattgefunden oder wir würden immer noch im Römischen Reich leben."[60]

Sarrazins Buch lebt von einer gnostischen Selbstgewissheit, in der Untergangsvisionen keine Deutungsaufgabe, sondern eine Reparaturfrage sind – Sozialtechnologie statt Kulturphilosophie. „Alle mal herhören: Das Ende naht!", hat Matthias Dobrinski seine Kritik überschrieben, in der er Sarrazins Buch als ein Stück Niedergangsliteratur vorstellt und es in diesem Genre Oswald Spenglers ‚Untergang des Abendlandes' (1918/1923) gegenüberstellt, wo dieser Untergang in einer Mischung von Melancholie und kultureller Trauer als unaufhaltsamer Abstieg kulturphilosophisch verwaltet wird: „Diese Melancholie fehlt Sarrazin, das macht sein Aggressionspotenzial aus. Er schreibt nicht als Geschichtsphilosoph, er stilisiert sich als Sozialtechniker, als Klempner des leckenden Gemeinwesens. Er hat Rezepte anzubieten: Pullover statt Heizkostenzuschuss, Kaloriendisziplin statt Erhöhung der Grundsicherung bei Hartz IV, Strafen, Abschiebungen, Sozialhilfekürzungen, Maßnahmen eben."[61]

Sarrazins Buch bewirkte, wie der früher in München und heute an der London School of Economics (LSE) lehrende deutsche Kultursoziologe Ulrich Beck pointierte, eine „Bündelung deutscher Ängste", insbesondere von diffusen Schreckbildern kosmopolitischer Vielfalt.[62] Auch für *FAZ*-Mitherausgeber Frank Schirrmacher war Sarrazin der „Ghostwriter einer verängstigten Gesellschaft."[63]

Zugleich vermittelte Sarrazin seinen von Kulturangst bedrückten Lesern das behagliche, ethno-nationale Selbstwertgefühle steigernde Empfinden, wenigstens den Einwanderern gegenüber, als geborene Deutsche, schon mal kulturell im Vorteil zu sein. Das wurde auf der sozialen Rangstufenleiter bis herab zum sozial verunsicherten kleinen Mittelstand bestärkt durch die vom Autor vorgeführte vermeintliche Legitimität der sozialen Verachtung schwächerer Milieus.[64]

Patrick Bahners hat das in einem Interview zu seinem scharfsichtigen Essay mit dem treffenden Titel ‚Die Panikmacher' in die ätzende Pointe gekleidet: „Sarrazin liefert abgepackt, durchgezählt und medizinisch auf Erbkrankheiten durchgecheckt den konstitutionellen Versager als Sozialfigur frei Haus. Der Muslim sitzt zusammen mit einem grotesk verfetteten Unterschichtangehörigen auf dem widerlichen Plastiksofa und guckt schreckliches Fernsehen."[65]

Von Beginn an besonderes Aufsehen erregte die stark biologisch-genetisch unterlegte ‚kulturell‘ gruppenbezogene, also kulturrassistische, konkret antimuslimische Argumentation[66] des Buches, die den seinerzeitigen Bundesinnenminister de Maizière von „autodidaktisch angelernten, halbwissenschaftlichen Ausführungen zu biologistischen Thesen" sprechen ließen.[67] „Sarrazins Thesen laufen auf eine vollständige Neudefinition unseres Begriffs von Kultur hinaus", konstatierte Frank Schirrmacher. „Kultur ist ihm der Reflex biologischer Prozesse." Schirrmacher, selber Autor eines demographisch-feuilletonistischen Bestsellers, hatte sofort erkannt, dass das „Buch, das faktisch für eine eugenische Demographie plädiert", unausgesprochen an die große Einwanderungs-, Intelligenz- und Rassendebatte in den Vereinigten Staaten des frühen 20. Jahrhunderts anknüpfte, die schließlich zur Einwanderungssteuerung nach ethnischen Kriterien führte.[68]

„Das ganze Buch liest sich wie ein antimuslimisches Dossier auf genetischer Grundlage", konstatierte Christian Geyer in der *FAZ*: „Tatsächlich ist das Elementare bei Sarrazin das Biologische. Kulturell ist bei ihm ein Deckwort für genetisch. Hat man dies begriffen, liest man Sarrazins Sorge um die ‚kulturelle Identität‘, die ‚kulturelle Substanz‘ und den ‚Volkscharakter‘ Deutschlands mit anderen, den richtigen, biologischen Augen. Obwohl halb verschwiegen, tritt die These in seinem Buch klar hervor: Die islamische Immigration nach Deutschland muss gestoppt werden – und zwar aus ‚letztlich‘ genetischen Gründen."[69] Das Problematische in den „Sarrazin'schen Ideen", sekundierte der Tagesspiegel, „besteht nicht in den Einzeldiagnosen, sondern in der biologistischen Logik, mit der er Bruchstücke der gesellschaftlichen Wirklichkeit zu einer pseudowissenschaftlichen Weltanschauung fügt." Sarrazins „vermeintlich wissenschaftliche Erklärung", resümierte die *Süddeutsche Zeitung*, „ist die Rassenlehre".[70]

Sarrazin selbst gab in der Konfrontation mit solcher Kritik an seinen offensiv vertretenen und erst in der 14. Auflage seines Buches diskret etwas abgemilderten genetisch-kulturrassistischen Thesen[71], wie so oft, den traurigen Missverstandenen: „Die Unterstellung, ich hätte irgendwo in diesem Buch behauptet, muslimische Migranten seien aus genetischen Gründen anders, die hat mich schon betroffen gemacht. Es ist eine böswillige Interpretation, die einer, der das Buch mit Verstand liest, dort nicht finden kann."[72] Für die erwünschte Buchlektüre ,mit Verstand' hätte der Autor wohl einen eigenen Sarrazin-Katechismus herausgeben müssen.

2.3 Integration und Migration

Sarrazins zentrale, in den Medien stark vergröberte Migrationsthese, Deutschland sei durch Zuwanderung letztlich ,immer dümmer' geworden[73], war im Kern die sozialbiologistische Verballhornung einer 2009 Aufsehen erregenden, im SVR erarbeiteten, Sarrazin in ihrer Quelle gar nicht bekannten These, bei deren Erarbeitung auch Hans-Werner Sinns Münchner ifo-Institut mitgewirkt hatte.[74] Sie beschrieb perspektivisch eine tendenzielle Dequalifizierung des Erwerbspersonenpotenzials in der ,Firma Deutschland'.

Dabei verbanden sich verschiedene migratorische sowie migrations- und integrationspolitische Faktoren und ihre Folgewirkungen schließlich zu einer desaströsen Trendentwicklung, die ich schon früher warnend als „latent suizidale Migrationssituation" angesprochen hatte.[75] Blicken wir dazu kurz zurück auf die wichtigsten historischen Linien:

Am Anfang stand der mit dem deutsch-italienischen Anwerbevertrag von 1955 eröffnete Zuzug von oft, wenn auch keineswegs durchweg gering qualifizierten, aber in ihren Qualifikationsprofilen dem Arbeitsmarkt in Deutschland seit den frühen

1970er Jahren immer weniger entsprechenden ‚Gastarbeitern'.[76] Der als Mittel gegen weitere Zuwanderungen und vor allem gegen die zunehmende Verlagerung des Lebensmittelpunktes nach Deutschland gedachte Anwerbestopp von 1973 erwies sich, wie von einigen Migrationsforschern, kritischen Publizisten und Experten der Praxis frühzeitig erkannt wurde, im Vergleich zu den Intentionen seiner Schöpfer als kontraproduktiv.

Ich habe den Anwerbestopp damals einen integrationspolitischen „Bumerang" genannt: Er brach die aus eigenem Entschluss noch immer laufende Rotation der ‚Gastarbeiter' ab und stellte die Arbeitswanderer beiderlei Geschlechts vor die Entscheidung zwischen dauerhaftem Bleiben oder Abschied auf Dauer; denn eine Aufhebung des Arbeitsvertrages zu auch nur befristeter Rückkehr war fortan gleichbedeutend mit einem Abschied für immer. Etwa elf Millionen waren bis 1973 gekommen. Rund drei Millionen blieben und zogen, seit dem Anwerbestopp verstärkt, ihre Familien nach. Die Verlagerung des Lebensmittelpunktes nach Deutschland aber beschleunigte nur den unter dem Tabu-Motto ‚Deutschland ist kein Einwanderungsland' verzweifelt dementierten Wandel von der ‚Gastarbeiterfrage' zur echten Einwanderungsfrage und zugleich zur ‚Neuen Sozialen Frage' (H. Geißler 1976).

Mehr noch: Die ‚Pufferfunktion' der ehemaligen ‚Gastarbeiter' mit hoher Erwerbsquote und starker transnationaler Mobilität am Arbeitsmarkt (auch zum ‚Export' von Arbeitslosigkeit) fiel zunehmend aus, während durch den Nachzug nicht erwerbstätiger Familienmitglieder die Erwerbsquoten sanken und bei Arbeitslosigkeit die sozialen Transferkosten stiegen. Das war also in einiger Hinsicht ein auch von der deutschen Seite verstärktes Problem, zumal der Anwerbestopp bei denjenigen, die blieben und deren Qualifikationen dem Strukturwandel am Arbeitsmarkt immer weniger gewachsen waren, nicht mit einem Angebot entsprechender Qualifikationsmaßnahmen begleitet wurde.

Selbst quantitativ war der Anwerbestopp ein Flop: Die Ausländerzahlen gingen zwar ab 1973 kurzfristig zurück, überschritten aber wegen des steigenden Familiennachzugs schon 1978 wieder das Ausgangsniveau von 1973. Aus denen, die über 1973 hinaus blieben, wurden im Nicht-Einwanderungsland ohne konzeptorientierte Einwanderungs- bzw. Integrationspolitik und ohne Orientierung gebende Einwandererperspektiven De-facto-Einwanderer mit mangelndem Einwandererbewusstsein aufgrund von lange aufrechterhaltenen Rückkehrillusionen. Die wurden von deutscher Seite noch gezielt bestärkt durch Abwehr-konzepte wie ‚soziale Integration auf Zeit‘, ‚Ausländerklassen‘, ‚Förderung der Rückkehrbereitschaft‘ und ‚Rückkehrprämien‘.[77]

Hinzu kam die Wirkung eines ‚meritokratischen‘, desintegrativen und sozial spaltend wirkenden Bildungssystems, das auch im aktuellen OECD-Bericht (Sept. 2012) immer noch scharf gerügt wird und früher noch gröber strukturiert war: Es zielte, leistungsgerecht, auf die gleiche Bewertung gleicher Leistungen. Es vernachlässigte aber, sozial ungerecht, die gerade bei Einwandererkindern ungleichen sozialen Bedingungen, die oft hinter den ungleichen Leistungen gleichermaßen begabter Schüler standen. Deshalb wurde Begabungsentfaltung durch Milieubarrieren behindert. Das galt zweifelsohne auch, aber eben nicht in gleichem Maße für Kinder aus Familien ohne Migrationshintergrund, weil es hier die migrationsspezifischen, insbesondere sprachlichen Barrieren nicht gab.[78]

Dadurch wurden soziale Startnachteile zugewanderter Eltern intergenerativ weitergereicht. Das unterschied sich im Ergebnis deutlich von den Bedingungen und Erfahrungen vieler anderer und insbesondere klassischer überseeischer Einwanderungsländer mit dem sozialen Aufstieg gerade von Einwandererkindern der zweiten und insbesondere dritten Generation.[79]

Das hätte auch in Deutschland so kommen können: Gleich zu Beginn der Sarrazin-Debatte hatte die Integrationsbeauftragte der Bundesregierung, Staatsministerin Böhmer, darauf hingewiesen, dass Sarrazins abwegige Idee von der ‚kulturellen‘ (genetischen) Minderbegabung von ‚Muslimen‘ sogar schon empirisch ihrer Vordergründigkeit überführt sei; denn das Mannheimer Zentrum für europäische Sozialforschung hatte just 2010 in einer Studie zur Bildung türkischstämmiger Migranten nachgewiesen, dass deren Kinder bei gleicher Leistung und ähnlichem sozialen Hintergrund sogar häufiger auf die Realschule oder das Gymnasium wechselten als Kinder aus Familien ohne Migrationshintergrund.[80]

Am Ende stand eine bis 2009 kontinuierlich steigende und erst 2010/11 aus Gründen der vergleichsweise guten Wirtschafts- und Arbeitsmarktsituation in Deutschland abflachende Ab- bzw. Auswanderung von Qualifizierten im besten Erwerbsalter, die auch die von der Bundesregierung eingesetzte Expertenkommission Forschung und Innovation in ihrem Jahresgutachten 2009 alarmierte.[81] Das galt auch für die steigende Abwanderung aus den Reihen der trotz aller Startnachteile gut qualifizierten neuen Elite der zweiten und dritten Einwanderergeneration in die Türkei, der gegenüber Deutschland, im Gegensatz zu verbreiteten Vorstellungen, seit Jahren eine klar negative Wanderungsbilanz hat.[82]

Unqualifizierte Zuwanderer mit abgebrochenen Schulkarrieren aber, die den qualitativen Anforderungen des Arbeitsmarkts in Deutschland nicht gewachsen sind, bleiben im Lande und nähren sich hier mehr oder minder redlich auf Kosten der sozialen Transfersysteme. Das hat drei Gründe: 1. Im Wohlfahrtsstaat, nicht nur in Deutschland, werden durch zureichenden Inlandsaufenthalt jene selektiven Migrationsmechanismen abgeschaltet, nach denen weiterziehen oder zurückkehren soll, wer nicht dauerhaft seine wirtschaftliche Existenz sichern kann, wie dies in marktorientierten Integrationsregimen gilt, z.B. in den USA. 2. Das soziale Schutzniveau in Deutschland ist, trotz aller Kürzungen, im internationalen Vergleich nach wie vor sehr hoch. 3. Unqualifizierte mit abgebrochenen Schulkarrieren aus Zuwandererfamilien haben im Herkunftsland bzw. demjenigen ihrer Eltern, auch in der wirtschaftlich boomenden Türkei, noch deutlich schlechtere oder zumindest keine besseren Chancen als in Deutschland.

Das alles aber hatte, wie ich und andere frühzeitig immer wieder betont haben und wie Sarrazin und andere ‚Integrationskritiker‘ bis heute nicht erkannt haben, nichts mit anthropologisch oder genetisch begründbarem gruppen- oder gar kulturspezifischen Versagen zu tun. Es ging um gruppenspezifisch unterschiedlich strukturierte soziale Ausgangsmilieus, vor allem aber um lange doppelseitige Versäumnisse von Einwanderern und Einwanderungsland.

Dabei potenzierten sich in ihren negativen Wirkungen Gravamina auf beiden Seiten: einerseits Rückkehrillusionen und verspätet entwickeltes Einwandererbewusstsein in weiten Kreisen der Zuwandererbevölkerung; andererseits demonstrative politische Erkenntnisverweigerung und verspätete Integrationspolitik im ‚Nicht-Einwanderungsland‘. In diesem destruktiven Kräftespiel bildeten die Einwanderer die zwar ebenfalls eigenverantwortlich handelnde, aber klar schwächere Seite – wie auch hätte sich frühzeitig Einwandererbewusstsein in einem Aufnahmeland entwickeln sollen, das ständig von sich behauptete, ‚kein Einwanderungsland‘ zu sein?

Sarrazins kulturalistisches Raunen über angebliche ‚kulturell‘ (ethnisch) vorprogrammierte Integrationsdefizite insbesondere ‚der Muslime‘ war also im Grunde von Beginn an eine gruppenfeindlich aggressive soziokulturelle Groteske. Sie erfuhr nur deswegen so viel Zuspruch, weil sie so gut in das verbreitete Mosaik von Vorurteilen passte, von denen Sarrazins Denken selbst bestimmt war und, trotz aller öffentlich vorgetragenen Gegenargumente, offenkundig nach wie vor ist.

Die verstärkte ‚islamkritische‘ Publizistik und die in deren Vulgärversion skandalisierende Agitation gegen ‚den‘ Islam und ‚die‘ Muslime hatte schon vor der Sarrazin-Debatte dazu geführt, dass in der gut integrierten, die Rede vom ‚Migrationshintergrund‘ als Ausgrenzung und Herabsetzung empfindenden neuen Einwandererelite Irritationen und auch Abwanderungsneigungen wuchsen.[83] Sie wurden durch die öffentliche Diskussion um der Buchveröffentlichung vorauslaufende und in den

Medien begierig aufgegriffene, aggressive Statements von Sarrazin verstärkt.

„Die ganze Wucht dieser Entwicklung trifft insbesondere Einwandererfamilien aus der Türkei", warnte schon im Oktober 2009 der Berliner Integrationsbeauftragte Günter Piening. „Wer in diesen Tagen mit türkeistämmigen Berlinerinnen und Berlinern spricht und wer die Schlagzeilen der türkischsprachigen Medien verfolgt, erlebt ihr Entsetzen darüber, dass ein hochrangiges Mitglied der deutschen Wirtschaftselite sich so äußert. Mehr aber noch ist die tiefe Verunsicherung darüber zu spüren, dass es offenbar auf der Bundesebene nur wenige gibt, die ihn bremsen. ‚Ist nur Sarrazin das Problem?', war der Kommentar einer türkischsprachigen Zeitung überschrieben und dieses spiegelt das Gefühl vieler. Gerade die aktive türkische Mittelschicht, die in den letzten Jahren ein großes gesellschaftspolitisches Engagement entwickelt hat, spürt sehr genau die rassistischen Untertöne. Statt die in diesen Jahren gewachsenen Gemeinsamkeiten und das entstehende Wir-Gefühl zu stärken, wird die Kluft zu den Herkunftsgruppen vergrößert."[84]

Die wechselseitige Verstärkung der hier im Rückblick skizzierten Entwicklungslinien könnten, so erschien es angesichts der 2010 bekannten (also erhebungstechnisch bis 2009 reichenden) Migrationsdaten, im Ergebnis zu einer Art personalpolitischem GAU in der ‚Firma Deutschland' beitragen: Er hätte den Brain Drain auf Kosten Deutschlands noch verstärken und auf der Seite der Einwandererbevölkerung unbeabsichtigt genau das forcieren können, was Sarrazin grotesk überzeichnet beschrieben hat – dass Deutschland im Blick auf sein Erwerbspersonen-Potenzial immer ‚dümmer' werde. Insofern barg Sarrazins Buch mit seinem xenophobe und insbesondere islamophobe Abwehrhaltungen bestärkenden Echo aus damaliger Sicht Züge einer sich selbst erfüllenden Prophezeiung.

Das sprach besonders aus vergleichenden (wenn auch aufgrund der prekären Datenlage nicht repräsentativen) Beobachtungen zur Qualifikationsstruktur der neuen Ab- bzw. Auswanderung aus Deutschland in die wirtschaftlich boomende Türkei. Dieser Trend wurde auch von den 2010/2011 durch Ausländerzuwanderung konjunkturbedingt abrupt ins Positive umgebrochenen deutschen Wanderungsbilanzen nicht widerlegt: Qualifizierte aus der zweiten oder dritten Einwanderergeneration, die in Deutschland nicht zureichend Heimatbezüge gefunden haben, sich am Arbeitsmarkt trotz Qualifikation benachteiligt und zusätzlich noch von der Sarrazin-Debatte erniedrigt fühlen, liebäugeln umso mehr mit der Heimat der Eltern oder Großeltern.[85]

Dabei stand die wirtschaftliche Anziehungskraft der Türkei allein – wegen des 2010/11 auch in Deutschland wieder kraftvollen Wirtschaftswachstums – keineswegs einseitig im Vordergrund. Wo sich diese latente Wanderungsbereitschaft[86] bzw. Abwanderungsneigung in Entscheidungen zur tatsächlichen Abwanderung bzw. einer ‚Rückwanderung‘ über Generationen hinweg umsetzt, da führt der Weg nicht in die meist nur aus Familienurlauben bekannte Welt der Eltern oder Großeltern in ländlich-rückständigen Heimatregionen. Er führt vielmehr nach Istanbul oder z.B. in die kraftvoll wachsenden anatolischen ‚Tigerstädte‘ wie etwa Kayseri, das in der Antike einmal Caesarea hieß. Der ‚deutsche Stammtisch‘ in Istanbul z.B., der auch transnationale bzw. Pendlerexistenzen umfasst, zählte 2010 schon mehr als 1.000 türkische, deutsch-türkische und deutsche Zuwanderer bzw. ‚Rückwanderer‘ auf Zeit oder auf Dauer. Zu- bzw. ‚Rückwanderung‘ aus Deutschland bedeutet aber hier nicht notwendig definitive Auswanderung, sondern steht zunehmend im Zeichen der Herausbildung transnationaler Identitäten.[87]

Im statistischen Rückblick zeichnet sich seit 2009 eine deutlich zunehmende Zuwanderung von Qualifizierten nach Deutschland ab: einerseits weil die restriktiven Mechanismen der deutschen Zuwanderungspolitik unter dem wachsenden Druck des demographischen Wandels gelockert wurden; andererseits weil zugleich seit 2010 verstärkt Konjunktur- bzw. Krisenwanderer aus krisengeschüttelten europäischen Staaten auf den Arbeitsmarkt des Krisengewinners Deutschland streben. Nach den seit 2004 nur noch knapp positiv ausgefallenen Wanderungsbilanzen gab es 2010 erstmals und abrupt wieder einen stark positiven Wanderungssaldo (+138.000)[88], der sich 2011 sogar noch mehr als verdoppelte auf ein seit den frühen 1990er Jahren nicht mehr erreichtes Niveau (+ über 300.000).

Im Wanderungsverhalten der deutschen Staatsangehörigen aber hielt die negative Wanderungsbilanz an, die schon seit den 1990er Jahren erkennbar ist, wenn man die lange missverständlich als ‚deutsche Rückwanderer' gezählten Aussiedler bzw. Spätaussiedler herausrechnet, die ja nicht vorher ausgewandert waren, sondern in Wahrheit die Nachfahren von schon vor Jahrhunderten Ausgewanderten sind. Die negative Wanderungsbilanz der deutschen Staatsangehörigen ging zwar von noch 35 000 im Jahr 2009 auf 26 000 im Jahr 2010 zurück. Sie sank aber auch 2011, im Jahr der seit Langem höchsten ausländischen Zuwanderungsgewinne nur noch um ca. 2 000 auf ca. 24 000. Deutschland wurde mithin zwar ein Wanderungsgewinner an ausländischen Migranten, blieb aber ein Wanderungsverlierer an eigenen Staatsangehörigen.

Das ist hier von Belang, denn die von deutschen TV-Soaps verbreitete Vorstellung, deutsche Möchtegern-Auswanderer seien oft am Ende der Welt ratlos mit den gleichen Problemen konfrontiert, die sie auch zuhause hätten lösen können, gehört ins Reich der Legenden zum Motto: Bleibe im Lande und nähre Dich redlich. Die Wahrheit klingt anders:

Migration ist, von Flucht- und Zwangswanderungen sowie von Massenwanderungen mit reinen Anschlusshandlungen abgesehen, in aller Regel ohnehin eine positive Auslese; denn es gehen der Tendenz nach weniger die Ängstlichen, Entscheidungsschwachen, Risikoscheuen und unzureichend Qualifizierten, sondern eher die Mutigen, Entscheidungsstarken, Risikobereiten und Qualifizierten, aber mit ihrer Behandlung in steilen betrieblichen Hierarchien oder mit dem Verhältnis von Leistung und Einkommen Unzufriedenen.

Das zeigt die mangels direkter Daten nur schwer entschlüssel-
bare Qualifikationsstruktur der deutschen Ab- bzw. Auswanderung: Deutschlands Ab- bzw. Auswanderer sind im Durchschnitt
qualifizierter und wirtschaftlich leistungsstärker nicht nur als die
in Deutschland lebende Einwandererbevölkerung, sondern als
die Erwerbsbevölkerung in Deutschland insgesamt. Das belegt
ein Blick auf die Elitenabwanderung am Beispiel der Ärzte:

Nach Angaben der Kassenärztlichen Bundesvereinigung waren 2008 rund zehn Prozent der 28.000 Ärzte, die in der Schweiz
arbeiteten, deutsche Staatsangehörige. Insgesamt waren im Jahr
2008 über 3.000 Ärzte aus Deutschland abgewandert, zum Teil
zu Fortbildungszwecken auf Zeit, oft aber auch mit offenem
Zeithorizont. Wenn von diesen 3.000 Ärzten nur rund ein Drittel nicht wieder zurückkehrte, betrüge der Verlust aus entgange-
nen Steuer-, Sozialversicherungs- und anderen Einnahmen rund
1,1 Milliarden Euro, Ausbildungskosten nicht eingerechnet.
Das hat 2009 das Münchener ifo-Institut für den SVR in einer
fiktiven Kalkulation hochgerechnet.[89]

Volkswirtschaftliche Verluste für Deutschland gibt es aber
nicht nur bei der Abwanderung von Ärzten. Nach einer in 32
europäischen Staaten durchgeführten Arbeitskräfteerhebung
(European Union Labour Force Survey) haben etwa die Hälfte
(49 Prozent) der deutschen Ab- bzw. Auswanderer einen Hoch-
schulabschluss. In der Wohnbevölkerung in Deutschland gilt
das nur für 29 Prozent. Auch die berufliche Qualifikation der
Ab- bzw. Auswanderer liegt weit über dem durchschnittlichen
Niveau der Wohnbevölkerung in Deutschland: Mehr als die
Hälfte arbeiten im europäischen Ausland in qualifizierten Be-
schäftigungen oder als Führungskräfte.[90]

Deutschland habe „an Anziehungskraft gerade für hochquali-
fizierte Einwanderer verloren", kommentierte die Bertelsmann-
Stiftung die Ergebnisse einer in ihrem Auftrag erstellten Studie
über die Migration Hochqualifizierter im europäischen und internationalen Vergleich. Sie zeigte, dass 2005-2009 jährlich
durchschnittlich etwa 40.000 Führungskräfte und Wissen-

schaftler aus Deutschland in die EU-15-Staaten abgewandert sind, während mit nur 38.500 Zuwanderern diesem beruflichen Qualifikationsspektrum ein jährliches Minus in Höhe von 1.500 zu verzeichnen war. Damit stand Deutschland, das früher ein Magnet der Zuwanderung in Europa war, nur noch im Mittelfeld der europäischen Konkurrenz um die besten Köpfe – hinter Schweden, Spanien, Österreich, Großbritannien und Belgien, von der nicht zu dieser Ländergruppe zählenden Schweiz ganz abgesehen.[91]

Diese wenigen, hier nicht weiter zu vertiefenden historischen Rückblicke und aktuellen Bestandsaufnahmen zeigen: Sarrazins Buch lag in Sachen Migration und Integration weit hinter dem Forschungsstand und der realen Entwicklung zurück.[92] Aber Sarrazins Buch war, wie erwähnt, ursprünglich gar nicht primär als Beitrag zur Integrations- und Migrationsdiskussion angelegt.[93] Das war vielmehr ein ausgewucherter Nebenast, in dem es, trotz unerträglich denunziativer gruppenspezifischer Zuschreibungen und Bewertungen bzw. Herabsetzungen, durchaus treffende, wenn auch nicht neue Kritikpunkte gibt.

Das gilt z.B. für die berechtigte Klage über die Folgen des jahrzehntelangen Mangels an einer konzeptorientierten, am aufgeklärten Eigeninteresse des Einwanderungslandes orientierten Einwanderungspolitik, soweit es hier auf beiden Seiten um wirtschaftliche Interessen und nicht um humanitäre Belange ging. Das alles konnte man freilich in der anwendungsorientierten Migrationsforschung, nicht zuletzt bei mir selber, schon vor Jahrzehnten nachlesen.[94] Aber auch nicht erkannte Wiederholungen sachlich richtiger Positionen und Pointen können hilfreich wirken. Das gilt aber nur, wenn solche Positionen und Pointen nicht, wie oft bei Sarrazin, durch allerlei phantasiereichen argumentativen Wildwuchs und grotesk übersteigerte Skandalisierung überwuchert oder verzerrt werden.

Sarrazin ersetzte seine mangelnde Kenntnis des Forschungsstandes zu Migration und Migrationspolitik sowie zu Integration und Integrationspolitik im zweifelsohne bemühten Blick des aufgeklärten Laien durch den berühmt-berüchtigten ‚gesunden Menschenverstand'.[95] Er stand damit nicht allein; denn dieser volksweisheitlichen Erkenntnisquelle vermeintlicher Gewissheiten bedient sich auch seine von ihm verehrte deutsch-türkische ‚islamkritische' Mitkämpferin und Berufungsinstanz Necla Kelek gern, die sein Buch auf der zentralen Pressekonferenz in Berlin am 30. August 2010 vorstellte und hier auch ihre Einsichten in vermeintliche ethnogenetische Zusammenhänge aus dem besagten ‚gesunden Menschenverstand' ableitete: „Dabei scheint schon der gesunde Menschenverstand nahezulegen, dass Ethnien wie zum Beispiel die Völker Anatoliens oder Ägyptens, die über Jahrhunderte von den Osmanen daran gehindert wurden, Lesen und Schreiben zu lernen, bei denen noch heute Mädchen nicht zur Schule gehen dürfen, andere Talente vererbt bekommen, als die Söhne von Johann Sebastian Bach und dass es auch bei der Intelligenz so etwas wie die Gauß'sche Normalverteilung gibt."[96]

Auch in seiner Kritik an Integration und Integrationspolitik hat Sarrazin eine ganze Reihe von – in der Forschungsliteratur ebenfalls längst bekannten – Problemen erneut benannt, wenn auch zum Teil schief interpretiert und begründet. Das kommt vor, wenn man ohne zureichende quellen- bzw. datenkritische Hintergrundinformationen direkt auf vermeintlich aussagestarke Statistiken als solche zugreift, dann in Wahrheit Äpfel und Birnen gegeneinander verrechnet, obendrein noch behauptet, dass man in seinen ‚Daten' nie widerlegt worden sei[97], oder gar so weit geht, zu erklären, wenn man keine Zahl habe, dann müsse „man eine schöpfen, die in die richtige Richtung weist. Und wenn sie keiner widerlegen kann, dann setzte ich mich mit meiner Schätzung durch."[98] Das ist schlicht das Gegenteil jedweder wissenschaftlich akzeptablen Argumentation.

Bei den von Sarrazin jenseits solcher objektivistischen Plattitüden richtig erkannten bzw. neu entdeckten Tatsachen und Problemen geht es also insbesondere um zweierlei:

Einerseits thematisiert Sarrazin in der Forschung und in der wissenschaftsbasierten Publizistik jahrzehntelang immer wieder und lange vergeblich angeprangerte Unzulänglichkeiten der deutschen Migrations- und Integrationspolitik und deren schon frühzeitig absehbare, im historischen Rückblick klar erkennbare und bis heute sichtbare Schleifspuren. Die seinerzeit erkenntnis- und beratungsresistenten politisch und behördlich Verantwortlichen leben heute zunehmend schon in standesgemäßem Pensionärsdasein mit einer selbstgerechten Mischung von politischer Amnesie und retrospektiver demonstrativer Erkenntnisverweigerung – nach dem schon erwähnten, mir selbst wiederholt entgegengehaltenen Motto, rückblickend betrachtet hätten Wissenschaftler Anfang der 1980er Jahre mit ihren forschungsbasierten Einschätzungen wohl Recht gehabt – aber das hätten sie zwar schreiben, aber doch gar nicht wissen können.

Andererseits gibt es bei Sarrazin eine Neuentdeckung von in der Sozialstaatsdiskussion seit Langem immer wieder umgewälzten Strukturproblemen des Wohlfahrtsstaates und damit zusammenhängenden Missbrauchsproblemen. Das aber ist eine Systemfrage. Und der Missbrauch sozialstaatlicher Hilfskonzepte ist, wie erwähnt, nicht etwa nur oder auch nur vorrangig eine Frage bzw. Folge gruppenspezifischer Migrationshintergründe und Integrationsdefizite, sondern auch ein sehr ‚deutsches‘ Problem.

Sarrazin hat sich also viel Mühe damit gemacht, Räder zum Teil neu zu erfinden, die sich auf dem Forschungsstand längst in vielfachen Versionen drehten – aber eben in der Politik wenig Beachtung gefunden hatten. Hätte er wissenschaftlich gearbeitet und das alles berücksichtigt, dann wäre er vielleicht in zitatenreichen Wiederholungen stecken geblieben. Hätte er seinen Bericht dennoch, aber nüchtern-sachlich und ohne skandalisierende Empörungssemantik geschrieben, dann wäre sein Buch gewiss kein Bestseller geworden.

Sarrazin hat die von einem wissenschaftlich geschulten Autor erwartbare Auseinandersetzung mit dem Forschungsstand souverän übersprungen. Er hat die Wirklichkeit in Ausschnitten neu entdeckt, zum Teil fehlinterpretiert und mit seinen als wis-

senschaftlich ausgegebenen Ergebnissen nicht argumentativ an-
geklopft, sondern agitatorisch mit der Tür gleich die ganze
Hauswand eingetreten.

Sarrazin hat sich, wie er mir in einem Gespräch mitteilte,
dabei bewusst des Stilmittels der gezielten Skandalisierung bedient, um medienstark und Aufsehen erregend auf den Markt
der Meinungen zu kommen.[99] Das Risiko solcher Techniken
bestehe, wie ich ihm entgegenhielt, darin, dass sich das Skandalon an die Stelle der Botschaft setzen kann, was Sarrazin bewusst
in Kauf genommen hat. Dabei zweifle ich allerdings im Blick auf
eine ganze Reihe von Passagen seines Buches und seiner öffentlichen Positionierungen daran, ob nun Botschaft oder Skandalisierung die primäre Absicht war. Das gilt besonders dort, wo das
Skandalon zumindest in Teilen zur Weltsicht des Autors zu gehören scheint.

Das betrifft z.B. die erwähnten, meist als ‚kulturell‘ umschriebenen ethno-sozialen, ethno-genetischen und sozialbiologistischen bzw. kulturrassistischen Ansätze seiner Argumentation,
die er möglicherweise als solche selbst nicht durchschauen kann
oder will, gerade weil sie tragende Teile seines Weltbilds und
seiner Argumentation sind. Das Skandalon aber korrespondier-
te, wie erwähnt, offenkundig mit vielen Vorurteilen in jener sogenannten Mitte der Gesellschaft, auf die sich viele berufen und
von der niemand so recht weiß, wo sie eigentlich liegt.

Im engeren Bereich der wissenschaftlichen Integrationsforschung aber war Sarrazins Buch schon überholt, bevor es erschien. Daran erinnerte Heribert Prantl auf dem Höhepunkt der
Sarrazin-Debatte im Herbst 2010 in einem ganzseitigen Artikel
in der *Süddeutschen Zeitung*: „Gut zwei Monate vor dem Sarrazin-Buch ist das Buch erschienen, auf das seit dem Sarrazin-
Buch alle warten [...]. Es handelt sich um das Jahresgutachten
‚Einwanderungsgesellschaft 2010‘ samt einem ‚Integrationsbarometer‘. Dieses Werk [...] ist in fast jeder Hinsicht ein Anti-
Sarrazin."[100]

Anmerkungen

1 Zawatka-Gerlach, Ulrich: Eitelkeit und Fegefeuer, in: Der Tagesspiegel, 28.8.2010; Stefanidis, Alexandros: Ende einer Dienstreise, in: Süddeutsche Zeitung Magazin, 29.7.2011. Über T. Sarrazin und sein Buch jetzt auch Benz, Die Feinde aus dem Morgenland, S. 89-100.

2 Monographien T. Sarrazins (neben kleineren Schriften und div. Herausgeberschaften) u.a.: ders., Ökonomie und Logik der historischen Erklärung; ders., Der Euro: Chance oder Abenteuer?; ders., Reform der Finanzverfassung; ders., Der Euro; ders., Ansatzpunkte für eine europäische Arbeitsmarkt- und Beschäftigungspolitik; ders., Gestaltung der Zukunftsfähigkeit Berlins; ders., Regionale bzw. kommunale Entwicklungen im Bereich der Wohnungs- und Städtebaupolitik.

3 Berberich, Klasse statt Masse; vgl. Bade, Von der Arbeitswanderung zur Einwanderungsgesellschaft.

4 Sarrazin hat mit einer beachtenswerten Arbeit zur Wissenschaftsgeschichte promoviert: Sarrazin, Ökonomie und Logik der historischen Erklärung.

5 Schmoll, Heike: Bildung in Berlin. Sarrazin gab den Sparkommissar, in: Faz.net, 13.9.2010; vgl. Ralf Schönball/Rainer W. During: Die Hauptstadt der vernachlässigten Kinder, in: Der Tagesspiegel, 5.2.2012.

6 Thomas de Maizière über den Fall Thilo Sarrazin, Interview: Käfer, Armin/Maron, Thomas, in: Badische Zeitung, 2.9.2010.

7 Staatsministerin Böhmer, Sarrazin polemisch und verletzend, in: Katholische Nachrichtenagentur, 24.8.2010.

8 Richter, Christine: Ein Sarrazin mit 46 Nebenjobs, in: Berliner Zeitung, 9.6.2008; vgl. Artikel ‚Thilo Sarrazin', in: Wikipedia, die Enzyklopädie (gesehen am 23.4.2011).

9 Geißler, Ou Topos, S. 79-81; vgl. Nach Kritik an Einwanderern: Bundesbank-Chef legt Sarrazin Rücktritt nahe, in: Spiegel Online, 3.10.2009. Für Sarrazin selbst stand sein Hartz-IV-Menü am Beginn des Weges zu seinem Buch: „Nachdem ich, noch als Berliner Finanzsenator, mein Menü für Hartz-IV-Empfänger vorgesellt hatte, bekam ich drei, vier Buchanfragen. Dann habe ich angefangen, Material zu sammeln, Zeitungsausschnitte, die Einleitung geschrieben" (Seibel, Andrea/Faruhn, Joachim/Schumacher, Hajo: Thilo Sarrazin. „Ich bin kein Rassist", in: Berliner Morgenpost, 28.8.2010).

10 ‚Das ist Stammtisch-Talk'. Barbara John im Interview mit Vera Gaserow, in: Frankfurter Rundschau, 8.10.2009.

11 Sarrazins Sohn ist gern arbeitslos, in: Focus Online, 24.2.2011; Nauer, David: In seinen Ohren klingt Vaters Sozialkritik wie ein Hohn, in: dertages-anzeiger.ch, 26.2.2011; Stefanidis, Alexandros: Ende einer Dienstreise, in: Süddeutsche Zeitung Magazin, 29.7.2011.

12 Bruns, H./Sarrazin, Thilo: „Meine Frau wird gemobbt, weil ich prominent bin" in: Bild.de, 21.1.2011. Ursula Sarrazin hat Ende September 2012 dazu eine Kampfschrift vorgelegt, um sich gegen die ihres Erachtens ungerechtfertigte Kampagne zu wehren: Sarrazin, Ursula: Hexenjagd. Mein Schuldienst in Berlin; vgl. Lehmann, Armin: Die Anklägerin, in: Der Tagesspiegel, 30.9.2012.

13 Seligmann, Rafael: Nötige Provokation, in: Focus, 6.9.2010, S. 63.

14 Assheuser, Thomas/Mangold, Ijoma: Lust an der Herabsetzung. In seinem Buch ‚Die Panikmacher' warnt Patrick Bahners vor hysterischem Alarmismus. Ein Gespräch mit Patrick Bahners, in: Die Zeit, 21.2.2011.

15 Uslucan, Dabei und doch nicht mittendrin, S. 11; vgl. Elias/Scotson, Etablierte und Außenseiter.

16 Ein Beispiel für mangelnde Fairness war der Artikel von Sarrazin gegen mich und den SVR in der FAZ vom 7.7.2011 (Die Lücken eines Gutachtens, http://www.faz.net/aktuell/feuilleton/debatten/integration/integrationsdebatte-die-luecken-eines-gutachtens-12506.html; vgl. Kap. 4.4). Er zitierte dabei nicht autorisiert und zudem zum Teil noch einseitig schief

bis falsch aus unserer privaten Korrespondenz und schreckte überdies nicht einmal vor Anleihen bei nationalsozialistischer Semantik zurück. Ich habe unsere kurze Korrespondenz daraufhin abgebrochen, beanspruche im Gegenzug aber ebenfalls das Recht, gelegentlich aus dieser Korrespondenz – allerdings korrekt – zu zitieren.

17 Steinfeld, Thomas: Sich selbst rationalisieren. Der Bundesbankvorstand Sarrazin und sein provozierender Thesenanschlag, in: Süddeutsche Zeitung, 31.8.2010.

18 Kelek, Necla: Das ist Kulturrelativismus, in: Frankfurter Allgemeine Zeitung, 15.2.2011; Ateş, Seyran: Deutsch, na klar. Zu viel Differenzierung schadet der Integration, in: Zeit Online, 2.4.2008.

19 Sarrazin an Verf., 7.7.2011.

20 Thomas de Maizière über den Fall Thilo Sarrazin, Interview: Käfer, Armin/Maron, Thomas, in: Badische Zeitung, 2.9.2010.

21 Ebd.

22 Sarrazin, Thilo: Aus Kreuzberg verjagt, in: Welt am Sonntag, 17.7.2011; Sarrazin beim Türken. Was wirklich geschah!, in: Deutsch-Türkische Nachrichten, 19.7.2011; Sander, Lalon: Der Troll von Kreuzberg, in: MiGAZIN, 19.7.2011; Ehrenberg, Markus/Pohlmann, Sonja: Der doppelte Sarrazin, in: Der Tagesspiegel, 29.7.2011.

23 ‚Hau ab!‘ Was Sarrazin in Kreuzberg erlebte, in: Die Welt, 16.7.2011; Balci, Güner: Kreuzberg schafft sich ab, in: Die Welt, 16.7.2011.

24 Balci, Güner: Kreuzberg schafft sich ab, in: Berliner Morgenpost, 16.7.2011; vgl. dazu Coşkun, Canan: Güner Balci. Eine weitere Ethno-Unternehmerin?, in: MiGAZIN, 2.8.2011.

25 Sander, Lalon: Der Troll von Kreuzberg, in: ebd., 19.7.2011; Sarrazin beim Türken. Was wirklich geschah!, in: Deutsch-Türkische Nachrichten, 19.7.2011; Maier, Michael: Sarrazin in Kreuzberg. Die Heuchelei des ZDF, in: Deutsch-Türkische Nachrichten, 20.7.2011.

26 Sarrazin, Thilo: Wie ein geprügelter Hund vom Multikulti-Kiez verjagt, in: Die Welt Online, 17.7.2011.

27 Ärger um Besuch in Kreuzberg. Broder gibt Sarrazin Rückendeckung, in: Bild.de, 21.7.2011; Wie tolerant ist unsere Hauptstadt? Berlin jetzt Sarrazin-freie Zone?, in: ebd., 19.7.2011; Aus Türken-Lokal gejagt. Politiker empört über Rauswurf Sarrazins, in: ebd., 18.7.2011; Buschkowsky kritisiert Sarrazin-Rauswurf. ‚Das ist Psycho-Terror!‘, in: ebd.; Eklat in Kreuzberg. Er warf Sarrazin aus dem Döner-Laden, in: ebd.; Rauswurf aus türkischem Lokal. Sarrazin: ‚Ich schlich wie ein geprügelter Hund davon‘, in: ebd.

28 S. Kap. 3.1.

29 S. Kap. 6.1.

30 Anders Behring Breivik in einer Erklärung vor Gericht in Stockholm am 6.2.2012, zit. nach: Herrmann, Gunnar: Auftritt eines Massenmörders, in: Süddeutsche Zeitung, 7.2.2012.

31 Schirrmacher, Frank: Die Affäre Güner Balci. Eine Falle namens Thilo Sarrazin, in: Frankfurter Allgemeine Zeitung, 28.7.2011.

32 S. Anm. 22, 25, S. 80

33 Tunç, Beri: Sevgili Güner-Abla!, in: MiGAZIN, 22.7.2011.

34 Elmar Schütze, Viel Lärm um Buschkowsky. Buchvorstellung ‚Neukölln ist überall‘, in: Frankfurter Rundschau, 4.10.2012.

35 S. Kap. 6.2.

36 S. Kap. 3.2.

37 Hierzu zuletzt: Räthzel, 30 Jahre Rassismusforschung.

38 S. Kap. 6.1, 6.2.

39 Bax, Daniel: Nein zum Salonrassismus, in: Die Tageszeitung, 6.9.2010; vgl. Kleger, Heinz: Toleranzedikt als Stadtgespräch statt Sarrazin-Theater.

40 Berberich, Frank: Klasse statt Masse. Von der Hauptstadt der Transferleistungen zur Metropole der Eliten. Thilo Sarrazin im Gespräch, in: Lettre International, 86. 2009, 197-201;

Keilani, Fatina/Kögel, Annette: Sarrazin war nah dran, und liegt doch daneben, in: Der Tagesspiegel, 8.10.2009.

41 Kastner, Bernd: Der Feind steht fest, in: sueddeutsche.de, 2.3.2011.

42 Kreye, Andrian: Sarrazins Dreisatz, in: Süddeutsche Zeitung, 3.9.2010.

43 Dobrinski, Matthias: Alle mal herhören. Das Ende naht!, in: Süddeutsche Zeitung, 30.8.2010.

44 Man muss dabei Sachbücher im engeren Sinne unterscheiden z.b. von größeren Essays, Pamphleten der verschiedensten Art oder auch kritischen Sozialreportagen mit zum Teil noch höherer Massenauflage. So hat z.B. Günter Wallraff zu Recht darauf hingewiesen, dass Sarrazins Gesamtauflage immer noch weit hintan stand im Vergleich zu derjenigen seines Bestellers ‚Ganz unten' (Berlin, 1986, Aufl. nach Auskunft des Autors mehr als 5 Mio.).

45 Wehler, Ein Buch trifft ins Schwarze, S. 151 f.

46 Sloterdijk, Peter: Die Revolution der gebenden Hand, in: Frankfurter Allgemeine Zeitung, 13.6.2009; vgl. Sloterdijk, Peter: Aufbruch der Leistungsträger, in: Cicero Online, 22.10.2009.

47 Kreye, Andrian: Sarrazins Dreisatz, in: Süddeutsche Zeitung, 3.9.2010.

48 Beispiel für einen kritischen und datengesättigten Forschungsüberblick zu den Integrationstheorien zur zweiten Migrantengeneration in Deutschland, der Sarrazin viel an Korrektur-Potenzial hätte entnehmen können: Fincke, Abgehängt, chancenlos, unwillig?

49 Kreye, Andrian: Sarrazins Dreisatz, in: Süddeutsche Zeitung, 3.9.2010.

50 Sarrazin, Thilo: Die Lücken eines Gutachtens, in: Frankfurter Allgemeine Zeitung, 7.7.2011, http://www.faz.net/aktuell/feuilleton/debatten/integration/integrationsdebatte-die-luecken-eines-gutachtens-12506.html.

51 Wehler, Ein Buch trifft ins Schwarze, S. 154.

52 Kraske, Marion: Die Anti-Sarrazin-Schule. Im Hamburger Problembezirk Wilhelmsburg leben Migranten aus aller Welt – doch die Stadtteilschule dort erhält Bestnoten. Eine Erfolgsgeschichte, in: Der Freitag Online, 17.7.2011.

53 Ackeren, M. van u.a.: Aufruhr in Klein-Istanbul. Thilo Sarrazin löste mit provokanten Thesen zur Multikulti-Misere in Berlin eine überfällige Debatte aus. Warum er Recht hat, in: Focus, 12.10.2009.

54 Vgl. hierzu u.a. Bade, Versäumte Integrationschancen, hier S. 74 ff. (pdf: http/www.kjbade, ‚Aufsätze').

55 Hierzu Geißler, Ou Topos, S. 79-81.

56 Vgl. Kluge/Bostanci, MigrantInnen als Bedrohung, S. 27 ff.

57 Heitmeyer, Gruppenbezogene Menschenfeindlichkeit; vgl. Deutsche Zustände. Der Zusammenhalt der Gesellschaft ist gefährdet, in: MiGAZIN, 13.12.2011; s. auch meine Laudatio auf Wilhelm Heitmeyer anlässlich seiner Ehrung durch die Verleihung des Göttinger Friedenspreises 2012 der Stiftung Dr. Roland Röhl am 10.3.2012 in der Aula der Georg-August-Universität Göttingen (www.kjbade.de, ‚Medienbeiträge/Vortragsveröffentlichungen').

58 Sokolowsky, Feindbild Moslem, S. 137; ders., Rassismus im Gewand der Islamkritik. Interview in: Quantara.de, 5.11.2009. Vgl. Geulen, Geschichte des Rassismus; Friedrich (Hrsg.), Rassismus in der Leistungsgesellschaft; Weiss, Deutschlands Neue Rechte. Cremer, Hendrik, Was ist eigentlich Rassismus?, in: nicsbloghaus.org, 2011, Nr. 6; ders., „Rassismus?".

59 SVR, Stellungnahme Prof. Dr. Klaus J. Bade, Vorsitzender des Sachverständigenrats deutscher Stiftungen für Integration und Migration (SVR), zu dem am 23. August 2010 im Spiegel erschienenen Artikel von Thilo Sarrazin ‚Was tun?'. Zu meiner kritischen Auseinandersetzung mit Thilo Sarrazin und seinem Buch u.v.a.: ‚Man muss genau hinschauen'. Ausländerschelte: Migrationsforscher widerspricht Sarrazin in: HNA Online, 15.10.2009; ‚SPD-Ausschluss schafft Märtyrer'. Der Migrationsforscher Prof. Klaus J. Bade hat die SPD davor gewarnt, Thilo Sarrazin aus der SPD auszuschließen. Besser sei es, ihn als Autor zu widerlegen, in: Kölner Stadtanzeiger, 3.9.2010; Es gibt keine Integrationsmisere in Deutschland. Interview

in: Spiegel Online, 6.9.2010; Hilgefort, Magdalena: ‚Nord-Neukölln ist nicht Berlin‘. Forscher Bade warnt davor, in der Integrationsdebatte Probleme zu verallgemeinern, in: Neue Osnabrücker Zeitung, 26.9.2010; Berg, Antje: Abschreckende Debatte, in: SWP.de, 7.9.2010; Kröger, Michael: Sarrazin-Debatte. ‚Es gibt keine Integrationsmisere in Deutschland‘, in: Spiegel Online, 7.9.2010; Tichomirowa, Katja: Integrationsprobleme mit Sarrazin, in: Berliner Zeitung, 7.9.2010; Thelen, Sibylle: ‚Man muss sich mit den Ängsten befassen‘, in: Stuttgarter Zeitung, 9.9.2010; Bade: „Mehr Sachlichkeit und konstruktives politisches Engagement“; Sarrazin-Debatte stimmt Migranten pessimistisch, in: Die Welt Online, 10.1.2011; Sarrazin-Debatte trübt Zuversicht bei Zuwanderern in Deutschland, in: Deutsch-Türkische Nachrichten, 10.1.2011; Debatte um Sarrazin schadet Integration, in: derStandard. at, 10.1.2011; „Die Linke wurde überrollt“, Interview in: taz.de, 13.1.2011; Verschieden und doch gleich, in: Frankfurter Allgemeine Zeitung, 22.1.2011; Sagen, was gut läuft in diesem Land, in: Die Tageszeitung, 1.2.2011; Hier darf man nicht schwimmen!, in: Süddeutsche Zeitung, 14.2.2011; Integration. Fiasko oder Panikmache?, in: Mindener Tageblatt, 16.2.2011; Panik, Pest und Fakten, in: Süddeutsche Zeitung, 25.2.2011; Wer hat Angst vorm schwarzen Mann?, in: Stuttgarter Zeitung, 4.3.2011; Sarrazin und die Folgen – Kritik am deutschen Zuwanderungssystem, dpa-Meldung, 13.4.2011; Sarrazin hat Deutschland blamiert, in: Berliner Morgenpost, 14.4.2011; Bade, Integration in Deutschland. Sach- und Panikdebatten; Bundesregierung überschätzt von Populisten geschürte Migrationsängste, in: MiGAZIN, 24.6.2011; Zu schlichte Halbwahrheiten. Vor einem Jahr erschien Thilo Sarrazins Bestseller ‚Deutschland schafft sich ab‘, in: Nürnberger Nachrichten – Magazin am Wochenende, 27./28.8.2011; Bade, Nach Sarrazin – Hintergründe, Ursachen und Wirkung einer deutschen Debatte.

60 ‚Es ist immer falsch, zu sehr zu verallgemeinern‘. Interview Christian Schlegel mit dem Neuköllner Bezirksbürgermeister zur Sarrazin-Debatte, in: Domradio.de, 25.8.2010.

61 Dobrinski, Matthias: Alle mal herhören. Das Ende naht!, in: Süddeutsche Zeitung, 30.8.2010.

62 U. Beck in seiner Key Note zu der Diskussionsveranstaltung ‚Reden über Europa‘ in: Berlin, Allianz-Forum, 24.6.2011 (Mitschnitt: Allianz-Kulturstiftung: Reden über Europa 2011, Kurzfassung: Beck, Ulrich: Nein, wir schaffen das nicht allein, in: Die Zeit, 30.6.2011); vgl. Kreye, Adrian: Sarrazins Dreisatz, in: Süddeutsche Zeitung, 3.9.2010.

63 Schirrmacher, Frank: Ein fataler Irrweg, in: Frankfurter Allgemeine Sonntagszeitung, 30.8.2010.

64 Hierzu zuletzt: Zick u.a., Die Abwertung von Ungleichwertigen.

65 Assheuser, Thomas/Mangold, Ijoma: Lust an der Herabsetzung. In seinem Buch ‚Die Panikmacher‘ warnt Patrick Bahners vor hysterischem Alarmismus. Ein Gespräch mit Patrick Bahners, in: Die Zeit, 21.2.2011.

66 Hierzu zuletzt: Heinz, Intelligenz versus Integration?; Stern/Grabner/Neubauer, Warum Haut- und Haarfarbe nichts mit genetisch bedingten Intelligenzunterschieden zu tun haben.

67 Thomas de Maizière über den Fall Thilo Sarrazin, Interview: Käfer, Armin/Maron, Thomas, in: Badische Zeitung, 2.9.2010.

68 Schirrmacher, Frank: Ein fataler Irrweg, in: Frankfurter Allgemeine Sonntagszeitung, 30.8.2010; ders., Das Methusalem-Komplott.

69 Geyer, Christian: So wird Deutschland dumm, in: Frankfurter Allgemeine Zeitung, 26.8.2010. Die unmissverständlich sozialbiologistischen ‚ethnischen‘ Zuschreibungen wurden zum Teil später stillschweigend gelöscht, allerdings erst in der 14. Auflage, hoch über einer Million (Sueddeutsche.de, 14.11.2010); hierzu zuletzt: Haller/Niggeschmidt (Hrsg.), Der Mythos vom Niedergang der Intelligenz, hier besonders die Beiträge von Peter Weingart, Claus-Peter Sesin und Andreas Kemper in Teil 1 (‚Die Causa Sarrazin oder der Missbrauch der Wissenschaft‘).

70 Preisendörfer, Bruno: ‚Intelligenz ist zu 50 bis 80 Prozent angeboren‘, in: Der Tagesspiegel, 2.7.2010; vgl. Zielcke, Andreas: Vorauseilender Pessimismus. Sarrazin, Intelligenz und In-

tegration, in: sueddeutsche.de, 9.9.2010 („Angst und Wahrheit: Sarrazin fürchtet die Verdummung der Deutschen. Aber tut er etwas dagegen außer Zahlen zu fälschen?"); Steinfeld, Thomas: Sich selbst rationalisieren. Bundesbankvorstand Sarrazin und sein provozierender Thesen-Anschlag, in: Süddeutsche Zeitung, 31.8.2010.

71 Exemplarische Zitatvergleiche in: Sarrazin revidiert sich, in: sueddeutsche.de, 14.11.2010.

72 Im Gespräch. Thilo Sarrazin. „Böswillige Interpretation", in: faz.net, 29.8.2010.

73 Vgl. hierzu die Beiträge zum Thema ‚Intelligenz, Bildung und Genetik', in: Haller/Niggeschmidt (Hrsg.), Der Mythos vom Niedergang der Intelligenz, S. 71-153; Rindermann, Heiner/Rost, Detlef: Intelligenz von Menschen und Ethnien. Was ist dran an Sarrazins Thesen?, in: faz.net, 7.9.2010; vgl. die Beiträge zur Frage ‚Sind Muslime dümmer?', in: Schwarz (Hrsg.), Die Sarrazin-Debatte, S. 110-159; allg. zum Hintergrund: Kersten/Neu/Vogel, Zur Politisierung des Wohlfahrtsstaates.

74 SVR, Qualifikation und Migration; Holzner/Munz/Übelmesser, Fiskalische Wirkungen der Auswanderung ausgewählter Berufsgruppen.

75 Bade: Migrationshistoriker nicht Migrationshysteriker. Leserbrief, in: Frankfurter Allgemeine Zeitung, 16.1.2008.

76 Die Vorstellung von schulisch durchweg halb oder gar nicht gebildeten und beruflich unqualifizierten Hilfsarbeitern insbesondere aus der Türkei (ab 1961) ist eine sozial abwertende Legende: Ein beträchtlicher Teil – auch der türkischen – Arbeitskräfte brachte, an den Standards im Herkunftsland gemessen, durchaus solide, wenn auch den Standards im Aufnahmeland meist nicht entsprechende oder dort nicht anerkannte bzw. nicht einsetzbare Qualifikationen mit. Von den türkischen Arbeitswanderern der ersten Jahre nach dem deutsch-türkischen Anwerbevertrag von 1961 hatten z.B. mehr als 30 % eine abgeschlossene Berufsausbildung, deutlich mehr als bei Spaniern (7,7 %), Griechen (8,9 %), Portugiesen (22,3 %) oder Italienern (23,3 %), ein kleiner, aber immerhin beachtlicher Anteil von ca. 5 % hatte sogar Abitur. Deshalb kann bei diesen Pioniermigranten sogar von einer ‚Auswandererelite' gesprochen werden, der dann erst später die Massenwanderungen von deutlich geringer Qualifizierten aus ländlichen Regionen folgten. Vgl. Hunn, Nächstes Jahr kehren wir zurück ...; vgl. Luft, Skandal und Konflikt.

77 Geißler, Die Neue Soziale Frage; Bade (Hrsg.), Auswanderer – Wanderarbeiter – Gastarbeiter, hier Bd. 1, S. 39 f.; ders. (Hrsg.), Deutsche im Ausland – Fremde in Deutschland, S. 442-455; ders., Ausländer – Aussiedler – Asyl; ders., Homo Migrans; ders. (Hrsg.), Das Manifest der 60. Deutschland und die Einwanderung; ders., Europa in Bewegung, S. 336 f.; ders., Leviten lesen; ders./Oltmer, Normalfall Migration.

78 Radtke, Die Illusion der meritokratischen Schule, S. 143-179.

79 Für zwei ganz unterschiedliche Schlussfolgerungen aus dem kanadischen Beispiel s.: Heinson, Gunnar: Ausländer sind die Lösung...– beispielsweise in Kanada, wo Zuwandererkinder intelligenter sind als die einheimischen. In Deutschland verhält es sich meist andersherum, in: Focus, 26.7.2010; Siems, Dorothea: Von den Kanadiern können wir lernen. Integrationsbeauftragte Böhmer besucht das Land und will Rezepte des Zuwanderungsweltmeisters auf Deutschland übertragen, in: Die Welt, 16.6.2011.

80 Staatsministerin Böhmer: Sarrazin polemisch und verletzend, in: Katholische Nachrichtenagentur, 24.8.2010.

81 Im weltweiten Vergleich der 30 wichtigsten Industrienationen sei die Zahl der hochqualifizierten Auswanderer aus Deutschland mit am höchsten, die Zahl der hochqualifizierten Einwanderer hingegen mit am niedrigsten, hieß es bei der Übergabe des Jahresgutachtens am 4.3.2009, in: Nürnberger Nachrichten, 5.3.2009.

82 Kálnoky, Boris: Die Guten gehen. In Deutschland ausgebildete Türken kehren zurück an den Bosporus, weil sie sich dort bessere Chancen ausrechnen, in: Die Welt, 1.10.2010; vgl. Jacobsen, Lenz: Abschied aus Almanya. Exodus von Mustermigranten, in: Spiegel Online, 10.9.2009; Krüger, Karen: Deutschländer. Die Eltern kamen aus der Türkei, um hier ein

besseres Leben zu führen. Nun kehren die Kinder zurück und suchen dort das Gleiche. Eine Heimatkunde, in: Frankfurter Allgemeine Zeitung, 12.12.2009.

83 Hierzu u.a.: Sezer/Dağlar: Die Identifikation der TASD mit Deutschland.

84 ‚Wer Minderheiten diffamiert oder verächtlich macht, der bricht doch nur mutig die Tabus der Political Correctness?‘ Presseerklärung des Beauftragten des Senats für Berlin für Integration und Migration Günter Piening, 12.10.2009; vgl. Dernbach, Andrea: Großbürgertum und kleines Denken. Der Elitenforscher Michael Hartmann hält Sarrazins Worte für typisch – nicht nur für ihn, in: Der Tagesspiegel, 12.10.2009.

85 Mein Hinweis auf diese durch qualitative Studien belegbare und auf dem Höhepunkt der stark anti-muslimisch und anti-türkisch wirkenden Sarrazin-Debatte gesteigerte Abwanderungsneigung bei qualifizierten Türken oder Deutsch-Türken der zweiten und dritten Generation führte zu einer falsch überschriebenen, auch im Widerspruch zur Nachricht selbst stehenden Spiegel-Online-Meldung (Migration: Forscher geben Sarrazin Mitschuld an Abwanderung, in: Spiegel Online, 13.4.2011). Sie konnte bei flüchtigen, nur Überschriften konsumierenden Lesern so verstanden werden, als hätte ich absurderweise behauptet, Sarrazins Buch habe die – in Wirklichkeit seit Jahren anhaltende – Ab- bzw. Auswanderung aus Deutschland verursacht. Diese Fehleinschätzung wurde Sarrazin in einer Talk-Show (Anne Will, 17.4.2011) mit einer verschnittenen Einspielung geradezu auf dem Hackblock präsentiert und löste erwartungsgemäß die herablassende Zurückweisung aus, das sei „albern“ und „eines Bade unwürdig“. Die Redaktion hat sich bei mir für ihre unzureichende Recherchearbeit entschuldigt und ich habe Sarrazin darüber informiert. Das hat ihn nicht gehindert, in der *FAZ* und im Vorwort der Taschenbuchausgabe seines Buches mit dem an Shakespeares Antonius-Rede über den ‚ehrenwerten Mann‘ Brutus erinnernden Bemerken unter der Gürtellinie nachzutreten, ich sei zwar ein seriöser Wissenschaftler, persönlich aber nicht sonderlich standfest (s. Kap. 7/8 sowie ders.: Die Lücken eines Gutachtens, in: Frankfurter Allgemeine Zeitung, 7.7.2011, http://www.faz.net/aktuell/feuilleton/debatten/integration/integrationsdebatte-die-luecken-eines-gutachtens-12506.html).

86 Zum Begriff der latenten Wanderungsbereitschaft s. Bade, Massenwanderung und Arbeitsmarkt im deutschen Nordosten von 1880 bis zum Ersten Weltkrieg, S. 113-144.

87 Hierzu u.v.a.: Wierth, Alke: Braindrain nach Istanbul, in: Die Tageszeitung, 21.4.2009; Goddar, Jeanette: Ich zeig's euch. Interview mit Isabel Sievers, in: Frankfurter Rundschau Online, 29.1.2010; Steinforth, Daniel: Kültürschock in Istanbul. Mehr Türken gehen inzwischen aus Deutschland in die Türkei als umgekehrt, in: Der Spiegel, 28.6.2010; Sezgin, Hilal: Deutschland schafft mich ab. Debatten wie Thilo Sarrazin sie führt, haben mich als türkischstämmige Intellektuelle muslimifiziert, in: Die Zeit, 2.9.2010; Topçu, Özlem: Gestatten. Die Supertürken. In der Sarrazin-Debatte fühlen sich erfolgreiche Migranten wie Wesen von einem anderen Stern, in: ebd., 9.9.2010; Peters, Freie: Tschüß Deutschland!, in: Welt am Sonntag, 31.10.2010; Immer mehr Türken wollen trotz hoher Integrationsbereitschaft zurück, in: MiGAZIN, 17.3.2011; Auswanderung in die Türkei, in: Newsletter Migration und Bevölkerung, 1.5.2011; Preuß, Roland: Türken wandern ab, in: Süddeutsche Zeitung, 18.7.2011; Holzschuh, Franziska: Viele Türken fühlen sich hier nicht zuhaus, in: Nürnberger Nachrichten, 8.8.2012; Hagmann, Jannis/Bax, Daniel: Auf Distanz zu Deutschland. Junge Deutschtürken, in: Die Tageszeitung, 18.8.2012; vgl. Aydin, Der Diskurs um die Abwanderung Hochqualifizierter.

88 Eingeschlossen waren 2010 allerdings viele Sondergruppen wie z.B. an der Existenzgrenze lebende ‚Asylbewerber‘ aus Serbien, die gekommen waren, um einige Monate kostenfrei in den Aufnahmeeinrichtungen zu existieren und mit dem (aus diesem Grund im Oktober 2010 abgeschafften) Übergangsgeld wieder zurückzukehren.

89 Holzner/Munz/Übelmesser, Fiskalische Wirkung der Auswanderung ausgewählter Berufsgruppen.

90 Ette/Sauer, Auswanderung aus Deutschland; dies., Abschied für immer oder auf Zeit.

91 Ette/Sauer, Abschied vom Einwanderungsland Deutschland?

92 Vgl. hierzu einmal die Rezension von Stefan Luft: ‚Da wird ein Feind konstruiert‘, in: Cicero Online, 15.12.2010.

93 Vgl. Im Gespräch: Thilo Sarrazin. „Böswillige Interpretation", in: faz.net, 29.8.2010 („Ursprünglich hatte ich ja auch vor, ein Buch über die Probleme des deutschen Sozialstaats und der Bevölkerungsentwicklung zu schreiben. Dann habe ich gesehen, ich komme nicht aus ohne eine systematische Armutsdiskussion, ohne die Abarbeitung des Bildungsthemas, und dann ergab sich, dass ich die Kapitel Migration und Bevölkerungspolitik voneinander trennen musste, weil die kulturellen Probleme muslimischer Migranten mit der Bevölkerungspolitik nur am Rande zu tun haben.")

94 Vgl. hierzu nur einmal im Rückblick meine akademische Abschiedsvorlesung aus dem Jahr 2007: Bade, Leviten lesen (verfügbar unter: http://www.imis.uni-osnabrueck.de/pdffiles/imis31.pdf); vgl. ders., Versäumte Integrationschancen, S. 92 ff.

95 Über die Rolle des ‚Bauchgefühls‘ in der Islamdebatte s. Naika Foroutan, Das Leben der Anderen. Ob mit oder ohne Kopftuch – wir sind stolz darauf, neue Deutsche zu sein. Die Fakten zeigen: Es gibt keinen Grund für Islamphobie, in: Berliner Zeitung, 14.12.2009.

96 N. Kelek in ihrer Rede zur Vorstellung des Sarrazin-Buches: Kelek, Necla: Ein Befreiungsschlag, in: faz.net, 30.8.2010.

97 So Sarrazin z.B. in seinem FAZ-Artikel über mich und den SVR (ders.: Die Lücken eines Gutachtens, in: Frankfurter Allgemeine Zeitung, 7.7.2011, http://www.faz.net/aktuell/feuilleton/debatten/integration/integrationsdebatte-die-luecken-eines-gutachtens-12506.html; Kap. 8) sowie im Vorwort zur Anfang 2012 erschienenen Taschenbuchausgabe seines Buches.

98 Klein, Stefan: Zartbitter, in: Süddeutsche Zeitung, 1.3.2010.

99 Gespräch mit T. Sarrazin vor der Paneldiskussion im rbb-Forum, Berlin 6.9.2010.

100 Prantl, Heribert: Willkommen!, in: Süddeutsche Zeitung, 11.9.2010.

3. Sarrazin-Debatte und ‚Islamkritik‘

3.1 Die Sarrazin-Debatte in den Medien

Zu den diffusen äußeren Voraussetzungen für den Erfolg des Sarrazin-Buches zählten im Themenbereich Migration und Integration drei Entwicklungslinien und Rahmenbedingungen:

An erster Stelle steht das lange Versagen von Politik vor Migration und insbesondere Integration als Gestaltungs- und Vermittlungsaufgaben. Die gern verbreitete Politlegende, dass das etwas mit ‚MultiKulti‘ zu tun gehabt hätte, ist eine ursprünglich konservative Geschichtsklitterung aus dem parteipolitischen Bereich von CDU/CSU. Sie hatte in der Integrationsdiskussion der Einwanderungsgesellschaft üble Folgen, weil sie den demagogischen Populismus fortschrieb, dessen Folgen zu verwischen sie erfunden worden war: Sie gehört heute zu den zentralen Botschaften nicht nur vulgärrationalistischer ‚Islamkritik‘, sondern auch rechtsradikal/rechtsextremistischer und neonationalsozialistischer Positionen zum Thema Integration, für deren angebliches Scheitern MultiKulti-Laissez-Faire-Vorstellungen in die Verantwortung gerufen werden. Das Gegenteil ist richtig: MultiKulti war nie Regierungskonzept und Politik in Regierungsverantwortung hatte, wie erwähnt, das Thema Integration lange schlicht „verschlafen“ (Horst Köhler, 2006).

Schärfer gewendet: Politik hat jahrzehntelang nicht vermocht, die hier anstehenden Probleme mit transparenten, zielorientierten und dem Souverän vermittelbaren Konzepten anzugehen. Sie flüchtete vor dem Versagen in dieser Konzeptions- und Vermittlungsarbeit in demagogischem Populismus in denunziative Ersatzhandlungen mit apokalyptischen Schuldzuschreibungen an angebliche Bedrohungen von außen in Gestalt von ‚Masseninvasionen‘ von ‚Sozialschmarotzern‘ und deren

‚Einwanderung in die Sozialsysteme'. Vieles stand dabei im Widerspruch zur Aufgabe von Politik in der parlamentarischen Demokratie; denn sie ist vom Souverän durch Wahl auf Zeit mit der eigenständigen Vertretung seiner Interessen betraut. Sie tendierte aber ausgerechnet in vom Souverän offenkundig für entscheidend wichtig gehaltenen, unzureichend geklärten und vermittelten Fragen wie Migration und Integration lange zu einer Selbstlähmung aus Angst vor dem Bürger als Wähler, der solches Verhalten wiederum als Pflichtvergessenheit bei quasiständischer Selbstlegitimation und schrumpfender Bodenhaftung verstand. Das machte vielen Bürgern stille Wut.

Ein zweiter äußerer Grund für den Erfolg Sarrazins war der eigendynamische und immer rasantere Wandel von Strukturen und Lebensformen beim Zusammenwachsen von Mehrheits- und Einwandererbevölkerung zur Einwanderungsgesellschaft im Zeichen des demographischen Wandels. Dies alles vollzog sich vor dem Hintergrund einer noch bis weit ins erste Jahrzehnt des 21. Jahrhunderts hinein anhaltenden ökonomischen Strukturkrise mit lange und perspektivlos auf hohem Niveau verharrender Massenarbeitslosigkeit, gebremster Realeinkommensentwicklung und sozialen Umschichtungen im ersten Arbeitsmarkt zu mehr Teilzeitbeschäftigung, Zeit- bzw. Leiharbeit und Niedriglohnjobs. Hinzu kam, dass der immer spürbarer werdende demographische Wandel in der wissenschaftlichen, öffentlichen und politischen Diskussion bei erst langsam sinkender Massenarbeitslosigkeit schon Menetekel von künftigen Wirtschaftskrisen aufgrund von Arbeitskräftemangel in Millionenhöhe weckte. Das verstärkte den Ruf nach Zuwanderung möglichst vieler und möglichst qualifizierter ausländischer Arbeitskräfte, während einheimische Arbeitskräfte noch um Arbeitsplätze und Arbeitsbedingungen bangten.

Die mit all dem verbundene Unübersichtlichkeit förderte bei vielen Bürgern ökonomische und soziale Ängste sowie die Suche nach Schuldigen am vermeintlich unübersehbaren Desaster oder doch wenigstens nach erlösenden Klartext-Botschaften von endlich auftretenden vermeintlichen Wahrheitsagern. Sarrazin kannte diese kollektive Disposition und bezog sie bewusst ein: „Dass sich der Druck in der Bevölkerung über Jahre aufgestaut hatte und nach einem Ventil suchte, um endlich auszubrechen, das habe ich natürlich erkannt."[1]

Drittens wurde Sarrazins Erfolg auch von der Macht der Ahnungslosigkeit getragen: Das, was der Latecomer, von seinen agitatorischen Skandalisierungen einmal abgesehen, in Sachen Migrations- und Integrationspolitik an durchaus treffenden Argumenten vortrug, war fast alles schon seit Anfang der 1980er Jahre vergeblich gefordert worden. Aber das war dem Autor offensichtlich ebenso wenig bekannt wie dem Gros seiner Leser.

Wut, Angst und Ahnungslosigkeit treiben Wasser auf die Mühlen der großen Vereinfacher, zu denen der ‚Klartext-Schreiber' Sarrazin in besonderem Maße zählt. All das war aber nur der Hintergrund. Ausschlaggebend für den Erfolg seines Buches war die Debatte in den Medien. Auch hier gab Sarrazin rückblickend wieder den relativ unbeteiligten, von den Rahmenbedingungen getriebenen Autor: Er habe „nicht provoziert" und sei vielmehr zum Provokateur „erst von den Medien gemacht worden", die sich zumeist ungenügend mit seinem Werk beschäftigt hätten. Gleichwohl nahm er, wie er selbst einräumt, nach Möglichkeit jede Einladung an und Einsprüche Sarrazins gegen aggressive, überzogene und einseitige Werbung für sein Buch und seine Person sind nicht bekannt.[2]

Am Beginn der Sarrazin-Debatte stand die operative Erschließung des Marktes der Meinungen durch eine generalstabsmäßige, aggressive Medienstrategie des Verlages. Dazu gehörten Vorankündigungen, Vorabdrucke, exklusive Hintergrundgespräche, Interviews mit dem Autor und der Vorabversand von Druckfahnen an Partner in Presse, Funk und Fernsehen sowie an Rezensenten zur Besprechung unter Androhung horrender Strafen bei unbefugter Weitergabe der auch mir vorgelegten, Seite für Seite als ‚copyrighted material' gekennzeichneten Fahnen.[3]

In einem Medienbericht beschrieb Ekrem Şenol, Chefredakteur des Nachrichtenmagazins für Migration und Integration MiGAZIN den Endspurt in die Bestsellerlisten: „Am 23.8.2010 veröffentlichten Der *Spiegel* und *Bild* vorab Auszüge aus Sarrazins Buch ‚Deutschland schafft sich ab‘. Noch vor der eigentlichen Veröffentlichung entzündeten sich die medialen Debatten. Am 28.8.2010 verbreiteten die *Berliner Morgenpost* und die *Welt am Sonntag* ein Interview, in dem Sarrazin erklärt: ‚Alle Juden teilen ein bestimmtes Gen, Basken haben bestimmte Gene, die sie von anderen unterscheiden.‘ Sowohl der Zentralrat der Juden in Deutschland als auch Spitzenpolitiker der im Bundestag vertretenen Parteien kritisierten Sarrazin scharf. Am 30.8.2010 stellte Sarrazin sein Buch in der Bundespressekonferenz vor. Am Abend desselben Tages ist Sarrazin zu Gast in der ARD-Sendung *Beckmann*. Die Sendung erreicht mit 2,18 Millionen Zuschauern die achtbeste Einschaltquote der letzten fünf Jahre. Am 31.8.2010 sind circa 40 000 Exemplare von Sarrazins Buch verkauft. Einen Tag später nimmt Sarrazin an der ARD-Sendung *hart aber fair* teil. Diesmal sehen 4,13 Millionen Zuschauer die Sendung. Für den *Spiegel*, die *FAZ*, *Die ZEIT*, *Bild* bis hin zu Lokalzeitungen waren Sarrazin und sein Buch über Tage und Wochen Themen mit hohem Nachrichtenwert."[4]

Infolge der vorauseilenden Mediendiskussion stand das Buch schon lange vor seiner Vorstellung durch Necla Kelek auf der überlaufenen Pressekonferenz in Berlin am 30. August 2010 auf Platz Nr. 1 der Bestsellerliste des größten Internet-Buchhändlers Amazon.[5] Besondere Breitenwirkung entfalteten, neben zahllosen Beiträgen in anderen Massenmedien, eine ganzseitige Bild-Serie mit Kritikpunkten und Vorschlägen des „Klartext-Politikers Thilo Sarrazin"[6], Vorabdrucke in der *ZEIT*[7] und besonders im *Spiegel*, der der Debatte auch eine wiederholte Berichterstattung widmete und im August 2010 einen großen Artikel von Sarrazin brachte, dessen Buch bald auch für Monate die *Spiegel*-Bestellerliste anführte.[8]

Das magische Reizwort ‚Sarrazin‘ wurde innerhalb weniger Wochen zu einem alle anderen Themen überrundenden Movens von Auflagenhöhen und Einschaltquoten. Wer in den Medien ‚Sarrazin machte‘, lag immer richtig, ob für oder gegen Sarrazin, war dabei nicht entscheidend. Das Buch beherrschte die Alltagsthemen, von Gesprächen in den öffentlichen Verkehrsmitteln bis zu den Arbeitspausen im Betrieb.[9] Ob man das Buch gelesen hatte, war dabei nicht entscheidend. In den Mittelpunkt geriet von Beginn an die erwähnte, medial phantasievoll weiter vergröberte Frage, ob Deutschland durch Migration ‚immer dümmer‘ werde, wobei die größte ‚kulturelle‘ (genetische) Gefahr angeblich von der ‚muslimischen‘ Einwandererbevölkerung mit ihren vermeintlich weniger ‚intelligenten‘, aber lendenstarken Männern und deren gebärfreudigen Frauen auszugehen schien.

Das erinnerte mich in einigen Zügen an die kulturelle Verdrängungstheorie Max Webers, nach der im preußischen Osten des späten 19. und frühen 20. Jahrhunderts in der Landarbeiterbevölkerung die deutschen von den auf ‚niedrigerer Kulturstufe‘ stehenden ‚slawischen‘ (polnischen) ‚Elementen‘ gerade deswegen verdrängt würden, weil ‚die Slawen‘ nicht nur wegen der wirtschaftlichen und sozialen Probleme in ihren Herkunftsräumen ‚williger und billiger‘ als einheimische Landarbeiter seien, sondern auch weil sie von Natur aus im übertragenen Sinne ‚die gröberen Mägen‘ hätten.[10]

Bestimmend in der Diskussion war zunächst, neben wenigen Heureka-Rufen, allgemeine Empörung über ‚Sarrazins Thesen‘ bzw. das, was in den Medien dafür ausgegeben und auch von ihm selber medial so transportiert wurde. Das galt, von wenigen Ausnahmen abgesehen, für die Wissenschaft[11] und die Medien, in denen die Kosenamen von „Sudel-Thilo“, „Quartalsirrer“ und „menschgewordenem Rechenschieber“ *(taz)* bis „Rattenfänger“ *(Frankfurter Rundschau)* reichten.[12] Auch die politischen Positionierungen klangen zunächst fast unisono schroff abweisend: „Kanzlerin über Sarrazin empört“, lauteten übereinstimmende Schlagzeilen, „SPD-Chef Gabriel drängt ihn zum Partei-austritt.“[13] Der scheidende hessische Ministerpräsident Roland Koch, selber nicht eben als sensibler Semantiker bekannt, stufte Sarrazins Äußerungen als „unerträglich“ und „völlig im Abseits“ ein, bestimmt durch das Bemühen um „Verbalradikalismus und Tabubrüche“.[14] CSU-Generalsekretär Alexander Dobrinth erklärte kurz und bündig „Der Typ hat einen Knall“, erntete dafür aber auch Kritik im eigenen Parteilager.[15]

Für die langjährige Ausländerbeauftragte des Senats von Berlin, Barbara John, war Sarrazin „eher ein Fall für die Couch“. Die Bundeskanzlerin, von der schon frühere Pauschalurteile Sarrazins über Bildungsprobleme von Zuwanderern als „dumm und nicht weiterführend“ eingestuft worden waren, hatte über ihren Pressesprecher Steffen Seibert Sarrazins Thesen als „äußerst verletzend, diffamierend und sehr polemisch zugespitzt“ bewerten lassen. Die Integrationsbeauftragte der Bundesregierung, Staatsministerin Böhmer, sekundierte und wies Sarrazins Vorstellungen gleichermaßen als „diffamierend und verletzend“ sowie als wissenschaftlich unhaltbar zurück. Bundesinnenminister Thomas de Maizière bewertete Sarrazins Kritik als „spalterisch“.[16]

Ganz ähnlich urteilte die nordrhein-westfälische Ministerpräsidentin und stellvertretende SPD-Vorsitzende Hannelore Kraft, für die Sarrazin „lediglich auf unerträgliche Art“ polemisierte, aber „keine Lösungen bei den unzweifelhaft bestehenden Migrationsproblemen“ bot. Bündnis 90/Die Grünen qualifizierten Sarrazins Thesen als „Hasstiraden“, die nicht nur die von ihm „scheinbar so geliebte Volksgemeinschaft“ gefährdeten, sondern Anstand, Vernunft und Menschlichkeit insgesamt. So urteilte der Parlamentarische Geschäftsführer der Bundestagsfraktion Volker Beck, während der hessische Landesvorsitzende Tarek Al-Wazir Sarrazins Buch als schieren Rassismus und als „Unsinn, ohne jede Kenntnis über die Geschichte der Einwanderung“ benotete. Auch die Liberalen grenzten sich ab, von der Partei Die Linke ganz zu schweigen.[17]

„Im Streit um die Zuwanderer-Schelte steht die Berliner Politik-Elite eng zusammen wie selten – und Meilen entfernt vom
Volk", warnte der *Focus* Anfang September 2010 in einem Bericht über die „Staatsaffäre Sarrazin".[18] Den gleichen Eindruck
hatte Sarrazin-Advokat Ralph Giordano: „Thilo Sarrazins Buch
ist ein Stoß mitten ins Herz der bundesdeutschen Political Correctness", geiferte der früher einmal sehr differenziert und sensi-
bel argumentierende, heute sehr verhärtet wirkende Schriftsteller in blutrünstiger Semantik und zitierte dabei seine seit dem
Kölner Moscheen-Streit 2007 immer wieder mehr oder minder
textgleich vorgeführten üblichen Verdächtigen: „ein Frontalan-
griff auf Deutschlands Multikulturalisten, xenophile Einäugige
und Pauschalumarmer. Die vereinte Riege der Berufsempörer,
Sozialromantiker und Beschwichtigungsapostel zerreißt ein
Buch in der Luft, das sie nicht gelesen hat […]. Wobei die öffentliche Meinung und die der politischen Klasse selten so dia-
metral auseinandergelegen haben."[19]

„Die Politik will ihn mundtot machen", rief Necla Kelek um
Hilfe ins argumentative Getümmel: „Die Kanzlerin und ihre
Integrationsministerin lassen ihrer Empörung freien Lauf und
tun so, als müssten sie sich schützend vor die Kinder in der Ko-
ranschule stellen. Der SPD-Vorsitzende bangt um seine türkischen Wähler, und seine Generalsekretärin mobbt einen Genossen. Der Sozialarbeiter im Parteivorstand der Grünen redet vom
Stammeskrieger, die FDP-Justizministerin spricht von wirren
Thesen, eine Exbischöfin von Menschenverachtung, die türkische Lobby will ihn verklagen. Alle, die den Zustand der Integration mit zu verantworten haben, rufen ‚Haltet den Dieb!' und
‚Nicht in diesem Ton!' und ‚Das nützt den Rechten.'"[20]

In der Tat zeigte sich im Bereich der Politik zunächst einzig
die NPD hocherfreut über Sarrazins Buch, weil sie ihre eigenen
Leitideen darin wiederzufinden glaubte: „Hier hat jemand ein
regelrechtes NPD-Buch geschrieben, das die Deutschen zum
politischen und zivilen Widerstand gegen Landraub und Überfremdung aufruft", erklärte der sächsische NPD-Landtagsabge-

ordnete Jürgen Gansel. Der Generalsekretär des Zentralverbandes der Juden in Deutschland, Stephan Kramer, empfahl Sarrazin den Eintritt in die NPD, „das macht die Gefechtslage wenigstens klarer und befreit die SPD".[21]

Die wenigsten Politiker hatten aber wohl Sarrazins erst in vertraulichen Fahnenkopien umlaufendes Buch selbst näher zur Kenntnis genommen und gingen nur von den erwähnten brisanten und schrillen, zu Werbezwecken häppchenweise vorveröffentlichten Informationen aus. So liefen von Beginn an in der rasch zum Medientrubel aufsteigenden Sarrazin-Debatte die schon vorauseilende Empörung über öffentliche Äußerungen bzw. Interviews des Autors sowie die Kritik an durch die Verdichtung von Auszügen verschärften Vorabdrucken des Sarrazin-Buches und die erst langsam nachrückende Auseinandersetzung mit dem Buch selbst unüberschaubar verschränkt neben- und durcheinander.

Die ständigen Überschneidungen der Diskussion auf den verschiedenen Ebenen blieben weithin bestimmend für die Sarrazin-Debatte von ihrer Hochphase im Herbst 2010 bis zu ihrem Auslaufen Ende 2011/Anfang 2012 nach den erwähnten vergeblichen Wiederbelebungsversuchen im Juli 2011 und Anfang 2012. Sarrazins stete Frage, ob Kritiker denn sein Buch überhaupt gelesen hätten, konnte daran auch nach dessen Erscheinen nichts mehr ändern. Das war der Preis für die im Blick auf die erstrebte Auflagensteigerung erfolgreiche aggressive Öffentlichkeitsarbeit des Verlags. Sie machte Sarrazin zum vermeintlichen Märtyrer der Wahrheit und motivierte sicher nicht wenige Käufer, sein Buch schon deswegen demonstrativ ins eigene Bücherregal zu stellen, ob nun gelesen oder nicht.

All das ließ Sarrazin, der sich auch selber so inszenierte, in weiten Kreisen offensichtlich umso mehr als einsamen Sprecher einer wütenden, aber schweigenden Mehrheit erscheinen, deren Empörung darin ankerte, dass Politik, der eigentliche Adressat des Buches von Sarrazin, „an einem breiten Unbehagen und Misstrauen in weiten Teilen der Bevölkerung vorbeiagiert".[22]

Das sprach aus einer scharfsinnigen pessimistischen Analyse des *Spiegel*-Autors Erich Follath, der in seinem – an dem Sarrazin-Hype durch die auflagenstärkende Schaukel von Vorveröffentlichung und Kritik maßgeblich beteiligten – Magazin schon Ende August 2010 warnte, dass in der aufsteigenden Debatte das frühe Haut-den-Sarrazin in Politik und Medien die eine Waagschale senkte, die andere dafür aber immer sichtbarer in die Höhe hob:

„Richtig ist auch, dass Sarrazins Thesen, in Auszügen und Originalaussagen vom *Spiegel*, der *Bild*-Zeitung wie der *ZEIT* verbreitet, bei einer stark verunsicherten Bevölkerung auf fruchtbaren Boden fallen. Fast schon mehrheitsfähig sind. Mainstream." Jede Reaktion scheine Sarrazin zuzuarbeiten, denn „jede Drohung, Sarrazin aus der Partei oder seinem Bundesbankamt zu werfen, bringt ihn dem Märtyrerstatus näher. Geschieht aber nichts, darf er sich erst recht bestätigt fühlen. […] Schrille Töne haben Hochsaison, Hysteriker mit ihrem Islam-Bashing Hochkonjunktur. Sarrazin und seine Sarrazyniker-Freunde sind längst salonfähig geworden. Das Ergebnis ihres Wirkens: Die Republik beginnt sich zu verändern. Nicht so dramatisch, dass morgen die Demokratie in Gefahr stünde. Aber schleichend wie ein langsam wirkendes Gift. Von einem weltoffenen, durch Religionsfreiheit geprägten Gemeinwesen wird Deutschland zu einem von übertriebenen Ängsten geschüttelten, zu einem zumindest im Ansatz schon islamophoben Staat."[23]

Gerade Zurückweisungen seiner Thesen durch Sprecher der Parteien, die ihm anfangs durchaus zu schaffen machten, ließen den „Mann, der Deutschland spaltet", in der Tat bald umso mehr als „Volkshelden" erscheinen, der „aus der Kaste der Berührbaren ausgeschlossen" und dessen Stimme durch politischen Druck zum Schweigen gebracht werden sollte.[24] Das entsprach nur der Strategie des Verlags und wurde nach anfänglichem Zaudern[25] auch von Sarrazin als Movens aufgenommen, sodass die Debatte sich immer mehr zuspitzte. Auch von ‚islamkritischen' bzw. islamfeindlichen Internetakteuren inspiriert, erreichte eine Flut von Protestschreiben zugunsten Sarrazins nicht nur Redaktionen, sondern auch Parteizentralen, besonders diejenige der SPD, für die der „Genosse Provokateur" zunehmend zum Problem wurde, zumal auch prominente Sozialdemokraten den Gescholtenen öffentlich in Schutz zu nehmen begannen.[26]

Das galt für den seit jeher nicht eben muslim- oder türkenfreundlichen Altbundeskanzler Helmut Schmidt, der schon Anfang 1982 das – heute gern von der neonationalsozialistischen Publizistik hochgehaltene – Diktum geprägt hatte: „Mir kommt kein Türke mehr über die Grenze" und in seinen Memoiren erklärte: „Wer die Zahlen der Moslems in Deutschland erhöhen will, nimmt eine zunehmende Gefährdung unseres inneren Friedens in Kauf".[27] Er stimmte zwar „nicht in allen Punkten mit Sarrazin überein", gab ihm aber z.B. Recht, „was die Integrationsbereitschaft und -fähigkeit vieler Moslems betrifft."[28]

Ähnlich äußerten sich Klaus von Dohnanyi, aber auch der nach heftigen Querelen aus der SPD ausgetretene frühere Bundeswirtschaftsminister Wolfgang Clement („äußerst wichtiges Buch") sowie der letzte sozialdemokratische Bundesfinanzminister und SPD-Kanzlerkandidat Peer Steinbrück, der erklärte, dass er „weiten Teilen von Sarrazins Analysen kaum widersprechen" könne, von dessen „plattem Sozialdarwinismus" einmal abgesehen.[29]

Es galt aber auch für über jeden Zweifel erhabene, führende deutsche Wissenschaftler wie z.B. den bedeutendsten deutschen Sozialhistoriker und überzeugten Sozialdemokraten Hans-Ulrich Wehler, der sich auch in seinen großen Werken zur Sozialgeschichte auffallend wenig mit dem sozialhistorischen Massenphänomen der Wanderungen beschäftigt hatte und sich deshalb schwach gewappnet, aber meinungsstark in eine Diskussion einschaltete, in der er zuvor schon mit klar islam-, türken- und Türkei-skeptischen Argumenten hervorgetreten war:

In einem Aufsehen erregenden Interview über Huntingtons ‚Kampf der Kulturen'[30] hatte er schon 2002 vehement die „Kritik der Multikulti-Gutmenschen" angegriffen und auf die Interviewfrage, ob nicht gerade die millionenstarke Einwandererbevölkerung in Deutschland zeige, dass „ein friedliches Zusammenleben funktionieren kann", ohne jede Begründung behauptet: „Das Beispiel zeigt, dass es eben nicht funktioniert. Die Bundesrepublik hat kein Ausländerproblem, sie hat ein Türkenproblem. Diese muslimische Diaspora ist im Prinzip nicht integrierbar."[31]

Seine Sarrazin-Rezension überschrieb der emeritierte Bielefelder Sozialhistoriker mit dem Titel ‚Ein Buch trifft ins Schwarze'. Er rief dazu auf, ausgerechnet die ihm selbst unheimlichen und von ihm bislang meist wenig thematisierten „Zuwanderungsprobleme endlich ohne Scheu zu diskutieren".[32] Literaturkenntnis schützt vor Neuentdeckungen: In Sarrazins Buch stand nichts an ernst zu nehmenden Argumenten zum Thema Migrations- und Integrationspolitik, was nicht schon seit den 1980er/90er Jahren in der Fachliteratur, aber auch in der an die weitere Öffentlichkeit gerichteten wissenschaftlichen Publizistik immer wieder und meist vergeblich vorgetragen worden wäre.

Und damals war es, wie erwähnt, in der Tat noch ‚mutig' und führte mitunter zu herablassend-borniertes Abweisung von vermeintlich höherer politischer Warte aus, sich gegen die in weiten Kreisen der politisch Verantwortlichen herrschende defensive Erkenntnisverweigerung bzw. die Verdrängung wissenschaftlicher durch „gefühlte Empirie" (N. Foroutan)[33] aufzulehnen. Und in der weiteren Öffentlichkeit, die Sarrazin nun zujubelte, gab es seinerzeit ebenfalls kaum Rückhalt bei kritischen Auseinandersetzungen mit der in vieler Hinsicht mangelhaften, weil nicht proaktiven, sondern nur reaktiven bzw. defensiven und insgesamt konzeptlosen Migrations- und Integrationspolitik, jedenfalls auf der Bundesebene. Das galt auch im Blick auf Wissenschaftler, die sich, durch Sarrazin animiert, erst jetzt mit dem Thema befassten wie z.B. Hans-Ulrich Wehler und Arnulf Baring:

Als Advokat von Sarrazin und Kelek beschuldigte Wehler auf der Podiumsdiskussion zur öffentlichen Vorstellung des Anti-

Sarrazin- und Anti-Kelek-Buches ‚Die Panikmacher' in Berlin Ende Februar 2011[34] den Autor und – bald abgelösten – Feuilletonchef der *FAZ* Patrick Bahners, selber unnötig „Panik" zu machen. Wehler erklärte dort ohne alle gerade von ihm erwartbaren Forschungsbezüge und stattdessen unter Berufung ausgerechnet auf den für seine schrillen Töne bekannten Berlin-Neuköllner Bezirksbürgermeister Heinz Buschkowsky: Wenn man sehe, „was die Türken aus unseren Volksschulen gemacht" hätten, dann dürfe man sich „über nationalistische Reaktionen nicht wundern". Ich habe dieser Einschätzung des von mir hochverehrten Gelehrten auf der Diskussion in einer scharfen und von dem ansonsten eher stillen Publikum mit großem Applaus bedachten Entgegnung widersprochen. Wehler blieb unbeeindruckt und erklärte weiter, lasse man „die 20 Seiten über die vermeintlichen genetischen Anlagen bestimmter Einwanderergruppen einmal weg", dann sei Sarrazin für ihn „ein guter Reform-Sozialdemokrat".

Auf der gleichen Veranstaltung erstaunte der emeritierte Berliner Politologe und Talk-Show-Star Arnulf Baring das Auditorium durch eine in gespielt argloser Naivität an Bahners gerichtete Startfrage der Publikumsdiskussion, die Ahnungslosigkeit über die Sarrazin-Debatte und die in ihrem Schatten noch stärker aufschäumende ‚Islamkritik' vorgeben sollte: Die Sarrazins, Keleks und andere sogenannte „Panikmacher" kriegten in seinem Buch „doch ganz ordentlich ihr Fett weg. Was treibt Sie denn eigentlich an?"[35]

Die Flut der Sarrazin-freundlichen Proteste in den Parteizentralen brachte die Politik im Herbst 2010 zunehmend unter Druck. Sarrazin fasste den bereichsweise klar opportunistisch-populistisch motivierten politischen Stimmungsumschwung zu seinen Gunsten in die verächtlichen Worte: „Die Trendwende war aber nicht nur der schnellen Verbreitung des Buches geschuldet, sondern auch der überwältigenden Welle der öffentlichen Zustimmung, die alsbald durch die Leserbriefredaktionen der Zeitungen und die Internetforen schwappte. Die Feinde in

Politik und Medien schalteten zügig um: Nunmehr hatte ich zwar die richtigen Fragen angesprochen, aber auf die falsche Weise, indem ich Ängste schürte."[36]

Das galt besonders für die Sozialdemokratie, die sich am Ende um den Preis schwerer Selbstbeschädigungen aus der Affäre um das schließlich niedergeschlagene Parteiausschlussverfahren rettete, was beiden Seiten zugute kam:

Die SPD, die die alte diplomatische Spielregel, nie mit etwas zu drohen, was nicht notfalls auch umsetzbar ist, unbeachtet gelassen hatte, bekam mit ihrem peinlichen Verzicht auf parteigerichtliche Konsequenzen ein möglicherweise nur um den Preis erheblicher Mitgliederverluste lösbares Problem vom Tisch. Sarrazin wiederum, der teilweise Aussagen popularisierte, „die zuvor kaum Beachtung gefunden hatten, als sie von Autoren der Jungen Freiheit oder der NPD vertreten worden waren", und der nicht ohne Grund auch von rechtsradikalen Parteien und Gruppen vergeblich Vorsitz- bzw. Vorstandspositionen angeboten bekommen hatte, konnte als Mitglied der SPD auch weiterhin schwerlich mit rechtsradikalen Gruppierungen in Verbindung gebracht werden.

Er musste sich trotzdem bald dagegen wehren, dass nicht nur die NPD, sondern auch ihr nahestehende rechtsradikale Kleinstparteien wie die ‚Bürgerbewegung Pro Deutschland' mit seinem Namen auf Wahlplakaten („Wählen gehen für Thilos Thesen") zu punkten suchten.[37]

Bundes- und Landespolitiker aus CDU/CSU wiederum ließen deutlich häufiger wohlwollende Akzeptanz gegenüber einzelnen Einschätzungen Sarrazins erkennen und triumphierten über den kabarettreifen Stolperkurs der Sozialdemokraten in der Sarrazin-Affäre.[38] Sie überboten sich auf dem Höhepunkt der Sarrazin-Debatte im Herbst 2010 schließlich mit populistischen Redensarten, erkennbar getragen von der Sorge, „Sarrazin könne leicht zur Chiffre werden für die Abgehobenheit des Berliner Politikbetriebs".[39] Sarrazin aber wusste, kalkulierte und bilanzierte genau, was er in Bewegung gebracht hatte: „Wenn ich gewollt hätte", sagte er später rückblickend vielleicht nicht ganz zu Unrecht, „hätte ich eine Staatskrise auslösen können."[40]

In der entfesselten, von immer neuen reißerischen Sensationsmeldungen angetriebenen, auch nach Österreich überspringenden Mediendiskussion[41] über Sarrazins Thesen und allerlei journalistische Anschlussthemen traten ab Spätherbst 2010 neben der Kritik an Sarrazin selbst zunehmend auch allgemeine Gegenpositionen zur durch die Sarrazin-Debatte wiederbelebten Integrationskritik hervor. Das zeigte sich insbesondere in Gestalt von zunächst meist personen-, mitunter auch gruppenorientierten Pressestimmen[42] und später auch von Monographien und Sammelbänden über erfolgreiche Integrationskarrieren[43] sowie in Gestalt neuer Deutungen von Einwanderungsland und Einwanderungsgesellschaft.[44] Zweck war die Stiftung von positiven oder doch realitätsnahen Gegenbildern zu dem in der Sarrazin-Debatte (nicht von Sarrazin selbst) neu intonierten, vordergründigen Gerede von der angeblich flächendeckend ‚gescheiterten Integration'[45] und von angeblich kulturspezifisch begründeten gruppenbezogenen Integrationsproblemen unter besonderer Konzentration auf ‚die' Muslime.

Zunehmend meldete sich dabei die selbstbewusste neue deutsche Elite aus der Einwandererbevölkerung zu Wort. Sie stellte der Desintegrationspublizistik ein „positives Deutschlandbild" entgegen, „das viele Migranten im Herzen tragen, das von den Einheimischen kaum reflektiert wird."[46]

Das galt z.B. für einen auch dem Bundespräsidenten Christian Wulff übermittelten Offenen Brief von START-Stipendiaten der Gemeinnützigen Hertie-Stiftung an Sarrazin, die dort unmissverständlich erklärten: „Ihre Thesen verletzen uns tief. Viele von uns fühlen sich durch Ihre Worte fremd und nicht mehr willkommen in Deutschland. Doch Ihre Thesen sind einfach falsch. Dieses wird gerade dadurch deutlich, dass es keinem von uns an Intelligenz mangelt, auch wenn unsere Eltern nicht erfolgreich waren. [...] Wenn sie sagen, ein Aufstieg in unseren Kreisen sei nur sehr schwer möglich, dann stellen Sie eine Prob-

lematik richtig dar, begründen sie aber falsch. Nicht unsere feh-
lende Intelligenz ist Ursache dieser Problematik, sondern viel
mehr soziale Faktoren. [...] Die Zeiten der gespaltenen Gesellschaft sind zu Ende. Wir sind Teil der Gesellschaft, wir sind
Deutschland. Wenn wir anfangen, dieses zu begreifen, dann
sind wir uns sicher, dass Ihre Urenkel auch in 150 Jahren noch
gerne in Deutschland leben. In unserem Deutschland."[47] Die
Stipendiaten spielten damit auf das kulturelle Untergangsszena-
rio am Ende von Sarrazins Buch an, in dem der Autor darüber
klagt, dass sich in Deutschland in 150 Jahren wohl niemand
mehr an ‚Wanderers Nachtlied‘ erinnern werde.

Dort wo Sarrazin Vertretern dieser neuen Elite direkt begegnete, verstand er entweder ihre Proteste nicht oder schmierte im
Luftkampf um Deutungshoheiten geradezu erbärmlich ab:

Das Erstere war z.B. auf einer Sarrazin-Veranstaltung mit
2 500 frenetisch klatschenden Zuhörern in der Dresdner Messehalle Mitte Januar 2011 zu beobachten: Bei der Abschlussdis-
kussion meldete sich eine ebenso sensible wie mutige junge
deutsch-koreanische Musikstudentin zu Wort. Sie wollte Sarrazin und dem erregten Auditorium zeigen, dass auch sie freudiges
Interesse an der deutschen Kultur habe. Sie wollte zum Beleg
einige Zeilen von ‚Wanderers Nachtlied‘ rezitieren, das Sarrazin
in den düsteren kulturellen Zukunftsvisionen am Ende seines
Buches angesprochen hatte.

Originalton Sarrazin: „Deutschland wird nicht mit einem
Knall sterben. Es vergeht still mit den Deutschen und mit der
demographisch bedingten Auszehrung ihres intellektuellen Po-
tenzials. Das Deutsche in Deutschland verdünnt sich immer
mehr, und das intellektuelle Potenzial verdünnt sich noch schneller. Wer wird in 100 Jahren ‚Wanderers Nachtlied‘ noch kennen?
Der Koranschüler in der Moschee nebenan wohl nicht."[48]

Bericht über den Rezitationsversuch der deutsch-koreani-
schen Musikstudentin auf der Sarrazin-Veranstaltung in der
Dresdner Messehalle: „„Über allen Gipfeln ist Ruh‘. Der Rest
geht in Pfiffen unter. Eingeschüchtert verliert die Studentin den

Faden und verhaspelt sich. Das Publikum johlt. [...] Die Studentin steht immer noch am Mikro, ihre Hand zittert, ihr Mut ist aufgebraucht, weggejohlt. Doch bevor sie gedemütigt aus der Halle rennt, ruft sie noch einen Satz, einen bemerkenswerten Satz: ‚Sehen Sie denn nicht, was sie hier anrichten?‘" Sarrazin sieht es nicht und erklärt hinterher in kleinerem Kreis beim Anschlussessen in einem Dresdner Restaurant: „Ich weiß auch nicht, was sie von mir wollte."[49]

Das Letztere demonstrierte eine auf die Erschließung des englischsprachigen Buchmarktes zielende, Hörer in aller Welt erreichende BBC-Radiotalkshow (‚World have your say‘) Sarrazins im Januar 2011, in der sich Anrufer aus Deutschland, Großbritannien und den USA zu Wort meldeten und weitere auf Facebook hinzukamen. Sarrazin spulte routiniert, wenn auch radebrechend sein in zahllosen deutschen Veranstaltungen erprobtes Programm ab, bot in der Diskussion aber ein geradezu erbarmungswürdiges Bild. Das galt einmal aus sprachlichen Gründen, die schon seine Selbstvorstellung zu einer Satire werden ließen: Er sei „Thilo Sarrazin from Börlin" und habe ein Buch geschrieben, dessen Titel man vielleicht übersetzen könnte als „Germany is doing itself away". Er vertrete darin drei Thesen, von denen eine laute: „The brightest people get the fewest babies."

Der Frage einer eloquenten jungen Diskutantin, was er sich denn eigentlich von ihr wünsche, setzte er ein hilfloses „I want you to integrate" entgegen. Er blamierte sich weltweit aber nicht nur aus sprachlichen, sondern mehr noch aus inhaltlichen Gründen. Bericht: „Den besten Einblick in die deutsche Wirklichkeit lieferten jedoch die Migranten, die sich an der Diskussion beteiligten. Analytisch, freundlich, engagiert und überlegen setzten sie dem versunkenen Ideologie-Kosmos von Sarrazin ein Deutschland-Bild entgegen, über das man sich freuen kann. Mit möglichst vielen von ihnen ist Deutschland gewappnet für den globalen Wettbewerb. In diesem Kontext ist Sarrazin ein wertvoller Zeitzeuge der Vergangenheit. Die Diskussion endete mit einem klaren Sieg der Migranten."[50]

Auch nachdem sie im Winter 2010 ihren Zenit überschritten hatte, blieb in der Sarrazin-Debatte und darüber hinaus das gefährlich kulturrassistische Reizthema gruppenspezifischer Integrationsdefizite bestimmend. Es wurde getragen von der kollektiven Sündenbock-Denunziation ‚der‘ Muslime, an der sich die Debatte auch entzündet hatte. Im Mittelpunkt der in medialer Vergröberung fortgetragenen Argumente Sarrazins hatte, wie erwähnt, zunächst die angeblich fortschreitende ‚Verdummung‘ Deutschlands durch Zuwanderung von ‚kulturell‘ (genetisch) gefährlichen, insbesondere ‚muslimischen‘ Gruppen mit ihren angeblich niedrigeren Intelligenzwerten, aber höheren Geburtenziffern gestanden. Das war der Grund, weshalb ich schon wenige Stunden nach dem ersten, für mich und andere Leser schockierenden *Spiegel*-Artikel vom 23. August 2010 über das angekündigte, mir dann auch in den Druckfahnen übersandte Buch von Sarrazin als Vorsitzender des Sachverständigenrats mit einer scharfen Agenturmeldung reagiert hatte. Sie wurde sogar von der Bertelsmann-Stiftung auf ihre Website übernommen, obgleich der Konzern Random House und damit auch Sarrazins Verlag DVA zur Bertelsmann-Holding gehört:

„Der Artikel von Thilo Sarrazin bringt dort, wo er Recht hat, nichts Neues und dort, wo er neu ist, meist eine groteske Mischung von statistisch verbrämten Halbwahrheiten, Vorurteilen, Unterstellungen und unzulässigen Verallgemeinerungen. Warum hat Sarrazin seinerzeit als politischer Verantwortungsträger im Berliner Senat nicht dazu beigetragen, die Entwicklungen zu begrenzen, deren Folgen er heute beklagt? Wenn er sich in Fragen von Integration und Migration besser informieren will, empfehle ich einen Blick in das Jahresgutachten des Sachverständigenrats deutscher Stiftungen für Integration und Migration.“[51]

Zu Sarrazins vorauslaufenden Provokationen und deren Echo hatte ich am 2. September 2010 dem *Spiegel* auf dessen Anfrage hin die folgende kurze Einschätzung übermitteln lassen: „Die Sarrazin-Debatte über ‚Deutsche und Muslime‘ hat eine demagogische Eigendynamik entfaltet. Sie gefährdet den Frieden in der Einwanderungsgesellschaft. Und sie spaltet die deutsche Gesellschaft selbst, weil 45 Prozent der Muslime hierzulande deutsche Staatsbürger sind. Ihre ethnokulturelle Ausgrenzung trifft sie wie ein Fußtritt ins Gesicht. Die Wunde kann verheilen, die Narbe wird bleiben.“[52]

Sogleich gegen die Sarrazin-These vorgetragene Gegenbelege gaben z.B. Hinweise auf Elitenzuwanderungen von Muslimen aus dem Iran oder später aus Afghanistan, also darauf, dass es hier nicht primär um Kultur- oder gar Religionsfragen, sondern um Milieuprobleme ging; dass die angeblich ‚kulturell‘ so gefährlichen Geburtenraten muslimisch-türkischer Frauen sich in Deutschland immer mehr denjenigen deutscher Frauen anpassten; dass an die Stelle der angeblich noch immer starken Zuwanderung aus der Türkei doch schon seit fast einem Jahrzehnt eine deutlich stärkere Abwanderung in die Türkei mit negativer Wanderungsbilanz für Deutschland getreten sei. Kritisiert wurde weiter, dass viele Vergleiche fragwürdig bis falsch seien, bis hin zu der Tatsache, dass ‚die Türken‘, trotz aller Bildungsrücklagen insgesamt, im milieuspezifischen Generationenvergleich sogar rasantere Bildungserfolge zu verzeichnen hätten als Deutsche und überdies z.B. Einwanderer mit italienischem Migrationshintergrund geringere Bildungserfolge vorzuweisen hätten als ‚die Türken‘, obgleich Italiener bekanntlich selten Muslime sind u.a.m.[53]

Die medial vergröberte Sarrazin-These von der Volksverdummung durch Zuwanderung war also zwar von Beginn an ein argumentativer Rohrkrepierer. Aber sie fügte sich bei vielen Vorurteilsträgern so verlockend ins projektive Puzzle, dass sie kaum mehr herauszulösen war. Diese fatale Passfähigkeit wiederum bestärkte umso mehr die ohnehin wachsende und von der vulgärrationalistischen ‚Islamkritik‘ geschürte Abwehrhaltung gegenüber ‚dem‘ Islam. Das wiederum entsetzte und beleidigte zahllose gut integrierte Einwanderer muslimischer Glaubenszugehörigkeit, die überdies für viele von ihnen, wie erwähnt, keineswegs das Gewicht hatte, das ihr von ihrer nicht-muslimi-

schen Umwelt zugeschrieben wurde. Von kleineren streng konservativen Gruppen und winzigen fundamentalistischen Minderheiten abgesehen, dominierte hier vielfach ein „schlichter
Volksislam" mit mäßigem Moscheebesuch und geringer aktiver
Mitwirkung auch in den strenggläubig-konservativen Islam-
Verbänden. Dazu gehört auch die immer wieder eher achselzuckend bekundete Selbsteinschätzung, dass man nun eben einmal als Muslim geboren sei.[54]

„Man benötigt scheinbar ein konkretes Objekt für die Projektion der eigenen Ängste und somit gegen die Abwehr dieser
Ängste vor Verlust und Abstieg in einer sich schnell verändernden Welt mit ihren Krisen", schrieb treffend der Stuttgarter In-
tegrations- und Bildungsbeauftragte Gari Pavkovic in einem –
nicht gedruckten – spontanen ‚Offenen Brief zur Integrationsdebatte nach Sarrazin' an den *Spiegel* am 13. September 2010.
Dort waren am gleichen Tag mit Bezug auf Sarrazin unter dem
Titel ‚Das Staatsversagen: Warum Deutschland an der Integration scheiterte' die Mär von der gescheiterten Integration neu
aufgelegt und ein angebliches „Bündnis der Weggucker" attackiert worden. Pavkovic schrieb weiter:

„Lösungen für derart konstruierte Probleme erwartet man,
indem man ‚den Bock zum Gärtner' macht – d.h. sich den
Brandstifter als den vermeintlichen Retter des brennenden Hauses herbeisehnt. [...] Die breite mediale Promotion von Sarrazins Buch und von seinen prominenten islamophoben Sekun-
danten als Kommentatoren zur Lage der Nation könnte den
Eindruck erwecken, dass in Deutschland künftig die Türken/
Muslime für das ‚Staatsversagen' herhalten sollen. [...] Viele
europäische Länder wären froh, unsere Zustände in Sachen Integration zu haben, aber das ist eine andere Geschichte, die sich
nicht gut verkaufen würde. [...] Wir, die Integration tagtäglich
vor Ort gestalten, brauchen keine dramatischen Klagelieder der
neuen ‚Hingucker', sondern verantwortungsbewusste Bündnis-
partner für unsere Integrationsarbeit, die sich konkret für ein
besseres Miteinander einsetzen."[55]

Vor diesem Hintergrund lockerten, wie erwähnt, die Sarrazin-These und ihre verzerrte mediale Reproduktion in Teilen der hochmotivierten neuen deutsch-türkischen Leistungselite weiter die mentale Bindung an das Einwanderungsland.[56] „Viele Muslime fühlen sich durch Sarrazins Thesen tief gekränkt. Am meisten die Türken, die Erfolg haben und gut integriert sind. Und die, um die es in der Debatte geht? Sie bleiben stumm", titelte die *Frankfurter Allgemeine Sonntagszeitung* in einem einschlägigen Lassotext.[57]

In einem Artikel für die *ZEIT* erklärte die mit zahlreichen Preisen[58] ausgezeichnete sozialwissenschaftliche Sarrazin-Kritikerin Naika Foroutan, die einer deutsch-iranischen Familie entstammt, „wie mich die Sarrazin-Debatte zur Verteidigung der Muslime zwang". Sie enthüllte dabei ganz beiläufig und sarkastisch eines der Geheimnisse der Islamdebatte, die, wie erwähnt, als Ersatzdebatte an die Stelle der überfälligen, aber verdrängten Debatte über die neue kollektive Identität in der Einwanderungsgesellschaft eine negative Integrationsdebatte gerückt hatte: negative Integration im Sinne der identitätsstiftenden Selbstvergewisserung der Mehrheit durch die denunziative Auskreisung von Minderheiten, in diesem Falle von ethnokulturellen bzw. religiösen Milieus (‚Muslime') und sozial schwachen Gruppen mit und ohne Migrationshintergrund (transferabhängige ‚Warmduscher' u.a.m.)[59]:

„Aber Muslimischsein in Deutschland ist heute keine Religionsfrage mehr – Muslimischsein ist ein Politikum. Es ist egal, als was man sich selbst sieht oder bezeichnet, ob herkunftsmuslimisch, säkular-muslimisch, religiös, orthodox oder traditionell – Muslimischsein ist derzeit vor allem eins: das Gegenteil von Deutschsein. Zeitgleich wächst der Bekenntnisdruck und der Vorwurf, sich nicht eindeutig genug abzugrenzen – vom Terror, vom Islamismus, vom Drogendealer an der Ecke und vom Kopftuch. Ich nehme mir vor, ab jetzt jedem katholischen Mann, mit dem ich mich unterhalte, zuerst ein klares Bekenntnis gegen Pädophilie abzuverlangen, und merke, dass ich polemisch werde …".[60]

Das Eliten-Bashing belegt unter vielen anderen auch das Beispiel der gerade durch ihre liebevollen und pointenreichen literarischen Skizzen zur Integration in Deutschland bekannt gewordenen, gemeinsam mit Naika Foroutan mit dem Berliner Integrationspreis 2011 ausgezeichneten deutsch-türkischen Schriftstellerin und Journalistin Hatice Akyün. Sie stand Anfang Februar 2011 wie unter Schock. Das zeigt ein eindrucksvolles Interview, das deshalb hier auszugsweise wiedergegeben werden soll:

„Frau Akyün, man hört, Sie wollten auswandern. Das ist nicht Ihr Ernst, oder?

Akyün: Meine Entscheidung habe ich noch nicht endgültig getroffen, aber es sind nicht mehr bloß Gedankenspiele. Ich mache mir ganz konkret Gedanken darüber.

Warum?

Akyün: Weil ich mich frage, ob es nicht woanders schöner ist. Die derzeitige Stimmung in diesem Land macht mir Angst. Ich habe eine Tochter, die wird jetzt vier. Ich möchte, dass sie in einem Land aufwächst, in dem sie akzeptiert ist. Ich möchte nicht, dass meine Tochter irgendwann aus der Schule nach Hause kommt und erzählt: Mama, die sagen, ich bin dumm, weil ich Türkin bin. Ich will nicht, dass sie das Gefühl bekommt, nicht zu diesem Land zu gehören.

Kaum ein anderer deutscher Autor Ihrer Generation schreibt mit so viel Liebe über sein Land wie Sie. Woher kommt dieser plötzliche Bruch?

Akyün: Weil man mir verbal ständig ins Gesicht schlägt. Jeden Tag. Wenn ich die Zeitung aufschlage oder den Fernseher anschalte, muss ich mir von irgendwelchen Politikern und Pseudowissenschaftlern anhören, warum Menschen wie ich nicht hierher gehören. Und da soll ich sagen: Hey, das ist doch mein geliebtes Land! Wissen Sie, was mir am meisten Sorgen macht? Dass es schon wieder ganz normal ist, von ‚Ausländern‘ zu sprechen. Neulich wurde ich in einem Radiointerview vom Moderator als Ausländerin bezeichnet. Und das war gar keine Boshaftigkeit. Wir sind einfach mal 30 Jahre zurückgegangen.

Aber Sie sind Deutsche. Wenn Sie nun in die Türkei auswandern wollen, geben Sie dann nicht gerade denen Recht, die Sie als Ausländerin abstempeln wollen?

Akyün: Das Schlimme ist: Ich fühle inzwischen so viel Türkisches in mir durch diese Debatte. Es ist ein Teil in mir zum Vorschein gekommen, den ich jahrelang gar nicht wahrgenommen habe.

Sehen Sie nicht die Gefahr, dass Sie sich am Ende in der Türkei noch fremder fühlen als hier?

Akyün: Nein. Ein Teil meiner Familie lebt in Istanbul. Und Menschen wie ich werden dort mit offenen Armen empfangen. Es gibt viele meiner Generation, die bereits in die Türkei abgewandert sind – Wissenschaftler, Juristen, Ärzte. [...] Das sind Menschen, die hier geboren und aufgewachsen sind. Die haben hier studiert, zum Teil mit exzellenten Abschlüssen. Aber in Deutschland finden sie keine Stelle – wegen ihres türkischen Namens. In Istanbul dagegen stehen ihnen alle Türen offen. Aber nicht weil sie türkische Wurzeln haben, sondern weil sie Fachkräfte sind.

Hat Ihr Stimmungsumschwung auch etwas mit einem Herrn namens Sarrazin zu tun? Hat er dieses Land so sehr geändert, dass Sie sich hier nicht mehr zu Hause fühlen?

Akyün: Ich sage das sehr ungern, weil ich es manchmal selbst nicht wahrhaben möchte: Aber wahrscheinlich hat die Sarrazin-Debatte nur etwas wieder zum Vorschein gebracht, was die ganze Zeit über da war. Sarrazin selbst ist mir egal. Aber die Massen, die zu ihm rennen und ihn hochleben lassen, machen mich fassungslos. Schauen Sie sich die Auftritte von Sarrazin an, dort herrschen zum Teil mobähnliche Zustände. Wenn ich das sehe, bekomme ich Beklemmungen. [...]

Seine Fürsprecher halten Sarrazin zugute, er benenne manches Problem ...

Akyün: Ich bitte Sie! Es gab vor ihm schon Politiker und Wissenschaftler, die die Probleme seriös benannt haben. Aber nicht auf spaltende Weise. [...].Wenn man sich diese Fragen stellt, wird es nämlich schwierig. Dann stößt man auf vielschichtige Gründe – aber einfacher ist es natürlich zu sagen: Das sind Türken, Muslime, alles klar, Schublade zu. Sie können Menschen nicht zwingen, differenziert zu denken. Es ist viel einfacher und griffiger, sich als Politiker hinzustellen und zu verkünden: Multikulti ist tot. Und der Jubel ist einem sicher. […]

Aber wenn Leute wie Sie abwandern, macht das die Sache auch nicht besser.

Akyün: Es ist auch keine leichte Entscheidung. Manchmal sage ich mir: Du hast als Person, die in der Öffentlichkeit steht, vielleicht die Chance, etwas geradezurücken, das Sprachrohr für viele im Land zu sein. Aber dann ist es immer wieder dasselbe, und wir stehen wieder bei null. Ich rede mir doch nur den Mund fusselig. Dazu kommt: Ich habe mich geändert, ich bin keine Rebellin mehr. Früher hätte ich mich hingestellt und gefragt: Wie können wir die Probleme gemeinsam lösen? Aber heute denke ich einfach nur: Ihr könnt mich alle mal. Ich muss ganz schnell weg hier.“[61]

Die Schriftstellerin blieb dennoch. Sie wollte sich nicht von der Uneinsichtigkeit anderer vertreiben lassen. Außerdem ist ihr zentrales Thema die Integration in Deutschland und sie konnte ihr deutschsprachiges Publikum nicht mitnehmen. Sie hat sich, trotz dieser schwerwiegenden Enttäuschung, zu ihrer deutschen Heimat bekannt und schreibt jetzt für den Berliner *Tagesspiegel* sogar regelmäßig eine kritische Kolumne ‚Meine Heimat‘.[62]

Nicht nur für die muslimische neue Elite, auch für viele ehemalige ‚Gastarbeiterfamilien‘, die im intergenerativen Prozess von Integration und mühsamem Aufstieg aus prekären Sozialmilieus die Ebenen des kleinen Mittelstands erklommen haben, wirkten Sarrazins Botschaften, vor allem aber die medialen Debatten darüber, oft deprimierend: „Das Erschütternde an den Aussagen von Thilo Sarrazin ist, dass er den eigentlichen Helden der Problematik Knüppel zwischen die Beine wirft“, urteilte ein besorgter Kommentar. „Diese Helden heißen Kevin oder Ayshe. Kevin, der nicht aufgrund, sondern trotz seines familiären Hintergrundes einen Realschulabschluss anstrebt, und Ayshe, die für die Bildung ihrer Kinder putzte und kämpfte und nun gefragt wird, ob sie sich nicht wenigstens ein bisschen über das Abitur ihrer Tochter freut."[63]

Sandra Dassler vom *Tagesspiegel* hat im August 2010 Pionierwanderer (,Gastarbeiter' der ersten Generation) aus der Türkei in Berlin interviewt. „Wir haben 40 Jahre lang auf dem Bau und in verschiedenen Firmen die härtesten Jobs gemacht, die kein anderer machen wollte", sagte enttäuscht und empört der heute 66 Jahre alte Dursun Güzel. „Wir haben anfangs unter fast unmenschlichen Bedingungen in Baracken gelebt, in Schichten gearbeitet, später die Familien nachgeholt und Steuern gezahlt. Heute erhalten wir zwischen 600 und 800 Euro Rente, weil wir als Ungelernte wenig verdienten. Und nun müssen wir uns von Herrn Sarrazin sagen lassen, dass die Gastarbeiter überflüssig waren und wir Schmarotzer sind?"[64]

Insgesamt aber zeigte sich die Einwandererbevölkerung muslimischen Glaubens, Umfragen zufolge, von den ,Sarrazin-Thesen' selbst weniger betroffen als von deren diffuser islamophober Wirkung auf eine nur angeblich neue, in Wahrheit sehr alte, inhaltlich längst überholt geglaubte Integrationsdebatte und vor allem von der als vulgäraufklärerische ,Islamkritik' verkleideten Minderheitendenunziation. Die – negativen – Wirkungen der Sarrazin-Debatte und der durch sie forcierten ,Islamkritik' aber kulminierten in der neuen deutsch-türkischen Elite und im breiten neuen deutsch-türkischen Mittelstand. Bei der Minderheit der tatsächlich unzureichend integrierten Einwanderer hingegen konnten Sarrazins aggressive Botschaften und die Debatte darüber schon deswegen nichts bewirken, weil sie diese Gruppen gar nicht erreichten, die sich wesentlich bis ausschließlich über türkische Medien informieren, in denen diese deutsche Debatte, von einigen Irritationen zu Beginn abgesehen, wenig Spuren hinterließ:

In den türkischen Medien spielten Sarrazins Buch und sein Echo, innenpolitischer Probleme in der Türkei wegen, keine große Rolle. Der Berliner Chefreporter der durchaus raubeinigen *Hürriyet,* Ahmet Külahci, erklärte auf die Frage, warum Sarrazin in seinem Blatt eine so untergeordnete Rolle gespielt habe: „Ach, er ist doch überhaupt nicht interessant. Ich habe ihn nicht ernst genommen und in der Türkei interessiert sich niemand für ihn. Es ist eine innerdeutsche Debatte, die wir deswegen auch kaum auf unseren Türkeiseiten gemeldet haben. Wir legen keinen Wert auf ihn und seine dummen Thesen."[65] Der türkische Staatspräsident Abdullah Gül, der im September 2011 Deutschland besuchte, antwortete auf die Frage, was er von Thilo Sarrazin halte: „Ich habe die Debatte verfolgt und kenne seine Thesen. Nun, jede Gesellschaft bringt solche extremen, marginalen Ansichten hervor. Man sollte sich nicht zu lange mit ihnen aufhalten."[66]

Nach einer Repräsentativumfrage unter in Deutschland lebenden Menschen mit türkischem Migrationshintergrund von Mitte September 2010 fühlten sich mehr als vier Fünftel (84 %) der Befragten, von den jüngeren Deutsch-Türken (14-29 Jahre) sogar mehr als 90 Prozent, in Deutschland ‚eher gut', ‚gut' oder sogar ‚sehr gut' integriert. Nur rund ein Fünftel der Deutsch-Türken (21 %) sahen die Stimmung zwischen Deutschen und Türken durch die ‚Sarrazin-Debatte' nachhaltig verschlechtert. Das hing damit zusammen, dass bis Mitte September 2010 nur etwas mehr als ein Drittel (38 %) der Befragten überhaupt von der ‚Sarrazin-Debatte' gehört oder sie in den Medien verfolgt hatten. Von ihnen indes fühlten sich 62 Prozent der Befragten ‚persönlich beleidigt bzw. angegriffen'.[67]

Das war der Grund, weshalb der *taz*-Mitbegründer und Feuilletonchef der *Frankfurter Rundschau,* Arno Widmann, Sarrazins Buch „ein aggressives Pamphlet, eine Hasstirade" genannt hat: „Man versetze sich wenigstens für zwei Minuten in die Köpfe der von Sarrazin angesprochenen Immigranten. Wie viel Kraft braucht man, um diesen blind – oder, schlimmer noch, gezielt – um sich schlagenden Hass cool über sich ergehen zu lassen? Diese mit kalter Wut vorgetragene Verachtung? Wie viel

Geduld, um immer wieder ruhig ertragen zu können, dass man ein Fremdkörper sei, einer, der hier nichts verloren habe, einer, den länger durchzufüttern Herr Sarrazin sich weigere. ‚Ich möchte nicht, dass wir zu Fremden im eigenen Land werden.' Dieser Satz ist eine Infamie: Denn in Wahrheit geht es ihm darum, andere, denen das Land ebenso zu eigen ist, zu Fremden zu machen."[68]

Die mediale Sarrazin-Debatte war im Ergebnis ein Musterbeispiel für negative Integration im Sinne der erwähnten identitätsstiftenden Selbstvergewisserung der Mehrheit durch die denunziative Auskreisung von Minderheiten. Sie führte zugleich zu einer Konfrontation von auch aus ganz anderen Gründen empörten ‚Angst-' und ‚Wutbürgern' mit angeblichen ‚Gutmenschen'. Beide Seiten hielten sich wechselseitig paranoide Islamophobie bzw. Islamophagie oder ‚politisch-korrekte Schönfärberei' vor. Kritisch differenzierende Positionen schienen zwischen beiden Lagern erdrückt oder buchstäblich überbrüllt zu werden, was, wie erwähnt, zeitweise regelrechte Diskussionsblockaden bei kritischen Veranstaltungen bewirkte, während Sarrazin-Auftritte oft Huldigungen glichen.[69]

Dabei machten die lautstarken Newcomer in der sozial aggressiven Desintegrations-Diskussion durch ihre einseitige Orientierung an dem Latecomer Sarrazin nur deutlich, dass sie sich vorher nicht um das Thema gekümmert hatten – zu einer Zeit nämlich, als realitätsbezogene und konzeptorientierte migrations- und integrationspolitische Kurskorrekturen noch nachhaltige Wirkung hätten erzielen können, also in den 1980er, spätestens in den 1990er Jahren. Diejenigen aber, die selber schon lange vor Sarrazin nachdrücklich, wenn auch vergeblich vor einschlägigen Fehlentwicklungen gewarnt hatten, und nun Sarrazins ebenso verspätete wie überzogene Kritik und insbesondere seine gruppenbezogenen Schuldzuschreibungen zurückwiesen, gerieten unter Druck:

Sie wurden jetzt von den sekundär-autodidaktischen, nämlich an dem ambitionierten Autodidakten Sarrazin, aber auch an

Kelek sowie an außer-, halb- oder vorwissenschaftlichen Desintegrationspublizisten geschulten neuen ‚Integrationsexperten‘
und insbesondere ‚Islamkritikern‘ als ahnungslose ‚Gutmenschen‘ und oder gar politisch-korrekte ‚Schönredner‘ diffamiert:
„Inzwischen müssen sich Verteidiger von Islam und Muslimen
gar für ihr ‚Gutmenschentum‘ rechtfertigen, während es zum
guten Ton zu gehören scheint, Vorbehalte gegenüber Islam und
Muslime zu hegen", monierte zutreffend die Medienforscherin
Sabine Schiffer im Juni 2011.[70] Wer als Wissenschaftler eine
zutreffende eigene, vielleicht schon Jahrzehnte alte Einschätzung wiederholte, rückte in den Verdacht, von Sarrazin abgeschrieben zu haben. Wer etwas anderes sagte, musste sich fragen
lassen: Haben Sie denn ihren Sarrazin nicht gelesen?

Forciert wurde die Wirkung des Sarrazin-Buches besonders
durch skandalisierende Mediendiskurse nach dem bekannten
Motto ‚Nur eine schlechte Nachricht ist eine gute Nachricht‘.
Deshalb auch verkaufte sich die falsche Information, die Integration sei gescheitert, viel besser als die zutreffende gegenteilige
Botschaft: Integration im Alltag der Einwanderungsgesellschaft
ist in Deutschland viel besser als ihr von der Desintegrationspublizistik im In- und Ausland lange nachhaltig beschädigter Ruf,
auch im internationalen Vergleich. Das belegte auch der Unterschied in der Rezeption zwischen dem im Frühjahr 2010 vorgelegten, in Fachkreisen, aber auch in den Medien des In- und
Auslandes hochgeachteten SVR-Jahresgutachtens ‚Einwanderungsgesellschaft 2010‘ mit seinen verhalten positiven Botschaften zur Entwicklung von Integration in Deutschland und der
unvergleichbar stärkeren, von langer Verlagshand kampagnen-
strategisch vorbereiteten Durchschlagskraft des im Spätsommer
erschienenen Buches von Thilo Sarrazin mit seiner Mischung
aus kritischen Bestandsaufnahmen, Katastrophenbilanzen, Untergangsvisionen und kulturalistischen Gruselfantasien.

Bei ersten Medienkontakten zur Vorstellung der Ergebnisse
des SVR-Gutachtens vom Frühjahr 2010 war mir zunächst der
skeptische Hinweis begegnet, dass man mit guten Nachrichten

doch eher schlechte Schlagzeilen mache. Hinzu kam die Irritation nicht weniger Journalisten darüber, dass die Rede von weithin gelungener Integration scheinbar tatsächlich kein euphemistischer Mummenschanz war. Und doch bewirkte die zunächst mühsam in Gang gebrachte, dann sehr stark einsetzende Beschäftigung der Medien mit den realitätsbezogen-pragmatischen Informationen des SVR-Gutachtens kurzfristig eine klare Zunahme von positiven öffentlichen Einschätzungen von Integration in Deutschland.

Die weithin begrüßte, nur von den Hohepriestern der ‚gescheiterten Integration' mit Erschrecken wahrgenommene Aufhellung der düsteren öffentlichen Wahrnehmung von Integration wurde wenige Monate später von der grobschlächtig einsetzenden Sarrazin-Debatte und ihrem ungleich stärkeren Echo wieder verschüttet. Die Protagonisten von Islamophobie und ‚gescheiterter Integration' aber betrachteten die SVR-Ergebnisse offenkundig als eine Art gegenpropagandistische Geschäftsschädigung und formierten sich zum konzentrischen Angriff auf den SVR und seinen Vorsitzenden.

3.2 ‚Islamkritik' in der Sarrazin-Debatte

Neben der aggressiv-elitären Sloterdijk-Debatte[71] nahm Sarrazins Buch strategische Argumente auch aus dem öffentlichen Streit um Islam und Islamismus auf, der cum grano salis auf drei Ebenen begegnete: als wertebezogene Religionskritik (Islamkritik), als sicherheitspolitische Strategiediskussion über die Abwehr der Weltgefahr des fundamentalistischen Islamismus (Islamismuskritik) und, als islamfeindliche Plattversion der erstgenannten Diskursebene, in Gestalt der meist ebenfalls als ‚Islamkritik' bezeichneten, Islam und Islamismus gleichsetzenden agitatorischen Vulgäraufklärung über ‚den' Islam und ‚die' (angeblich gescheiterte) Integration ‚der' Muslime, fern aller dazu seit Langem vorliegenden Forschungsergebnisse.[72]

Die Diskussion um den islamistischen Fundamentalismus war von der Iranischen Revolution 1978/79 ausgegangen. Sie hatte die „im europäischen Kulturerbe angelegte latente Islamfeindlichkeit durch die Politisierung einer fundamentalistischen Bewegung neu belebt". Die damit verbundenen konkreten Sorgen, diffusen Ängste und Vorurteile schienen ihre welthistorische Bestätigung in dem Attentat vom 11. September 2001 zu finden, durchzogen fortan das ganze erste Jahrzehnt des 21. Jahrhunderts und belasteten zunehmend auch das Verhältnis zu eingewanderten Muslimen. Dabei spielten die Medien eine entscheidende Rolle: ‚Unheimliche Gäste. Die Gegenwelt der Muslime in Deutschland' hatte z.B. der Titel eines *Focus*-Heftes 2004 geheißen. Zur Zeit des islamfeindlichen *Spiegel*-Chefredakteurs Stefan Aust hatte es 2007 ein düsteres *Spiegel*-Cover ‚Mekka Deutschland. Die stille Islamisierung' gegeben. Die Illustrierte *Der Stern* wetteiferte im gleichen Jahr mit einer Titelstory ‚Wie gefährlich ist der Islam?' (38/2007). 2009 titelte der *Focus* ‚Die deutsche Islamisten-AG. Wie Fanatiker den Terror planen'. Viele andere einschlägige Beispiele ließen sich nennen.[73]

Die Forschungsgruppe um Naika Foroutan an der Humboldt-Universität Berlin hat anhand aller ermittelbaren Buchpublikationen eine Verlaufskurve der Publikationsintensität zum Themenkomplex Islam und Muslime in Deutschland in Fünf-Jahres-Abschnitten erarbeitet. Sie zeigt von 1997-2001 (71) und 2002-2006 (73) ausgehend eine Verdoppelung der einschlägigen Buchpublikationen in dem Jahrfünft 2007-2011 (146), in das die Sarrazin-Debatte fiel. Extrem höher noch würde die Kurve ausschlagen, wenn die Beschäftigung mit dem Thema Islam/Muslime in den Medien einbezogen würde, das zeitweise ganz im Vordergrund stand.[74]

Neben und in Überschneidung mit solcher alarmistischen Berichterstattung in den Medien arbeitete eine zunehmend weiter verzweigte ‚islamkritische' bzw. islamfeindliche Desintegrationspublizistik, deren Vertreter sich gern in der Rolle uneigennütziger mutiger, angeblich von einer Allmacht von Sittenwäch-

tern der ‚Political correctness' bedrängter Künder der Wahrheit
gerierten, in Wirklichkeit aber ein sehr risikoarmes, weil allseits
beliebtes und sehr einträgliches Geschäft betrieben; denn die
‚Islamkritik' entwickelte sich rasch zu einem bestsellerverdächti-
gen Thema am Markt der Meinungen, auf dem die Namen
Henryk M. Broder, Necla Kelek und Ralph Giordano eine besonders Rolle spielten.

„Broder, Kelek und Giordano behaupten ja sehr gern, dass sie
gegen eine überwältigende Meinungsdominanz von ‚Gutmenschen' in den Medien und der Politik anschreiben", widersprach
der ‚Islamkritik'-Analytiker Kay Sokolowsky scharf. „Das ist
absoluter Blödsinn. Es gehört in Deutschland kein bisschen
Courage dazu, auf Muslime zu schimpfen. Man ist da ganz sicher auf der Seite der Mehrheitsmeinung, und man darf sich
darauf verlassen, für das Angstschüren vor den Muslimen mit
guten Platzierungen auf der *Spiegel*-Bestsellerliste und mit allerlei Literaturpreisen belohnt zu werden. Die Diffamierung der
Muslime – und derer, die man dafür hält – ist ein erheblich
einträglicheres Geschäft als die Abwehr dieser Diffamierung."[75]

Weil Sarrazins Buch viele Schnittmuster für die Reproduktion gängiger Vorurteile gegenüber ‚den' Muslimen[76] bot, meldeten sich als Advokaten des Autors in der Sarrazin-Debatte von
Beginn an teils direkt, teils indirekt, auch publizistische ‚Islamkritiker' der verschiedensten Provenienz und Kompetenz zu
Wort. Sarrazin wiederum erkannte die zusätzliche Marktchance
und trat schon bald selber nicht mehr nur z.B. als Advokat der
‚Islamkritikerin' Necla Kelek, sondern auch selber als bekennender ‚Islamkritiker' („Wir Islamkritiker") auf.[77] Sarrazin-Debatte
und Islam-Debatte heizten sich damit gegenseitig auf. Am
stärksten waren auch in der ‚islamkritischen' Debatte zumeist
die flachsten Argumente zu hören, nach der bekannten Erfahrung, dass Grölen lauter ist als Gesang.

Dass Sarrazin ein wichtiger Kampfgefährte an der ‚islamkritischen' Front war, wurde sofort von dem scharfzüngigsten Feuer-
leitposten an dieser Frontlinie, Henryk M. Broder, erkannt, der

selber zentrale Argumentationslinien Sarrazins vertrat wie z.B. die Vorstellung von der islamistischen „demographischen Waffe"[78] bei der stillen Invasion Europas: „Das Problem mit Sarrazin ist", schrieb Broder schon Anfang September 2010 im *Spiegel*, „dass er, im Vertrauen auf Zahlen und Statistiken, sich um eine Aussage drückt, die wie ein unsichtbarer roter Faden sein Buch durchzieht: Der Islam ist ein autoritäres, archaisches System, das sich der Mittel der Moderne bedient, ohne deren Geist zu übernehmen. Er ist mit demokratischen Werten und Strukturen nicht kompatibel: Gewaltenteilung, Trennung von Staat und Kirche, Selbstbestimmung des Individuums, Glaubens- und Meinungsfreiheit, Gleichberechtigung und freie Partnerwahl. Viele Muslime haben den Sprung in die Moderne geschafft, einige mit dem Leben dafür bezahlt, der Islam als Ganzes hat es nicht."[79]

Diese etwas gewaltsame Umarmung Sarrazins passte nahtlos auch in das zirkelschlüssige, aber meinungsstarke Weltbild der deutsch-türkischen ‚Islamkritikern' Necla Kelek[80], die Sarrazins Buch nicht ohne Grund als „Befreiungsschlag" begrüßte, verdankte er ihr doch zugestandenermaßen seine vermeintlichen Einsichten in ‚den' Islam und ‚die' Kultur ‚der' Muslime.[81] „Sarrazins Analyse" habe erwiesen, erklärte Kelek prompt und annähernd zeitgleich mit Broder Anfang September 2010 im *Focus*, „dass die muslimischen Migranten die schlechtesten Integrationserfolge aufweisen, weil ihre islamische Kultur sie hindert, in dieser Gesellschaft nachhaltig erfolgreich zu sein. […] Der Islam ist eine Kollektivkultur und vernachlässigt das Individuum. Die Verantwortung des Individuums aber ist der Kern der Moderne unserer säkularen Demokratie."[82]

Diese Argumentationslinien bündeln just das, was Navid Kermani (s.u.) als „Vulgär-Rationalismus" beschrieben hat. „So betreibt die wehrhafte Aufklärungsgesellschaft Vorwärtsverteidigung auf dem weiten Feld der hermeneutischen Gemeinplätze", kommentierte der damalige Feuilletonchef der *FAZ*, Patrick Bahners, in seiner „Kritik der Islamkritik" treffend. „Das Politische im politischen Diskurs, den die Islamkritik betreibt", sei der „Bezug auf diesen Endkampf zwischen Aufklärung und Finsternis. Unerwünscht ist das Politische im zivilgesellschaftlichen Sinne des Erkundens von Zwischenlösungen, Spielräumen und Arrangements auf Zeit. An dieser Unduldsamkeit gegenüber dem Zweifel im eigenen Hinterkopf erkennt man den Fanatismus." Damit trete zugleich „der religiöse Charakter dieser radikalen Religionskritik ans Licht. Den Werten der aufgeklärten Gesellschaft wird ausdrücklich der Status letzter Prinzipien zugesprochen."[83]

Das wiederum macht die besondere Sogkraft der ‚Islamkritik' aus, die in ihren am meisten verbreiteten Vulgärversionen nichts anderes ist als ein christlicher Fundamentalismus, gefährlich wie alle anderen Fundamentalismen auch: „Fundamentalistische Lebensentwürfe sind attraktiv", schreibt Navid Kermani, „weil sie die Menschen mit dem versorgen, was ihnen in der modernen, globalisierten Welt am meisten fehlt: Eindeutigkeit, verbindliche Regeln, feste Zugehörigkeiten – eine Identität."[84]

Immer wieder waren Postulate zu lesen, deren Tenor Heiner Bielefeldt, Inhaber des Lehrstuhls für Menschenrecht an der Universität Erlangen-Nürnberg so zusammengefasst hat: „In den robusteren Varianten der Integrationsdiskussion, inspiriert von Thilo Sarrazin und Necla Kelek, werden Muslime in herrischem Gestus aufgefordert, doch bitte ihre Modernisierungsfähigkeit unter Beweis zu stellen." Diese „Selbstinszenierung heroischer Tabubrecher, die ihre Unerschrockenheit durch kulturkämpferische Verbalradikalismen unter Beweis stellen", sei eine „Karikatur der Aufklärung".[85] Das reicht bis zu der indirekten Anregung, Muslime wegen identifikatorischer Glaubenssymbole im Alltag zur Rede zu stellen: „Der Islam ist eine autoritäre Ideologie", dozierte Necla Kelek in einem Interview im März 2010 und fügte in eigener Sache gleich einen Beleg für unverschämte Alltagsdiskriminierung im Verhörstil bei: „Eine Frau, die Kopftuch trägt, ist für mich Ideologieträgerin. Ich frage Kopftuchträgerinnen auch ganz direkt: Ist Dir bewusst, dass Du ein System mitträgst, das nicht demokratisch ist?"[86]

Frappierend war und blieb bei der ‚Islamkritik‘, Sarrazin eingeschlossen, dass ihre Tiraden keine Antwort auf die Frage geben, was denn nun konkret mit ‚dem Islam‘ geschehen und wie
dies mit der immer wieder geradezu reflexhaft zitierten demokratischen Geschäftsordnung der Republik vereinbar bleiben
sollte: Den Islam ganz oder in Teilen verbieten und den Koran
auf den Index setzen, wie es Geert Wilders in den Niederlanden
fordert? Andere Maßregeln hat Thomas Steinfeld polemisch zur
Diskussion gestellt: „Ausweisung aller bekennenden Muslime
nach Asien oder Afrika? Einrichtung von Gettos innerhalb
Deutschlands? Oder eine gigantische Umerziehung nach dem
Modell der Entnazifizierung, eine Zwangsbekehrung zum Säkularen?"[87] Sicher nicht.

So blieb nur das Resümee des Islam- und Politikwissenschaft-
lers Thorsten Gerald Schneiders in der *Jüdischen Zeitung* vom
August 2010: Die „durch ihre ‚Islamkritik‘ prominent gewordenen Protagonisten wie Henryk M. Broder, Ralph Giordano,
Necla Kelek und andere" hätten zwar keine konkreten Vorschlä-
ge zu ihrem Kampfthema ‚Islam‘, dafür aber sehr „konkreten
Einfluss auf Politik und Gesellschaft" in Deutschland. Das wird
wir hier am Beispiel von Necla Kelek noch gezeigt.[88]

Sachkenner verfolgten die ‚islamkritische‘ Debatte schon vor
ihrer Überschneidung mit der Sarrazin-Debatte mit wachsendem Befremden. Nähern wir uns dem argumentativen Minenfeld der ‚Islamkritik‘ schrittweise mithilfe einer Zitat-Collage:
Als Beispiele vorgestellt werden dazu hier etwas ausführlicher der
deutsch-iranische Orientalist, Schriftsteller und Public Intellec-
tual Navid Kermani, den ich seit unserer gemeinsamen Zeit am
Wissenschaftskolleg zu Berlin 2000/01 auch persönlich kenne,
der Islamwissenschaftler Stefan Weidner und der mir ebenfalls
persönlich bekannte deutsch-türkische, in beiden Sprachen pub-
lizierende Dichter und Schriftsteller Zafer Şenocak:

Navid Kermani[89] beobachtete als Intellektueller, fachwissen-
schaftlicher Islamkenner und Muslim in intellektueller Beschei-
denheit „etwas ungläubig" den meinungsstarken Austausch von

identitätsstiftenden Selbst- und Fremdbildern zwischen selbsternannten ‚Islamkritikern' als Verteidigern des ‚modernen' Abendlandes:

„Die Autoren, Redner und Studiogäste haben mir voraus, dass sie genau zu wissen scheinen, was der Islam ist. Mir ist das nicht so klar. Auf die Frage etwa, ob der Islam mit der Moderne kompatibel sei, will mir keine bündige Antwort einfallen. Welche Moderne, ist zunächst einmal zu fragen. Versteht man den Begriff normativ als einen Kanon von Ideen wie Aufklärung, Rationalismus, Toleranz, Menschenrechte und Demokratie? Oder meint man ihn deskriptiv als Bezeichnung einer historischen Epoche? Dann gehören auch der Totalitarismus, die Schoah oder die flächendeckende Zerstörung der natürlichen Lebensgrundlagen zur Moderne.

Schwieriger noch zu beantworten scheint die zweite Frage: Welcher Islam? Der saudische Wahhabismus, der Frauen vom Autofahren abhält, oder die Ideologie Ajatollah Chomeinis, die anstelle des Menschen Gott zum Souverän des Staates erklärt, stehen zweifellos im Widerspruch zur Demokratie, zur Toleranz und zu den Menschenrechten, Ideen also, die gemeinhin der Moderne zugeschlagen werden. Denke ich jedoch an zahlreiche andere muslimische Denker, Schulen, Richtungen oder einfach nur an den Islam, den ich aus meiner Kindheit kenne, an den Islam meiner Verwandten, Freunde und des Geistlichen von nebenan, dann fällt mir daran nichts Unmodernes auf. Weder wirken sie entmündigt noch sonderlich aggressiv gegenüber ihren anders- oder nichtgläubigen Nachbarn, und ihr Glaube hält sie auch nicht davon ab, sich Demokratie und technischen Fortschritt für ihr Land zu wünschen. Diese Muslime sind friedfertig, reflektiert und freiheitsliebend, nicht trotz, aber auch nicht wegen ihres Glaubens. Beides hieße, den Islam zu überschätzen, der auch im Leben von Gläubigen nicht die einzig relevante Größe ist."[90]

Die straßauf, straßab lärmend diskutierten „Fragen nach der Vereinbarkeit oder Unvereinbarkeit des Islams mit der Demokratie oder den Menschenrechten" sind für den nachdenklichen Kermani „deshalb so müßig, weil es erstens *den* Islam nicht gibt und er sie zweitens, selbst wenn es ihn gäbe, nicht beantwortet. Allenfalls ließe sich mit Blick auf die Historie sagen, dass Demokratie oder Menschenrechte Möglichkeiten des Islams sind. Dass der Islam in einen säkularen Staat integrierbar ist, wäre daher mit Hinweis auf die Beispiele einer solchen Integration prinzipiell zu bejahen. Zu fragen aber bliebe, ob die Muslime sich in Deutschland integrieren werden. Die Antwort muss nicht die gleiche sein."[91]

Die differenzierte Antwort des Orientalisten Kermani wird in der grobkörnigen Argumentation der publizistischen ‚Islamkritikerin' Kelek genau ins Gegenteil verkehrt: „Der Islam ist nicht integrierbar, wohl aber der einzelne Muslim als Staatsbürger. Er kann in unserer Gesellschaft seinen Glauben und seine Identität bewahren, denn die europäische Toleranz der Aufklärung begreift die Angehörigen aller Religionen als gleichberechtigt."[92] Kermanis Einschätzung ist eine intellektuelle Annährung, diejenige von Kelek ein normatives Glaubensbekenntnis. Kelek ist in ‚islamkritischen' Kreisen in aller Munde. Kermani hat eher bei dem intellektuellen Publikum Gehör gefunden, im geistigen Prekariat der besonders im Internet wallenden teils ‚islamkritischen', teils islamfeindlichen vermeintlichen Schwarmintelligenz aber kaum Spuren hinterlassen.

Es hätte auch nichts genützt; denn die nachgerade berufsmäßigen ‚Islamkritiker' sind meist unbelehrbare Überzeugungstäter: „Es ist naiv, anzunehmen, man könnte Islamkritiker ‚überzeugen' oder zu einer Revision oder Abmilderung ihrer Ansicht bewegen", schreibt der Islamwissenschaftler Stefan Weidner.[93] „Islamkritische Behauptungen sind, obwohl sie in Form von Wirklichkeitsaussagen daherkommen, in aller Regel verkappte (negative) Werturteile. Ihre Evidenz beziehen sie eben nicht aus der dem Durchschnittspublikum ohnedies weitgehend unbekannten Sache des Islams, sondern dadurch, dass sie mit bewusst oder unbewusst bereits vorhandenen Werturteilen über den als oft fundamental fremde Kultur begriffenen Islam harmonieren. Islamkritische Urteile sind nicht richtig oder falsch und müssen sich nicht an der Wirklichkeit messen lassen. Sie müssen in den Ohren des Publikums nur richtig klingen. Sie klingen aber fast immer richtig, aus dem einfachen Grund, dass sie einer Selbstversicherung und Selbstvergewisserung ex negativo dienlich sind. Jeder islamkritische Satz hält eine implizite Aufwertung aller derjenigen Teile des Publikums bereit, die sich nicht zum Islam rechnen, die keine Muslime sind oder sich, wie etwa dezidiert säkularisierte, nicht mehr als solche begreifen. Der semantische Wert islamkritischer Sätze liegt nicht in ihrem Gehalt, sondern in ihrer Bereitschaft zum Urteil."

Für Weidner dreht sich die ‚Islamkritik‘ in scholastischen Argumentationsmustern und zugleich in einem von sich überlagernden hermeneutischen Zirkeln durchwebten geschlossenen ideologischen System: „Die Islamkritik begründet mit der Ablehnung des Islams das Axiom eines komplexen Systems von Werten und Weltanschauungen. In simpler Syllogistik folgt aus dieser Ablehnung alles Weitere, und alles Weitere folgt aus der Ablehnung des Islams: Weil der Islam schlecht ist, so die Logik, ist er unvereinbar mit dem, was nach unserer Auffassung gut ist: Demokratie, Freiheit, Individualität, Gleichberechtigung, Aufklärung und was einem einfallen mag; wenn aber der Islam unvereinbar ist mit Demokratie, Freiheit, Aufklärung, dann kann er nur schlecht sein. Die vollendete Tautologie dieser Schlussfolgerungen erschließt sich leicht. Mit dem in Historie und Theologie nachweisbaren Islam haben sie längst keinen Konnex mehr."[94]

Dem entspricht exakt Necla Keleks Beschwörungsformel über das „Gespenst" Islam: „Der Islam ist eine Religion, für die Politik und Glaube eins ist, die als Kollektiv ihre Gläubigen kontrolliert, die Gesellschaft in Männer und Frauen trennt, weil sie davon ausgeht, dass nur Gottes Gesetze die Triebe in Schach halten kann [sic!]. Solche Auffassungen sind für eine moderne demokratische Gesellschaft ein Problem."[95]

Weidners kämpferische Folgerung: „Wenn ein Islamkritiker das Wort Aufklärung benutzt, weiß man schon, dass Aufklärung im ursprünglichen Sinn eines selbstständigen und selbstkritischen Denkens nicht gemeint sein kann. Aufklärung wird zur Phrase, die nichts als die Gegenposition zu dem von der Islamkritik imaginierten Islam meint und alles Hinterfragen, jede Nachdenklichkeit, die doch das Kennzeichen von Aufklärung wären, zu einem Akt der Aufklärungsfeindschaft zu erklären droht."

In seiner Einschätzung der gesellschaftlichen und kulturellen Bedeutung der ‚Islamkritik' kommt Weidner zu einem vernichtenden Urteil: „Im harmlosesten Fall verdirbt die Islamkritik damit die Stimmung zwischen Alteingesessenen und Zugewanderten im Land. Im schlimmsten Fall lässt sie sich als Rechtfertigung zum Mord verstehen. Dazwischen liegt die Versuchung zu anti-islamischen Gesetzen (Kopftuch-Urteil) und jeder Menge Behauptungen, deren gebetsmühlenartige Wiederholung aus islamkritischem Mund genau die Werte aushöhlt, die hochgehalten werden sollen."[96]

Mit dieser Einschätzung steht Weidner nicht allein. Auch der mit zahlreichen Literaturpreisen ausgezeichnete Schriftsteller und Dichter Zaver Şenocak[97] urteilt: „Leider geht mancher Islamkritiker heute genauso wie die Fundamentalisten vor. Er kürzt den Koran auf weniger Verse, macht aus einem Stück Stoff einen Fetisch und verwandelt damit ein buntes Bild in einen Schwarz-Weiß-Abzug. Damit lässt sich das eigene Weltbild vielleicht leichter erklären und auch propagieren, nicht aber Erkenntnis gewinnen. Die Identitätsideologen karikieren den Anderen, um die Schlachtordnung zwischen den Kulturen zu festigen."[98]

Şenocak warnt davor, sich „einer Islamhysterie hinzugeben, deren Ergebnis eine Verrohung unserer eigenen Gesprächskultur ist. Diese Verrohung hat uns inzwischen an den Rand des zivilisatorischen Sündenfalls gebracht, nämlich zur Kollektivverdammung eines Teils der Menschheit aufgrund ihrer Zugehörigkeit zu einem bestimmten Glauben. Inzwischen ist unser Diskursniveau nicht nur ein Affront gegenüber den Angehörigen einer

Religionsgemeinschaft, es ist auch ein Affront gegenüber uns selbst. [...] Eine Gesellschaft, die kruden Thesen von geschlossenen Kultursystemen und den Menschen ganz einfangenden und prägenden Glaubenssystemen nachläuft, verteidigt keine Aufklärung, sie öffnet das Tor in einen barbarischen Kulturkampf. Ihre Protagonisten sind Feinde der offenen Gesellschaft."[99]

Im Blick auf den „intellektuellen Smog", der über den ‚islamkritischen' bzw. islamfeindlichen „missionarischen Integrationsdebatten" wabert und für die „geistige Obdachlosigkeit" von orientierungslosen Alteingesessenen in der Einwanderungsgesellschaft ein ideologisches Ersatzdach stiftet, hat Haci-Halil Uslucan treffend geurteilt: „Schwer zu beantworten, doch empirisch eine lohnenswerte Fragestellung bleibt dabei die Überlegung, ob die ‚mittelalterliche Lebensweise' der Muslime, denen angeblich der Segen der europäischen Aufklärung fehlt, oder der latent gewaltförmige Panik-Diskurs der modernem, fast wahnhaften Aufklärer mehr Angst und Feindseligkeit schürt."[100]

Eines ist gewiss: Der Entwurf des Islams als in allen Facetten erkennbare bedrohliche Gegenwelt zur säkularen Zivilisation erfüllt geradezu lehrbuchhaft die Kernelemente eines ideologischen Konstrukts: „Der Islam wird als undemokratisch, totalitär, homophob, frauenfeindlich, patriarchalisch, antisemitisch und einiges Weitere mehr dargestellt. Wenn aber eine einzige ethnische oder religiöse Gruppe als das Gegenteil von praktisch allem stigmatisiert wird, was unser Land idealerweise sein sollte, kann es nicht ganz mit rechten Dingen zugehen."[101]

Die Zitat-Collage zeigt: Das Themenfeld ‚Islamkritik', zu dem es inzwischen sogar schon eine wachsende Zahl von kritischen intellektuellen und alltagspraktischen Handreichungen[102] gibt, ist ein unübersichtliches, von argumentativem Dornengestrüpp überwuchertes Minenfeld geworden, weshalb man den Begriff ‚Islamkritik' im Grunde nur noch in Anführungszeichen verwenden kann.[103]

Die argumentativen Ebenen der mit der Sarrazin-Debatte verschränkten Islam-Debatte in Deutschland reichten von wis-

senschaftlich geschulten Islamkennern und kritischen Publizisten über eher aus dem angeblich ‚gesunden Menschenverstand‘,
aus dem Hörensagen, der autobiographischen Perspektive, der
Familiengeschichte, kurzum aus anekdotischer Evidenz schöp-
fenden Zeitzeugen bis herab zu der in aggressiven Internetblogs
allgegenwärtigen Mischung von Inkompetenz, Impertinenz und
pöbelnder Denunziation, von der noch gesondert die Rede sein
wird.[104]

Auf der obersten Ebene des weitgespannten Diskursfeldes
‚Islam‘ argumentierten in Deutschland zur Zeit der Sarrazin-
Debatte, zum Teil ganz unabhängig davon und nur durch publizistische Angriffe aus dem Feldlager der ‚Islamkritik‘ zeitweise
einbezogen, international renommierte Fachwissenschaftler mit
zum Teil stark gegensätzlichen Positionierungen. Auf der einen
Seite des akademischen Feldes standen z.B. Thomas Bauer, Mathias Rohe und Werner Schiffauer:

Der Direktor des Münsteraner Instituts für Islamwissenschaft
und Arabistik sowie des dortigen Centrums für Religiöse Studi-
en und Mitglied des Exzellenzclusters ‚Religion und Politik‘,
Prof. Dr. Thomas Bauer, berichtete in seinem am Wissenschaftskolleg zu Berlin erarbeiteten Buch ‚Die Kultur der Ambiguität‘
von der Vielfalt des Islams, von der Offenheit des islamischen
Rechts und von einer Geschichte der kulturellen Missverständnisse. Beispiel Homosexualität:

Das klassische islamische Recht verbietet zwar sexuelle Beziehungen zwischen Männern, die dafür angedrohten Strafen sind
aber niemals exekutiert worden. Stattdessen gab es in dem Jahr-
tausend zwischen dem 9. und dem 19. Jahrhundert eine ganze
lyrische Gattung mit Hunderttausenden von homoerotischen
Liebesgedichten, die erst 1830 plötzlich verschwanden. Grund
war die Übernahme viktorianischer Moralauffassungen und die
nun aufkommende Vorstellung, moralische Dekadenz habe
zum Niedergang des Islams beigetragen. Der Bruch mit der homoerotischen Tradition war also Ergebnis der Übernahme westlicher Werte. „Heute fordert die westliche Welt (durchaus zu

Recht) in der islamischen Welt Schwulenrechte ein und hält (durchaus zu Unrecht) die dortige Homophobie für typisch islamisch." In der Mehrzahl der arabischen Staaten hingegen ist Homosexualität noch immer straffrei – und dort, „wo es Strafbestimmungen gibt, sind diese meist nicht aus der Scharia abgeleitet, sondern aus dem britischen Recht." Es ist nicht davon auszugehen, dass polternde und hetzende vulgärrationalistische deutsche ‚Islamkritiker‘ solche Feinheiten der Kulturgeschichte der Geschlechterbeziehungen auch nur ansatzweise überblicken.[105]

Der Lehrstuhlinhaber für Bürgerliches Recht, Internationales Privatrecht und Rechtsvergleichung sowie Direktor des Erlanger Zentrums für Islam und Recht in Europa, Prof. Dr. Mathias Rohe, warb für eine kultur-, religions- und rechtswissenschaftlich fundierte, kritische Akzeptanz des Islams. Das gilt z.B. in begrenztem Umfang auch in zivilrechtlichen Streitfällen, ganz so, wie auf deutscher Seite erwartet wird, dass in Deutschland nach deutschem Recht geschlossene Verträge auch im Geltungsbereich der Scharia akzeptiert bzw. im Streitfall, z.B. unter Vermittlung des deutschen Konsulats, unter Berücksichtigung der Rechtsnormen bearbeitet werden, unter denen sie zustande gekommen sind. Das löste bei der rechtswissenschaftlich ungeschulten, auf der darunter liegenden Ebene agitierenden ‚Islamkritikerin‘ Necla Kelek prompt den flach pöbelnden Anwurf des „Kulturrelativismus" aus, mit dem sie auch die Bundesjustizministerin Sabine Leutheusser-Schnarrenberger (FDP) attackierte, die davor gewarnt hatte, den Islam als nicht in den Rechtsstaat integrierbar zu betrachten.[106]

Der Inhaber des Lehrstuhls für Vergleichende Kultur- und Sozialanthropologie an der Europa-Universität Viadrina in Frankfurt a.O. Werner Schiffauer, plädierte für eine ‚Kultur des genauen Hinsehens‘. Er verwies auf den beachtlichen Wandel, den der Islam in Deutschland seit den 1970er Jahren erlebt hat. Das gilt auf der Alltagsebene (etwa in der Haltung zur Ausbildung von Töchtern und der Präsenz von Frauen im öffentlichen Raum) ebenso wie auf der Ebene der Organisationen.[107]

Ebenfalls auf der obersten Ebene, aber von einer in mancher Hinsicht gegensätzlich erscheinenden Position aus argumentierte z.B. der nicht dem Islam, aber dem öffentlichen Islamverständnis zunehmend skeptischer gegenüberstehende emeritierte Göttinger Lehrstuhlinhaber für Arabistik und Islamwissenschaft Prof. Dr. Tilman Nagel, Verfasser zahlreicher Standardwerke zur Islamwissenschaft, zuletzt einer großen und vielbeachteten Biographie des Propheten Mohammed.[108] Bei ihm hatten seinerzeit auch führende deutsch-türkische Islam-Vertreter und Imame studiert, die sich, wie z.B. Bekir Alboga, Imam, Islamwissenschaftler und Beauftragter für interreligiösen Dialog der staatlichen ‚Türkisch-Islamischen Union der Anstalt für Religion‘ (DITIB), diesen Wandel ihres früheren akademischen Lehrers nicht erklären konnten.[109] Sie hatten ihn, wie sie berichteten, während ihres Studiums als aufgeschlossenen und liberalen Gelehrten kennen gelernt und erlebten ihn in der Islamkonferenz, abschreckende Koransuren zitierend, an der Seite der ‚Islamkritikerin‘ Necla Kelek.[110]

Die Reihe der wissenschaftlichen Islamkritiker, die keine Fachwissenschaftler im engeren Sinne sind, ist unübersehbar groß. Nur zwei Beispiele seien hier genannt: der emeritierte Historiker und Geschichtsphilosoph Ernst Nolte, der den „Islamismus"[111] auf der Ebene seiner Lebensthemen Faschismus und Kommunismus zu verorten suchte, und der emeritierte Erlanger Staatsrechtler Karl Albrecht Schachtschneider, dessen Buch ‚Grenzen der Religionsfreiheit am Beispiel des Islam‘ für die islamfeindliche rechtspopulistische Bewegung ‚Pax Europa‘ zur Zeit der Sarrazin-Debatte eine Art rechtswissenschaftliches Glaubensbekenntnis war.[112]

An der Basis verliert sich das rationale akademische Diskursfeld von Islamwissenschaft und Religionskritik im geistigen Sumpf aggressiver antiislamischer Netz- bzw. Hetzwerke und Internet-Blogs mit ihren oft islamophagen Kommentarschleifen und ihrem Zentrum *Politically Incorrect (PI)*.[113] Im Mittelfeld zwischen dem wissenschaftlichen Hochplateau und dem Sumpf an seiner Basis operieren bekannte publizistische Vordenker einer argumentativ oszillierenden, meist grobkörnig-polemischen bzw. bellizistischen und deshalb besser in Anführungszeichen zu kleidenden ,Islamkritik'.

Die zwischen wertebezogener Religionskritik, Islamdenunziation und hassgeladener Hysterie rangierenden Botschaften dieser ,Islamkritik' haben großen Einfluss im Mittelstand. Sie bilden zugleich die Berufungsinstanzen für flachfliegende islamophobe bzw. islamophage Blogs und Netz- bzw. Hetzwerke, aus denen umgekehrt aber auch wieder viele moderne Kreuzritter aus dem gebildeten Mittelstand gegen den Islam in Deutschland und Europa einen Teil ihrer antiislamischen Versatzstücke beziehen. Damit nicht genug; denn es gibt auch den umgekehrten Informationsweg, den der ,Islamkritik'-Analytiker Kay Sokolowsky sogar für den wichtigeren hält: Aus dem Netz- und Hetzwerk *Politically Incorrect* und dessen geschlossenem Weltbild bezogen, wie er in seiner Studie ,Feindbild Moslem' (2009) zeigen konnte, schon vor der Sarrazin-Debatte auch führende publizistische Exponenten der ,Islamkritik' wesentliche Denkanstöße und Aggressionsanreize: „Was Thilo Sarrazin und Henryk M. Broder erzählen, das ist bei *PI* vorgedacht worden – nicht umgekehrt. Dabei glaube ich nicht, dass Sarrazin *PI* jemals angeklickt hat. Aber die stille Post funktioniert in Zeiten des Internet besser denn je, und die wichtigste Strategie von *PI* ist eben die stille Post."[114]

In dieser diffusen Umwälzanlage von Information und Desinformation kursieren in immer neuen Kombinationen die verschiedensten ,islamkritischen' und islamfeindlichen Textbausteine, Stereotypen, ideologischen Konstrukte und weltanschaulichen Halbwahrheiten. Das Orientierungssystem der Antiislambewegung ankert in der kulturneurotischen bzw. kulturpanischen Vorstellung, „der Islam" sei in Europa schlechterdings „nicht integrierbar".[115] Er sei deshalb eine wachsende Bedrohung für die europäische und, so andere Stimmen, insbesondere für die angeblich tausendjährige deutsche Kultur, die nach solcher Zeitrechnung scheinbar geradewegs aus dem Zeitalter der Kreuzzüge stammt. Signalisiert wird eine Endzeitkrise westlicher Zivilisation, in der der antiislamische Kampf als eine Art kultureller Widerstandskampf erscheinen kann. Der vielgeziehene Huntington[116] war da durchaus differenzierter und intelligenter.

Eine führende Rolle spielt in der publizistischen ‚Islamkritik‘ die schon mehrfach erwähnte, als routinierte Selbstdarstellerin schillernde, teils als gelernte, teils als gebürtige Islamkennerin auftretende deutsch-türkische Schriftstellerin und studierte Soziologin Necla Kelek.[117] Sie hat sich in Deutschland zur Galionsfigur der ‚Islamkritik‘ und zugleich zur guten Vorzeigemuslima aufgeschwungen. Sie ist eine Art muslimisch-aufgeklärte Ikone der antiislamischen Bewegung geworden, in deren Netz- und Hetzwerken die ohnehin oft schon grobkörnigen ideellen Vorgaben ihrer Leitfiguren aggressiv noch weiter vergröbert werden, aus denen sie, wie erwähnt, aber auch selber richtungweisende Wegmarken beziehen.

Patrick Bahners hat am Beispiel von Necla Kelek pointiert diesen Bogen zwischen der publizistischen Führungsgruppe der ‚Islamkritik‘ und den „Widerwärtigkeiten der islamkritischen Bloggerszene" geschlagen: „Seiten wie *Politically Incorrect* stehen für eine Verrohung und Enthemmung der öffentlichen Rede, die ohne Beispiel ist [...]. Die anonymen Autoren berauschen sich an der Entmenschlichung des Fremden [...]. Das Wort ‚Muslim‘ wird durch Schimpfwörter ersetzt; mit Schandnamen, die witzig sein sollen, belegt man auch die vermeintlichen Unterstützter der Volksfeinde, die Kollaborateure, Appeaser und Gutmenschen. [...] So rottet sich Tag für Tag ein virtueller Mob zusammen. Was hat die respektable Islamkritik der preisgekrönten Bestsellerautoren mit dieser hässlichen Unterseite der Debatte zu schaffen? Sie liefert die verschwörungstheoretischen Stichworte. So gab Necla Kelek in dieser Zeitung (*FAZ*, 5. Juni 2007) den Kritikern des Kölner Moscheebaus einen Grund, keinem Versprechen des Bauherrn zu trauen: Im Islam ‚wird die Taqiyya, die Kunst der Verstellung und des Verschweigens der wahren Haltung gegenüber ‚Ungläubigen' praktiziert'. Dass es sich bei dieser Lizenz zum Lügen nicht um einen Notbehelf für Situationen der Lebensgefahr gemäß einer schiitischen Sonderlehre handele, sondern um ein Prinzip der muslimischen Moral, ist eine feste Überzeugung der Islamfeinde. Ähnliches wurde Jesuiten und Juden nachgesagt."[118]

Es sei absurd, den Islam gleichsam als Sündenbock für alle unerfreulichen Probleme der Gegenwart durch die Dörfer zu treiben, warnte Aiman Mazyek, Generalsekretär des Zentralrats der Muslime, einer der vier großen Islam-Organisationen in Deutschland, die Necla Kelek als ‚Scharia-Muslimverbände' zu denunzieren pflegt und in der Islamkonferenz[119] immer wieder bloßzustellen suchte:

„Aber die Saat jener Menschen, die in der öffentlichen Debatte unter der Berufsbezeichnung ‚Islamkritiker' geführt werden, ist aufgegangen. [...] Sie haben insofern Erfolg, als es nur noch wenige Menschen wirklich zu interessieren scheint, was Muslime denken oder glauben. Und wenn, dann werden diese Fragen meist von jenen schrillen Debattierern beantwortet, die den Muslim als Scharia-Monster überzeichnen. [...] Die verwendeten Tricks, wie sie zum Beispiel die Islamkritikerin Necla Kelek einsetzt, die aber einer wissenschaftlichen Überprüfung nicht standhalten, gehen so: Phänomene wie Zwangsehe oder die sogenannten ‚Ehrenmorde' werden als typisch islamisch dargestellt. Es wird einfach bestritten, dass es sich bei solchen Taten um abscheuliche Ausnahmen handelt. Die gedankliche Technik besteht darin, von einzelnen Tätern generell auf Muslime zu schließen. Das ist ungefähr so, als würde man sexuellen Missbrauch von Kindern durch einige Priester den Christen in ihrer Gesamtheit anlasten – oder gar versuchen, eine Herleitung dieser Taten aus dem Christentum zu begründen. Eine absurde Konstruktion wäre das. Aber genau so verhalten sich Islamkritiker oft in Bezug auf unsere Religion."[120]

Kelek war und ist für den in Sachen Islam eingestandenermaßen kenntnisarmen Sarrazin eine zentrale Informations-

und Legitimationsquelle. Sie hatte nicht nur, wie erwähnt, Sarrazins Buch auf der zentralen Pressekonferenz in Berlin am 30. August 2010 vorgestellt.[121] Kelek und Sarrazin traten immer wieder als Advokaten auf Gegenseitigkeit auf, in gleicher Funktion begleitet auch von dem Journalisten und Schriftsteller Henryk M. Broder, von dem ebenfalls noch mehrfach die Rede sein wird.

Ebenfalls als Verteidiger Sarrazins und Keleks sowie als besonders schriller Warner vor den gefährlichen Bedrohungen eines angeblich wuchernden Islamismus meldete sich neben Henryk M. Broder auch der früher als ‚streitbarer Journalist' bekannte, heute eher als bellizistischer Agitator wirkende Schriftsteller Ralph Giordano zu Wort.[122] Der Vertreter einer „fanatischen Rhetorik" (P. Bahners)[123] stellt das Holocaust-Schicksal seiner jüdischen Familie nicht selten als Schutzschild gegen den Vorwurf minderheitenfeindlicher Denunziation vor seine kaum anders zu verstehende antiislamische Agitation.[124]

Giordano hat sich sehr verändert. Viele, die ihn, wie ich selber, als vielfältig engagierten kritischen, aber auch sensiblen Schriftsteller und als publizistische Moralinstanz erster Ordnung kannten und schätzten, erkennen ihn kaum wieder, seit er sich, mit dem endgültigen Kipppunkt des Kölner Moscheen-Streits 2007, im magischen Anziehungsbereich der Islamfeindschaft verloren hat, die ihm zugleich, wie Kay Sokolowsky urteilt, „so etwas wie Legitimität, ja, den Anschein einer moralischen Notwendigkeit" verdankt:

„An den vielen Reden, Interviews, Zeitungsartikeln, in denen Giordano seit 2007 vor den Anhängern Allahs warnt, fällt vor allem dies auf: Hartköpfigkeit, Halbwissen und gezielte Taubheit. [...] Bei seinen Feldzügen gegen den Islam operiert er am liebsten mit Verdacht, Spekulation und Schrecken. Die Muster seines Denkens ähneln fatal denen der Fundamentalisten, die er bekämpft. Auf Kritiker, die sein Bild vom Kosmos korrigieren wollen, reagiert er wie einst die katholische Kirche auf Galileo. Er fühlt sich dabei allerdings selbst als Galileo, und so prallt jede

Kritik, egal wie sachlich sie vorgetragen wird, an ihm ab.[...]
Giordano, so viel ist sicher, hat weder Heitmeyer noch Bade
oder Kaschuba jemals gelesen, und Statistiken beeindrucken ihn
schon gar nicht. Als Angsthaber und Angstmacher vertraut er
ausschließlich dem, was er mit eigenen Augen gesehen hat.
Doch er nimmt bloß wahr, was seine Phobie und sein Ressentiment bestätigt."[125]

Dem seinerzeitigen Bundespräsidenten Christian Wulff, der
auch den Islam zu einem Teil von Deutschland erklärt hatte,
hielt Giordano auf dem Höhepunkt der Sarrazin-Kontroverse
und mit Bezug darauf entgegen: „Nicht die Zuwanderung, der
Islam ist das Problem!" und fügte seiner nachgerade mit Schaum
vor dem Mund vorgetragenen Begründung sicherheitshalber
„Noch ein Postskriptum zu meinem eigenen Antrieb" an: „Als
Überlebender des Holocaust kenne ich den Unterschied zwischen Hitlerdeutschland und der Bundesrepublik. Ihre Demokratie ist mir heilig, denn nur in ihr fühle ich mich sicher. Deshalb: Wer sie antastet, hat mich am Hals, ob nun Moslem,
Christ oder Atheist."[126]

Dass, wie zuletzt Wolfgang Benz[127] wieder betont hat, gerade
die antiislamische Demagogie in der Einwanderungsgesellschaft
die Demokratie „antastet", die in Wahrheit Agitatoren wie ihn
selbst „am Hals" hat, begreift Giordano nicht mehr. Er hatte mit
rhetorisch gestanztem, fortan immer wieder vorgetragenem Refrain schon im Zusammenhang mit dem Kölner Moscheen-
Streit seit 2007 vor „dieser Political-Correctness-Clique", vor
„den Multi-Kulti-Illusionisten, den Gutmenschen vom Dienst,
den xenophilen Einäugigen, den Beschwichtigungsaposteln"
gewarnt, die mit ihrem „Beschwichtigungs-Kurs" angeblich darauf abzielten, „ihr Gutmenschentum zu legitimieren in Zusammenhang mit den muslimischen Parallelgesellschaften."[128] Selbst
sein Offener Brief an den Bundespräsidenten auf dem Höhepunkt der Sarrazin-Debatte im Oktober 2010[129] enthielt, wie
andere Beiträge Giordanos, wieder einmal fast die gleichen kol-
lektivdenunziativen Koseworte.

Eine weitere Advokatin Sarrazins und der ‚Islamkritik' war die nicht minder prominente, lange besonders um feministische Aufklärung verdiente Frauenrechtlerin, Schriftstellerin und *Emma*-Herausgeberin Alice Schwarzer. Sie ist in den Medien allerdings seit Jahren auf Kosten ihres feministischen Engagements nachgerade ubiquitär und allzuständig engagiert, unter Einschluss auch der marktgängigen ‚Islamkritik'.[130] Wie Ralph Giordano, Henryk M. Broder und andere ‚Islamkritiker' fand auch sie ihren Weg von ursprünglich politisch links orientiertem, hier insbesondere emanzipatorischem Engagement zu fanatischer ‚Islamkritik'. Hinzu kommt auch bei Schwarzer eine nachgerade physische Aversion gegen die von ihr so genannte „Multikulti-Ideologie", die sie für „verlogen" hält, weil ihres Erachtens „Fremdenliebe nur die andere Seite der Fremdenverachtung" ist. Warum, bleibt ihr Geheimnis, es sei denn, man wollte ihrer schieren, möglicherweise von sich auf andere schließenden Setzung folgen, dass solche „Fremdenliebe" nur „gönnerhaft" sei.[131]

Zu einer harschen Einschätzung von Alice Schwarzer kommt Kay Sokolowsky: „Eingewickelt in ihren Abscheu vor den Linken und ihren Hass auf den Islam wie eine Muslima in die Burka, produziert sie nichts als Ideologie – und denunziert, das gehört dazu, ihre Opponenten als Ideologen. Ausgerechnet denen, die den Fremden akzeptieren, wie er ist, Chauvinismus und Rassismus zu attestieren, verschafft echten Chauvinisten und Rassisten eine Ausrede für ihren Fremdenhass, auf die sie nur gewartet haben. Alice Schwarzers eigenwillige Auslegung der ‚Multikulti'-Politik als Spielart der Fremdenverachtung findet sich mittlerweile in zahllosen muslim- und migrantenfeindlichen Polemiken wieder. Ein schöner Erfolg für die Feministin der Nation."[132]

Schwarzer nimmt muslimische Frauen nur in ihrer Opferrolle wahr und kann sich eine emanzipierte Muslima offenbar nur noch als ‚Islamkritikerin' vorstellen. Dass eine gläubige Muslima auch emanzipiert sein kann, passt in ihr Weltbild nicht.[133]

Schwarzer klinkte sich in die Sarrazin-Debatte ein mit einer eilig marktgerecht frisierten Neuedition vorzugsweise älterer Aufsätze unter dem doppeldeutigen – den gefährlichen Islam und seine angeblich gleichermaßen gefährlichen ‚Verschleierer' adressierenden – Titel ‚Die große Verschleierung'. Das stand in der Tradition ihrer alarmistischen Warnungen vor einer „Schariarisierung Europas".[134] In ihrem handlichen ‚islamkritischen' Formelangebot konnte es auch vordem schon mal vorkommen, dass sich im Eifer des Gefechts z.B. bei der rhetorischen Erinnerung an die Kreuzzüge geradewegs die Fronten verkehrten, wenn die islamophobe Apokalyptikerin etwa in alarmistischer Endzeitstimmung fragte: „Sind die Kreuzzügler auf dem Weg zur islamistischen Weltherrschaft noch zu stoppen – und ist die aufgeklärte Welt überhaupt noch zu retten?"[135]

Ein anderer, eher eigenwilliger Mitkämpfer an der ‚islamkritischen' Front war zur Zeit der Sarrazin-Debatte der ebenfalls schon lange vorher einschlägig engagierte promovierte Nahost-Experte und frühere *FAZ*-Korrespondent Dr. Udo Ulfkotte („Eurabien"). Er hat lange Jahre in islamischen Ländern gelebt und arbeitet heute vornehmlich als Blogger sowie als Buchautor für den Kopp-Verlag, der sich, so eine Pressenotiz, „unter anderem auf Verschwörungstheorien und Pseudowissenschaften spezialisiert hat".[136] Ulfkotte warnt seit mehr als einem Jahrzehnt in zahlreichen Büchern, aber auch Videos und anderen Beiträgen vor dem „Alptraum Zuwanderung" im Allgemeinen und den Gefahren der „schleichenden Islamisierung Europas" im Besonderen.[137]

Eine herausragende Rolle bei der vorzugsweise ‚islamkritischen' Verteidigung der Thesen Sarrazins oder dessen, was in der Sarrazin-Debatte dafür gehalten wurde, spielte weiter das bekannte Autoren umfassende Journalisten- und Publizistenbündnis um das Internet-Portal *Die Achse des Guten* mit seinem täglich mehrfach aktualisierten Online-Tagebuch. Betrieben und geleitet wird es neben den Publizisten Dirk Maxeiner und Michael Miersch von dem für seine „Fallbeil-Rhetorik" und insbesondere seine islamophagen Attacken bekannten „umstrittensten deutschen Journalisten der Gegenwart" [138] Henryk M. Broder, dem auch Kosenamen wie „Clown der Nation" und „polternder Schwarz-Weiß-Maler im Dauerdienst" zugeordnet werden. [139] Für den bekennenden Islamfeind („Hurra, noch kein Ehrenmord in dieser Woche!"), der sich, wie Giordano, gern selbst seiner jüdischen Herkunft als Schutzschild bedient, ist ein Migrationshintergrund „eine Art Freifahrtschein für alle Fälle. Wer einen ‚Migrationshintergrund' hat, der braucht nur noch in ganz extremen Fällen einen Anwalt, zum Beispiel wenn er einen Filmemacher auf offener Straße abschlachtet." [140]

Mit Bezug auf dieses blutrünstige Statement des sarkastischen Polemikers und Zynikers Broder, der von den einen als blitzgescheit und hochintelligent, mitunter sogar als charmant, von anderen als der ‚Kant' unter den Journalisten der Moderne, von wieder anderen als bloß reaktionsschnell und ansonsten nur laut und unverschämt eingestuft wird, hat Kay Sokolowsky eine bissige Charakteristik seiner Rolle als ‚Islamkritiker', verfasst. Sie wird hier wiedergegeben, weil sie Verhaltensmuster zeichnet, die zum Teil auch für andere führende ‚Islamkritiker' zu gelten scheinen und die auch der von mir geleitete Sachverständigenrat bei dem später noch zu behandelnden Broder-Angriff vom April 2011 [141] zu spüren bekam:

„Der Autor, der sich für geistreich hält, wenn er solch gemeingefährlichen Stuss in die Welt setzt, [...] hat vor einigen Jahren das Islam-Keulen als neues Betätigungsfeld entdeckt. Es bekam ihm nicht schlecht.

Das hat er weniger der Brillanz seiner Pamphlete zu verdanken als der Lautstärke, mit der er sie und sich vermarktet. Broder kommt mit recht wenig Material aus, um die drohende Islamisierung des Abendlandes zu belegen; und er hat so wenig Material, weil er zu bequem und vielleicht auch zu eitel ist, um sich ernsthaft mit dem Thema zu beschäftigen. Deshalb fällt er schon mal auf Fakes herein und verbreitet sie weiter – zum Beispiel die Ente von den Sparschweinen, die aus einigen britischen Banken verbannt worden seien, um muslimische Kunden nicht zu provozieren. Als man ihm nachgewiesen hatte, dass er mit einer Falschmeldung hausieren ging, pöbelte er los, die ,islamophile Bloggerszene' sei vom gleichen Kaliber wie die ,Scharen von Revisionisten', die das Tagebuch der Anne Frank als Fälschung denunzieren, um so die Schoah zu leugnen. Dieser Vergleich war selbst für Broders Verhältnisse von überraschender Ekelhaftigkeit.

Henryk M. Broder kümmert sich, wenn er die Muslime ins Visier nimmt, nicht um solche Nebensächlichkeiten wie Geschmack oder Recherche. Verschont von jeglichem Selbstzweifel, gepanzert mit dem stahlharten Halbwissen eines Fanatikers, ist er beim Schimpfen auf die Muslime so firm geworden, dass es wirkt, als hätte er die Weisheit, die er uns um die Löffel haut, mitsamt dem Löffel gefressen. Um von seiner Oberflächlichkeit abzulenken, setzt der ,Kant der Moderne' auf Rüpelhaftigkeit. Statt zuzuhören, brüllt er seinen Opponenten ins Ohr, während er ihnen ans Bein pinkelt. Wer sich in einer Talkshow oder bei einer Podiumsdiskussion die Zeit nimmt, nachzudenken, bevor er Broder widerspricht, hat schon verloren. Denn gleich brodert er los, pöbelt haarscharf, meistens, am Beleidigungsprozess vorbei, und er sieht dabei aus und um sich wie ein Sieger. [...].

Die treffendste Selbstbeschreibung die Broder je geliefert hat, war leider keine. Sondern ein Versuch, den Pulitzer-Preisträger Seymour Hersh – den Mann, der das Massaker von My Lai und die Häftlingsfolter in Abu Ghuraib aufdeckte – als Windbeutel zu denunzieren: ,[Er] hat eine sichere Methode entwickelt, sich im Gespräch zu halten. Sie besteht zu einem Drittel aus Spekulation, zu einem Drittel aus Suggestion und zu einem weiteren Drittel aus der Wiederholung des schon Gesagten.'

Henryk M. Broder interessiert sich für seriösen Journalismus eher wenig, außer wenn er dessen Vertreter anrempeln will. Die Anforderungen moderner Massenmedien kennt er allerdings genau. Und deshalb taucht er überall auf, wo es ums Einschlagen auf den Islam geht, in Talkshows, in der *Welt*, im *Spiegel*. Er ist ein Fachmann für Krawall und damit auf jeden Fall unterhaltsamer als irgendein echter Experte mit Bedächtigkeit, guten Manieren und Interesse für andere Meinungen."[142]

Der auch von Broder als ,Islamkritiker' bediente Einsatz gewaltaffiner Rhetorik stand in der Tradition der niederländischen Islam-Dissidentin Ayaan Hirsi Ali, von der die bellizistische Einschätzung stammt: „Wir befinden uns im Krieg gegen den Islam. Und im Krieg gibt es keinen Kompromiss. Man blickt dem Feind ins Auge und gibt ihm eine letzte Warnung. Wir nehmen das nicht mehr hin. Es kommt der Augenblick, da man den Feind zerquetscht. Und wenn man das nicht tut, muss man damit leben, dass man von ihm zerquetscht wird."[143]

Am Beispiel prominenter publizistischer Exponenten der ,Islamkritik' in Deutschland wie Broder und Giordano, Kelek und Schwarzer hat Kai Hafez herausgearbeitet, dass hier „gerade ehemalige Leitfiguren progressiver Gesellschaftskritik vielfach sehr grundsätzlich islamkritisch hervortreten", was nach seiner Interpretation eine gefährliche Spannung steigert: „Während das politische System den Liberalismus und die Gleichberechtigung der Muslime langsam entdeckt, bewegen sich ehemals gesellschaftskritische Publizisten auf den kulturellen Mainstream zu und verstärken dessen Vorurteilsbereitschaft gegenüber dem Islam. Ähnlich wie die rechtspopulistischen Parteien, aber meistens in gebührender Distanz und aus der Position der scheinbar unabhängigen Expertise, treiben sie den Bruch zwischen System und Gesellschaft voran, indem sie die Grundrechte von Muslimen beschneiden wollen".[144]

Differenzierung wurde und wird in der ,Islamkritik', wie erwähnt, nicht selten mit „Relativierung" gleichgesetzt. Differenzierte, unaufgeregt-pragmatische Diskussionen und das Bemühen um abgewogene Einschätzungen wurden von der ,islamkritischen' Agitation in der Sarrazin-Debatte alarmistisch und agententheoretisch denunziert, z.B. als „Kulturrelativismus" und „ideologische" Parteinahme (N. Kelek) oder gar als arglistige Teufelei im Dienste einer imaginierten islamistischen Welt-

mission, von deren unausgesetzter Beschwörung die ‚islamkritische' Desintegrationspublizistik lebt.

Das Ergebnis der medialen Sarrazin-Debatte erschien in Sachen Integration zunächst doppelt prekär: Einerseits boten
Buch und mediale Debatte keine substantiell neuen Sachargu-
mente oder Handlungsperspektiven zum Thema Integration.
Aber selbst treffsichere, wenn auch nicht neue, sondern wegen
unzureichender Literaturkenntnis des Autors und seiner Adepten nur neu entdeckte Argumente konnten keine innovativen
Perspektiven eröffnen und deshalb auch politisch keine neuen
Synergie-Effekte bewirken; denn sie traten hinter ihrer überzogenen bzw. polemischen Verpackung zurück, die dann von den
Medien begierig in den Vordergrund gerückt wurde. Es gab also
in der Sache keine neue Diskussion, sondern meist nur eine
lautere und häufig auch aggressivere mediale Umwälzung alter,
zum Teil auch schon lange widerlegter Argumente.

Andererseits gerieten die von Sarrazin meist nur neu entdeckten und in der medialen Sarrazin-Debatte oft grotesk überzeichnet oder verzerrt weitergetragenen Argumente zur Integrationsdiskussion häufig in Gemengelage mit einem ‚islamkritischen'
weltanschaulichen Brei von zivilisationskritischen und kulturpessimistischen, ethno-nationalistischen und völkisch- oder
kulturrassistischen, antimultikulturellen, antiliberalen, anti-eu-
ropäischen und nicht selten auch schlicht antidemokratischen
Versatzstücken. Dieses Gebräu und das Verhalten seiner Vertreter, die Kritiker auf öffentlichen Veranstaltungen schon am Vorabend der Sarrazin-Debatte nicht selten niederbrüllten, weckten
bei sensiblen Beobachtern zeitweise beängstigende Erinnerungen
an einschlägige historische Erfahrungen in Deutschland.[145]

Einwanderer türkisch-muslimischer Herkunft, besonders aus
der zweiten Generation, hatten ihr eigenes Problem mit dieser
losgetretenen weltanschaulich-ideologischen Lawine, in der
schließlich wechselseitig Ideologen Ideologen als Ideologen denunzierten. Nur eine Stimme aus diesem weiten Feld sei hier
abschließend eingehender zitiert: diejenige des schon erwähn-

ten, in beiden Sprachen publizierenden deutsch-türkischen Schriftstellers und Dichters Zafer Şenocak, der mit seinem Essay ‚Deutschsein' eine ‚Aufklärungsschrift' beigesteuert hat, die beiden Seiten der Einwanderungsgesellschaft, Mehrheits- und Einwandererbevölkerung, zu denken geben sollte:

„Deutschland im Herbst 2010 ist zu einer Republik der Ressentiments geworden", schrieb Şenocak und fragte: „Warum also diese Verkrüppelung unserer Identitätsdebatten, in denen ein oberflächlich beschnittener Begriff der eigenen Kultur gepflegt wird? Geht es hier wirklich um Fremde, die man integrieren möchte, oder vielmehr genau um das Gegenteil, um ihre Ausgrenzung? Wahrscheinlich weder noch. Es geht eher um das eigene Selbstverständnis, um ein Unbehagen an der eignen zersplitterten Identität. [...] In der Integrationsdebatte streiten in erster Linie die Alteingesessenen über ihr Verhältnis gegenüber den Fremden." Zugleich beklagte Şenocak das Niveau der Debatte im neuen Kulturkampf um die angebliche Festung Deutschland auf dem Höhepunkt der Sarrazin-Debatte: „Doch die deutsche Festung des Jahres 2010 hat mehr Ähnlichkeit mit einem gepflegten Vorgarten als mit einer mittelalterlichen Burg. Gartenzwerge sind wieder in Mode gekommen, seit der Vorgarten sich bedroht fühlt."[146]

Die bekannteste und zugleich aggressivste Hüterin dieses geistigen Vorgartens war die deutsch-türkische Schriftstellerin Necla Kelek, deren Wirken im Mittelpunkt des folgenden Kapitels steht.

Anmerkungen

1 Stefanidis, Alexandros: Ende einer Dienstreise, in: Süddeutsche Zeitung Magazin, 29.7.2011.
2 Benden, Réne: Sarrazin. „Ich habe mir das gut überlegt", in: az.web.de (Aachener Zeitung), 26.5.2011.
3 Kamann, Matthias: Sarrazin provoziert Deutschland mit Texthäppchen, in: Die Welt Online, 25.8.2010.
4 Medienbericht Ekrem Şenol, in: MiGAZIN, 5.3.2012.
5 Lehmig, Malte: In der Zwickmühle. Thilo Sarrazin und die Parteien, in: Der Tagesspiegel, 27.8.2010; Follath, Erich: Deutschland, deine Amokläufer, in: Der Spiegel, 30.8.2010.

6 Z.B. Sarrazin, Thilo: „Wenn ich den Muezzin hören will, buche ich eine Reise ins Morgenland", in: Bild-Bundesausgabe, 24.8.2010; ders., Jeder Schüler sollte eine Uniform tragen!, ebd., 25.8.2010; ders., Warum der Islam Integration so schwer macht, ebd., 26.8.2010.

7 Topçu/Ulrich: Sind Muslime dümmer? Thilo Sarrazin im Streitgespräch, in: Die Zeit, 26.8.2010.

8 Wilke, Olaf: Die verlorene Ehre des Thilo S., in: Der Spiegel, 19.8.2010; Thilo Sarrazin, Was tun? Der SPD-Politiker Thilo Sarrazin über die Folgen einer missglückten Einwanderungspolitik – und seine radikalen Lösungsvorschläge, in: ebd., 23.8.2010; Follath, Erich: Deutschland, deine Amokläufer, in: ebd., 30.8.2010; Bode, Kim u.a.: ‚Es gibt viele Sarrazins'. Das Buch des Bundesbank-Vorstands Thilo Sarrazin spaltet Deutschland, in: ebd., 6.9.2010 (Sarrazins Buch stand bereits am 6.9.2010 auf dem zweiten Platz der Spiegel-Bestsellerliste, nachdem es eine Woche zuvor, am 30.8., noch gar nicht auf der Liste war); Broder, Henryk M.: Thilo und die Gene, in: ebd., 6.9.2010; Darnstädt, Thomas u.a.: Genosse Provokateur, in: ebd., 9.9.2010. Für die Anzahl der Artikel auf Spiegel Online, die Sarrazin erwähnen, gibt es eine beeindruckende Grafik in der BMI-Studie (2012) ‚Lebenswelten junger Muslime in Deutschland' (Frindte u.a.), S. 575, während, ebd., S. 576, Sarrazins Nachrichtenwert in den Hauptnachrichten der vier deutschen Sender mit den höchsten Einschaltquoten (ARD, ZDF, RTL, Sat1) dargestellt ist.

9 Zu Sarrazins eigener Wahrnehmung: Sarrazin, Thilo: Ich hätte eine Staatskrise auslösen können, in: Frankfurter Allgemeine Zeitung, 25.12.2010.

10 Hierzu: Bade, ‚Preußengänger' und ‚Abwehrpolitik'; ders., ‚Kulturkampf' auf dem Arbeitsmarkt.

11 Frühe Beispiele: Cremer, Hendrik: Deutsches Institut für Menschenrechte. Stellungnahme zu Aussagen von Thilo Sarrazin, Berlin 2.9.2010; Bade, Klaus J.: Es gibt keine Integrationsmisere in Deutschland. Interview, in: Spiegel Online, 6.9.2010 (s. auch Anm. 54, S. 81); vgl. dann vor allem: Foroutan u.a., Sarrazins Thesen auf dem Prüfstand.

12 Frühe Beispiele: El Kurdi, Hartmut, Die Rückkehr des Rechenritters Sarrazin, in: taz.de, 24.8.2010; Follath, Erich: Deutschland, deine Amokläufer, in: Der Spiegel, 30.8.2010; Al-Wasir, Tarek: Ein rassistischer Unsinn, ebd.; Klingholz, Reiner: Ausländer her, ebd.; Lode, Silke/Loerzer, Sven: Sarrazin würde sich wundern, in: Süddeutsche Zeitung, 1.9.2010; Tiedemann, Markus: Der Rassismus und der Rassismus der Antirassisten, in: Frankfurter Rundschau, 3.9.2010; Kornyeyeva, Lena: Einwachsen statt auswachsen, in: Frankfurter Allgemeine Zeitung, 6.9.2010; Bax, Daniel: Nein zum Salonrassismus, in: Die Tageszeitung, 6.9.2010; Zielcke, Andreas: Vorauseilender Pessimismus, in: Süddeutsche Zeitung, 9.9.2010; Wir sollten Demütigungen unterlassen, in: Frankfurter Rundschau, 5.10.2010; Preuß, Roland: Unsinn in allen Schattierungen, in: sueddeutsche.de, 12.10.2010; Sarrazin, Thilo: Ich hätte eine Staatskrise auslösen können, in: Frankfurter Allgemeine Zeitung, 25.12.2010.

13 Kanzlerin über Sarrazin empört, in: Berliner Morgenpost, 26.8.2010; Kanzlerin empört über Sarrazin, in: Die Welt, 26.8.2010.

14 Guttenberg: ‚Jede Provokation hat ihre Grenzen'. Kritik an Sarrazin wächst, in: FAZ.Net, 29.8.2010.

15 Ackeren, M. van u.a.: Staatsaffäre Sarrazin. Im Streit um die Zuwanderer-Schelte steht die Berliner Politik-Elite eng zusammen wie selten – und Meilen entfernt vom Volk, in: Focus, 6.9.2010.

16 Merkel: Sarrazin-Äußerung ‚dumm und nicht weiterführend', in: Nürnberger Nachrichten, 14.6.2010; Steinfeld, Thomas: Der Volksverbesserer. Thilo Sarrazin und das Erbe der Sozialdemokratie, in: Süddeutsche Zeitung, 1.9.2010; Staatsministerin Böhmer: Sarrazin polemisch und verletzend, in: Katholische Nachrichtenagentur, 24.8.2010.

17 Dassler, S. u.a.: Aufs Spiel gesetzt, in: Der Tagesspiegel, 31.8.2010; Al-Wazir, Tarek: Ein rassistischer Unsinn, in: Der Spiegel, 30.8.2010; Deutschland. Kontroverse um Thilo Sarrazin löst Integrationsdebatte aus, in: Newsletter Migration und Bevölkerung, Sept. 2010, S. 3 f.

18 Ackeren, M. van u.a.: Staatsaffäre Sarrazin. Im Streit um die Zuwanderer-Schelte steht die Berliner Politik-Elite eng zusammen wie selten – und Meilen entfernt vom Volk, in: Focus, 6.9.2010.

19 Giordano, Ralph: Wider die Kreidefresser, in: Die Welt Online, 4.9.2010.

20 Kelek, Necla: Ein Befreiungsschlag, in: Frankfurter Allgemeine Zeitung, 30.8.2010.

21 Gathmann, Florian: Der Thesenritter. SPD-Problem Sarrazin, in: Spiegel Online, 25.8.2010; vgl. Rennefanz, Sabine: Thesen wie von der NPD, in: Berliner Zeitung, 24.8.2010.

22 Dedial, Jürg: Thilo Sarrazin und der Krieg der Korrekten, in: Neue Zürcher Zeitung, 2.9.2010; vgl. Wagner, Richard: Sarrazin, die Muslime und das Grimmsche Wörterbuch, in: ebd., 2.9.2010; Seibel, Andrea: ‚Nicht Sarrazin, sondern die Diskussion spaltet das Land.‘ Interview mit Necla Kelek und Monika Maron, in: Die Welt Online, 2.9.2010.

23 Follath, Erich: Deutschland, deine Amokläufer, in: Der Spiegel, 30.8.2010.

24 Dietrich, Stefan: Integration der Willigen, in: Frankfurter Allgemeine Sonntagszeitung, 5.9.2010; Bode, Kim u.a.: ‚Es gibt viele Sarrazins‘, in: Der Spiegel, 6.9.2010.

25 Unter dem mächtigen Ansturm der Kritik von Politikern und Journalisten kurz vor dem Erscheinen seines Buches habe er „im Innern gewankt“, sei aber „nicht gefallen“, berichtete Sarrazin rückblickend seinem Begleiter Alexandros Stefanidis (ders., Ende einer Dienstreise, in: Süddeutsche Zeitung Magazin, 29.7.2011).

26 Darnstädt, Thomas u.a.: Genosse Provokateur, in: Der Spiegel, 9.9.2010.

27 Zit. nach Şenocak, Deutschsein, S. 131.

28 Helmut Schmidt lobt Thilo Sarrazin, in: T-Online.de, 23.11.2010.

29 Dohnanyi, Klaus von: Von Panik keine Rede. Lieblingsfeinde Kelek und Sarrazin (Rezension Bahners), in: Der Tagesspiegel, 14.3.2011; Wagner, Thomas/Zander, Michael: ‚Wer zu uns kommt, soll Mehrwert bringen‘. Sarrazin, die SPD und die Neue Rechte, in: Junge Welt, 12.12.2011.

30 Huntington, Kampf der Kulturen.

31 ‚Muslime sind nicht integrierbar‘. Hans-Ulrich Wehler im Interview mit Ralph Bollmann, in: taz.de, 10.9.2002.

32 Wehler, Ein Buch trifft ins Schwarze.

33 Foroutan, Naika: Das Leben der Anderen, in: Berliner Zeitung, 14.12.2009.

34 Lichtenberger, Lutz: Wer hat Angst vorm Heimatschwinden? Patrick Bahners stellt in Berlin sein Buch ‚Die Panikmacher‘ vor. Eine Streitschrift gegen die Islamkritiker, in: Berliner Zeitung, 25.2.2011; Panik, Pest und Fakten, Patrick Bahners und Hans-Ulrich Wehler stritten in Berlin, in: Süddeutsche Zeitung, 25.2.2011.

35 Ich habe diese Äußerungen auf der Buchpräsentation von Bahners ‚Panikmachern‘, neben dem nicht minder irritierten Wolfgang Benz sitzend, wörtlich mitgeschrieben; vgl. Lichtenberger, Lutz: Wer hat Angst vorm Heimatschwinden, in: Berliner Zeitung Online, 25.2.2011.

36 Sarrazin, Thilo: Ich hätte eine Staatskrise auslösen können, in: Frankfurter Allgemeine Zeitung, 25.12.2010.

37 Wagner, Thomas/Zander, Michael: ‚Wer zu uns kommt, soll Mehrwert bringen‘. Sarrazin, die SPD und die Neue Rechte, in: Junge Welt, 12.12.2011; vgl. dies., Sarrazin, die SPD und die Neue Rechte. Untersuchung eines Syndroms, Berlin 2011; Pro Deutschland geht mit Sarrazin auf Stimmenfang, in: Tagesspiegel, 3.8.2011; Rennefanz, Sabine: Maskottchen Sarrazin. Die islamkritische Partei ‚Pro Deutschland‘ wirbt mit Autor, in: Berliner Zeitung, 3.8.2011; grundlegend: Häusle, Antiislamischer Rechtspopulismus in der extremen Rechten. Im Grunde gab Sarrazin unbeabsichtigt in Deutschland sogar einen Auftakt zu der neurechten ‚Identitären Bewegung‘: Nachdem in einer ersten Aktion die ‚Nationalen Sozialisten Rostock‘ am 10.8.2012 in Rostock mit ‚Hardbass‘-Musik einen bedrohlichen Maskentanz aufgeführt hatten (Polizei ermittelt nach Demo von Rechtsextremisten, in: Ostsee-Zeitung,12.8.2012), gründete sich auf dem Höhepunkt der Sarrazin-Debatte im September

2010 als kulturrassistische Splittergruppe eine selbsternannte ‚Sarrazin-Bewegung'. Sie berief sich auf Sarrazins Buch, präsentierte sich im Netz aber als ‚Identitäre Bewegung'; hierzu: Roland Sieber, Neonazis übernehmen ‚Identitäre Bewegung', in: Störungsmelder (Zeit Online), 16.12.2012 (http://blog.zeit.de/stoerungsmelder/2012/12/16/neonazis-uberneh-men-die-identitare-bewegung_10828); Identitäre Bewegung, in: Wikipedia (28.12.2012); vgl. Anm. 4, S. 16.

38 Bundesfinanzminister Schäuble (CDU) sagte, er würde sich schämen, wenn ein Mitglied seiner Partei solche Äußerungen von sich gäbe, während der Vorsitzende des Auswärtigen Ausschusses, Ruprecht Polenz (CDU) erklärte: „In der Union hätte Sarrazin keinen Platz. Latenter Rassismus ist mit christlichen Wertvorstellungen unvereinbar"; Lehming, Malte: In der Zwickmühle, in: Der Tagesspiegel, 27.8.2010.

39 Bode, Kim u.a.: ‚Es gibt viele Sarrazins'; hierzu: Bade, Abwehrhaltungen und Willkommens-kultur.

40 Sarrazin, Thilo: Ich hätte eine Staatskrise auslösen können, in: Frankfurter Allgemeine Zeitung, 25.12.2010; Stefanidis, Alexandros: Ende einer Dienstreise, in: Süddeutsche Zeitung Magazin, 29.7.2011.

41 Sarrazin löst auch Debatte in Österreich aus, in: Die Welt, 2.9.2010.

42 Beispiele: ‚Ich fühle mich pudelwohl hier'. Der Schriftsteller Feridun Zaimoglu über die Erfolgsgeschichte der Einwanderung in Deutschland. Interview, in: Der Spiegel, 25.10.2010; Özdemir, Cem: Wir sind doch keine statistischen Ausreißer, in: Frankfurter Allgemeine Zeitung, 27.5.2011; Şenocak, Zafer: Die Zukunft von Sandmann oder was sagt mir Sarrazin?, in: MiGAZIN, 14.6.2011.

43 Beispiele aus dem Vorjahr schon: Arikan/Ham, Jung, erfolgreich, türkisch; Kaddor, Musli-misch – weiblich – deutsch!; Akbas, So wie ich will. Mein Leben zwischen Moschee und Minirock; Obinger, Löwinnenherz; Özdemir/Schuster (Hrsg.), Mitten in Deutschland; Deissner u.a. (Hrsg.), WIR. 19 Leben in einem neuen Deutschland; Hilscher/Grossmann, Das Bild vom bösen Islam und meine bunte muslimische Welt; Gorelik, „Sie können aber gut Deutsch!"; Ljubic, Nicol (Hrsg.), Schluss mit der Deutschenfeindlichkeit!; für Österreich: Bachinger/Schenk, Die Integrationslüge. Antworten in einer hysterisch geführten Ausein-andersetzung; Türkmen, Wir kommen.

44 Şenocak, Deutschsein; Sezgin (Hrsg.), Manifest der Vielen, Berlin 2011; Daimagüler, Kein schöner Land in dieser Zeit; Bota/Pham/Topçu, Wir neuen Deutschen.

45 Sarrazin hat ex post gern und zu Recht darauf hingewiesen, dass er in seinem Buch gar nicht von ‚gescheiterter Integration' geredet habe. Das ändert aber nichts an der Tatsache, dass – von ihm unwidersprochen – nichts mehr zur befristeten Wiederkehr dieses allgemeinen Schreckgespenstes beigetragen hat als die Diskussion um sein Buch.

46 Şenocak, Deutschsein, S. 92.

47 Celik, Abdullah u.a. (Sprecher der 699 START-Stipendiaten): ‚Wir wollen hier leben, wir sind Deutschland', in: Die Welt Online, 22.9.2010; vgl. Herrnböck, Julia: Der Blog kommt, inschallah, in: Die Tageszeitung, 10.9.2010; Cepaye, Necip Murat: Dies ist unser Land, in: MiGAZIN, 3.5.2012.

48 Sarrazin, T., Deutschland schafft sich ab, S. 393.

49 Stefanidis, Alexandros: Ende einer Dienstreise, in: Süddeutsche Zeitung Magazin, 29.7.2011. Die Szene zeigt zugleich beispielhaft, wie die im Sarrazin-Rausch verbreitete Gefühlslage gerade die Angehörigen der zweiten Generation brüskierte und schockierte, die als Brücken-bauer wahrscheinlich mehr zur Überwindung der von Sarrazin beklagten parallelgesellschaft-lichen Tendenzen und damit zu Integration durch Teilhabe beitragen können als jede ande-re Bevölkerungsgruppe. Vgl. hierzu: Schiffauer, Wie viel Wertekonsens braucht unsere Ge-sellschaft?

50 „I am Thilo Sarrazin from Börlin". Immigrationsdebatte in der BBC, in: Spiegel Online, 19.1.2011.

51 SVR, Stellungnahme Prof. Dr. Klaus J. Bade zu dem Artikel von Thilo Sarrazin ‚Was tun?';
Bertelsmann-Stiftung, Sarrazin bleibt Lösungen für ein zukunftsfähiges Deutschland schuldig. Es war nachgerade typisch für den Umgang Sarrazins mit kritischen Stellungnahmen, die ihm gefährlich werden könnten, dass er in seinem später noch zu behandelnden FAZ-Artikel gegen mich und den SVR (Die Lücken eines Gutachtens, in: Frankfurter Allgemeine Zeitung 7.7.2011, http://www.faz.net/aktuell/feuilleton/debatten/integration/integrationsdebatte-die-luecken-eines-gutachtens-12506.html) ebenso wie im Vorwort zur Taschenbuch-Ausgabe seines Buches (Januar 2012) diese scharfe Stellungnahme verkürzt und falsch zitiert wiedergab, um den Anschein von nur beckmesserisch getrübter Übereinstimmung zu wecken: „Da, wo Sarrazin Recht hat, sagt er nichts Neues."

52 Verf. an Redaktion Spiegel (Katrin Elger), 2.9.2010.

53 Pichler, Junge Italiener zwischen Inklusion und Exklusion; vgl. Dernbach, Andrea: Kultur ist doch nicht alles. Die Lage von Deutschlands Italienern zeigt, wie wenig Ethnie und Integration zusammenhängen, in: Der Tagesspiegel, 31.12.2010. Allgemein hierzu: Bertelsmann-Stiftung, ‚Deutschland schafft sich *nicht* ab'; Foroutan u.a. (Hrsg.), Sarrazins Thesen auf dem Prüfstand; zur Anpassung der Fertilität von Einwandererfrauen der zweiten Generation an das Geburtenverhalten von Frauen ohne Migrationshintergrund: Milewski, Fertility of Immigrants; vgl. Anm. 59, S. 81f.

54 ‚Da wird ein Feind konstruiert'. Stefan Luft im Gespräch mit Alexander Marguier, in: Cicero Online, 25.11.2012.

55 Pavkovic, Gari: Offener Brief zur Integrationsdebatte nach Sarrazin, Ms. 13.9.2010 (aktueller Bezug: Das Staatsversagen. Warum Deutschland an der Integration scheiterte/Bündnis der Weggucker, in: Der Spiegel, 13.9.2010).

56 SVR, Sarrazin-Debatte trübt Zuversicht bei Zuwanderern in Deutschland; vgl. Vorher-Nachher-Umfrage. Thilo Sarrazin schafft Zuversicht bei Zuwanderern ab, in: MiGAZIN, 11.1.2012; Die Türken verlassen Deutschland, in: Deutsch-Türkische Nachrichten, 20.7.2011; Lemmer, Ruth: Türkische Talente wandern ab, in: Der Tagesspiegel Online, 10.9.2012.

57 Zoder, Christoph: Auf Deutschlands Straßen, in: Frankfurter Allgemeine Sonntagszeitung, 13.9.2010.

58 Vgl. dazu meine Laudatio zur Verleihung des Wissenschaftspreises 2012 der Fritz Behrens-Stiftung an Naika Foroutan, Hannover, 16.10.2012 (www.kjbade.de, ‚Medienbeiträge/ Vortragsveröffentlichungen').

59 Zum Diskurskonzept der negativen Integration s. auch Kap. 7.3.

60 Foroutan, Naika: Wer ist wir? Wie mich die Sarrazin-Debatte zur Verteidigung der Muslime zwang, in: Die Zeit, 23.9.2010.

61 „Wir stehen wieder bei null". Interview mit Hatice Akyün, in: MiGAZIN, 8.2.2011. Einen gehässigen Kommentar dazu schrieb die deutsche Journalistin türkisch-kurdischer Herkunft Güner Balci, die mit ihrer einseitig diskriminierenden Pro-Sarrazin-Berichterstattung schon in der peinlichen Kreuzberg-Episode (s. Kap. 2.1) aufgefallen war: „Bei manchen […] ist die Erregung so groß, dass sie sogar Auswanderungsgedanken plagen, wie bei der Schriftstellerin und Journalistin Hatice Akyün. Akyün hat ihre Karriere in Deutschland neben ihrer Tätigkeit als Society-Reporterin vor allem ihren ständigen Diskriminierungserfahrungen zu verdanken, die sie gern immer und überall, mündlich und auch schriftlich, vermarktet." Balci wurde deshalb in einer Gegenpolemik von Leo Brux, einem Münchener Praxisexperten der Integrationsarbeit und Blogger (Migrationsblog) auf die Tribüne der „Kanakopportunisten" (Imran Ayata) gestellt (Leos Wochenrückblick, in: MiGAZIN, 18.4.2011).

62 Ein schönes Beispiel zum Thema dieses Buches war die unmittelbar vor Manuskriptabschluss erschienene satirische Rezension von Buschkowsky, Neukölln ist überall: Akyün, Haytice: Buschkowsky ist ein Arzt, der nicht behandelt, in: Der Tagesspiegel, 28.9.2012.

63 Tiedemann, Markus: Der Rassismus und der Rassismus der Antirassisten, in: Frankfurter Rundschau, 3.9.2010.

64 Dassler, Sandra: ‚Niemand hat uns einen Deutschkurs angeboten.' Türkische Gastarbeiter der ersten Generation fühlen sich von Sarrazins Thesen tief gekränkt, in: Der Tagesspiegel, 30.8.2010.

65 Akyol, Cigdem: Sarrazin ist nicht interessant. Interview mit Ahmet Külahci, in: Die Tageszeitung, 2.9.2011.

66 Bag, Süleyman u.a.: Integration heißt dienen. Der türkische Staatspräsident Abdullah Gül über die Aufbauleistungen der Türken in Deutschland, Islamphobie und neue Konflikte mit Israel, in: Die Zeit, 15.9.2011.

67 Data4U, Türkische Migranten fühlen sich in Deutschland gut integriert. Sarrazin-Debatte kaum wahrgenommen.

68 Widmann, Arno: Fremd im eigenen Land, in: Berliner Zeitung, 26.8.2010.

69 Stefanidis, Alexandros: Ende einer Dienstreise, in: Süddeutsche Zeitung Magazin, 29.7.2011.

70 Schiffer, Sabine: Critical und Incorrect. Von Warnern und Verharmlosern – Experten und die Bildungselite, in: MiGAZIN, 30.6.2011.

71 Vgl. Anm. 46, S. 81.

72 Vgl. hierzu an einem einzigen Wissenschaftlerbeispiel nur einmal die Arbeiten des Ethnologen und Sozialanthropologen Werner Schiffauer u.v.a.: ders., Die Gewalt der Ehre; ders., Die Bauern von Subay; ders., Die Migranten aus Subay; ders., Fremde in der Stadt; ders., Türkische Islamisten in Deutschland; ders., Die Islamische Gemeinschaft Milli Görüs; s. auch Schiffauers langjährige kritisch-begleitende Auseinandersetzung mit der zunehmend sicherheitspolitisch geprägten Integrationspolitik unter besonderer Berücksichtigung der Zuwandererbevölkerung muslimischen Glaubens, hierzu zuletzt: ders., Die Bekämpfung des legalistischen Islamismus.

73 Hafez, Freiheit, Gleichheit und Intoleranz, S. 120, 124f., 297; Sokolowsky, Feindbild Moslem, S. 38-76; zum vorwiegend negativ verzerrten Islambild in den Medien s. Kolmer, Gläubige Menschen.

74 Foroutan, Muslimbilder in Deutschland, S. 13.

75 Der Hass auf Muslims hat sich in Deutschland wie eine Epidemie breitgemacht. Kay Sokolowsky über das ‚Feindbild Moslem', die Medien und die Hassprediger. Interview Evren Güvercin, in: Telepolis Online, 2.11.2009.

76 Königseder, Feindbild Islam; Sokolowsky, Feindbild Moslem; Shooman, Das Zusammenspiel von Kultur, Religion, Ethnizität und Geschlecht im antimuslimischen Rassismus.

77 „Wir Islamkritiker sind weder blind für die Wirklichkeit noch Panikmacher", in: Erdogans Ghostwriter. Sarrazin rezensiert Patrick Bahners, in: Frankfurter Allgemeine Zeitung 21.2.2011.

78 Broder, Henryk M.: Das grüne Band der Sympathie. Der Islam, die Intellektuellen und ihr Hang zum Appeasement, in: Der Spiegel, 8.3.2010.

79 Ders., Thilo und die Gene, in: Der Spiegel, 6.9.2010.

80 S. Kap. 4.1-3.

81 Kelek, Necla: Ein Befreiungsschlag, in: Frankfurter Allgemeine Zeitung, 30.8.2010. „Sarrazin schrieb in seinem Buch, was den Komplex der Islamkritik angeht, am allerwenigsten Eigenes. Vielmehr hat er die Behauptungen populärer Autoren wie Necla Kelek übernommen. Das scheint mir für die politische Wirkung des Buches besonders wichtig zu sein." (‚Kopftuchverbot war ein Bruch'. Interview Patrick Bahners, in: Wiener Zeitung Online, 24.5.2011).

82 Kelek, Necla: Sarrazins Analyse ist eine Ohrfeige für die Parteien, in: Focus, 6.9.2010.

83 Bahners, Fanatismus der Aufklärung.

84 Kermani, Wer sind wir?, S. 15.

85 Bielefeldt, Heiner: Richten über Seelenheil. Wider die falsche Aufklärung, in: Süddeutsche Zeitung, 3.8.2012; s. auch: ders., Das Islambild in Deutschland; vgl. Nüsse, Andrea: Verrat an

144

der Aufklärung. Die Islamdebatte trägt fundamentalistische Züge, in: Der Tagesspiegel, 8.9.2010.

86 ‚Mit Toleranz wird gar nichts gut‘. Islamkritikerin Necla Kelek über eine Religion, die für sie vor allem eine autoritäre Ideologie darstellt, in: Reutlinger General-Anzeiger, 13.3.2010.

87 Zit. nach Bahners, Fanatismus der Aufklärung.

88 Schneiders, Thorsten Gerald: Wenn die Grenzen der Kritik verschwimmen. Islamfeindlichkeit gehört in Deutschland heute zum Alltag, in: Jüdische Zeitung, 6.8.2010; vgl. ders. (Hrsg.), Islamfeindlichkeit. Wenn die Grenzen der Kritik verschwimmen. Kay Sokolowsky hatte dazu im Jahr zuvor, mit Blick auf Necla Kelek, die gleiche Frage gestellt und, mit einem islamkritischen Posting-Beleg, eine andere Lösung gefunden: „Was aber soll die deutsche Gesellschaft jetzt tun? […] Kelek gibt darauf keine Antwort, sie braucht es auch nicht. Das erledigt schon die Hassgemeinde, der zwar alle Türken ein Gräuel sind, die in ihrem Fall jedoch eine Ausnahme macht: ‚Das sind die intimen Kenner der Gefahren, die auf uns lauern. Da gibt es kein Vertun.‘ Im Fall Kelek springt der Antiislamist sogar über seinen braunen Schatten: ‚Sie ist für mich keine Türkin, sie ist eine von uns.‘“ (ders., Feindbild Moslem, S. 115). Zum politischen Einfluss von Necla Kelek s. Kap. 4.3.

89 Kleine Schriftenauswahl: Kermani, Gott ist schön; ders., Iran. Die Revolution der Kinder; ders., Dynamit des Geistes; ders., Schöner neuer Orient; ders., Der Schrecken Gottes; ders., Strategie der Eskalation. Das Folgende aus: ders., Wer sind Wir?

90 Ebd., S. 112 f.

91 Ebd., S. 125.

92 Kelek, Necla: Freiheit, die ich meine, in: Frankfurter Allgemeine Zeitung, 15.12.2007.

93 Schriften zum Thema u.v.a.: Weidner, Islamdebatten und islamische Welt zwischen 9/11 und den arabischen Revolutionen; ders., Manual für den Kampf der Kulturen; das Folgende nach: ders., Vom Nutzen und Nachteil der Islamkritik für das Leben.

94 Ebd., S. 13.

95 Seibel, Andrea: Die nachhaltigen Offenbarungen der Sarrazin-Debatte. Interview mit Necla Kelek und Monika Maron, in: Die Welt Online, 27.9.2010.

96 Weidner, Vom Nutzen und Nachteil der Islamkritik für das Leben, S. 14.

97 Kleine Werkauswahl (neben zahlreichen Herausgeberschaften und Übersetzungen), hier nur mit Bezug auf Deutschland: Şenocak, Atlas des tropischen Deutschland; ders., War Hitler Araber?; ders., Gefährliche Verwandtschaft; ders., Das Land hinter den Buchstaben; ders., Deutschsein. Eine Aufklärungsschrift.

98 Şenocak, Deutschsein, S.175; vgl. ders., Zwischenruf zu Mordserien.

99 Ders., Deutschsein, S. 188 f.

100 Uslucan, Dabei und doch nicht mittendrin, S. 7, 12, 83.

101 Stephan, Felix: Gute Muslime, schlechte Muslime, in: Zeit Online, 21.3.2012.

102 Beispiele u.v.a.: Häusler (Hrsg.), Rechtspopulismus als ‚Bürgerbewegung‘; Weidner, Manual für den Kampf der Kulturen; Bundschuh/Drücker/Jagusch (Hrsg.), Islamfeindlichkeit. Aspekte, Stimmen, Gegenstrategien.

103 Hierzu zuletzt: Micksch (Hrsg.), Antimuslimischer Rassismus; Pfahl-Traughber, Feindschaft gegenüber Muslimen?; Schneiders (Hrsg.), Verhärtete Fronten; übergreifend: Helbling (Hrsg.), Islamophobia in the West; jetzt: Benz, Die Feinde aus dem Morgenland, S. 39-59, 71-125.

104 Hierzu Kap. 5, 6.

105 Bauer, Thomas: Musterschüler Zauberlehrling. Wieviel Westen steckt im Islam, in: Frankfurter Rundschau, 4.10.2010; ders., Die Kultur der Ambiguität; vgl. hierzu einmal das von Necla Kelek verbreitete Bild des türkischen Mannes als sexuellem Triebwesen (Kap. 4.2).

106 Rohe, Der Islam. Alltagskonflikte und Lösungen; ders., Das islamische Recht; Kelek, Necla: Das ist Kulturrelativismus, in: Frankfurter Allgemeine Zeitung, 15.2.2011; Replik:

Rohe, Mathias: Das ist Rechtskulturrelativismus, in: Frankfurter Allgemeine Zeitung, 22.2.2011; gleichermaßen im Angriff auf die „islamische Paralleljustiz" der Fernsehjournalist Joachim Wagner, Richter ohne Gesetz (dazu: Popp, Maximilian: Islam. Allahs Richter, in: Der Spiegel, 31.8.2011); vgl. Kap. 3.2.

107 Schiffauer, Die Islamische Gemeinschaft Milli Görüs.

108 Tilman Nagel u.v.a.: Staat und Glaubensgemeinschaft im Islam; ders., Geschichte der islamischen Theologie; ders., Das islamische Recht; ders., Der Koran. Einführung, Texte, Erläuterungen; ders., Mohammed – Leben und Legende; ders., Mohammed – 20 Kapitel über den Propheten der Muslime; ders., Der Koran und sein religiöses und kulturelles Umfeld.

109 So Bekir Alboga in einem Diskussionsbeitrag auf den Bitburger Gesprächen (6.–8.1.2010).

110 S. Kap. 4.1.

111 Nolte, Die dritte radikale Widerstandsbewegung.

112 Schachtschneider, Grenzen der Religionsfreiheit.

113 Hierzu Kap. 5.

114 Sokolowsky, Kay: Der Hass auf Muslims hat sich in Deutschland wie eine Epidemie breitgemacht, in: Telepolis Online, 2.11.2009; vgl. Kap. 5.

115 Kelek, Necla: Freiheit, die ich meine, in: Frankfurter Allgemeine Zeitung, 15.12.2007.

116 Huntington, Kampf der Kulturen; zur Kritik bes.: Riesebrodt, Die Rückkehr der Religionen; Çağlar, Der Mythos vom Krieg der Zivilisationen; Sen, Die Identitätsfalle.

117 Hierzu Kap. 4.1-3.

118 Bahners, Patrick: Kay Sokolowsky. Feindbild Moslem – Zur Mobilisierung des Ekels (Rezension), in: Frankfurter Allgemeine Zeitung, 4.3.2010.

119 Hierzu Kap. 4.3.

120 Mazyek, Aiman: Ein abstruses Bild des Islam, in: Süddeutsche Zeitung, 18.3.2010.

121 Kelek, Necla: Ein Befreiungsschlag, in: faz.net, 30.8.2010; Bundesbank will Sarrazin vorerst nicht abberufen, in: ebd., 30.8.2010; Kelek, Buchvorstellung – Deutschland schafft sich ab; über Kelek: Bahners, Die Panikmacher, S. 131-174; Sauter, Der ‚Fall Kelek'; Shooman, Kronzeuginnen der Anklage?

122 Giordano, Ralph: Wo Thilo Sarrazin Recht hat. Zehn Thesen zur Integrationsdebatte, in: Welt am Sonntag, 10.9.2010.

123 Assheuser, Thomas/Mangold, Ijoma: Lust an der Herabsetzung. In seinem Buch ‚Die Panikmacher' warnt Patrick Bahners vor hysterischem Alarmismus. Ein Gespräch mit Patrick Bahners, in: Die Zeit, 21.2.2011.

124 Vgl. Sokolowsky, Feindbild Moslem, S. 99.

125 Ebd., S. 96-99, 102.

126 Giordano, Ralph: Offener Brief an Bundespräsident Christian Wulff, in: Die Welt Online, 12.10.2010. Giordano variierte diese wie viele seiner Aussagen in der ‚islamkritischen' Debatte immer wieder immer neu, z.B.: ders., Nicht die Moschee, der Islam ist das Problem, in: Die Welt Online, 20.9.2008, oder: ders., Die Moschee ist das Symptom, der Islam das Problem, in: Hamburger Abendblatt, 4.3.2011.

127 Benz, Die Feinde aus dem Morgenland.

128 Jehle, Martin/Noll, Chaim: „Nicht die Moschee, der Islam ist das Problem. Ein Gespräch mit dem Schriftsteller Ralph Giordano, 13.5.2009 in Köln", in: compass-infodienst.de, Februar 2010.

129 Vgl. Kap. 4.3.

130 Lorch, Catrin: Im Pelz erstarrt, in: Süddeutsche Zeitung, 3.12.2012.

131 Sokolowsky, Feindbild Moslem, S. 48-53, zit. S. 51 f.

132 Ebd.

133 Vgl. hierzu jetzt einmal das Interview von Wolfgang Benz mit Lydia Nofal, in: Benz, Die Feinde aus dem Morgenland, S. 61-69, hier S. 68 f.

134 Schwarzer, Die große Verschleierung; vgl. dazu: Steinfeld, Thomas: Feinderklärung. Alice Schwarzer, der Islam und der Feminismus, in: Süddeutsche Zeitung, 28.9.2010 („Glaubt man den Autorinnen dieses Bandes, dann ist die Welt zum Gegenstand einer gigantischen Verschwörung geworden, deren wahres Ausmaß die allzu zahlreichen ‚Gutgläubigen‘, verblendet durch ‚falsche Toleranz‘, gar nicht wahrnähmen. […]. Wer solche Volksheldinnen hat, muss sich über die Abwesenheit einer fremdenfeindlichen Partei in Deutschland nicht mehr wundern.“).

135 Schwarzer, Die falsche Toleranz.

136 ‚Migranten sind Weltvernichter‘. Der nächste Sarrazin, in: news.de, 13.9.2010.

137 Ulfkotte, Albtraum Zuwanderung; vgl. u.a.: ders., Propheten des Terrors; ders., Der Krieg in unseren Städten; ders., Heiliger Krieg in Europa; ders., SOS Abendland. Die schleichende Islamisierung Europas; ders., Armut für alle im „Lustigen Migrantenstadl“; vgl. Sokolowsky, Feindbild Moslem, S. 164-167; über Ulfkotte und weitere einflussreiche, hier nicht näher beachtete ‚Islamkritiker‘ wie z.B. Hans-Peter Raddatz s. jetzt auch Benz, Die Feinde aus dem Morgenland, S. 71-86.

138 Pamperrien, Sabine, Blogger-Journalisten (III). Der Gutmenschen-Fighter, in: netzeitung. de, 14.3.2007.

139 Pilz, Dirk: Der Krieg und seine Krieger, in: Berliner Zeitung, 1.2.2010; Sezer, Kamuran: Broder, der Clown der Nation, in: MiGAZIN, 7.2.2011.

140 Broder, Hurra wir kapitulieren!, S. 92; ders., Die Opferlüge, in: Cicero Online, 30.8.2006; vgl. ders., Hurra, noch kein Ehrenmord in dieser Woche!, in: Die Welt Online, 12.5.2011.

141 S. Kap. 4.4.

142 Sokolowsky, Feindbild Moslem, S. 77-94, zit. S. 77-79.

143 Bahners, Patrick: Islamkritiker. Die Panikmacher, in: faz.net, 16.2.2011.

144 Hafez, Freiheit, Gleichheit und Intoleranz, S. 257, 259 f.

145 Boie, Johannes: Besuch von der anti-islamischen Kampftruppe. Anhänger der Website ‚Politically Incorrect‘ stören zunehmend Veranstaltungen, die sie als pro-muslimisch empfinden, in: Süddeutsche Zeitung, 11.3.2010.

146 Şenocak, Deutschsein, S. 106, 134, 139, vgl. S. 140: „Die Integrationsdebatten von heute […] sind Debatten, die ohne Wissenschaftler und Intellektuelle, eigentlich ohne die geistige Elite des Landes auskommen. Stattdessen gibt es viele Stimmen, die sich als Feierabendschriftsteller betätigen, Berufsprovokateure, die zu Islamexperten mutieren. Wer kennt Deutschlands international anerkannte, erstklassige Islam- und Migrationsforscher, wie Werner Schiffauer oder Klaus J. Bade? Wie viel von deren Wissensfundus fließt in die öffentlichen Debatten? Was kümmert uns die Migrationsforschung in den USA, dem Einwanderungsland par excellence? Auch so kann sich ein Land um seine geistigen Pfründe bringen. Deutsche Integrationsdebatten werden einmal als das bizarrste öffentliche Geschwätz in die Geschichte eingehen, das es je gegeben hat.“ Vgl. ders., Migration als Einbahnstraße. ‚Kann ein guter Deutscher wirklich nur sein, wer kein Türke mehr ist?‘, in: dradio.de, 1.8.2010.

4. Das Agitationskartell: Kelek, Sarrazin & Co

4.1 Das Phänomen Necla Kelek

Zusammen mit führenden anderen ‚Panikmachern‘ (P. Bahners) arbeitet die von Thilo Sarrazin hoch geschätzte und immer wieder als Berufungsinstanz genannte Erfolgsschriftstellerin Necla Kelek als ‚Islamkritikern‘ seit Jahren an den Legitimationsgrundlagen der islamophoben Bewegung in Deutschland.[1] Sie stiftet damit das, was der Ideologiekritiker Kurt Lenk als ‚Legitimationsideologie‘ beschrieben hat.[2] Kelek kennt beide Ebenen: die wertebezogene Religionskritik und die vulgärrationalistische ‚Islamkritik‘ im Sinne des Diktums von Navid Kermani. Sie wechselt aber ständig zwischen beiden Ebenen und dreht sich dabei oft in den von Weidner beschriebenen syllogistischen Zirkelargumentationen. Danach ist der Islam als solcher zwar in Grenzen modernisierungsfähig, aber eben nicht demokratiefähig, folglich in Deutschland und Europa nicht ‚integrierbar‘ und deshalb gefährlich. Wer dem widerspricht, ist böswillig, naiv oder dumm.

In dieser schlichten, wenn auch mit gestelzten Philosophemen und eingewirkten Begriffen aus den Heiligen Schriften oder islamischen Lehrtraditionen wissenschaftsförmig gestalteten und zugleich appellativen Semantik liegt die besondere Attraktionskraft der Texte von Kelek. Sie faszinierte damit ein fachwissenschaftlich wenig geschultes, aber empörungsbereites Publikum, in dem zunehmend auch Beifall von radikaler Seite kam:

Die „Trennlinie zwischen einer Islamkritik im Namen säkularer Werte, wie sie Henryk M. Broder und Necla Kelek vertreten, und einer rechtspopulistischen oder gar rechtsextremen Muslimfeindschaft“ wurde brüchig, zumal auch viele ‚Islamkritiker‘, unter ihnen zuweilen auch Broder und Kelek selber, dazu neigten, den Islam am Islamismus zu denunzieren. Das zog, wie der Politikwissenschaftler und Publizist Matthias Küntzel schrieb, zunehmend „falsche Freunde an: Im Nu sahen sich die Islamkritiker von fremdenfeindlichen Stammtischen umarmt. Rechtspopulistische Organisationen wie ‚Pax Europa' oder ‚Wir Köln' erkannten, dass die Muslimfeindschaft äußerst wirksam an die allgemeinen Muster des Rassismus anknüpfen und Wähler mobilisieren kann. Diese Entwicklung diskreditierte Islamkritik und arbeitete Islamisten in die Hände."[3]

Als ‚Islamkritikerin' schreibt und spricht Kelek oft in emphatischer Semantik, ja „schreit" ihre Texte (Heribert Prantl).[4] Sie argumentiert dabei oft mit einer Mischung von selektiver Wahrnehmung („Ich schreibe auf, was ich beobachte") und anekdotischer Evidenz („Ich berichte aus meinem Leben, ich nehme es als Beispiel, um über ein System zu sprechen").[5] Grundlagen sind, neben zum Teil stromlinienförmig vereinfachten wissenschaftlichen Ergebnissen, autobiographischen bzw. familiengeschichtlichen Erinnerungen und einer beeindruckenden schriftstellerischen Phantasie, oft eben diese diffusen und meist unbelegten persönlichen Informationen („meine Beobachtungen", „meine Gespräche"), weshalb sie gelegentlich auch „Meisterin der unbelegten Behauptung" (Hilal Sezgin) oder „Verschleierin" (Kamuran Sezer) genannt wird.[6] Dabei zeigen ihre Positionierungen oft eine auffällig aggressive, nachgerade konfliktsüchtig wirkende Diktion, weshalb sie auch mit wenig schmeichelhaften Beinamen wie z.B. „Hasspredigerin" und „Fundamentalistin der Aufklärung"[7] oder schlicht publizistische „Krawallnudel" bzw. „schrullige Hexe Kelek" bedacht wird.[8]

Zum Zweck wissenschaftlichen Erkenntnisgewinns ist es notorisch unergiebig, sich mit Necla Kelek auseinanderzusetzen oder gar öffentlich mit ihr zu diskutieren; denn sie ist, wie viele ‚Islamkritiker', in ihren austauschbaren Bekenntnisoptionen grundsätzlich nicht zu überzeugen. Sie hat überdies wissenschaftliche Disziplin nicht gelernt oder verlernt, weshalb sie in

streitigen Diskursen selten ein Argument durchhält und stattdessen in ihrem erprobten Repertoire meist nach Belieben, mehr
oder minder emotional engagiert, von einem Punkt zum anderen springt, um möglichst applauskräftig, wenn auch nur vordergründig, die Oberhand zu behalten.

Außerdem verbreitet Kelek, wie gleich noch zu zeigen sein
wird, nicht selten auch sachlich absurde Unterstellungen und
persönlich beleidigende Denunziationen, wiewohl sie zugleich
emphatisch dafür plädiert, „reflektiert und auf den Inhalt kon-
zentriert" zu streiten, „jenseits persönlicher Angriffe."[9] Umgekehrt tritt sie selber immer wieder mimosenhaft empfindlich
und mitleidheischend an die Öffentlichkeit, schimpft zugleich
rhetorisch mit dem bösen Finger auf Andersdenkende als Verur-
sacher deutend, die sie mit gezielten Angriffen dazu verlocken
möchte, ihre Gegner zu sein, um zu zeigen, dass ihre Insinuatio-
nen begründet waren (‚Scharia-Muslimverbände', ‚Kulturrelativierer' Rohe, ‚Anti-Sarrazin' Bade u.a.m.).[10]

Das alles wäre an sich weder beachtens- noch erwähnenswert.
Es ist aber belangvoll und für die öffentliche Diskussion folgenreich, weil Kelek über beste Medienkontakte verfügt und überdies von einem hochkarätigen persönlichen Helfer- und Berater-
kreis umgeben ist:

Für das für eine Einwanderin, die das Deutsche erst spät er-
lernen konnte, erstaunlich rasch erreichte hohe und schon bald
auch literarische Niveau ihrer Texte sowie für ihre ungewöhnlich
geschickten Publikationsstrategien sorgten mancherlei persönliche Hilfestellungen. Besonders hilfreich war hier schließlich die
Lebenspartnerschaft mit dem bekannten früheren Verlagslektor
und -manager, Werbeleiter und Krimiautor Peter Mathews, der
heute als freier Autor und Lektor in Berlin lebt. Das Gleiche gilt
für die Freundschaft Keleks mit der Lektorin, Autorin und Ver-
lagsleiterin Ingke Brodersen, die bis 2000 den Rowohlt-Berlin
Verlag leitete, 2006 zusammen mit Peter Mathews und Dr. Rüdiger Dammann die Hälfte der Anteile an dem neuen Sach-
buchverlag Booklett.brodersen & company erwarb und neben

eigenen auch Bücher zusammen mit Doris Schröder-Köpf, Carola Stern und Maybrit Illner vorgelegt hat. Kelek erwähnte Peter Mathews („der an mich glaubt und mich unterstützt") und Ingke Brodersen („die mir die Wege bereitete") in ihrer Rede zum Geschwister Scholl-Preis 2005 denn auch ebenso dankbar wie gleich drei Mitarbeiter ihres Verlags („ohne sie hätte meine Arbeit die Öffentlichkeit nicht erreicht").[11] Kelek arbeitet also professionell rundum in bester Begleitung, was ihrer Produktivität und literarischen Qualität ebenso zu Gute kommt wie ihre hervorragenden Medienkontakte insbesondere zur *Welt* und zur *Frankfurter Allgemeinen Zeitung.*

In der *FAZ* ist Kelek schon seit mehr als einem halben Jahrzehnt eine vom Herausgeberkreis besonders protegierte und geradezu liebevoll präsentierte Starkolumnistin, deren Texte mitunter auch in der Redaktion noch zugeschliffen wurden. Das kann nicht wundernehmen angesichts ihrer vielfachen übrigen, nicht minder zeitintensiven Engagements: Schriftstellerei, unausgesetzte Lese- und Vortragsreisen, Politik-, Gesetzes- und Behördenberatung auf Bundes- und Länderebene, aber z.B. auch das Betreiben eines kleinen Literatursalons bzw. Gesprächskreises in Berlin gemeinsam mit der Schriftstellerin Monika Maron und nicht zuletzt ihre als empirische, wenn auch nicht überprüfbare Grundlage wissenschaftlicher Erkenntnis häufig erwähnten „Beobachtungen" bzw. „Gespräche".

Scharfe, insbesondere öffentliche und auf die *FAZ* zurückwirkende Kritik an Kelek konnte in der *FAZ*-Redaktion möglicherweise unangenehme Folgen haben. Darauf könnten die unklaren Hintergründe des beruflichen Schicksals des schärfsten und bekanntesten Kelek-, aber auch Sarrazin-Kritikers Patrick Bahners hinweisen. Bahners war mehr als ein Jahrzehnt lang erfolgreicher Feuilleton-Chef der *FAZ*, stand internen Informationen zufolge aber zu dem Kelek und Sarrazin gegenüber sehr aufgeschlossenen Herausgeberkreis in einem zunehmend gespannten Verhältnis.

2011 scheint das Maß voll gewesen zu sein: Im Februar 2011 hatte Bahners in Berlin sein auch angesichts dieser Konstellation mutiges, vielleicht auch widerständiges Buch ‚Die Panikmacher. Die deutsche Angst vor dem Islam'[12] mit ätzend scharfer Sarrazin- und Kelek-Kritik vorgestellt und sich in anschließenden öffentlichen Auftritten und Aufsatzpublikationen zu diesem Thema noch weiter klar positioniert und auch radikalisiert. Neben vielen hervorragenden Kritiken gab es einen Sturm der Entrüstung aus dem Feldlager der ‚Islamkritik' und auf die Stuhlbeine des Chefredakteurs gezielte Schüsse aus dem auswärtigen Kollegenkreis, z.B. von dem erzkatholischen *Spiegel*-Redakteur Matthias Matussek, der im Februar bereits von einem „Dschihad im Feuilleton" zu berichten wusste: „Der mächtige *FAZ*-Feuilletonchef Patrick Bahners hat sein Ressort in einen Gefechtsstand für den gerechten Krieg gegen die Islamkritiker verwandelt."[13]

Im Juni 2011 schon war zur allgemeinen Überraschung zu erfahren, dass der berühmte erste Mann im *FAZ*-Feuilleton „auf eigenen Wunsch" ab Januar 2012 die Arena verlassen und als zweiter Mann in die *FAZ*-Redaktion nach New York wechseln werde, um dort als Kulturkorrespondent tätig zu werden.[14] So geschah es dann auch. Ganz überraschend kam das nicht: Bahners Wunsch, seine Buch gewordene Kritik der ‚Islamkritik' auch in der *FAZ* selbst besprochen zu sehen, war schon Ende Februar 2011 ausgerechnet mit der Wahl von Thilo Sarrazin als Rezensenten entsprochen worden.[15] Mehr interne Kampfansage ging nicht. Als Advokat in eigener Sache und gegen die „Diffamierung Keleks" durfte Sarrazin, der sich hier selber als bekennender „Islamkritiker" outete („Wir Islamkritiker"), Bahners als „Erdogans Ghostwriter" verunglimpfen und sachliche Kritik mit infamen persönlichen Unterstellungen beantworten:

„Unterschwellig wird bei Bahners sichtbar, dass ihm die schamhaft und rollengerecht verhüllte islamische Weiblichkeit viel sympathischer ist als das unverhüllte sexuell aufgeladene Chaos abendländischer säkularer Frauenemanzipation. Hier kommt eine heimliche Sehnsucht nach einer verbindlichen Weltanschauung jenseits menschlicher Maßstäbe zur Geltung, die das Abendland einfach nicht mehr bieten kann."

Besonders bemerkenswert war, dass Sarrazin Bahners all jener denunziativen Techniken beschuldigte, die zu seinem eigenen Inventar gehören: von der mangelnden Differenzierung gegenüber der ‚Islamkritik' („Bahners differenziert nur unwillig bzw. gar nicht zwischen den unterschiedlichen Strömungen der Islamkritik"), die konstitutiv ist für den Umgang der ‚Islamkritik' mit ‚dem' Islam, über denunziative NS-Vergleiche („Nicht der Staat ist das Höchste, sondern eine rechtsstaatliche Verfassung der Freiheit – diesen Unterschied verwischt Bahners, um Necla Kelek in die Nähe der Deutschen Christen zu rücken, die die NS-Diktatur stützten"), die er selber z.B. gegen den Sachverständigenrat und seinen Vorsitzenden Bade („Reichsfunk") einsetzte[16], bis hin ausgerechnet zum fragwürdigen Umgang mit Zitaten, den er selbst, z.B. mir gegenüber, hinlänglich praktiziert hat („Für Bahners ist diese Methode, seine Gegner zu zitieren und ihre Aussagen zu verfälschen, leider exemplarisch").

Abschließend kam Sarrazin in seiner Schmähkritik über das Buch von Bahners und über Bahners selbst zu der persönlich herabsetzenden Psycho-Diagnose: „Hier hat sich ein Autor – und wohl auch ein Mensch – wirklich verrannt." Kelek trat nach mit einem nicht minder diffamierenden Attest über die angeblichen psychischen Veranlagungen des bereits nach New York entsorgten, im Gegensatz zu ihr blitzgescheiten und hochgebildeten „Macchiavelli des Feuilletons" und beschloss ihren transatlantischen üblen Nachruf mit einer gleichermaßen psychologisierenden Krankheitsdiagnose, zu der nur noch die Einweisungsverordnung fehlte: „Wir müssen uns Patrick Bahners als einen panischen Menschen vorstellen". Sie betätigte dabei, wie so oft, wieder einmal das rhetorische Denunziationsinventar, das sie im gleichen Atemzug ihren Gegnern zu unterstellen pflegt („Er will mich psychologisieren, delegitimieren und entpolitisieren").[17] Der ehrenvolle Abgang eines verdienten Redakteurs sähe anders aus.

Wer Kelek nicht nur als publikumssüchtige kommerzielle „Krawallnudel" abtun will, muss sich eingehender mit ihren auffälligen Argumentationsmustern beschäftigen. Sie verbinden eine eigentümlich eruptive Aggressivität und bis ins Persönliche gehende Verletzungsbereitschaft gegenüber den Adressaten ihrer Kritik mit einer umso eigentümlicheren Überempfindlichkeit und Verletzbarkeit („tief verletzt") bei Kritik an ihr selber. Für das Verständnis hilfreich ist auch ein kurzer Blick auf Lebensweg und beruflichen Werdegang:

Kelek wurde 1957 als Kind einer westlich-säkular orientierten mittelständischen Familie in Istanbul geboren. Sie folgte dem Vater erst 1966, im Alter von neun Jahren, nach Deutschland. Dort geriet die Familie in den Sog einer stark religiös geprägten ländlich-rückständigen anatolischen Einwanderergemeinschaft in einer Kleinstadt in der Nähe von Hannover, die offenkundig deutlich Züge einer kleinen ‚Parallelgesellschaft' trug. Die Familie zerbrach nach schwersten inneren Konflikten an der in diesem Milieu zunehmenden religiösen Orientierung des Vaters, der die Familie unterdrückte, die Tochter zwar förderte, aber auch unmittelbar bedrohte und die Familie schließlich verließ, um in die Türkei zurückzukehren. Vor diesem Hintergrund war ihre Jugend durch Depressionen gezeichnet, wie man ihrem Wikipedia-Artikel entnehmen kann. All das könnte traumatische Schleifspuren in Keleks Vorstellungen zum Verhältnis von Islam und Integration in jenen ‚Parallelgesellschaften' von muslimischen Einwanderern hinterlassen haben, die in ihren Beschreibungen oft als gleichsam mit dem Rücken zum Einwanderungsland positionierte vormoderne patriarchalisch-autoritäre Gemeinschaften erscheinen und den Rahmen bieten für ihre ‚Opfergeschichten'.

Ihr erstes Erfolgsbuch ‚Die fremde Braut'[18] wurde von vielen Lesern offensichtlich mit einer wissenschaftlich fundierten Studie verwechselt, die es nicht war. Das galt auch für den Leser Otto Schily: „Necla Kelek leistet mit ihrem Buch einen wichtigen Beitrag, die Integrationsdebatte noch intensiver zu führen als bisher", schrieb der Bundesinnenminister in einer vielbeachteten *Spiegel*-Rezension. „Wir alle brauchen mehr Aufmerksamkeit und Sensibilität, aber auch mehr Offenheit und Ehrlichkeit im Umgang miteinander."[19]

Dass die Autorin ausgerechnet dazu einen besonderen Beitrag geleistet hätte, darf zwar mit guten Gründen bezweifelt werden, aber die denkwürdige Heiligsprechung durch den Bundesinnenminister war für den Buchmarkt der Coups schlechthin. Sein Bekenntnis ist umso bemerkenswerter, als gerade an diesem Buch die Unwissenschaftlichkeit der Argumentation auch einem gebildeten Laien als Rezensenten hätte auffallen können: „Schon das Inhaltsverzeichnis zeigt eine unsystematische Mischung aus autobiographischen Notizen, generalisierenden Behauptungen und empirischen Einzelbeobachtungen. Das Endorsement des Bundesinnenministers dürfte eher durch den Eindruck bestimmt gewesen sein, dass hier eine Stimme aus der Community das zum Ausdruck brachte, was er schon immer zum Islam dachte oder ahnte."[20]

Die Schwächen des Bestsellers von Kelek haben neben Patrick Bahners am klarsten der früher in München, heute an der London School of Economics and Political Science (LSE) lehrende Kultursoziologe Prof. Dr. Ulrich Beck und die in Erlangen und Trondheim, Norwegen, lehrende Familiensoziologin Prof. Dr. Elisabeth Beck-Gernsheim in einem gemeinsamen Buch herausgearbeitet. Ihre Kritik an dieser „Opfergeschichte" soll hier etwas ausführlicher zu Wort kommen, zumal ihre Entlarvung von pauschalisierenden Argumentationslinien, scheinempirischen Begründungen und anderen Methodenproblemen bei Kelek nicht nur für dieses Opus gilt:

„Nach Kelek verfolgen türkische Eltern allein ihre eigenen Interessen, wenn sie ihre Tochter mit dem Sohn einer in Deutschland lebenden Migrantenfamilie verheiraten. Das Wohlbefinden der Tochter ist ihnen egal, und es stört sie auch nicht, wenn die neue Familie die junge Ehefrau misshandelt, ausbeutet, wie eine Sklavin behandelt. Die Folgen sind tragisch [...].

Kelek formuliert ihre Aussagen mit großer Geste und umfassendem Anspruch, so als würden die jungen Ehefrauen stets unterdrückt, ihre Grundrechte dauernd mit Füßen getreten. Aber die empirische Grundlage für ihre Behauptungen ist äußerst dürftig, bleibt unklar und vage. Ihre Darstellung ist extrem vereinfachend, einseitig, an zentralen Punkten verzerrend. Indem sie die arrangierte Ehe mit Zwangsheirat gleichsetzt, sieht sie ab von der Vielfalt der Formen, die die arrangierte Ehe annehmen kann, und erklärt den Extremfall – und zwar den negativen Extremfall, die völlige Unterwerfung der Tochter unter den Willen des Vaters – zum Normalfall. Demselben Schema folgt die Darstellung der türkischen Väter: nach Kelek ausnahmslos Tyrannen, gefühllose Monster, allesamt der Familie ihren Willen aufzwingend, dazu noch dem Vorgestern verhaftet, rücksichtslos, starrköpfig, brutal.

Kurz, Keleks Buch ist keine wissenschaftliche Studie, es ist eine Streitschrift. Es fordert Mitleid mit dem Los der Unterdrückten und verbindet damit ebenso pauschal wie aggressiv formulierte Anklagen gegen ‚die Türken‘ und ‚den‘ Islam."[21]

Zu einem verwandten, nicht minder vernichtenden Urteil kam der Diskursanalytiker Sven Sauter: Keleks Buch sei „nicht wissenschaftlich basiert, kritisch und reflexiv, sondern im Gestus unangemessener Empörungsrhetorik und einer eindeutigen Polemik gegenüber der Kritik als wissenschaftlichem Medium der Aushandlung und Ausformung von Wissen" geschrieben.[22]

Aber nicht nur einer soziologischen und diskursanalytischen, sondern auch einer islamwissenschaftlichen Prüfung hält das zwischen Aufklärung und Denunziation schlingernde Opus von Kelek nicht stand. Der Journalist und Blogger Hakan Turan hat einmal eine einzige Seite aus Keleks ‚Die fremde Braut‘ gründlich geprüft unter besonderer Berücksichtigung der dort vorgeführten Koranzitate. Ergebnis: „Nahezu zu jedem Satz müsste man einen klärenden Aufsatz schreiben, wenn man der Thematik gerecht werden wollte. Keleks Umgang mit Koranzitaten ist erschreckend unprofessionell und gespickt mit Fehlern [...] beim Abschreiben von Sekundärquellen." Turan hat sich daraufhin die Mühe gemacht, die Rezeption dieser prekären Kelek-

Zitate zu verfolgen. Das Ergebnis zeigte eine gefährliche Inflation aggressiver Fehlleistungen: „Wer will, kann bei Google die Falschzitate von Kelek eingeben und sich davon überzeugen, in wie vielen Foren diese blind verwendet worden sind."[23]

Im Blick auf Keleks ‚Die fremde Braut' urteilt Kay Sokolowsky: „Die Soziologin Kelek hat seit ihrer Promotion, wie es scheint, alles vergessen, was sie einst über die Pflicht zur wissenschaftlichen Sorgfalt lernte. Zwar gibt sie an anderer Stelle zu, keine gesicherten Erkenntnisse zu besitzen, doch sie versteckt dieses Armutszeugnis, das ihr ganzes Buch entwertet, in einem Mahnruf an ‚die politischen Verantwortlichen': Sie sollen ‚verlässliches empirisches Material über das Ausmaß dieses Problems [...] erarbeiten, um es damit endlich auf die Tagesordnung zu setzen'. Obwohl sie also selber zugibt, dass ihr Belege fehlen, schmeißt Kelek mit Horrorzahlen um sich: ‚Es geht in jedem Jahr nicht um Hunderte, sondern um Tausende junger Menschen.'"[24] Bei Ralph Giordano, der sich noch weniger um die Zuverlässigkeit von Daten schert, wird daraus eine ‚Inflation von Zwangsehen'. Kelek, so viel ist sicher, hat ein Niveau in die Debatte gezogen, das erheblich tiefer liegt als die Fundamente der Kölner Zentralmoschee."[25]

Kaum anders stand es mit dem schon erwähnten nächsten Bestseller von Necla Kelek ‚Die verlorenen Söhne', den weite Teile der Öffentlichkeit scheinbar ebenfalls mit einer wissenschaftlich fundierten Untersuchung verwechselten. Aber die durch grausam-autoritäre türkisch-muslimische Erziehung geprägten Lebenswege ihrer Interviewpartner waren keine tragfähige Grundlage für auch nur annähernd repräsentative Aussagen – Kelek hatte vorwiegend Gefängnisinsassen interviewt.[26] Werner Schiffauer hat mir dazu einen bissigen Kommentar an den Rand dieses Manuskripts geschrieben: „Die gleiche Aussagekraft", kritisierte er, „hätte eine Studie, die aus der Untersuchung von fünf wegen Gewaltdelikten einsitzenden vierschrötigen ‚Glatzen' in Brandenburg Schlussfolgerungen auf die Sozialisationsbedingungen in der ‚ostdeutschen Kultur' ziehen würde

– eine Kategorie von ähnlicher Abwegigkeit wie die Rede von der ‚islamische Kultur'."[27]

Kelek selbst hatte einen zwar umständehalber schwierigen, wenn auch im Vergleich zu den Integrationswegen von vielen Kindern aus niedrigeren Sozialmilieus von ‚Gastarbeiterfamilien' durchaus privilegierten und durch mancherlei persönliche Hilfestellung und materielle Förderung (Böckler-Stiftung) erleichterten, wenn auch nicht problemlos-geradlinigen (zweiten) Bildungsweg bis hin zu Studium und Promotion. Sie wirkte auf dem Weg zur Promotion, auf dem sie die Hamburger Erziehungswissenschaftlerin Prof. Dr. Ursula Neumann mit betreute, sehr fleißig, leistungsstark, zielstrebig und aufstiegsorientiert. Sie fiel in Neumanns Kolloquium durch eine eigentümliche Spannung zwischen von ihr präsentierten geschliffenen Texten und einer in freier Rede eher holpernden Diktion auf, die allerdings gelegentlich auch heute noch zu beobachten ist.[28]

Vor und während der Arbeit an ihrer Dissertation unternahm Kelek einen kurzen Ausflug in die akademische Welt in Gestalt einer befristeten Mitarbeiterstelle – allerdings nicht an ihrer Studienuniversität Hamburg, sondern an der noch torkelnden Wende-Universität Greifswald und auch nicht in ihrem Studienfach Soziologie, sondern im Fach Erziehungswissenschaft unter Betreuung von Prof. Dr. Andreas Pehnke. Ihre Greifswalder Dissertation wurde auf Pehnkes Bitte hin durch die Hamburger Erziehungswissenschaftlerin Prof. Dr. Ursula Neumann sowie den Hamburger Religionspädagogen Prof. Dr. Wolfram Weisse mit betreut, deren Doktorandenkolloquien Kelek zu diesem Zweck auch besuchte.

In Hamburg hatte Kelek ferner Lehraufträge an der Evangelischen Fachhochschule ‚Rauhes Haus' und einen Lehrauftrag an der Universität im Fach Erziehungswissenschaft, der allerdings nach Einschätzung von U. Neumann „eine Katastrophe" war. Dabei kam es zu einem prekären Zwischenfall, den Kelek eigentümlicherweise nicht als inhaltliches, didaktisches bzw. persönliches Problem, sondern als Bedrohung von außen interpretierte.

Ursula Neumann erinnert sich: „Die zum Teil muslimischen Studentinnen beschwerten sich bei mir über das niedrige Niveau und die falschen Aussagen ihrer Lehre und blieben dann der Lehrveranstaltung fern. Kelek kam zu mir und beschwerte sich darüber, dass die muslimischen Studentinnen nur deshalb in das Seminar kämen, um sie auszuspionieren und zu beobachten. Diese Auseinandersetzung war der letzte Kontakt zwischen uns beiden."[29]

Auch auf Keleks Weg zur ‚Islamkritik' als Beruf gab es mancherlei zuletzt von Patrick Bahners herausgearbeitete Eigentümlichkeiten. Sie reichen von eklatanten wissenschaftlichen und autobiographischen Widersprüchen bis hin zu nicht minder auffälligen literarischen und medialen Selbstbildkorrekturen.

In den Bereich der appellativen Positionswechsel gehört der Weg von zentralen Aussagen ihrer Dissertation zur nachgerade gegenteiligen Botschaft ihres ersten Erfolgsbuches: Die zentrale Botschaft ihrer stark auf narrative Interviews mit Schülerinnen und Schülern einer Realschule in Hamburg-Wilhelmsburg gestützten Dissertation mit qualitativem Forschungsdesign lautete: Islam und Entwicklung von Autonomie in der Adoleszenz müssen kein integrationshemmender Widerspruch sein; denn die Jugendlichen sind durchaus in der Lage, ihre eigenen Vorstellungen von einem islamgerechten Leben zu entwickeln und tragen damit zur Transformation des Islams durch Migration und Integration bei. In ihrem wenig später folgenden, sensationell erfolgreichen, düstere atavistische – durchaus nicht nur ‚muslimische' – Bräuche in der Einwandererbevölkerung ansprechenden, zugleich aber auch gängige antiislamische Vorurteile bedienenden ersten Buch ‚Die fremde Braut', das sich auf Interviews mit erwachsenen Teilnehmerinnen von Alphabetisierungs- und Deutschkursen stützte, kam sie unter Einbeziehung auch von autobiographisch-familiengeschichtlichen Linien zu weithin gegenteiligen Ergebnissen: Jetzt erschien der Islam als reformresistentes religiös-kulturelles Integrationshindernis.

Diesen abrupten, wissenschaftlich nicht nachvollziehbaren Ergebnis- und Positionswechsel begründete sie nach Bahners zunächst mit einer angeblichen indirekten Nötigung durch die Hamburger bzw. Greifswalder Betreuer ihrer Dissertation aus der Erziehungswissenschaft, was diese empört von sich wiesen.[30] Zur Begründung diente ihr dann aber auch eine angeblich von ihr registrierte Veränderung der gesellschaftlichen Umstände „in den vergangenen zehn Jahren", obgleich zwischen Veröffentlichung von Dissertation und erstem Buch nur knapp drei Jahre lagen.[31] Andernorts erklärte sie, wieder anders: „Ich habe damals mit Jugendlichen über Religion und Alltag gesprochen und festgestellt, dass sie versuchten, den deutschen mit dem muslimischen Alltag zu verbinden. Aber als die Untersuchung abgeschlossen war, sah die Realität schon ganz anders aus. Es hat sich abgezeichnet, dass eine islamisch-politische Bewegung entsteht, die diesen Kindern keine Chance zur individuellen Freiheit gibt."[32] Nachweise für diese „islamisch-politische Bewegung" sind von Kelek nicht bekannt geworden, von ihren notorischen, nicht näher spezifizierten „Beobachtungen" und „Gesprächen" abgesehen.

In den Bereich der medialen Selbstbildkorrekturen gehört die ‚Gretchenfrage' nach Keleks eigenem Verhältnis zu dem von ihr teils ‚islamkritisch' attackierten, teils islamophag denunzierten Islam: Necla Kelek stieg in einer rasanten Karriere als ‚islamkritische' Erfolgsautorin zu einer Art aufgeklärten ‚guten', in antiislamischen Kreisen gefeierten Vorzeigemuslima auf. Das aber erscheint im Sinne ihrer Skepsis gegenüber dem Islam als einem zwar modernisierbaren, aber kaum säkularisierbaren hochideologischen System (‚Scharia-Islam') als Widerspruch in sich. Das Paradox bleibt freilich im Ungewissen, weil niemand, von ausweichenden Bemerkungen über gelegentliches Beten einmal abgesehen, so recht weiß, wie Kelek es selber wirklich hält mit der Religion:

„Den Frauen in der Moschee gegenüber, mit denen wir gemeinsam gesprochen haben, trat sie mit einem ‚Wir-Gestus' auf und lies keinen Zweifel daran aufkommen, dass sie selber gläubige Muslima sei", erinnert sich die Hamburger Erziehungswissenschaftlerin Prof. Dr. Ursula Neumann. Nach ihrer Erinnerung schickte Kelek ihren Sohn in Hamburg auf eine katholische Grundschule.[33] Er blieb aber scheinbar Moslem – oder auch nicht: So klingt jedenfalls ein Interview für die *Welt*, in dem Alan Posener auf seine Frage „Er ist Moslem?" diese Reaktion Keleks überbrachte: „„Natürlich!' Sie hält inne: ‚Na, so ganz stimmt es nicht. Aber dann wieder doch.'"[34] Sich selbst wiederum bezeichnet Kelek als „säkulare Muslimin", also als eine Gläubige, der das Kunststück gelungen ist, das der Islam selber nach ihrer Einschätzung nicht vollbringen kann: „Ich bin eine moderne Frau, die selbst entscheiden kann, wie sie leben möchte. Ich bin auch keine praktizierende Muslimin."[35] Andernorts konnte man 2011 lesen: „Ich lebe den Islam so, wie ich mir eine Religion vorstelle. Ich bin ja ein gläubiger Mensch."[36]

Turkishpress hat dazu unter der Titelfrage „Wahrheit oder doch nur Show?" eine Collage aus widersprüchlichen Talkshow-Selbstbeschreibungen Keleks ins Netz gestellt: Im April 2008 antwortete Kelek in der Sendung ‚Sternstunde der Philosophie' des Schweizer Fernsehens auf die Frage von Roger de Weck, ob sie „eine Muslimin" sei: „Das stand so in meinem türkischen Pass, jetzt in meinem deutschen Pass steht ‚religionsfrei'!" Keleks Reisepass hat sicher hohen Sammlerwert; denn in deutschen Pässen werden Religion bzw. Konfession gar nicht angegeben. Als sie im Oktober 2010 in einem 3sat-Interview als ‚Muslima' vorgestellt wurde, unterbrach sie mit der Korrektur „Muslima ist schon mal falsch!" und antwortete auf die Nachfrage, ob sie den Islam praktiziere: „Das tue ich nicht!" In der ARD-Sendung ‚Menschen bei Maischberger' wiederum erklärte Kelek im August 2012: „Ich bin selber Muslimin!"[37] Auf ihrer Wikipedia-Seite wiederum lässt Kelek wissen, sie verstehe „sich selber als Muslimin, die ihren Glauben ‚als Philosophie' brauche". Kelek arbeitet dabei teils im allumarmenden, teils im wechselfreudigen doppelten ‚Wir'-Stil: einerseits ‚Wir Muslime' in Deutschland, andererseits ‚Wir Deutsche' gegenüber ‚den' Muslimen in Deutschland und der Welt.[38]

In der weiteren Öffentlichkeit war Kelek zunächst durch die erwähnte Ausleuchtung der Schattenseiten von insbesondere aus der Türkei zugewanderten atavistischen Kulturmilieus hervorgetreten, die unter den Stichworten ‚Zwangsheirat' und ‚Ehrenmord' diskutiert zu werden pflegen. Das war zweifelsohne ein Verdienst, auch wenn dies keineswegs die erste Wortmeldung zu diesem Dunkelfeld war. Hinzu kam, dass die Autorin dabei von Beginn an oft unbelegt pauschalisierte und skandalisierend überzeichnete, um öffentliche Wirkung zu erzielen, und dabei zu betonen vergaß, „dass ein mörderisches Verständnis von Ehre und Jungfräulichkeit, die Blutrache und die brutale Unterdrückung von Frauen keine Spezialität des Islams sind".[39] Das mag ihr zu diesem Zweck anfangs journalistisch vertretbar erschienen sein. Es erschwerte aber durch oft emotionalisierte, aggressiv-polemische Positionierungen mit einer Art erkenntnismonopolistischem Patentanspruch von Beginn an Versuche zu einer differenzierten und sachlichen Auseinandersetzung mit den angesprochenen Problemen, zu denen es inzwischen eine Fülle von wissenschaftlicher Literatur gibt, die die Überzeichnungen von Kelek widerlegen oder doch stark relativieren.

Beispiel Ehrenmorde: Eine im Auftrag des Bundeskriminalamts vom Freiburger Max-Planck-Institut für ausländisches und internationales Strafrecht angefertigte Studie ‚Ehrbezogene Tötungsdelikte in Familien und Partnerschaften' (2011) kommt zu dem gängigen, insbesondere von Kelek verbreitete Vorstellungen von der islamspezifischen oder türkeispezifischen Prägung dieser Verbrechen korrigierenden Ergebnis: „Solche Taten werden fast ausnahmslos von einer kleinen, schlecht integrierten Unterschicht begangen. Der ‚Ehrenmord' ist in keinster Weise typisch für die türkische Gemeinschaft in Deutschland."[40]

Beispiel Zwangsheiraten: Ein von der Caritas beauftragter Teil der Sinus-Milieustudie ‚Lebenswelten von Migranten' kam 2009 zu dem Ergebnis, dass es einen Einfluss der Familie auf die Partnerwahl der Kinder nur bei einer Minderheit der Migranten in Deutschland gibt. Nur bei zwei Prozent der Befragten hatten

Eltern oder Verwandte über die Partnerwahl für die Ehe entschieden. Bei Zuwanderern aus der Türkei galt das für sieben Prozent. Acht Prozent hatten ihre Partner durch Vermittlung ihrer Familien kennen gelernt, 16 Prozent hatten sich gemeinsam mit der Familie und 66 Prozent hatten sich ganz allein
für ihre Partner entschieden.[41] Das alles hatte wenig mit der
pauschalen Dramatisierung bei Kelek zu tun, mit der sie wichtige, von ihr herausgearbeitete Probleme des Sozialverhaltens in
Migrantenmilieus skandalisierend überzeichnete.

Ihre ersten Arbeiten hätten Kelek in ihren Themenbereichen
möglicherweise eine wissenschaftliche, freilich unsichere, steini-
ge und sicher wenig öffentlichkeitswirksame Perspektive in der
ethnographisch orientierten qualitativen Sozialforschung eröffnen können. Im Sog der medialen Wirkung ihrer Enthüllungen
entschied sich Kelek für die lockende, leichter gangbare, öffent-
lichkeitswirksamere und einträglichere publizistische Kommer-
zialisierung ihrer ‚Islamkritik'.

Seit Langem schon arbeitet Kelek in von ihr gern besuchten
Streitgesprächen hochtrainiert und routiniert, wenngleich meist
eher talkshow-wendig, d.h. auf Kosten einer wissenschaftsförmig klaren argumentativen Linienführung mehr effekt- als er-
gebnisorientiert und mit einer großen Palette von allfälligen,
aber nach wie vor applaussicheren Pointen, zum Teil aber auch
bloßen Ausweichmanövern durch abrupte Themenwechsel. Ein
Beispiel dieser sprunghaften Argumentationstechnik lieferte das
von Kelek in dem von ihr oft praktizierten Kläger- bzw. Verhörstil gestaltete Streitgespräch mit Patrick Bahners im *Spiegel*
2011, in dem es u.a. um ein gleich noch zu behandelndes methodisch unzulängliches und auch inhaltlich widerlegtes Kelek-
Gutachten ging:

„Kelek: ‚Herr Bahners, wie können sie ignorieren, dass muslimische Mädchen nicht am Schwimmunterricht teilnehmen
dürfen, dass sie keine deutschen Freundinnen haben dürfen,
dass ihre Brüder sie bewachen müssen, anstatt in der Schule für
ihre Zukunft in Deutschland lernen zu dürfen?' Bahners: ‚Das

sind hochpauschale Beschreibungen, denn die scheinbare Empirie in Ihren Büchern, Frau Kelek, besteht aus Anekdoten, die dann mit einer radikalen Religionskritik aufgeblasen werden. Sie behaupten seit Jahren, es gebe eine zunehmende Zahl von Gerichtsstreitigkeiten darüber, ob muslimische Mädchen am Schwimmunterricht teilnehmen müssen oder nicht. Das ist eine Erfindung, das stimmt einfach nicht [...].' Kelek: ‚Wie viele Muslime kennen Sie? [...].' Bahners: ‚Sie haben 2006 im Auftrag der Islam-Konferenz eine Expertise über das Problem der Abmeldungen vom Sport- und Schwimmunterricht eingereicht. [...]. Es handelt sich um Gerüchte.' Kelek: ‚Haben Sie in irgendeiner Schule nachgefragt?' Bahners: ‚Der Kollege Martin Spiewak von der *Zeit* hat bei den Schulen nachgefragt und Ihre Darstellung widerlegt [...].' *Der Spiegel:* ‚Frau Kelek, ist Ihre Empirie nur gefühlt?' Kelek: ‚Für meine Expertise war ich in mehreren Schulen [...]. Herr Bahners, ich werfe Ihnen vor, dass Sie nie mit Muslimen gesprochen haben. Sie haben ja nicht einmal mit mir Kontakt aufgenommen. Seit fünf Jahren schreibe ich im Feuilleton der *Frankfurter Allgemeinen.* Sie sind deren Feuilletonchef und haben den Kontakt mit mir vermieden.' Bahners: ‚Das stimmt ja gar nicht. Ich bin keiner Diskussion mit Ihnen ausgewichen. Verbreiten Sie bitte nicht, ich wollte Ihnen nicht die Hand geben!' Kelek: ‚Ja, aber ich meine etwas anderes, Sie versuchen herauszufinden, aus welchen Gründen ich den Islam stark kritisiere‘[...]".[42]

Necla Kelek hätte in der Einwanderungsgesellschaft möglicherweise eine Brückenbauerin zwischen den Kulturen werden können. Dazu hätte sie aber „mit Differenzierung statt Pauschalisierung" arbeiten müssen, urteilt der deutsch-türkische Sozialwissenschaftler Kamuran Sezer. „Stattdessen hat Necla Kelek die Ebene der Wissenschaftlichkeit zugunsten eines auf Alltagsbeobachtungen beruhenden Populismus verlassen. Sie ist vom dem wissenschaftlichen Erkenntnisgewinn verpflichteten Subjekt zu einem nützlichen Objekt von Medien und politischen Interessen geworden. In der medialen Islamdebatte funktioniert sie als vermeintliche Insiderin und Kronzeugin, die unmittelbar aus dem so genannten islamischen Kulturkreis berichten kann".[43]

Dieser Weg entbehrte nicht einer gewissen Tragik, weil sich hier Rollenzwänge zeigten. Die wissenschaftlich geschulte Schriftstellerin, die sich auf diese Weise exponierte, wurde von einer Woge des öffentlichen Interesses getragen. Aber das berühmte Wort ‚Fert unda nec regitur‘ würde hier eine gefährliche Eigendynamik verkleiden: „Wenn sie aus der sie tragenden Rolle gefallen wäre und sich zu den gleichen Themen im Sinne kritisch differenzierender Wissenschaftlichkeit geäußert hätte", schrieb mir Werner Schiffauer kommentierend, „dann würden sich diejenigen, für die sie als Kronzeugin so nützlich war, alsbald von ihr abgewandt haben."[44] Ganz ähnlich urteilt Kay Sokolowsky über die gesamte engere Führungsriege der ‚Islamkritik‘ in Deutschland: „Broder, Giordano, Kelek und Ateş sind, mehr oder minder freiwillig, vor einen Karren gespannt worden, der sie gnadenlos überrollen wird, wollten sie einmal innehalten mit ihren Bannflüchen auf den Islam."[45]

In biographischen Notizen unter ihren Presseartikeln bescheinigt sich Kelek heute, ihre wissenschaftliche Herkunft als Gütesiegel noch andeutend, aber ihre professionelle ‚islamkritische‘ Identität klar hervorhebend: „Die Autorin ist Soziologin und hat sich mit mehreren islamkritischen Büchern einen Namen gemacht".[46]

4.2 Necla Kelek, die ‚institutionalisierte Migrationsforschung‘ und die Kulturalisierung der Integration

Die eigentliche Schubwirkung in Keleks Karriere kam aus dem falschen Ruhm einer Art Märtyrerin der offenen Rede über Integrationsprobleme von Muslimen und insbesondere sogenannte Parallelgesellschaften im Dunstkreis des Islams. Er schöpfte aus dem nicht minder falschen Echo eines von der Integrations-,

Bildungsforscherin und Turkologin Prof. Dr. Yasemin Karakaşoğlu, heute Konrektorin der Universität Bremen[47] und dem Migrationsforscher, Publizisten und Journalisten Dr. Mark Terkessidis, von Hause aus Psychologe und Pädagoge[48], initiierten Aufrufs von 60 Wissenschaftlerinnen und Wissenschaftlern in der *ZEIT* vom 2. Februar 2006, den auch Keleks Hamburger Doktormutter Ursula Neumann unterschrieben hatte. Er zielte auf die besonders von Kelek betriebene Kulturalisierung von Sozialproblemen, die sich in der Integrationsdiskussion epidemisch ausbreitete. Der Aufruf stand unter dem Motto „Gerechtigkeit für die Muslime!" Darunter prangte der alarmistische Lassotext: „Die deutsche Integrationspolitik stützt sich auf Vorurteile. So hat sie keine Zukunft. Petition von 60 Migrationsforschern."[49]

Doppelt falsch waren das zu Lasten der beiden Initiatoren bis heute nachwirkende denunziative publizistische Echo und der gleichermaßen bis heute tragende, vom ‚Opfer' und seiner Klientel immer wieder in Erinnerung gerufene, vermeintliche Märtyrerruhm für Kelek; denn es handelte sich hier um eine der weiteren Öffentlichkeit bislang unbekannte, höchst problematische Medieninszenierung: Weder das gellende Motto „Gerechtigkeit für die Muslime" noch der alarmistische Lassotext mit der folgenreichen Charakterisierung der Unterzeichner als „Migrationsforscher"[50] (geschweige denn die später ebenfalls zu Lasten der Autoren angegriffene Bebilderung) waren mit den Verfassern abgestimmt. Das aber wäre bei einem auf Authentizität angewiesenen, im Initiatoren- und Unterzeichnerkreis abgestimmten, an die weitere Öffentlichkeit gerichteten Aufruf unabdingbar gewesen.

Die Initiatoren hatten ihren Aufruf in Wirklichkeit unter dem sachlich-kritischen Titel vorgelegt: „Resolution für Wissenschaftlichkeit statt Populismus im öffentlichen Migrantendiskurs". Daraus machte die Redaktion eigenmächtig den erwähnten alarmistischen und sachlich falschen Kopftext des Aufrufes. Dieser falsche Kopftext wurde obendrein noch von *ZEIT*-Chefredakteur Giovanni di Lorenzo in einem polemischen Kommentar auf dem Titel in der nächsten Ausgabe der *ZEIT* vom 9. Februar 2006 aufgespießt und damit von der Chefredaktion selbst einladend als Zielscheibe freigegeben. Di Lorenzo schrieb, möglicherweise von seiner Redaktion nicht zureichend informiert, in aggressiver Polemik: „Damit sind wir bei der Integrationsfrage. Erst seit Kurzem trauen sich in Deutschland einige Kritiker, unhaltbare Missstände zu benennen. Dazu gehört die offenbar wieder zunehmende Unterdrückung von Frauen in Migrantenfamilien, die vielerorts religiös begründet wird. Und schon schwingen Einwanderungsforscher – etwa vergangene Woche in der ZEIT – die Diskriminierungskeule und fordern Gerechtigkeit für die Muslime!"[51]

Mitinitiator Mark Terkessidis hat sich über die unabgestimmte Veränderung des Textes und seine denunziative Bloßstellung im gleichen Blatt bei der *ZEIT*-Redaktion beschwert, die sich dafür bei ihm entschuldigte.[52] Das änderte nichts mehr an der durch diese journalistische Groteske ausgelösten falschen öffentlichen Empörung, die zwei Ergebnisse hatte: Sie begründete die Märtyrerrolle von Necla Kelek und sie degradierte in weiten Kreisen einer ahnungslosen Öffentlichkeit die vermeintlich blamierte ‚Migrationsforschung' zu einer Art akademischem Etikettenschwindel, nämlich zu einem angeblichen Bündnis von selbsternannten Scheinexperten in Migrations- und Integrationsfragen, was aus drei Gründen vollkommen absurd war: erstens waren unter den Unterzeichnern diverse Wissenschaftler, die tatsächlich primär Migrationsforschung im engeren Sinne betrieben; zweitens ist Migrationsforschung keine akademische Disziplin, sondern eine interdisziplinäre Forschungsrichtung für die es gar keine disziplinär festgelegte akademische Denomination gibt; drittens stammte die Ernennung der Unterzeichner zu ‚Migrationsforschern' nicht von den Initiatoren, sondern von der Redaktion. Die provokant bloßstellende Präsentation des redaktionell entstellten Aufrufs wirkte als Einladung zu bellizistischen Reaktionen.

Den Auftakt dazu gab schon am 11. Februar 2006 der diffamierende und weithin sachlich falsche Gegenangriff der ‚islamkritischen' Feministin und EMMA-Herausgeberin Alice Schwarzer in der *FAZ*.[53] Er löste eine hasserfüllte mediale Hetzjagd aus, die die Initiatoren und Unterzeichner des Aufrufs wegen angeblich fehlender wissenschaftlicher Qualifikation als nur ,sogenannte Migrationsforscher' zu diskriminieren und den Ruf dieser neuen interdisziplinären Forschungsrichtung zu beschädigen strebte, die von Kelek und ihrer Klientel fortan vorzugsweise in pejorativen Anführungszeichen verwendet wurde. Spuren der in wissenschaftsfernen Kreisen nachhaltig wirksamen demagogischen Kampagne finden sich bis heute im argumentativen Standardinventar der islamfeindlichen Weblog-Kommunikation. Ergebnis war auch jene bekannte Flut von Hassmails, die man in der Internet-Kommunikation den ,Shitstorm' nennt, bei dem in aller Regel sachliche Kritik von denunziativen Emotionalisierungen erdrückt wird, deren übler Geruch den Geschädigten lange anzuhaften pflegt.

Die erfahrene Journalistin und Schriftstellerin Schwarzer wusste natürlich, dass Autoren oft wenig Einfluss auf die Form der Präsentation ihrer eingereichten Manuskripte haben, griff aber dennoch ausgerechnet die Titelgestaltung und sogar die Bebilderung des Aufrufs an. Der ausgewiesenen Integrations- und Bildungsforscherin Karakaşoğlu, der Kelek wissenschaftlich nicht das Wasser reichen kann, glaubte Schwarzer bescheinigen zu sollen, „sehr sehr weit von wissenschaftlicher Neutralität" entfernt zu arbeiten. Das begründete sie unter anderem ausgerechnet mit der zweifelsohne ehrenvollen Gutachtertätigkeit von Karakaşoğlu für das höchste deutsche Gericht, hier mit ihrem Gutachten im ,Kopftuchstreit' (Causa Ludin) für das Bundesverfassungsgericht. Die entweder schlampige oder bewusst falsche Zuordnung von anderen Aktivitäten und Publikationen Karakaşoğlus tat ein Übriges.[54]

Schwarzers Schmähkritik gipfelte in der denunziativen Umrahmung Karakaşoğlus mit in der weiteren Öffentlichkeit Assoziationen von Islamismus, Fundamentalismus und Terrorismus weckenden Botschaft, dass sie „sehr sehr eng mit der islamistischen Szene in Deutschland verbandelt" sei: „Letzten Monat saß Karakaşoğlu mal wieder auf einem Podium mit den Freunden und Freundinnen der bärtigen Brüder…". In Wahrheit handelte es sich um das hochrangige, u.a. von der Robert Bosch-Stiftung geförderte internationale wissenschaftliche Symposium ‚Islamisches Denken im Wandel und die Europäische Aufklärung', das am 21. und 22. Januar 2006 im Haus der Evangelischen Kirche in Bonn getagt hatte.

Die Attacke von Schwarzer eröffnete eine bizarre Medienkampagne unter dem haltlos absurden, aber fortan gängigen demagogischen Leitmotto, hier hätte legitime und nötige Kritik an der Entrechtung der Frau im Islam mundtot gemacht werden sollen.[55] Das Echo erfasste nachgerade alle ‚Leitmedien' der Republik. Es reichte auf dem rechten Rand des politischen Meinungsspektrums bis hin zu einer Wortmeldung aus dem ‚Institut für Staatspolitik', einer der wichtigsten Denkfabriken der Neuen Rechten. Der Beitrag war illustriert mit dem dreiste Anspruchshaltungen von ‚Fremden' signalisierenden Bild eines von einer multiethnischen Demonstrantengruppe getragenen Transparents ‚Doppelstaatsbürgerschaft' mit der Kommentarzeile „Koalition aus Linken und Muslimen auf der Straße". Das Institut notierte zwar zähneknirschend, dass hier ausgerechnet „eine neuemanzipatorische Weiberbande den akademischen Migrationslobbyismus mit all den längst überfälligen publizistischen Attacken überzieht". Dennoch wurde Kelek, zusammen mit Ayaan Hirsi Ali, Serap Çileli, Seyran Ateş, aber auch Bassam Tibi, Ibn Warraq und Salman Rushdie in der „Riege von fremdstämmigen Prominenten" begrüßt, „welche geneigt sind, die Liberalität des Westens ernster zu nehmen, als dieser selbst es vermag."[56]

Heroische „Dramatisierungsgewinnerin" der Kampagne war und blieb eindeutig Necla Kelek.[57] Gegen die Initiatoren des Aufrufs hingegen richteten sich Unterstellungen, Diffamierungen und übelste Nachreden, die zum Teil bis heute nachwirken. Dagegen vermochten sich Karakaşoğlu und Terkessidis nur in einzelnen, klaren, aber kaum beachteten Stellungnahmen zu wehren.[58] Kelek hingegen konnte als vermeintlich tragische, einer gewaltigen Übermacht von ‚etablierten‘, angeblich böswillig-neidvollen Denunzianten ausgelieferte Kämpferin für die Wahrheit und für das Recht der Geschundenen öffentlich ihre Wunden lecken und wurde als heldenhaft mutige Märtyrerin der guten Dinge endgültig auf der Woge der ‚Islamkritik‘ davongetragen.[59]

Der von der Redaktion dem Aufruf eigenmächtig aufgedrückte Titel ‚Petition von 60 Migrationsforschern‘ erinnerte überdies unglücklich und Verwechslungen fördernd an das 1994 von mir herausgegebene, in großer Auflage erschienene ‚Manifest der Sechzig. Deutschland und die Einwanderung‘.[60] Es war seinerzeit eine Art Kultbuch der Migrations- und Integrationsforschung und ist nach wie vor ein historischer Markstein in der Integrationsdiskussion in Deutschland. Es wurde vom Verlag C.H. Beck allen Bundestagsabgeordneten überreicht und lag z.B. auch bei der konstituierenden Sitzung der Unabhängigen Kommission Zuwanderung (‚Süssmuth-Kommission‘) als Einarbeitungsempfehlung für die zum Teil aus ganz sachfremden Arbeitszusammenhängen kommenden Mitglieder auf den Tischen.[61] Bei den 60 Unterzeichnern und insbesondere bei den zehn Verfassern des umfangreichen ‚Manifests‘ handelte es sich in der Tat um ausgewiesene Migrationsforscher, was bei dem Aufruf nur bedingt der Fall war.

Der Aufruf vom Februar 2006 war über das Netzwerk ‚Migration und Integration‘ der Deutschen Gesellschaft für Soziologie (DGS), das heute eine eigene DGS-Sektion ist, auch dem von mir begründeten Osnabrücker Institut für Migrationsforschung und Interkulturelle Studien (IMIS) zugesandt worden, das zu dieser Zeit von meinem 2010 verstorbenen Freund und Kollegen, dem Migrationssoziologen Prof. Dr. Michael Bommes, geleitet wurde, der Necla Kelek auch einmal zum Vortrag nach Osnabrück eingeladen hatte. Wir haben den Aufruf nicht unterzeichnet; denn wir erwarteten als Folge der öffentlichen Kollektivkritik nicht eine vertiefte Sachargumentation, sondern

eine appellative Diskursverzerrung in Richtung auf eine Empörungsdiskussion mit falschem Märtyrereffekt für Necla Kelek.
Genau dieser Effekt stellte sich alsbald ein und nimmt im Wiki-
pedia-Eintrag der Autorin bis heute einen großen Teil des Textes
unter der Schlagzeile ‚Kelek contra 60 Migrationsforscher' ein.

Auch der Türkeispezialist, Ethnologe und Vergleichende So-
zialanthropologe an der Universität Viadrina in Frankfurt a.O.
Werner Schiffauer hatte – ohne Absprache mit Michael Bommes und mir – den auch ihm vorgelegten Aufruf gegen Necla
Kelek nicht unterschrieben. Das animierte Kelek sogleich, ihn
unter Hinweis auf sein berühmtes, ebenfalls wesentlich auf teil-
nehmende Beobachtung gestütztes, aber im Gegensatz zu Kelek
wissenschaftlich auf höchstem Niveau erarbeitetes Buch ‚Die
Bauern von Subay' in den Zeugenstand zu rufen. Kelek ahnte
nicht, dass Schiffauer selbst zunächst erwogen hatte, den Aufruf
zu unterschreiben, dies dann aber unterlassen hatte – mit einer
für Kelek peinlichen Begründung: „Nicht Necla Kelek sollte
man angreifen, sondern die deutsche Öffentlichkeit, die nur auf
so jemanden wie Kelek gewartet hat, der all das bestätigt, was sie
schon immer über Muslime gedacht hat."[62]

Konkret hatten die Unterzeichner des Aufrufs vom Februar
2006 gegen die ihres Erachtens maßlose Überschätzung der Autorin durch die Auszeichnung ihres in vieler Hinsicht problematischen Buches ‚Die fremde Braut' mit dem Münchner Ge-
schwister-Scholl-Preis (2005) protestiert, zumal Kelek durch
wissenschaftlich fragwürdige Pauschalurteile über Islam und
Muslime sowie durch ihre Agitation gegen angeblich falsche kulturelle Toleranz in der Einwanderungsgesellschaft hervorgetreten
war. Auf der Liste der Preisträger des Geschwister-Scholl-Preises
standen in der Tat ganz unvergleichbar bedeutendere Namen von
wissenschaftlichem, literarischem und auch historischem Gewicht wie z.B. der von den Nationalsozialisten im Zusammenhang der Verfolgungen nach dem 20. Juli 1944 hingerichtete
Widerstandskämpfer Helmuth James Graf von Moltke (postum
1989), aber auch Walter Dirks (1983), Jürgen Habermas (1985),

Christa Wolf (1987), Victor Klemperer (1995), Saul Friedländer (1998), Peter Gay (1999) und Raul Hilberg (2002).

Die Empörung über die Verleihung des Geschwister-Scholl-Preises an Necla Kelek blieb keine Ausnahme. Auch bei anderen Preisverleihungen kam es zu massiven Protesten, z.B. im Vorfeld der Verleihung des ‚Freiheitspreises‘ der der FDP nahestehenden Friedrich-Naumann-Stiftung an Necla Kelek auf dem Höhepunkt der Sarrazin-Debatte. Dagegen protestierte eine ins Netz gestellte Petition ‚Keine Auszeichnung für Diffamierungen! Kein Freiheitspreis für Necla Kelek!‘ mit 1 289 Unterschriften.[63]

Das änderte nichts an der festlichen Preisverleihung in der Frankfurter Paulskirche am 6. November 2011 mit der Laudatio von Alice Schwarzer, die in der *FAZ* unter dem Titel ‚Ein freier Kopf braucht kein Schamtuch‘ veröffentlicht wurde.[64] Sie nutzte die Gelegenheit, um aus aktuellem Anlass mit auch von Kelek publizistisch angebotenen Argumenten gegen den Bundespräsidenten Christian Wulff zu agitieren, der in seiner Bremer Rede vom 3. Oktober 2010 die im Grunde triviale, aber auf dem Höhepunkt der Sarrazin-Debatte mutige Aussage gewagt hatte, dass der Islam heutzutage „auch zu Deutschland" gehöre.[65] Necla Kelek bemühte sich, in ihrer unter der dreisten Überschrift ‚Aus Muslimen müssen freie Bürger werden‘ ebenfalls in der *FAZ* abgedruckten, in europäischer Kulturgeschichte und Religionsphilosophie dilettierenden Dankesrede in der Paulskirche nachzuweisen, dass es auch keine kulturhistorischen Argumente für eine Zugehörigkeit des Islams zu Europa gebe, weil „sich die islamische Welt vor fast eintausend Jahren aus dem kulturellen Diskurs in Europa verabschiedet" habe. Und wenn eine aktuelle Zugehörigkeit des Islams zu Deutschland behauptet werde, dann gelte das „auf eine andere Weise, als viele denken", nämlich als kulturelle Gefahr: „So lange der Islam die Tradition der Aufklärung leugnet, lässt sich zwischen ihm und dem Islamismus schwer unterscheiden."[66] Das Publikum, das sich offenkundig in seinen Einschätzungen über den Islam durch die Laudatorin Schwarzer und die Zeugin Kelek bestätigt sah, antwortete mit stehenden Ovationen.

Zurück zu dem Aufruf vom Februar 2006: Die Tatsache, dass die in Wirklichkeit aus den verschiedensten Forschungsrichtungen kommenden Unterzeichner des Aufrufs von der *ZEIT*-Redaktion ‚Migrationsforscher' genannt worden waren, hat offenkundig zu einer geradezu manischen Aversion von Kelek gegen diese Forschungsrichtung geführt. Sie hätte sich ihr im Prinzip wohl selbst gerne zugeordnet, fühlte sich davon aber durch diesen eigentümlichen Ereignisablauf möglicherweise ausgegrenzt, wiewohl die Liste der vorwiegend politik-, sozial- und erziehungswissenschaftlichen, auch mir nur zum Teil bekannten Unterzeichner aus den erwähnten Gründen keinen wie auch immer gearteten offiziellen oder gar repräsentativen Charakter haben konnte.

Dass sie der Kulturalisierung sozialer Probleme[67] und der Gefährdung kultureller Akzeptanz in der Einwanderungsgesellschaft geziehen wurde, dürfte ihre Aversion noch bestärkt und zu einer geradezu gespenstisch abwegigen Vorstellung beigetragen haben: zu der absurden Annahme nämlich, dass ausgerechnet die – von ihr irrtümlich für mehrheitlich ‚multikulturell' gehaltene – Migrationsforschung mit ihren jahrzehntelang von der Politik demonstrativ überhörten Warnungen und Mahnungen vor realitätsfremden politischen Verdrängungen eine realitätsbezogene Integrationspolitik und damit die angeblich ‚gescheiterte Integration' in Deutschland verschuldet habe. Dieser Unflat wird von Kelek noch heute verbreitet und hat im wissenschaftsfernen Publikum weite Kreise gezogen, wie einschlägige, von ‚Shitstorm'-Wogen immer wieder angespülte, übel riechende Botschaften unter Berufung auf ihren Namen zeigen. Zu solchen forschungsfernen und geschichtsfremden Klitterungen bedarf es schon eines sehr großen und von erheblicher emotionaler Schubkraft getriebenen Anlaufs, der vielleicht hier seine Ursache hatte.

Schon in der auch auf ihrer Wikipedia-Seite präsentierten „Entgegnung" glaubte Kelek der vermeintlich „gut ausgestatteten Welt der öffentlich finanzierten Migrationsforschung" vorwerfen zu sollen, „seit 30 Jahren für das Scheitern der Integrationspolitik verantwortlich" zu sein.[68] Als „Mitverursacher der Integrationskrise", von deren wirkungsvoller Beschwörung die emsige Desintegrationspublizistin profitiert, denunziert sie seither, nicht selten in einem Atemzug, „die Migrationsforscher, die Islamfunktionäre, die politischen Sozialarbeiter" an den „Fleischtöpfen der Integrationsetats".[69]

Mehr noch: Kelek lässt in ihren aggressiven Imaginationen die einträglich auf der Woge gängiger Vorurteile gegenüber ‚dem' Islam reitende ‚Islamkritik' vom würgenden Hufeisen einer aggressiven „Integrationslobby" umschlossen erscheinen. Sie besteht aus der „Islam-Lobby", der „Lobby der türkischen Migranten und der Islamverbände", den „linken Postdemokraten und Postmigranten", außerdem natürlich noch aus den staatlich und durch Stiftungen vermeintlich reich alimentierten Migrationsforschern und schließlich aus den im Bereich der Forschungs- und Integrationsförderung aktiven Stiftungen selber. Dieses ebenso teuflische wie machtvolle Bündnis scheint alles daran zu setzen, die legitime ‚Islamkritik' zu unterdrücken und in diesem Sinne argumentierende „Kritiker mundtot zu machen".[70] Das war auch der Duktus der Verfolgungsvorstellungen, die im Zentrum des Angriffs auf den Sachverständigenrat deutscher Stiftungen für Integration und Migration und mich als seinen Gründungsvorsitzenden im Jahr 2011 standen, über den noch zu reden sein wird.[71]

Begonnen hatte das schon im Juni 2009 mit Keleks abermals in der *FAZ* publizierten Laudatio auf ihren mächtigen Schutzpatron im Kreis der *FAZ*-Herausgeber, Frank Schirrmacher, dem sie – als vorausgegangene Preisträgerin und damit nach den Spielregeln der Preisverleihung als einzige Jurorin – den Ludwig Börne-Preis vermittelt hatte: Kelek glaubte dem jüngst berufenen SVR, dem sie zweifelsohne gerne angehört hätte, in einer ebenso gehässigen wie abermals grotesk ahnungslosen Verbalattacke bescheinigen zu sollen: „Künftig sollen die integrationspolitischen Initiativen von acht großen bundesdeutschen Stiftungen von einem ‚Sachverständigenrat deutscher Stiftungen für Integration und Migration' begutachtet werden – ein Gremium, in dem im Wesentlichen wieder dieselben Migrationswissenschaftler versammelt sind, die seit Jahrzehnten die Integrationspolitik beraten und zu ihren Versäumnissen entscheidend beigetragen haben."[72]

Heribert Prantl versuchte, auch unter Hinweis auf das von mir 1994 herausgegebene ‚Manifest der Sechzig: Deutschland und die Einwanderung', das mangelnde oder verdrängte Erinnerungsvermögen von Necla Kelek und ihren Adepten aufzufrischen: „Wissenschaftler schreiben sich seit fast dreißig Jahren vergeblich die Finger wund. […] Aber Einwanderung gehört zu den Themen, die Politik meidet wie der Teufel das Weihwasser. […]. Die jeweilige Regierungspolitik hatte mehr Angst vor den Wählern von heute als vor den Problemen von morgen."[73] Prantls Bemühen war offenkundig vergeblich. Vorurteile sind nun einmal mit rationalen Argumenten kaum zu bekämpfen, zumal wenn sie von der Frustrations-Aggressions-Wippe aufgeschaukelt werden und deshalb hochemotional besetzt sind.

Kelek verlängert in ihren fantasievollen Selbstbildern inzwischen ihre Kampfposition gegenüber der von ihr so genannten „institutionellen Migrationsforschung" autobiografisch sogar bis in ihre wissenschaftlichen Anfänge zurück: „Ich befinde mich von Beginn meiner Arbeit an im Streit mit der institutionellen Migrationsforschung, der ich vorwerfe, ihrer Verantwortung nicht gerecht zu werden."[74] Unklar bleibt, worin die forschungsferne Außenseiterin eigentlich die „Verantwortung" dieser „institutionellen Migrationsforschung" sieht, die es damals noch gar nicht gab und die sie heute nicht überblickt.

Der von Kelek besonders bekräftigte Aberglaube, dass der sogenannte Multikulturalismus eine Blockadewirkung gegenüber andernfalls viel frühzeitiger etablierter aktiver Migrations- und Integrationspolitik gehabt hätte, ist eine inzwischen in Deutschland epidemisch verbreitete geschichtsklitternde Sündenbocktheorie. Insbesondere in parteipolitisch konservativen

Kreisen dient sie zur Vertuschung des eigenen, jahrzehntelangen Versagens vor den politischen Gestaltungs- und Vermittlungsaufgaben aktiver Migrations- und Integrationspolitik im Zeichen der demonstrativen Erkenntnisverweigerung unter dem Tabu-Motto ‚Deutschland ist kein Einwanderungsland‘.[75]

Das alles brachte wissenschaftliche Bemühungen insbesondere der von Kelek gern in düsteren Andeutungen apostrophierten Angstfront der ‚sogenannten Migrationsforschung‘ in der weiteren nichtwissenschaftlichen Öffentlichkeit in den Geruch naiver bzw. scheinheilig-multikulturalistischer ‚Schönrednerei‘. Dabei wurden, wie in Keleks Argumentationen häufig, möglicherweise erst noch erwartbare differenzierende Stellungnahmen in antizipatorischer Antikritik schon gleich vorab als angeblich ‚relativierende‘ Schutz- und Legitimationsargumente denunziert.

Solche populistisch-bekennerhaften Positionierungen erleichterten Kelek den Aufstieg zu einer Art Heiligenfigur der ‚Islamkritik‘ und zur leidenden Zeugin der von vermeintlich um ihr Erkenntnismonopol bangenden angeblich ‚multikulturalistischen‘ und von ‚staatlich alimentierten‘ Migrationsforschern ‚schöngeredeten‘, in Wirklichkeit angeblich ‚gescheiterten Integration‘. Solche platt wissenschaftsfeindlichen, populistischen Positionierungen öffneten zugleich der bekennerhaften Schwarz-Weiß-Vergröberung ihrer eigenen Argumente in der weiteren Öffentlichkeit Tür und Tor. Warnungen vor solchen Vergröberungen ihrer ohnehin schon groben Argumentationen sind von Kelek nicht bekannt geworden. Das ist verständlich, denn sie wären zweifelsohne auf Kosten ihres wachsenden Leserkreises gegangen.

Mit den unter dem Schirmbegriff ‚Islamkritik‘ versammelten skandalisierenden Stichworten ‚Nicht-Integrierbarkeit‘ des Islams im Allgemeinen und ‚gescheiterte Integration‘ im Bereich muslimischer ‚Parallelgesellschaften‘ im Besonderen hatte Kelek vorerst ihre prominenten und einträglichen Lebensthemen gefunden. Sie deckten sich in ihren Bewertungen mit verbreiteten Vorurteilen und stießen deswegen auf umso größere Zustimmung. Anders gewendet: „Necla Kelek bedient die Vorurteile, die viele vom Islam haben und auch unbedingt behalten wollen."[76]

Die Einwanderin ermutigt die Deutschen ohne Migrationshintergrund in laizistisch-nationalistischer, im Kern kemalistischer Manier zum Stolz auf ihre ethno-kulturellen Werte und Traditionen, zu mehr Achtung vor den eigenen Integrationsangeboten und zu mehr Mut zur Kritik gegenüber angeblich nicht hinreichend integrationsbereiten Migranten insbesondere muslimisch-türkischer Herkunft. Sie bestätigt und potenziert Abwehrhaltungen gegenüber ‚dem' Islam. Sie beschwört in einer opportunistischen Mischung von untertäniger Danksagung im Ich/Ihr-Stil für erfahrene deutsche Aufnahmebereitschaft und ethno-kulturellen Selbstschutz-Appellen im Wir-Stil eine islamophobe Bollwerk-Mentalität. Sie soll als Selbstrettung des Abendlandes schützen in jenem vermeintlichen „Chaos der Kulturen"[77], das Kelek, aller Kenntnis der Migrationsgeschichte als Kulturgeschichte[78] fern, mit der Entfaltung der Einwanderungsgesellschaft verwechselt.

So kann nur titeln, wer nicht weiß, welche Rolle zwei Gefahren in der deutschen Geschichte gespielt haben: einerseits die ‚deutschen Krankheiten' Zivilisationskritik und Kulturpessimismus und anderseits die schon erwähnte negative Integration, also die Selbstvergewisserung der Mehrheit durch die denunziative Auskreisung von Minderheiten. Nicht das angebliche kulturelle ‚Chaos' ist das Problem, sondern die chaotisierende Agitation seiner Propheten.

Navid Kermani hat über solche ahistorischen Kulturknautsch-Visionen sehr treffend gesagt: „Dass Menschen gleichzeitig mit und in verschiedenen Kulturen, Loyalitäten, Identitäten und Sprachen leben können, scheint in Deutschland immer noch Staunen hervorzurufen – dabei ist es kulturgeschichtlich eher die Regel als die Ausnahme. Im Habsburger oder im Osmanischen Reich, bis vor kurzem in Städten wie Samarkand oder Sarajewo, heute noch in Isfahan oder Los Angeles waren oder sind Parallelgesellschaften kein Schreckgespenst, sondern der

Modus, durch den es den Minderheiten gelang, einigermaßen unbehelligt zu leben und ihre Kultur und Sprache zu bewahren. Ohne sie gäbe es vermutlich keine Christen mehr im Nahen Osten und ihr heutiger Exodus hat viel mit dem verhängnisvollen Drang mal der Mehrheitsgesellschaft, mal der Staatsführer, mal von ein paar hundert Terroristen zu tun, Einheitlichkeit darzustellen und kulturelle Nischen auszumerzen."[79]

Kelek, die die Türkei als Kind verlassen hat und in Deutschland aufgewachsen ist, tritt als lebensgeschichtlich und wissenschaftlich legitimierte ‚islamkritische' Zeugin[80] auf. Sie beansprucht dabei in einem ihre Anhänger offenkundig beeindruckenden Allzuständigkeitsglauben eine hermeneutische Ubiquitätsperspektive mit Rundum-Erklärungsmonopol: „Als Soziologin und Migrantin, als gebürtige Türkin und Muslimin habe ich das Privileg, die deutsche wie die türkische Gesellschaft von innen wie von außen betrachten zu können."[81]

„Die große Popularität, die Necla Kelek als ‚Islamkritikerin' in Deutschland genießt", urteilte der *taz*-Journalist Daniel Bax, beruhe auf einem Missverständnis: „Ihre Fans und Verehrer glauben, in ihr eine ‚authentische Stimme' gefunden zu haben, die den Islam aus persönlich schmerzhafter Erfahrung heraus kenne und nun quasi ‚von innen' heraus kritisiere. Das ist zwar Quatsch, schließlich ist ja auch ein Deutscher nicht allein aufgrund seiner Herkunft schon ein Experte für das Christentum oder die Geschichte Europas." Doch im Falle von Kelek und anderen vermeintlichen ‚islamkritischen' Zeugen „verfängt dieser Authentizitätsmythos, der durch ein geschicktes Biografiemarketing gefüttert wird. Von ihren Bewunderern wird ihnen deshalb eine größere Kompetenz und Autorität zugesprochen als vielen Wissenschaftlern und Experten."[82]

„Bücher von zweifelhafter fachlicher Qualität wie die von Kelek werden ja nicht deshalb in so hohen Auflagen gedruckt, weil deutsche Bildungsbürger diese Autorin ignorieren", sekundierte die deutsch-türkische Schriftstellerin und Journalistin Hilal Sezgin, „sondern weil sie an ihren Lippen hängen – so wie

Kelek ihnen wiederum nach dem Munde redet. Denn nichts hört ein offener oder klammheimlicher Ausländerfeind lieber, als wenn ihm eine echte Türkin versichert, dass die – natürlich anderen! – Türken genauso dreckig, primitiv und patriarchal sind, wie sie – die Urdeutschen – es schon immer geahnt haben. Autorität qua Authentizität eines durchlebten Leides – auf diese simple Formel lässt sich nicht nur ein guter Teil der jetzigen Zeitungsdebatte, sondern auch ganzes Orient-Segment des deutschen Buchmarktes bringen."[83]

Die Legitimation scheint bei ‚Zeugen' gleichsam angeboren, fest verankert in der Herkunft. Das gilt für aggressive islamfeindliche Agitatoren jüdischer Herkunft wie Henryk M. Broder und Ralph Giordano, die sich, wie erwähnt, mit dem steten Hinweis auf Judentum und familiären Holocaust-Hintergrund wie mit einem Cordon sanitaire gegen den naheliegenden Verdacht der Minderheitenfeindlichkeit abschirmen. Es gilt aber auch für stets auf ihre Zeugenschaft pochende publizistische ethnische Unternehmerinnen wie Necla Kelek, die unnötig werden, wenn Integration funktioniert. In Grenzen gilt es auch für die – differenzierter argumentierende – Anwältin und Schriftstellerin Seyran Ateş, die im Gegensatz zu Kelek für ihren Mut tatsächlich mit jahrelanger Verfolgung und sogar mit einem blutigen Mordanschlag bezahlen musste, den sie nur knapp überlebte.[84]

Kelek und Ateş gemeinsam ist, wie Haci-Halil Uslucan schreibt, dass sie mit dem Gestus der „Entronnenen" die Befreiung vom „Diktat der political correctness" predigen, die die nötigen Klarheiten über die undankbaren muslimisch-türkischen Migranten bislang verschleiert habe: „Schließlich habe man ja lange, viel zu lange Zeit Toleranz gezeigt und nun bedankten sie sich auf ihre Art und Weise: mit Desintegration, kulturellem Rückzug und Re-Islamisierung. Besonders wer hier in der ersten Person sprechen kann, sich etwa Seyran Ateş oder Necla Kelek nennt, also selbst mal einer dieser üblen Menschen war und traumatisierende biographische Wunden erlitten hat, genießt im Diskurs hohe Glaubwürdigkeit und kann den – vielfach völlig unberechtigten – Vorab-Freispruch vom Rassismus nutzen, um ihn mit umso größerem Eifer zu betreiben."[85]

Monopolansprüche dulden keine Konkurrenz: Deshalb verwahrte sich Kelek auf dem Höhepunkt der Sarrazin-Debatte im September 2010 in ihrem Interview mit der ihr gewogenen stellvertretenden *Welt*-Chefredakteurin Andrea Seibel gegen „die Auftritte der sich fortschrittlich gebenden türkischstämmigen Frauen in den Medien, die in den Interviews und Kommentaren jede Sachlichkeit vermissen ließen." Die geforderte „Sachlichkeit", an der es die sich nur „fortschrittlich gebenden" Interviewpartner fehlen ließen, besteht für sie offenkundig im Bekenntnis zum Opfergang der „türkischstämmigen Frauen".[86]

Im gleichen Interview versuchte sich in diesem Sinne auch die ganz an die ‚Islamkritik' verlorene Schriftstellerin Monika Maron: „In den verschiedenen Talk-Runden wurden schöne, gebildete türkische und iranische Frauen aufgeboten, die sich alle durch Sarrazin gekränkt fühlten, ohne dass ich im Geringsten verstehen konnte, warum, denn sie verkörpern ja die Integration, die er sich wünscht." Sie hatte das Problem der kollektiven Kränkung ebenso wenig durchschaut wie die Ursache-Folge-Zusammenhänge in den zirkelschlüssigen Feindbildvisionen der islamischen Bedrohung: „Wie weit der Islam unser Leben verändert hat, zeigt sich allein schon daran, dass wir andauernd über ihn reden müssen".[87]

Als der Publizist, reformfreudige frühere *ZEIT*-Chefredakteur und heutige Generaldirektor der Schweizerischen Radio- und Fernsehgesellschaft Roger de Weck einmal in einem Interview mit Kelek von „säkularen Muslimen" sprach, die nicht Kelek hießen und die er in großer Zahl auch in islamischen Ländern getroffen hatte, legte Kelek sogleich scharfen Protest ein: Es könne gar nicht sein, dass diese Gesprächspartner von de Weck „wirklich innerlich säkular" gewesen seien.[88] Kelek scheint mithin als Zeugin sogar die telepathische Fähigkeit zu beanspruchen, in das ‚Innere' abwesender potentieller Konkurrenten zu blicken und sie zu delegitimieren, um ihren Monopolanspruch auf Deutungshoheit als ‚aufgeklärte Muslima‘ nicht gefährden zu lassen.

Allen vorliegenden, hochdifferenzierten Forschungsergebnissen zum Trotz betreibt Kelek nach wie vor eine dezidierte Ideologisierung der Debatte in Gestalt der Kulturalisierung vorwiegend sozialer Integrationsprobleme, wie ihr dies u.a. schon in dem Karakaşoğlu/Terkessidis-Aufruf vom Februar 2006 vorgehalten worden war. Empirische Forschungen haben aber immer wieder aufs Neue belegt, dass sozialmilieuspezifische deutlich höher zu bewerten sind als im engeren Sinne religiös-kulturspezifische Bestimmungsfaktoren der Integration, will sagen:

Integrationsprobleme haben da, wo es sie wirklich gibt, meist mit Sozialmilieus, deutlich weniger, wenn auch in gelegentlicher Überschneidung, mit Kulturmilieus und am allerwenigsten mit religiös-kulturellen Positionierungen im engeren Sinne zu tun. Religiös-weltanschauliche bzw. kulturell bedingte Integrationshindernisse sind in Wirklichkeit die Ausnahme, sozial bedingte Barrieren aber sind die Regel, wenn es um die Hintergründe von nicht individuell-persönlich verursachten Integrationsproblemen geht. Diese bei informierten Zeitgenossen schon zum Alltagswissen zählenden Ergebnisse empirischer Bestandsaufnahmen werden verzweifelt bestritten von der ‚Islamkritik‘ à la Kelek, die in der wachsenden Normalität der kulturellen Vielfalt ihre Felle davonschwimmen sieht. Unbelehrbar und aller wissenschaftlichen Einsicht fern dozierte Kelek explizit: „Ich warne vor der Einstellung, das Scheitern der Muslime auf soziale Gründe zurückzuführen. Nicht weil viele Muslime arm sind, sind sie nicht integriert. Nein, der wahre Grund ist die Kulturdifferenz."[89]

Ihre wissenschaftsferne Kulturalisierung sozialer Probleme vermischt Kelek mit pauschalen Denunziationen. Sie holen ratlose, aber empörungsbereite Vorurteilsträger dort ab, wo sie mit ihren kulturellen Ängsten stehen. Und sie geben ihnen zugleich auch noch die inneren Feindbilder vor in Gestalt von im Klageton scheinbar tiefster Betroffenheit vorgetragenen, absurd verschwurbelten Feindbildbeschwörungen wie dieser:

„Mich erschreckt der bewusste Versuch von Wissenschaftlern, Lobbyisten und Politikern, die eigene Geschichte und
Kultur, die eigene Identität und damit Zukunft zu leugnen".[90]
Dies in einem Atemzug „Wissenschaftlern, Lobbyisten und Politikern" anzudichten, ist zwar nur noch albern, aber offenkundig erfolgreich; denn es scheint eine große Zahl von Lesern zu
geben, die solchen larmoyant verblasenen Qualm ebenso für
bare Münze nehmen wie z.B. Keleks semantisch verstolperte
Intellektuellenschelte in der *FAZ:* „Auch die deutschen Intellektuellen wollen selbst keine Elite mehr sein, sie wollen auch nicht
deutsch oder außer mit sich mit sonst was identisch sein."[91]

Solch verquasten und trotzdem von der *FAZ* gedruckten Elo-
gen wären der Erwähnung nicht wert, wenn sie nicht in der damit adressierten – aktuell scheinbar abnehmenden, aber noch
immer einträglich abnahmefreudigen – weiteren Öffentlichkeit
der ewig Gestrigen so begierig aufgenommen würden. Kelek
gibt auf diese Weise der öffentlichen vulgärrationalistischen ‚islamkritischen' Debatte nicht nur Leitgedanken, sondern gratis
auch noch ebenso schlichte wie griffige Zusatzargumente samt
gefälligen Feindbildern vor. Wird sie deswegen angegriffen, so
schlüpft sie fast regelmäßig in die Haut des ungerechtfertigt angegriffenen Opfers, dem die legitime wertebezogene Religionskritik untersagt werden solle – um im gleichen Atemzug mit
ihren pauschalisierenden Islam- und Wissenschaftsdenunziatio-
nen fortzufahren.

Ein treffendes Beispiel dafür waren die dialektische Kritik
von Thomas Steinfeld, der zusammen mit Andrian Kreye das
Feuilleton der *Süddeutschen Zeitung* leitet, an Kelek (sowie Bro-
der) in seinem Artikel ‚Unsere Hassprediger' in der *Süddeutschen
Zeitung* Mitte Januar 2010 und Keleks Antwort darauf in einem
Interview in der *Welt:*

Kelek, schrieb Steinfeld, habe u.a. gefordert: „Die Muslime
müssen sich von der Scharia lösen, sie müssen den politischen
Islam ächten und sich vorbehaltlos zur Bürgergesellschaft und
deren Rechten und Pflichten bekennen." Kelek habe dabei of-

fenbar nicht bemerkt, „dass die Forderung [...] schon die Konfrontation ist, mit der sie erst droht. Es herrscht Kulturkampf, und wie immer, wenn gekämpft wird, erscheint, wer nachdenken will, als ‚Duckmäuser' (Necla Kelek), und bereits der Versuch eines Abwägens und Begründens gilt als Schwäche. [...]

Wenn man aber mit den ‚westlichen Werten' ebenso kämpferisch umgeht, wie es der radikale Islam mit seinen heiligen Schriften tut, dann verhält man sich wie der, den man sich zum Feind erkoren hat. Und schlimmer noch: Man zerstört die sozialen und moralischen Einrichtungen, die man zu verteidigen vorgibt. Das liegt an der Dialektik dieser ‚Werte': Wer auf Toleranz beharrt, für den kann die Toleranz nicht aufhören, wenn ein anderer nicht tolerant sein will. [...]

‚Der Islam hat ein Problem', sagt Necla Kelek. ‚Er will Leitkultur sein und nicht nur das Leben der Muslime regeln, sondern auch bestimmen, wie sich die übrige Gesellschaft gegenüber den Muslimen zu verhalten hat. Der Islam trennt zudem nicht Religion und Politik, ist also nicht säkular.' Wie säkular aber ist eine ‚Kritikerin' des Islam, die in abweichenden religiösen Sitten eine Herausforderung der westlichen Gesellschaften erkennt und ihnen gegenüber eine wohl doch stark idealisierte Fassung freiheitlicher Werte beschwört, denen gegenüber sich der Islam in das Bild eines Feindes verwandeln muss? Gewiss, der Islam ist, anders als das Christentum, entstanden als eine Religion von Siegern, in einer Parallele von religiöser und politischer Macht. Aber auch das ist kein Grund, eine Siegerreligion der westlichen Welt zu gründen."[92]

Kelek hatte ausweislich ihrer Antwort im Interview mit der stellvertretenden *Welt*-Chefredakteurin Andrea Seibel Ende Januar 2010 weder Steinfelds Argument noch dessen Dialektik verstanden. Sie wich von der Ebene vulgärrationalistischer ‚Islamkritik' auf diejenige wertebezogener Religionskritik aus und spulte ansonsten ihre Standardargumente ab, verbunden mit der für ihre Selbstverteidigungen typischen Täter-Opfer-Umkehr: „Artikel wie ‚Die Hassprediger' in der *Süddeutschen* sind destruktiv, weil sie versuchen, die Berechtigung von Religionskritik an sich in Frage zu stellen. [...] Die Muslime müssen selbst den Schritt in eine offene Gesellschaft machen. [...] Aber dass dies geschieht, ist leider nur eine Hoffnung. [...]. Der organisierte politische Islam in Deutschland und in Europa ist mehrheitlich konservativ bis reaktionär, die türkischen Sunniten stellen die Mehrheit."[93]

Kelek schreckt in ihrer ,Islamkritik' mitunter auch nicht vor ordinären Kollektivdenunziationen zurück. Das galt z.B. im Juli 2010 für eine das oft literarische Niveau ihrer meist perfekt lektorierten Texte wieder einmal in holperigem Sprachduktus eigentümlich kontrastierende Sexualisierung des muslimischen Mannes zu einer Art Triebwesen in einem ZDF-Interview, das auf YouTube hängt und in dem kopftuchtragende Frauen als „Islam Bitches" (islamische Schlampen) bezeichnet werden: „Die Menschen haben nicht die Fähigkeit, ihre Sexualität zu kontrollieren, und besonders der Mann nicht. Der ist ständig eigentlich herausgefordert und muss auch der Sexualität nachgehen, er muss sich ,entleeren' heißt es – und wenn er keine Frau findet, eben dann ein Tier oder eine andere Möglichkeit, wo er auch dem nachgehen muss."[94] Wegen dieser dahingestammelten Entgleisungen in einem anderen Interview zur Rede gestellt, besserte Kelek, wieder eigentümlich holpernd, nach: „Das ist ein Ausschnitt aus einem langen Interview, wo ich versuche zu erklären, dass vom Koran her der Mann der Frau übergestellt ist."[95]

Am düstersten aber wirkt bei dem wohlintegrierten früheren Gastarbeiterkind Kelek die opportunistische Anbiederung an Ängste, Aggressionen und nicht zuletzt fremdenfeindliche Vorurteile in der deutschen Stammtisch-Spießerideologie, die die ,islamkritische' Meinungsführerin stabilisiert, legitimiert und multipliziert. Kay Sokolowsky hat entsprechende Argumentationsmuster Keleks herausgeschält und kritisch kommentiert. Zwei Beispiele: „Gerade die gutmeinenden Deutschen neigen dazu, in jedem hier Asyl suchenden Ausländer gleichsam den Wiedergänger eines vor dem Holocaust zu rettenden Juden zu sehen", schreibt Kelek. „Und als Ausweis dafür, dass man aus der deutschen Schuld gelernt hat, als Fortschritt gegenüber der ‚rassistischen' Vergangenheit gilt, dass heute in Deutschland endlich jeder Ausländer seine Kultur, seine Religion leben und jeder so sein kann, wie er möchte."[96]

Kommentar Sokolowsky: „Der Opportunismus dieser Zeilen ist kaum zu überbieten. Um auch dem letzten dumpfen Deutschen klarzumachen, er tue gut daran, sich die deutsche Schuld bloß nicht zu Herzen zu nehmen, setzt Kelek den Rassismus des Dritten Reiches in Anführungszeichen. War ja nicht alles schlecht damals. Zum Beispiel durften Ausländer garantiert nicht so sein, wie sie mochten. Wenn sie überhaupt sein durften." Resümee Sokolowskys zum Verhalten der opportunistisch überassimilierten Publizistin Kelek: „Gäbe es eine Steigerung zum Wort ‚assimiliert', sie müsste ‚Kelek' lauten."[97]

4.3 ‚Islamkritische' Politikberatung und Bundespräsidentenschelte

Die Sarrazin-Debatte war noch einmal ein willkommener Höhenflug für die aggressive Publizistin Kelek, deren mehr oder minder gleichbleibende Argumentationsmuster schon verbraucht waren und die deshalb als Agitatorin (nicht als Schriftstellerin) in ihrer öffentlichen Geltung schon auf dem Abstieg war. Auch der wissenschaftliche Weg in den zunächst stark mit ihrem Namen in Verbindung gebrachten Themenfeldern ist inzwischen an Kelek vorbei von zahlreichen, sehr viel differenzierteren wissenschaftlichen Studien und großen umfragegestützten Untersuchungen beschritten worden. Zugleich ist, ebenfalls an ihr vorbei, eine neue, auch türkisch-deutsche Literatur- und Wissenschaftselite mit Migrationshintergrund auf den Plan getreten. In dem 2011 erschienenen, den Forschungsstand in verständlicher Sprache wiedergebenden Buch ‚Der Islam und die Frauen' der Göttinger Professorin für Arabistik und Islamwissenschaft Irene Schneider z.B., deren Forschungsschwerpunkte ausgerechnet Geschlechterverhältnisse und islamisches Recht sind, kommt der Name Kelek nicht einmal in einer Fußnote vor, im Gegensatz zu anderen Autoren und Autorinnen der einschlägigen öffentlichen Diskussion wie Seyran Ateş, Gerdien Jonker, Lamya Kaddor, Ahmet Toprak, Katajun Amirpur u.a.[98]

Überschritten scheint auch der Zenit in Keleks Karriere als selbsternannte ‚Islam-Expertin' ohne einschlägige akademische Qualifikation z.B. in Gestalt eines Vollstudiums der Arabistik, der Orientalistik oder gar der islamischen Theologie. Als vermeintlich umfassend islamkundige und vor allem ‚islamkritische' Regierungsberaterin war Kelek lange bei höchsten Regierungsstellen ein- und ausgegangen und hatte dabei sehr folgenreiche, zum Teil ungenügend bekannte Spuren hinterlassen. Das galt z.B. für das seinerzeit von Wolfgang Schäuble geleitete BMI und für das Nürnberger Bundesamt für Migration und Flüchtlinge (BAMF) unter dessen Gründungspräsidenten Dr. Albert Schmid. Er nannte Kelek im Forschungsbeirat des BAMF, dem ich seit dessen Einberufung angehöre, „eine meiner wichtigsten Beraterinnen".

Das blieb so, obgleich Kelek für die Islamkonferenz, dessen Organisation beim BAMF lag, das schon erwähnte, methodisch und inhaltlich inakzeptable, erst nach Neubearbeitung angenommene Gutachten über religiös motivierte Interventionen von muslimischen Schülereltern abgeliefert hatte, die angeblich zu massiven Einschränkungen im Unterricht führten. Das Gutachten blieb trotz Neubearbeitung noch immer so fragwürdig, dass es nach der Publikation auf eine für Autorin und Bundesamt peinliche Weise in der Presse öffentlich widerlegt und als zum Teil gegenstandslose Behauptung zurückgewiesen wurde.[99]

Kelek war 2005 von der Evangelischen Kirche Deutschlands zur Mitarbeit an der den Kirchentag vorbereitenden Projektgruppe eingeladen worden. Sie war als diskrete Beraterin auch an der Vorbereitung von Gesetzesvorlagen auf der Bundesebene beteiligt. Das galt z.B. für die ursprünglich (uneingestanden) auf einen Schutz des Sozialetats im Wohlfahrtsstaat vor der vielbeschworenen unqualifizierten ‚Einwanderung in die Sozialsysteme' zielende, offiziell jedoch mit der Erschwerung von ‚Zwangsheiraten' begründete Verschärfung der Regelungen zum Familiennachzug im Rahmen der Änderung des Aufenthaltsgesetzes von 2007. Es galt aber z.b. auch für Gesetzesinitiativen zur Erhebung von Zwangsheiraten zu einem eigenständigen Straftatbestand. Das alles zielte nicht speziell auf Muslime türkischer Herkunft, traf sie im Ergebnis aber am meisten. Viele von ihnen wissen oder ahnen das und sind deshalb auf Kelek nicht gut zu sprechen.

Auch auf Länderebene zeigte das Wirken Keleks einschlägige Spuren. Das galt z.B. für die Hamburger Justizbehörde, von der Kelek als Beraterin für die Behandlung türkisch-muslimischer Strafgefangener berufen wurde.[100] Es galt aber z.b. auch für den bald bundesweit als ‚Gesinnungstest' oder ‚Muslimtest' berüchtigten ‚Gesprächsleitfaden für Einbürgerungsbehörden' in Baden-Württemberg, mithilfe dessen die zuständigen kommunalen Dienststellen instand gesetzt werden sollten, „die Einstellung von Einbürgerungsbewerbern zur freiheitlichen demokratischen Grundordnung Deutschlands überprüfen zu können". Das amtliche Misstrauen zielte auch hier besonders auf Muslime: Einer Pressemitteilung des Stuttgarter Innenministeriums zufolge sollten diese Gespräche ausdrücklich „mit Einbürgerungsbewerbern aus den 57 islamischen Staaten, die der Islamischen Konferenz angehören", geführt werden.

Dann stellten sich offenbar Zweifel ein. Es gebe mittlerweile „Erkenntnisse", nach denen „namentlich Muslime" hierbei „eventuell ein Bekenntnis ablegten, das nicht ihrer inneren Überzeugung" entspreche. Die besagten „Erkenntnisse" stammten u.a. von Necla Kelek, die in diesem Zusammenhang von dem damaligen Leiter des federführenden Referats im Stuttgarter Innenministerium, Rainer Grell, auch ganz besonders hervorgehoben wurde: Kelek habe ihn immer wieder darin bestärkt, „auf dem richtigen Weg zu sein", beteuerte der Beamte und fügte im Blick auf zwei Bücher von Kelek noch ausdrücklich hinzu. „Ohne ‚Die fremde Braut' und ‚Die verlorenen Söhne' hätte ich manchen Gedanken nicht zu denken, geschweige denn auszusprechen gewagt."[101]

Mit den amtlichen „Bedenken", die „namentlich Muslime" weckten, dürfte die von Kelek als Saat kollektiven Misstrauens gegenüber Muslimen verbreitete Information über die ‚Taqiyya' gemeint gewesen sein. Es geht hier um das Recht der Gläubigen, Ungläubigen gegenüber die Unwahrheit zu sagen, was Kritiker der Autorin und ihren Aussagen über den Islam gelegentlich selber unterstellen. Das freilich wäre Kelek gegenüber ebenso abwegig wie im Blick auf Gesprächsleitfäden für Einbürgerungsbehörden; denn die ‚Taqiyya' gilt für gläubige Muslime nicht etwa generell, sondern nur in Verfolgungssituationen mit Gefahr für Leib und Leben.[102]

Kelek war ferner Mitglied in Plenum und Arbeitsgruppen der von Bundesinnenminister Wolfgang Schäuble initiierten und im Auftrag des BMI vom BAMF organisierten ersten Deutschen Islamkonferenz.[103] Sie erschwerte, dort, wie ich und andere Mitglieder der Arbeitsgruppe 1 (‚Deutsche Gesellschaftsordnung und Wertekonsens') wiederholt erleben konnten, deren Arbeit zuweilen erheblich auf die verschiedenste Weise.

Das galt für platt polemisierende Angriffe auf wissenschaftliche Präsentationen, die sie wegen mangelnder Kenntnis des Forschungsstandes nicht nachvollziehen konnte. Beispiel in eigener Sache: Bei meinem von der Konferenzleitung erbetenen Einführungsvortrag über ‚Leben in der Einwanderungsgesellschaft' auf der konstituierenden Sitzung der AG 1, der eine allgemeine erste Grundorientierung vermitteln sollte, pöbelte Kelek in der ihr eigenen Aggressivität unvermittelt, dass „diese Art der Migrationsforschung schuld an der Verschleierung der Probleme sei".[104]

Es galt für Äußerungen gegenüber staatlichen Vertretern am Rande und außerhalb der Sitzungen und vor allem für auf staatlicher Seite offenkundig nicht unwillkommene polarisierende Brüskierungen der beteiligten muslimischen Verbandsvertreter

in den Verhandlungen, insbesondere durch deren immer wie-
derkehrende Nötigung zur Rechtfertigung gegenüber brutalisti-
schen Zitaten aus den Heiligen Schriften des Islams. Solche sich
oft wiederholenden Vorfälle waren einem vernünftigen, geschweige denn wissenschaftlich fundierten Diskurs abträglich.
Sie führten zu einer Polarisierung, die sich in der AG 1 schließlich selbst in der Gruppenbildung beim Essen spiegelte.

Die Konsensfähigkeit der AG 1 wurde durch all das am Ende
so strapaziert, dass die Vertreter der Muslimverbände bei der
abschließenden Diskussion um „Grundgesetz und Grundwerte"
den Raum verließen, um in einem anderen Raum zu prüfen, ob
sie unter Protest die Konferenz verlassen sollten. Die Sitzung
wurde unterbrochen und der umsichtige Leiter der AG 1, Mi-
nisterialdirektor Dr. Markus Kerber (Abteilungsleiter Grund-
satzfragen im BMI, später im Bundesfinanzministerium, seit Juli
2011 Hauptgeschäftsführer des Bundesverbandes der Deutschen Industrie), bat: „Herr Bade, jetzt braucht die Vermittlung
ein Gesicht!" Ich ging in die interne Verhandlungsrunde der
Verbandsvertreter, wurde dort als Vermittlungspartner akzeptiert und konnte in mühsamer Einigung eine Kompromissfor-
mel stiften, mit der ich die Muslimvertreter wieder an den Ver-
handlungstisch bringen und den Weg zum Konsens eröffnen
konnte. Ohne die ganz wesentlich durch Kelek bewirkte Vergiftung der Verhandlungsatmosphäre wäre es am Ende wohl nicht
zu diesem Eklat gekommen.[105]

Hinzu kamen von Kelek, trotz der erbetenen und von fast
allen anderen Mitgliedern, auch mir selbst, strikt eingehaltenen
Diskretion, immer wieder gezielte, den staatlichen Vertretern
offenkundig nicht unwillkommene Medienindiskretionen, insbesondere über die angeblich zu wenig oder gar nicht kompro-
missbereiten Vertreter der muslimischen Verbände („Scharia-
Verbände'). Der Islamrat nahm rückblickend kritisch Stellung
zum Verlauf der Islamkonferenz, die „von einer durchgehenden
Problematisierung der muslimischen Religiosität als integrati-
onshemmend" geprägt gewesen sei und auf der „Muslime ohne

konkreten Anlass als potentiell gefährlich eingestuft" worden seien. Dabei hätten „einzelne Teilnehmer wie Frau Kelek die Islamkonferenz zur Selbstinszenierung instrumentalisiert."[106]

Am Ende erklärte Kelek in der *Frankfurter Allgemeinen Zeitung* den organisierten Dialog mit den Islamverbänden in Gestalt der Islamkonferenz für „gescheitert" und rief dafür die Verbände auf die Anklagebank, die „unfähig zum inhaltlichen Diskurs" seien: Sie hätten zwar viele Rechte gefordert, „aber Verantwortung für Dinge, die im Namen des Islam stattfinden, ja sogar die Integration lehnen sie ab." In den drei Jahre langen „quälenden" Verhandlungen habe sich gezeigt, dass mit dem „organisierten Islam keine Integration gelingen" könne, weil es keine grundlegende Auseinandersetzung mit dem „System Islam" gebe, dessen „kollektives Sozialwesen" mit den säkularen Vorstellungen von einem selbstverantwortlichen Individuum unvereinbar sei.[107] Das stellte im Blick auf ihre Rolle in der Islamkonferenz die Dinge geradewegs auf den Kopf.

In einem Interview vom März 2010 gefragt, warum sie zur zweiten Runde der Islamkonferenz nicht mehr eingeladen worden sei, packte Kelek versehentlich just ihr polemisches Verhör-Inventar aus, das die Kommunikation mit den Islamverbänden so nachhaltig gestört hatte: „Ich habe sehr unangenehme Fragen gestellt, die die Verbände verärgert haben. Die Verbände wollten diskutieren, ,wie' sie ihre Religion ausüben können. Mir geht es aber um das ,was'. Was vertreten die Verbände? Was vermitteln sie in den Moscheen? Und wie finanzieren sie sich? Die Verbände sprechen von ,Spenden'. Dann frage ich nach: Wer ist der edle Spender? Die Kölner Moschee etwa soll 25 Millionen Euro kosten. Wir haben aber fast 40 Prozent Hartz-IV-Empfänger unter den Muslimen. Wie können die so viel Geld aufbringen? Und: Wenn es so viele Integrationsdefizite gibt – muss man da unbedingt prachtvollste Moscheen bauen?"[108]

Als Schäubles Nachfolger, Bundesinnenminister Thomas de Maizière (CDU), bei der Einberufung der zweiten Islamkonferenz Kelek nach gehabten Erfahrungen demonstrativ übergangen hatte, war sie über ihre Medienkontakte auf Konfrontationskurs gegangen, bis sie sich, zusammen mit Seyran Ateş, wenigstens als „in beratender Funktion" der Konferenz verbunden bezeichnen konnte.[109] Dann kam der durch den Rücktritt des Bundesverteidigungsministers und die Übernahme seines Ressorts durch den bisherigen Bundesinnenminister bedingte Übergang der Leitung des BMI von de Maizière auf seinen Nachfolger Hans-Peter Friedrich (CSU) – der gerne Chef der Bayerischen Landesvertretung in Berlin geblieben wäre, sich zunächst gegen die Übernahme dieses Ressorts gesträubt hatte, dem Druck seiner Partei und ihres Vorsitzenden Seehofer aber nicht standhalten konnte. Der neue Bundesinnenminister positionierte sich gleich zu Beginn parteipolitisch klar einerseits mit markigen und wenig sachkundigen Äußerungen über die historisch nicht begründbare Zugehörigkeit des Islams zu Europa und andererseits mit im Sinne der gesellschaftspolitisch notwendigen Vertrauensstiftung kontraproduktiven, ganz auf der Gefahrenabwehr-Linie des BMI liegenden Plänen zur sicherheitspolitischen Instrumentalisierung der Islamkonferenz.

Kelek erkannte erwartbar opportunistisch sofort ihre Chance: Sie polterte aus heiterem Himmel in einem signalsetzenden, bekennenden Rundumschlag in der *Welt* gegen die angeblich von einem „Helfersyndrom" gekennzeichnete „Stellung der Sozialdemokratie zum Islam" und deren Arbeit „gemeinsam mit den Scharia-Islamverbänden", gegen das „von der Sozialpolitik eingehegte Leben der Migranten", gegen eine angeblich staatlich alimentierte „ganze ,Integrationsindustrie'" und erklärte devot: „Der neue Bundesinnenminister Friedrich scheint ein Pragmatiker mit Prinzipien zu sein. Er will weder Grundsatzdiskussion noch schleichende Anerkennung, sondern orientiert seine Politik offenbar an klaren Interessen".[110] Ob der demonstrative Kotau vor dem neuen Bundesinnenminister für Kelek hilfreich war, ist nicht bekannt.

Auch wenn ihr Einfluss in Regierungskreisen, trotz solcher Anbiederungen, insgesamt zurückgegangen zu sein scheint, ist

Kelek in ihrem Themenfeld nach wie vor eine der bekanntesten und politisch einflussreichsten deutschen Publizistinnen. Sie ist ferner die preisüberhäufte Leitfigur[111] der deutschen publizistischen ‚Islamkritik', hoch anerkannt für ihr öffentliches, angeblich mutiges Engagement – bei zeitweise behaupteten, zeitweise klar dementierten Anfeindungen, Belästigungen, Beschimpfungen und Bedrohungen durch allerlei gefährliche Zeitgenossen, darunter auch ihre Lieblingsfeinde, die ‚Scharia-Islamverbände':

Einerseits hat die für ihren angeblichen Mut gepriesene und prämierte ‚Islamkritikerin' selber durch den – von ihr nicht zu vertretenden, aber von ihr auch nicht öffentlich kritisierten – vergröbernden Nachvollzug ihrer Argumente indirekt zu vielerlei Schmähungen, Beleidigungen und Bedrohungen der durch sie öffentlich denunzierten wissenschaftlichen ‚Schönredner', ‚Gutmenschen' und ‚Kulturrelativierer' beigetragen, häufig unter direkter Berufung auch auf ihren Namen.

Niemand kann sich dagegen wehren, dass seine Argumente missbraucht werden. Wer aber in der Öffentlichkeit gezielt denunziert, muss sich der potentiellen Folgen bei zu Wort- und Tatgewalt[112] bereiten Lesern bewusst bleiben, auch wenn er dafür nicht zur Rechenschaft gezogen werden kann. Das gilt für verbale Angriffe und unverblümte Einladungen zu tätlichen Angriffen in Internet-Blogs, aber auch für entsprechende Zuschriften an durch haltlose Unterstellungen und unflätige Denunziationen einladend bloßgestellte Wissenschaftler wie z.B. Mathias Rohe und mich.[113]

Andererseits ist die angeblich immer wieder von finsteren Kräften bedrohte, mutige Kämpferin Kelek nach eigenem Bekunden in Wahrheit selber nie belästigt oder gar bedroht worden. Das ist ein strenger Gegensatz z.B. zu der bei einem Attentat schwer verwundeten und wegen der Bedrohung ihres Kindes später zeitweise zur Aufgabe ihres Berufs genötigten Berliner Anwältin Seyran Ateş oder zu der ebenfalls attackierten und weltweit verfolgten niederländischen Islamkritikerin Ayan Hirsi Ali.

Ausgerechnet während ihrer gleich noch kurz zu behandelnden diffamierenden und gezielt verletzenden Agitation gegen
mich in der *FAZ* im Mai 2011, die zu einer Flut von hämischen
Zuschriften, Hass- und Drohmails führte, erklärte sie in einem
Interview am 28. Mai 2011 auf die Frage, ob sie, da „unbeliebt
bei vielen Türken in Deutschland [...] schon einmal bedroht"
worden sei: „Nein, noch nie." Ihre Antwort auf die verdutzte,
auf den Mord an dem niederländischen Islamkritiker Theo van
Gogh anspielende Anschlussfrage, ob sie sich denn wirklich sicher fühle, lautete: „Ja, vielleicht, weil ich darauf achte, niemanden persönlich zu verletzen. [...]. Ich habe noch nicht einmal
ein hässliches E-Mail bekommen."[114] Auch das gehört zu den
vielen merkwürdigen Widersprüchen in der schillernden Selbstdarstellung von Necla Kelek, die deshalb manchmal fast wie eine
mediale Kunstfigur wirkt.

Als Skandalpublizistin lebt Necla Kelek auch davon, auf aggressive und personalistisch-diffamierende Weise immer wieder
neue, mitunter in der Sache völlig unnötige ‚Kontroversen' vom
Zaun zu brechen, wozu ihr insbesondere die *FAZ* lange eine be-
reitwillige Plattform bot.

Auf dem Höhepunkt der Sarrazin-Debatte im Herbst 2010
griff Kelek, wie erwähnt, zusammen mit Henryk M. Broder und
Ralph Giordano den seinerzeitigen Bundespräsidenten Christian Wulff an. Der neue Bundespräsident war, als Nachfolger des
zurückgetretenen Horst Köhler, erst ein Vierteljahr im Amt.
Wulff hatte wegen seiner Wahl mit mühsam errungener Mehrheit gegenüber Joachim Gauck – der ihm, nach seinem eigenen
Rücktritt, 2012 als Bundespräsident folgen sollte – und wegen
einiger Ungeschicklichkeiten einen unsicheren Start gehabt.
Deshalb sah die politische und mediale Öffentlichkeit gespannt
bis skeptisch seiner ersten großen Rede an die Nation entgegen,
zumal er sich dazu das in der Sarrazin-Debatte zunehmend verzerrte Leitthema ‚Integration' ausgewählt hatte.

Wulff stellte seine Bremer Ansprache zum 20. Jahrestag der
Deutschen Einheit am 3. Oktober 2010 unter den Titel ‚Vielfalt

schätzen – Zusammenhalt fördern'. Er hielt eine kluge Rede mit klaren Botschaften. In ihrem Zentrum stand das doppelte Zusammenwachsen der Bürger aus den beiden deutschen Staaten einerseits und von Mehrheits- und Zuwandererbevölkerung andererseits (Schlusspointe: „zusammengewachsen und zusammen gewachsen"). Er verband dies mit dem Appell, in der Einwanderungsgesellschaft den steten Wandel als alltägliche Herausforderung zu verstehen.[115]

Das war die zentrale Botschaft der Rede, und nicht etwa der bald einseitig in der Berichterstattung nach oben gezogene Satz „Aber der Islam gehört inzwischen auch zu Deutschland." Wulff erklärte überdies zugleich, schon im übernächsten Absatz, die Achtung der Verfassung und der darin festgeschriebenen Werte sowie die Bereitschaft, „sich an unsere gemeinsamen Regeln zu halten und unsere Art zu leben, zu akzeptieren" zur unabdingbaren Grundlage des Zusammenlebens in der Einwanderungsgesellschaft. Er fügte verstärkend ausdrücklich und unmissverständlich an: „Wer das nicht tut, wer unser Land und seine Werte verachtet, muss mit entschlossener Gegenwehr aller rechnen – das gilt für fundamentalistische, ebenso wie für rechte oder linke Extremisten."[116] Diese Warnung wurde mit großem Beifall bedacht, die unmittelbar davor gemachte Islam-Aussage mit eisigem Schweigen quittiert.

Wulffs Islam-Satz war inhaltlich keine neue Aussage. Der frühere Bundesinnenminister Wolfgang Schäuble hatte eben dies schon 2006 zur Begründung der von ihm ins Leben gerufenen Islamkonferenz gesagt („Der Islam ist Teil Deutschlands und Europas. Der Islam ist Teil unserer Gegenwart und unserer Zukunft.")[117]. Er hatte dafür Beifall als mutiger Real- und Gesellschaftspolitiker erhalten und diese Aussage, wie selbstverständlich, auch im Frühjahr 2009 („Der Islam ist Teil unseres Landes geworden") und im Frühjahr 2011 wiederholt.[118] Dass bei Wulff die gleiche Aussage, nach einigen Tagen mit wohlwollenden bis zurückhaltenden Kommentaren, auf ‚islamkritischen' Anschub hin eine fortan unausgesetzte und noch bis über seinen

Rücktritt hinaus anhaltende kampagnenartige Medienkritik auch in Sachen Islam auslösen konnte, hatte eindeutig damit zu tun, dass Christian Wulffs Islam-Wort auf dem Höhepunkt der Sarrazin-Debatte im Oktober 2010 fiel.[119]

Wulff hatte das Sarrazin-Lager in seiner Rede unausgesprochen, aber klar herausgefordert: Das galt für seine Werbung für soziale Anerkennung und Teilhabe, für Akzeptanz kultureller Vielfalt, für Offenheit für das Neue, auch für das Fremde von außen und für seinen Einsatz für die Akzeptanz des steten Wandels als Kehrseite der Integration und damit als Alltagsaufgabe und erste Bürgerpflicht in der Einwanderungsgesellschaft. Es galt aber auch für seine Anerkennung der Versäumnisse bei Integration und Integrationspolitik und der aus beidem resultierenden gesellschaftspolitischen Aufgabe nachholender Integrationsförderung.[120]

Der Bundespräsident hatte die mediale Sarrazin-Front auch schon vorher mit einer hemdsärmeligen Intervention provoziert, die auch allgemein für Irritationen sorgte: Er hatte sich schon zu Beginn der Sarrazin-Debatte – noch im Stile des interventionsfreudigen niedersächsischen Ministerpräsidenten und jenseits der Belange des Bundespräsidenten – beim Chef der Bundesbank für eine Maßregelung des Buchautors und seinerzeitigen Vorstandsmitglieds Sarrazin eingesetzt, der ihn schließlich zum 30. September 2010 um seine Entbindung aus dem Amt ersuchte.[121] Und er wies in der ‚Islamkritik' beliebte denunziative islamophobe und insbesondere turkophobe Zuschreibungen auch später, im weiteren Zusammenhang seiner Rede vor dem türkischen Parlament in Ankara am 19. Oktober 2010 mit dem Argument zurück: „Zu behaupten, eine ganze Gruppe könne und wolle sich nicht integrieren, halte ich für falsch."[122]

In seiner Bremer Rede vom 3. Oktober 2010 wandte sich Wulff zudem mit der unausgesprochen, aber unmissverständlich auf Sarrazins Buch zielenden Wendung gegen „Legendenbildungen, die Zementierung von Vorurteilen und Ausgrenzungen." Er erklärte, ebenfalls unausgesprochen, aber unmissverständlich, im Blick auf die laufende Sarrazin-Debatte und auf die Kernbotschaft des ihm gut bekannten, insgesamt verhalten positiven SVR-Integrationsgutachtens ,Einwanderungsgesellschaft 2010'[123], treffend: „Wir sind weiter, als es die derzeitige Debatte vermuten lässt". Wulff warnte eindringlich: „Lassen wir uns nicht in eine falsche Konfrontation treiben." Das war eine klare Kampfansage, die in ,islamkritischen' Kreisen das Fass zum Überlaufen brachte.

Führend beteiligt an der ,islamkritischen' Demontage des Redeerfolgs von Wulff in Bremen und bald auch in Ankara waren in zeitversetztem, aber konzentrischem Angriff die publizistischen Agitatoren Broder, Giordano und Kelek, unterstützt von Alice Schwarzer in ihrer erwähnten Laudatio auf Kelek bei der Verleihung des ,Freiheitspreises' der Friedrich-Naumann-Stiftung.[124] Nur Sarrazin hielt sich vorerst zurück und stieß erst später, in seiner publizistischen Jahresbilanz 2010 in der *FAZ*[125] nach, zumal er in der Bundesbank gerade über ein möglichst günstiges finanzielles Arrangement seines vorzeitigen Abschieds verhandelte, bei dessen Gestaltung der Chef des Bundespräsidialamts in Abstimmung mit Wulff eine erhebliche Rolle spielte.

Zunächst schien das Echo auf Wulffs Bremer Ansprache vom 3. Oktober 2010 sehr anerkennend auszufallen, sodass die *FAZ* tags darauf sogar von einer historischen Rede sprechen und titeln konnte: „Alle loben Wulff".[126] Das erschien zunächst weithin treffend: „Bundespräsident Wulff hat mit seinem Bekenntnis zum Islam in Deutschland ein positives Echo ausgelöst", meldete die Deutsche Presseagentur am 4. Oktober.[127] „Das sind Worte, wie ein Präsident sie finden muss", kommentierte zeitgleich die *Frankfurter Rundschau*.[128] Die *Welt* bat führende deutsche Politiker um ihre Kommentare und berichtete über eine Rede, die auch hier große Anerkennung gefunden habe:

Bundeskanzlerin Angela Merkel (CDU) nannte die Rede eine „Weichenstellung für die Zukunft". Bundesinnenminister Thomas de Maizière (CDU) konzedierte im Blick auf Wulffs kritische Bestandsaufnahme zum „Nachholbedarf" in Sachen Integrationspolitik: „Wir lassen uns gerne vom Bundespräsidenten in die Pflicht nehmen." Der rheinland-pfälzische Ministerpräsident Kurt Beck (SPD) betonte, Wulff habe „alle wichtigen Themen angesprochen" und beim Thema Integration „die Herausforderungen richtig beschrieben". Und selbst der Fraktionsvorsitzende von Bündnis 90/Die Grünen, Jürgen Trittin, konzedierte, zur Integration habe Wulff „ein paar Dinge gesagt, die im konservativen Spektrum dieses Landes lange nicht geglaubt worden sind." Er finde es gut, dass Wulff betont habe: „Deutschland ist ein Einwanderungsland. Und es ist nicht entscheidend, wo jemand herkommt."[129]

Es gab von Beginn an in den Medien zwar auch einige skeptische Stimmen im Blick auf Wulffs Islam-Wort.[130] Gerade angesichts des zunächst unsicheren Starts des neuen Bundespräsidenten im Amt aber schien das unmittelbare Echo in Medien und Politik sehr passabel bis ausgesprochen gut zu sein. Dann begann sich das konservative, unverkennbar ‚islamkritisch' orientierte Lager zu sammeln:

Am 5. Oktober 2012 meldete sich der seinerzeitige Vorsitzende der CSU-Landesgruppe im Bundestag und spätere Bundesinnenminister Hans-Peter Friedrich in der *FAZ* mit dem schon erwähnten, später wiederholten Bekenntnis zu Wort: „Dass der Islam Teil unserer Kultur ist, unterschreibe ich nicht." Er begründete das mit einem Popanz-Dementi: „Die Leitkultur in Deutschland ist die christlich-jüdisch-abendländische Kultur. Sie ist nicht die islamische und wird es auch nicht in Zukunft sein." Die problematische erste, die trennende historische Erfahrung des ‚Zivilisationsbruchs' (Dan Diner) durch den Holocaust überspringende These hatte Wulff in seiner Rede selber bedient. Mit dem zweiten Statement dementierte Friedrich etwas, was Wulff gerade nicht behauptet hatte. Am 8. Oktober distanzierte sich, ebenfalls in der *FAZ*, CDU-Fraktionschef Volker Kauder von Wulff mit der Aussage: „Ich teile nicht die Auffassung des Bundespräsidenten, der Islam gehöre zu Deutschland." Auch er begründete seine Distanzierung mit einer rhetorischen Popanz-

Konstruktion, die etwas dementierte, was Wulff nicht nur nicht behauptet, sondern sogar ausdrücklich und unmissverständlich abgewiesen hatte: „Das auf unserer christlich-jüdischen Tradition beruhende Grundgesetz kann durch nichts relativiert werden, schon gar nicht durch einen Islam, der die Scharia vertritt und zur Unterdrückung der Frauen führt."[131] Kauders Statement zeigte: ‚Islamkritiker' wurden im politischen Souffleusenkasten im Grunde gar nicht mehr gebraucht. Ihre Botschaften hatten sich in ihren Adressatenkreisen bereits verselbständigt.

Am 5. Oktober 2010 positionierte sich die Schriftstellerin Monika Maron, mit der Kelek, wie erwähnt, einen kleinen Literatursalon in Berlin betreibt, im *Tagesspiegel* unter der Überschrift ‚Der Islam gehört nicht zu Deutschland'. Begründung wie üblich: Bestimmend und unvereinbar mit den deutschen Verfassungswerten seien für „den" Islam „die Scharia, die Unterdrückung der Frauen und der Meinungsfreiheit, der Anspruch auf den einzigen und alleinigen Gott".[132] Die *Bild*-Zeitung verkündete am gleichen Tag das Ergebnis einer ‚repräsentativen' Blitzumfrage, nach der 66 Prozent der befragten Deutschen Wulffs Islam-Einschätzung ablehnten. Unter dem wachsenden Druck der ‚islamkritischen' Popanz-Argumente sah sich am 6. Oktober 2010 auch die Bundeskanzlerin zu einer beiläufigen populistischen Plattitüde veranlasst: „Es gilt in Deutschland ganz eindeutig das Grundgesetz und nicht die Scharia". Im Übrigen, wie gehabt, sei die deutsche Kultur bestimmt durch die „über Jahrhunderte, wenn nicht Jahrtausende" historisch gewachsene „christlich-jüdische Tradition". Das Erstere hatte Wulff nicht behauptet, das Letztere hatte er ausdrücklich selber bestätigt, von der vermeintlich Jahrtausende umspannenden Dimension in der christlich-jüdischen Erinnerungswelt der Bundeskanzlerin einmal abgesehen. Aber dergleichen konnte wohl nicht oft genug wiederholt werden, um den zunehmend ‚islamkritischen' öffentlichen Seelenhaushalt politisch zu bedienen.[133]

Dann rollte der ‚islamkritische' Angriff auf breiterer Front weiter, geführt von den üblichen Verdächtigen: Am 6. Oktober attackierte Henryk M. Broder den Bundespräsidenten in einem Offenen Brief im *Tagesspiegel*.[134] Am 12. Oktober folgte in der *Welt* der Offene Brief an Wulff von Ralph Giordano, von dem schon mehrfach die Rede war.[135] In beiden Offenen Briefen wurde, was hier im Einzelnen nicht vorgeführt werden muss, weitgehend das übliche Arsenal ,islamkritischer' Argumente in Stellung gebracht, verschränkt mit christlich-eurozentrischen und Türkei-skeptischen Aspekten.

Dann heftete sich Kelek selber auf die Spuren des Bundespräsidenten, der am 19. Oktober 2012 vor dem türkischen Parlament in Ankara sprach. Wieder schien sich das politische Blatt zunächst zugunsten des deutschen Bundespräsidenten zu wenden: Wulffs mutige Rede in Ankara fand allenthalben ein überaus positives Echo, sodass jetzt sogar die *Bild*-Zeitung titeln konnte: ,Alle loben Wulff – sogar die Muslime'.[136] „Der Bundespräsident hat vor dem Parlament in Ankara so offen über die Probleme mit der Integration türkischer Auswanderer gesprochen wie noch nie ein deutscher Spitzenpolitiker zuvor auf türkischem Boden", lobte auch die *Süddeutsche Zeitung*. „Zugleich setzte er starke Zeichen für die Anerkennung der christlichen Minderheiten in der Türkei."[137]

Wulff erinnerte in Ankara an sein Islam-Wort in Bremen und forderte unmissverständlich: „Gleichzeitig erwarten wir, dass Christen in islamischen Ländern das gleiche Recht haben, ihren Glauben öffentlich zu leben, theologischen Nachwuchs auszubilden und Kirchen zu bauen." Er wandelte dabei sein Bremer Wort über die Zugehörigkeit des Islams zu Deutschland ab und erklärte nun mahnend in Ankara: „Das Christentum gehört zweifelsfrei zur Türkei." Das veranlasste den türkischen Staatspräsidenten Abdullah Gül, semantisch gleichzuziehen: Bei einer gemeinsamen Pressekonferenz griff Gül seinerseits einen Satz des Bundespräsidenten auf. Wulff hatte in seiner Rede zum Tag der Deutschen Einheit gesagt, wenn deutsche Muslime ihm schrieben: „Sie sind unser Präsident" – dann antworte er „aus vollem Herzen: Ja, natürlich bin ich Ihr Präsident!" Mit Blick auf die christlichen und jüdischen Staatsbürger der Türkei sagte Gül in Ankara: „Ich bin auch deren Präsident."[138]

Alles schien auch symbolpolitisch protokollreif geordnet zu sein. Man möge die Türkei-Reise des Bundespräsidenten, die noch von Horst Köhler geplant worden war, nun bitte „nicht durch die innenpolitische Brille betrachten", mahnte nachgerade flehentlich die Presseabteilung des Bundespräsidialamts.[139] Vergeblich.

Am 22. Oktober folgte in der *FAZ* der ‚islamkritische' Sturmangriff von Kelek mit einer Schmähkritik der Rede Wulffs in Ankara. Im Kopftext ihres *FAZ*-Artikels über ‚Wulffs Republik der Gläubigen' belehrte Necla Kelek die deutsche und internationale Medienlandschaft, in der Wulffs Rede ebenfalls Aufsehen erregt und Beifall gefunden hatte: „Der Bundespräsident betreibt vor der türkischen Nationalversammlung Verharmlosung auf höchstem Niveau und redet der Rückkehr der Religion in die Politik das Wort. Seine Rede ist historisch unrichtig und stellt die säkulare Republik in Frage. Die Medien sehen nur die Oberfläche."

Keleks Artikel enthielt Verdrehungen der Argumentation von Wulff, als ob der Bundespräsident in seiner außenpolitisch wichtigen Rede Bekenntnisidentitäten an die Stelle nationaler Identitäten habe rücken wollen. Dazu gesellten sich geradezu akrobatisch hergeholte Pointen und schamlose persönliche Diffamierungen des deutschen Staatsoberhaupts im Ausland von der geschmacklosen Qualität: „Als ich sah, wie Christian Wulff in Ankara im türkischen Parlament mit vorsichtigen Schritten zum Rednerpult ging, hatte ich nicht den Eindruck, hier trete der Präsident der Bundesrepublik Deutschland auf. Die tastenden kurzen Schritte, ein Blick, der nicht auf das, was vor ihm lag, gerichtet war, sondern stur geradeaus sah. Er schien Furcht vor falschen Worten zu haben …".[140]

Die Angriffe des führenden ‚islamkritischen' Publizistentrios Broder, Giordano und Kelek erregten großes Aufsehen, wurden in antiislamischen Internetblogs in den verschiedensten Versionen immer wieder gepostet und auch in Nachfolgedebatten wiederholt aufgenommen, den üblichen ‚Shitstorm‘ eingeschlossen. Am Ende verzettelte sich die Diskussion, in die sich dann verspätet auch Sarrazin noch einmischte, in einer wesentlich in der *FAZ* ausgetragenen Debatte um die Verwendung eines Zitats aus Goethes ‚West-Östlichem Divan‘ in Wulffs Ankara-Rede. Mit dieser hier nur grob skizzierten, inhaltlich nicht zu vertiefenden Angriffsfolge gelang es der publizistischen Führungsriege der ‚Islamkritik‘ entscheidend dazu beizutragen, die zunächst klaren medialen Punktsiege der Reden Wulffs in Bremen und vor allem in Ankara ins Gegenteil umzumünzen. Das bewirkte eine öffentliche Schwächung des Bundespräsidenten, der von Kelek und Sarrazin als unsicher tastend vor sich hin stolpernder, halbgebildeter Tölpel vorgeführt wurde.[141]

Die ‚Islamkritik‘ trug auch weiterhin zur Demontage des Bundespräsidenten bei, der durch drei Vorlagen in ihr Feindbild eingerückt war: erstens durch seine kritische Positionierung gegenüber der Desintegrationspublizistik, zweitens durch seine Wendung gegen die islamfeindliche Agitation und drittens durch sein nicht minder klares Votum für die Akzeptanz der kulturellen Vielfalt in der Einwanderungsgesellschaft als politische Gestaltungsaufgabe und als Handlungsauftrag im Alltag der Bevölkerung mit und ohne Migrationshintergrund.

Kluge Beobachter erkannten von Beginn an die eigentliche Stoßrichtung der islamfeindlichen Bundespräsidentenschelte – die identitätsstiftende ‚islamkritische‘ Ersatzdiskussion im Sinne negativer Integration: „In der Bundesrepublik leben vier Millionen Muslime und stehen Tausende Moscheen, in den Schulen gibt es islamische Religionskunde und an den Universitäten die ersten Islam-Lehrstühle, im Land wird diskutiert, wie eine künftige Imame-Ausbildung aussehen könnte. Und da sollte der Islam nicht zu Deutschland gehören? Er gehört *auch* zu Deutschland hat Wulff treffenderweise gesagt", schrieb Matthias Dobrinski, Redakteur der *Süddeutschen Zeitung*. Es gehe den Kritikern des Präsidenten aber gar nicht um solche Fakten, sondern um die „neue deutsche Frage" in der Einwanderungsgesellschaft, die ersatzweise durch die „Ausgrenzung" des Islams beantwortet werde: „Es geht um Ihr und Wir, um die Stärkung des Eigenen durch die Abwertung des Anderen, um eigene Identitätsprobleme."[142]

4.4 Die Auskreisungsagitation gegen den Sachverständigenrat und seinen Gründungsvorsitzenden

Auf den konzentrischen ‚islamkritischen' Angriff auf den Bundespräsidenten Christian Wulff vom Oktober 2010 und in Reihe anschließende einschlägige publizistische Geplänkel folgte im Februar 2011, diesmal von Kelek allein, eine weitere große Attacke im *FAZ*-Feuilleton. Es war Keleks unter dem Titel ‚Das ist Kulturrelativismus' hingeworfener Fehdehandschuh. Es ging im Kern um die schon erwähnte Frage, ob und inwieweit in der deutschen Rechtsprechung anderweitige rechtskulturelle Rahmenbedingungen berücksichtigt werden dürfen – was z.B. im internationalen Privatrecht bei im Ausland geschlossenen Verträgen seit jeher eine Selbstverständlichkeit ist und immer wieder zur Einbeziehung entsprechender Rechtsexperten des In- und Auslandes Anlass gibt.

Keleks haltlose Polemik richtete sich diesmal gegen den schon erwähnten, international renommierten Erlanger Rechts- und Islamwissenschaftler Prof. Dr. Mathias Rohe, der, im Gegensatz zu der publizistischen ‚Islamkritikerin' Kelek, ein in Forschung und Lehre hervorragend ausgewiesener wissenschaftlicher Islamkenner ist. Er machte sich eine Woche später die Mühe, die abwegigen Argumente der streitsüchtigen ‚Islamkritikerin' in einer beschämenden Replik abzuweisen.[143] An vielfältigen hasserfüllten Belästigungen in dem durch Keleks Artikel ausgelösten ‚Shitstorm' vermochte das nichts zu ändern.[144]

Eine neuerliche Attacke der gleichen publizistischen Kampfgruppe, nun unter Beteiligung auch von Sarrazin und unter Führung von Kelek, traf im Frühjahr 2011 den Sachverständigenrat deutscher Stiftungen für Integration und Migration (SVR) und mich als dessen Gründungsvorsitzenden. Sie bot den Auftakt zu einem kampagnenartigen Auskreisungsdiskurs, der im Folgenden ausgeleuchtet wird.

Sarrazin, Kelek, Giordano, Broder, aber auch andere ,islam-kritische' Desintegrationspublizisten hatten, ganz folgerichtig, in differenzierten und wissenschaftlich fundierten Bestandsauf-nahmen wie denen des SVR gefährliche Gegenbilder zu ihren forschungsfernen desintegrativen Skandalisierungen von Integration und Islam in Deutschland ausgemacht. Sie griffen deshalb, mit verschiedenem Einsatz aber weitgehend gleichem Refrain, abermals konzentrisch an, wiederum vorzugsweise in den ,Leitmedien' *FAZ* und *Welt.*

Im Mittelpunkt ihrer als Kritik getarnten Denunziationen stand dabei das im März 2011 vorgestellte SVR-Jahresgutachten ,Migrationsland 2011'.[145] Darin ging es allerdings, wie schon der Titel sagte, im Gegensatz zum Integrationsgutachten 2010 (,Einwanderungsgesellschaft 2010')[146] weniger um Integrations- als um Migrationsfragen, was z.B. Sarrazin seltsamerweise verborgen blieb, obgleich er behauptete, das umfängliche Gutachten „bis hinunter auf die Ebene des einzelnen Kommas im Detail" studiert zu haben.[147] Das SVR-Migrationsgutachten 2011 war vielmehr von allen vier Autoren nicht nur nicht verstanden, sondern überdies auch, wenn überhaupt, so oberflächlich gelesen worden, dass sie es mit dem SVR-Integrationsgutachten des Vorjahres verwechseln konnten.

Eröffnet wurde der Angriffsreigen im April 2011 in der *Welt* mit einer offenbar als Satire angelegten, pöbelnden Denunziation von Henryk M. Broder unter dem Titel ,Ein Hoch auf die Wissenschaft der Sündenbockfindung'.[148] In seiner haarsträubend niveaulosen Polemik glaubte Broder ausgerechnet dem – selbst von den ihn finanzierenden Stiftungen inhaltlich unab-hängigen – Sachverständigenrat, der nach dem von mir entwickelten Konzept der ,kritischen Politikbegleitung' über die Medien arbeitet und seine Gutachten der Politik erst auf dem Weg über seine Pressekonferenzen, d.h. auf dem Weg über die Medien und damit über die Öffentlichkeit zur Kenntnis gibt, unterstellen zu sollen, ein Handlanger des vermeintlichen Auftraggebers Politik zu sein:

„Wenn Politik nicht mehr weiterweiß, bittet sie die Wissenschaft um Hilfe. Politik ist interessengeleitet, Wissenschaft dagegen gilt als objektiv, nur den Tatsachen verpflichtet. Trotzdem hängt das Ergebnis einer wissenschaftlichen Untersuchung davon ab, wer sie in Auftrag gegeben hat." Das war in dieser Allgemeinheit nicht falsch, in der vorgetäuschten Passfähigkeit für den Sachverständigenrat indes bodenloser Unfug, der Anlass zum Zweifel daran geben könnte, dass die Broder immer wieder bescheinigte blitzende Gescheitheit wirklich angemessen ist, die von kritischen Beobachtern wie Kay Sokolowsky ohnehin seit längerem mit scharfen Worten in Zweifel gezogen worden ist.[149]

Broder behauptete, das SVR-Gutachten unterstelle jenen falschen „Zusammenhang zwischen der Abwanderung qualifizierter Migranten und dem Buch von Thilo Sarrazin", von dem schon ausführlich die Rede war. In Wahrheit hatte der schlampige Polemiker nicht nur das Gutachten gar nicht gelesen. Er hatte nur die sachlich schiefe *Spiegel-Online*-Meldung registriert, die dann auch in der Will-Talk-Show eine Rolle spielte – und zwar hier sogar nur die aufgeklebte falsche Überschrift ‚Forscher geben Sarrazin Mitschuld an Abwanderung‘, die dem Inhalt der Meldung gar nicht entsprach.[150]

Der ‚Islamkritiker‘ Broder lieferte mit seinem durch allerlei semantischen Stuck illustrierten, sachlich durchweg falschen Angriff einen neuerlichen Beleg für die schon mehrfach erwähnte Tatsache, dass die ‚Islamkritik‘ in ihren assoziativen Zirkelschlüssen just mit den Methoden arbeitet, die sie ihren Kritikern unterstellt – hier der Sündenbocktheorie: Broder suhlte sich verzückt in dem von ihm attackierten Argument, die Sarrazin-Debatte habe in der Einwanderungsgesellschaft einen „Flurschaden" angerichtet – was ja gerade im Blick auf den gebildeten

Mittelstand der muslimischen Einwandererbevölkerung überhaupt nicht zu bestreiten ist, aber eben gar nicht Gegenstand des
Migrationsgutachtens war.

Die Frage nach der Stimmung in der Einwanderungsgesellschaft kam in dem das Jahresgutachten begleitenden ‚Migrationsbarometer' überdies nur ganz am Rande in einer Frage vor
und führte zu einem Ergebnis, das ich in meiner Einleitung – im
vergleichenden Blick auf das im Integrationsgutachten 2010
gemessene hohe Grundvertrauen zwischen Mehrheits- und
Zuwandererbevölkerung so zusammengefasst hatte: „Dieses
Grundvertrauen trägt, wie eine zweite Repräsentativbefragung
des SVR Ende 2010 zeigte, auch nach dem Abflauen der ‚Sarrazin-Debatte' noch: In den Meinungsspitzen bei der Zuwandererbevölkerung gibt es zwar eine Mischung von Ernüchterung,
Bestürzung und Integrationspessimismus anstelle des noch
Ende 2009 messbaren Integrationsoptimismus. In der breiten
Mitte aber ist auf beiden Seiten der Einwanderungsgesellschaft
eine pragmatische Differenzierung gewachsen, die auch auf einem hohen Maß an Informiertheit beruht.“[151]

Das war just das Gegenteil dessen, was Broder in seiner an
den Haaren herbeigezogenen Angriffskonstruktion als „alte
Sündenbocktheorie" nachzuweisen suchte, um schließlich, vollends auf das Niveau kelekianischer Zirkelpolemik abrutschend,
zu kalauern: Wenn also die – von ihm dem SVR falsch unter-
stellten – Kausalschlüsse falsch seien, „könnte es dann sein, dass
es nicht an Sarrazin liegt, sondern an den Migrations- und Integrationsexperten, die vom Gegenstand ihrer Bemühungen umso
weniger Ahnung haben, je länger sie sich damit beschäftigen?"

So ist das, wenn man einen inneren Aggressionsstau spürt,
von einer Sache keine Ahnung, zu Information und Weiterbil-
dung durch Lektüre keine Zeit oder keine Lust und deshalb
auch keine sachlichen Argumente hat, aber doch unbedingt etwas absondern will, um den inneren Stau zu lösen. Wenn man
den SVR angreifen will, dann wünschte man sich statt solch
flacher Pöbeleien etwas mehr Mühe und bessere Vorbereitung.

Kelek folgte im Mai 2011 in der *FAZ* mit einem langen Feuilleton-Cover-Artikel unter dem Titel ‚Professor Bade gibt den Anti-Sarrazin'.[152] Der Artikel der inzwischen weit wissenschaftsfernen ‚Islamkritikerin' stand im Zeichen der bei ihr seit dem erwähnten Aufruf der ‚Migrationsforscher' vom Juni 2006[153] wühlenden Ängste und Projektionen gegenüber der ‚etablierten' bzw. ‚institutionellen' Migrationsforschung. Kelek benutzt, wie erwähnt, den Begriff ‚Migrationsforschung' seither vorzugsweise in pejorativen Anführungszeichen und sucht dieser interdisziplinär und international weitverzweigten, von ihr längst nicht mehr überblickten Forschungsrichtung mit zum Teil geradezu albernen Argumenten das abzusprechen, was sie selbst wohl unter ‚Wissenschaftlichkeit' versteht.

Kelek eröffnete ihren denunziativen *FAZ*-Angriff mit dem mir gegenüber verachtungsvollen, dem SVR gegenüber verlogenen Kopftext: „Ein Emeritus aus Osnabrück sorgt sich um das Grundvertrauen in Deutschland. Er ist der Sprecher eines Kartells der staatlich alimentierten Migrationsforschung, die offene Debatten unterbindet". Der vom Mitherausgeber Schirrmacher am Noch-Feuilletonchef Patrick Bahners vorbei für das Feuilleton angenommene und dort abermals prominent platzierte Artikel war diesmal redaktionell kaum überarbeitet und nur wenig geschönt. Er strotzte buchstäblich von für das Niveau der *FAZ* bodenlosen, weil plump falschen, gehässigen und unflätig denunziativen Invektiven, die journalistischer Sorgfaltspflicht spotteten.

Sachlich war in diesem Artikel über den (seit Langem in Berlin lebenden) „Emeritus aus Osnabrück" und sein „Kartell" der in Wahrheit von privaten Stiftungen getragenen und gerade nicht „staatlich alimentierten Migrationsforschung" buchstäblich jede Zeile schief bis falsch. Das reichte auch hier bis hin zu der Überschrift, in der der Begriff ‚Anti-Sarrazin' von Heribert Prantl abgeschrieben wurde, mit dem dieser aber das SVR-Jahresgutachten 2010 und nicht etwa den SVR-Vorsitzenden Klaus J. Bade gemeint hatte.[154]

Aufsehenerregend war, wie sich aus zahlreichen Zuschriften ergab, dass die *FAZ* in diesem Kelek-Artikel sogar alle Standards von seriösem Journalismus brechende, persönlich beleidigende Ausfälle und üble Nachreden zuließ, wie etwa die Rede vom angeblich ‚klagenden‘ (im eingereichten Kelek-Manuskript sogar ‚jammernden‘) bzw. ‚verzweifelten‘ alten Migrationsforscher Bade, der seinen scheinbaren Bedeutungsverlust durch Emeritierung (Osnabrück 2007) nicht verkrafte. Die Vorstellung von Bedeutung durch Professur bzw. Bedeutungsverlust durch Emeritierung war in der Sache ein die tatsächlichen, Kelek unbekannten Verhältnisse an Bord der akademischen Narrenschiffe geradezu bühnenreif parodierendes, nur von schräg unten aus denkbares Argument, das sich aber, wie gleich zu zeigen sein wird, trotz seiner Vordergründigkeit sogar in der *FAZ* selbst wiederholen sollte. So schafft man mediale Stigmata.

Die üblen Nachreden, Unterstellungen und falschen Tatsachenbehauptungen in dem *FAZ*-Artikel von Necla Kelek gehörten schon kurz darauf und gehören bis heute zum Standardinventar der vulgärrationalistischen ‚islamkritischen‘ und auch der völkisch-rechtsradikalen/rechtsextremistischen Publizistik sowie der neonationalsozialistischen Internet-Agitation gegen mich als angeblichen „Migrationspapst“ bzw. „Integrationspapst“ und politisch einflussreichsten „Multikulti-Einflüsterer“ der Bundesregierung sowie den vermeintlich allmächtigen SVR[155] Ein Tor, der glaubt, dass das ein Zufall war und Kelek solch denunziative Breitenwirkung nicht beabsichtigt hätte.

Die emsig erstrebten Kelek-Kontroversen wirkten dabei zum Teil nachgerade systematisch organisiert. Das reichte vom in der Anklage- und Argumentationsstruktur fast seriellen Drehbuch bis hin z.B. zum erwartungsvollen Eintrag eines Hinweises auf die erhoffte ‚Kontroverse‘ auf der Wikipedia-Seite des Angegriffenen, noch bevor dessen Antwort überhaupt eine ‚Kontroverse‘ ergeben konnte. Das war z.B. bei Mathias Rohe ebenso wie bei mir der Fall. Will sagen: Keleks PR-Kontakte funktionieren perfekt und robust. Es sollte mich nicht wundern, wenn Kelek auf diese Weise sogar ein einträgliches Taschenbüchlein ‚Meine Kontroversen' vorzubereiten suchte, womit ich freilich keine unnötige Anregung gegeben haben möchte.

Kelek beschrieb in ihrem *FAZ*-Artikel den SVR in stalinistischem Vokabular als „Politbüro" der Migrationsforschung unter einem allmächtigen „Generalsekretär" namens Klaus J. Bade. Ihre vordergründige Schmähkritik reichte vom Anwurf einer ‚ideologischen' Instrumentalisierung der Integrationsdiskussion in Deutschland über eine groteske, agenten- und verschwörungstheoretische Allmachtsvision des SVR als eines in der Forschung alles und alle beherrschenden, Forschungsmittel kontrollierenden, Forscherkarrieren fördernden oder vernichtenden, nötigenfalls auch Schweigegebote verhängenden Monsters bis hin zu der törichten, schlicht aus wissenschaftlicher Inkompetenz und insbesondere mangelnder Forschungserfahrung mit empirisch-sozialwissenschaftlichen Methoden resultierenden Annahme von Datenfälschungen. Die dummdreisten Anwürfe Keleks indes machten Schule bei dafür empfänglichen Lesern. Das zeigten nicht nur einige Leserbriefe in der *FAZ*, sondern auch ein einer Treibjagd ähnelndes Blog-Echo im Netz und zahlreiche hämische bis bedrohliche Mails an mich unter sachlichem Bezug oder direktem Hinweis auf den Kelek-Artikel, noch unter dessen kaum noch unterbietbarem Niveau.

Unter den gedruckten Reaktionen auf Keleks Artikel gab es auch Leserbriefe und Mails von unglaublicher Torheit nicht nur aus dem bildungsbürgerlichen, sondern sogar aus dem hochadeligen Milieu, aus dem hier als Beispiel nur ein in der *FAZ* abgedruckter Leserbrief aufgeführt werden soll:

Seine Durchlaucht Ferdinand Fürst zu Hohenlohe-Bartenstein, Schrozberg-Bartenstein geruhten, die geneigten *FAZ*-Leser an deroselben Kenntnisstand teilhaben zu lassen. S.D. erlaubten sich dabei, den von privaten Stiftungen getragenen SVR mit einer von Kelek angeschwärzten, angeblich „staatlich alimentierten" Migrationsforschung zu verwechseln. Das erinnerte mich geradewegs an den Titel von Yves Roberts berühmten

Film von 1969 ,Adel schützt vor Torheit nicht'. S.D. geruhten, weiter verlauten zu lassen: „Necla Kelek deckt mit ihrem Artikel im Feuilleton vom 9. Mai nicht nur einen entscheidenden Fehler in der Behandlung des Migrationsproblems durch die Bundesregierung auf. Sie beleuchtet eine Verfahrensweise, mit der unsere Politik versucht, und auch immer wieder erreicht, sich das Meinungsmonopol zu sichern. Die Regierung bedient sich hierbei Einrichtungen außerhalb demokratisch gewählter Gremien, die sie direkt alimentiert oder indirekt, über wohlgesonnene Spender, subventioniert. Im Gegenzug dafür erhält sie die gewünschten ,Forschungsergebnisse', die von der Regierung zu Dogmen erhoben und von der Kanzlerin mit dem Prädikat ,alternativlos' geadelt werden."[156] So ist das also mit der bösen Regierung in diesem schlimmen Land, jedenfalls aus der Sicht dieses kabarettreifen und trotzdem abgedruckten Leserbriefs.

Meine Entgegnung auf Kelek fiel bewusst zurückhaltend aus angesichts des sich selbst blamierenden Niveaus der kelekianischen Argumentation, aber auch mit Rücksicht auf meine zu Ausgewogenheit in SVR-Sachen verpflichtende Position als Vorsitzender. Sie beschränkte sich darauf, die gröbsten Fehleinschätzungen, Unterstellungen, falschen Tatsachenbehauptungen und aus der Wissenschaftsferne von Kelek resultierenden Missverständnisse zu korrigieren.[157] Damit war für mich, wie ich in meiner Antwort ausdrücklich schrieb, die von Kelek offenkundig ersehnte ,Bade/Kelek-Kontroverse' erledigt.

Nur auf einen einzigen Punkt sei hier noch hingewiesen: Keleks scheinbar ausgeprägt autoritäres Bewusstsein glaubte aus der Tatsache, dass der Sachverständigenrat nach außen „mit einer Stimme" spricht, sogleich verschwörungstheoretisch folgern zu müssen, dass „auch nur eine Meinung zugelassen" sei. Töricht: Der Vorsitzende ist im Sinne der SVR-Statuten der alleinige Vertreter und Sprecher des wissenschaftlichen Gremiums, das sich seine nach außen vorzustellende Meinung in oft hartem Austausch der Argumente bildet; es sei denn, es würde, was zu meiner Zeit als SVR-Vorsitzender immer wieder vorkam, ausdrücklich eine Delegation der Sprecherfunktion an ein anderes Mitglied vereinbart.

Keleks Anwürfe waren noch vor meiner eigenen Antwort in diversen *FAZ*-Leserbriefen von höchstrangigen wissenschaftlichen Sachkennern und Persönlichkeiten des öffentlichen Lebens scharf zurückgewiesen worden.[158] Die Geschäftsführung des Sachverständigenrats (SVR GmbH) hatte Keleks Pamphlet vorsorglich durch eine große, auf medienrechtliche Fragen spezialisierte Kanzlei prüfen lassen. Es hätte demnach allerhand Ansätze gegeben für einen zweifelsohne aufsehenerregenden und wohl erfolgreichen Rechtsstreit um falsche Tatsachenbehauptungen, Verleumdung und üble Nachrede. Aber dergleichen ist meine Sache nicht bei publizistischen Angriffen, die man hinnehmen oder auf gleicher Ebene beantworten sollte, was ausweislich ihrer Selbstbeschreibung auch Kelek so sieht – mit dem Unterschied, dass, wie gezeigt, die gern als Opfer posierende Polemikerin vorzugsweise selber die Angreiferin gibt.

Im Zentrum der Phantasmagorien Keleks über den SVR, in dem angeblich „nach ideologischen Kriterien Politik getrieben wird", stand die nur noch als Verfolgungsmodell erklärbare Vorstellung: „Kein Universitätsmitarbeiter oder Forscher wird sich gegen die Allmacht dieser Institution wenden oder etwas darüber sagen, denn Stipendien, Forschungsmittel, Stellenvergabe, Durchführung und neutrale Expertise sind ein geschlossener Kreislauf der immer gleichen Personen und Institutionen […]. Die Stiftungen stehen diesem Wirken relativ hilflos gegenüber, denn ihre neutralen Berater sind gleichzeitig Entscheider, Durchführer und Gutachter der Projekte. Funktioniert so Freiheit und Unabhängigkeit der Wissenschaft?" Nein, lautet die Antwort, so funktioniert sie nur in dem offenbar „geschlossenen Kreislauf" im Kopf von Necla Kelek.

Mit guten Gründen fragte sich deshalb der im Gegensatz zu Necla Kelek in einem der deutschen Zentren der empirischen Sozialforschung, in Mannheim, ausgebildete und heute in dem von Naika Foroutan an der Humboldt-Universität Berlin geleite-

ten großen Forschungsprojekt ‚Hybride Identitäten' der VolkswagenStiftung arbeitende deutsch-türkische Soziologe Coşkun
Canan in einem Kommentar zu Keleks Artikel, ob „Frau Kelek
eine Verschwörungstheoretikerin" sei:

> „Der Sachverständigenrat, dem Bade vorsteht, sammelt und
> analysiert das Wissen in Deutschland zum Thema Integration
> und Migration. Kelek hat keinen Zugang zu diesem Wissen,
> ihre Basis und ihr Erfolg ist die anekdotische Evidenz – nach
> dem Motto: ‚Neulich ging ich in Neukölln über die Straße, da
> kam mir eine Gruppe von Importbräuten entgegen.' […]
>
> Liegt es vielleicht daran, dass Frau Kelek möglicherweise eine
> ethnische Unternehmerin ist, für die Integrationsfortschritte
> und Nicht-Ethnisierung von Problemen eher einen Nachteil
> darstellen, weil sie sonst kein Thema mehr hätte, an dem sie sich
> abarbeiten könnte, was wiederum zu mangelnder Aufmerksam-
> keit und Anerkennung führen würde? Wäre dem so, so müsste
> sie als ethnische Unternehmerin ein Interesse daran haben, dass
> bestimmte Bilder von Menschen mit Migrationshintergrund
> weiterhin bestehen und in die dritte Generation getragen wer-
> den, obwohl hier die Welt ganz anders aussieht."[159]

Ganz ähnlich argumentierte der Stuttgarter Integrations-
und Bildungsbeauftragte Gari Pavkovic in einem mir übersand-
ten, von der *FAZ* nicht gedruckten Leserbrief:

> „In der Allianz zwischen der *FAZ* und Necla Kelek als einer
> dramatisierenden Dauergastkolumnistin entsteht eine Win-
> win-Situation, weil die Interessen beider Seiten bedient werden.
> Die *FAZ* besorgt sich den Aufreger, um den eigenen Umsatz zu
> steigern (vordergründig natürlich um kritisch über das wichtige
> Integrationsthema zu berichten). Und sie ermöglicht zugleich
> der Freiberuflerin mediale Auftritte, damit diese ihre Bücher
> bekannt machen und dadurch gut verkaufen kann. Der *Spiegel*
> mit Thilo Sarrazin haben es der Konkurrenz gezeigt, wie dieses
> Zweckbündnis erfolgreich funktioniert. […].
>
> Psychologen hätten mit diesem Text ein Lehrstück für das
> Studium von inneren Motiven der Autorin: Neid (auf den

,üppig alimentierten Sachverständigenrat'); Wut (dass sie selbst keine Aufträge von den bedeutenden Stiftungen bekommt); Abwehr dieser Kränkung durch Abwertung der Anderen (,Bade als letztlich erfolgloser Professor'); Projektion eigener Verhaltensweisen auf Andere (,Zensuren verteilen') und Angst vor dem ,einflussreichen Kartell staatlich subventionierter Migrationsforschung', das die Deutungsmacht über das Integrationsthema bekommt und dadurch ihren Einfluss auf die Debatte schwächt. In der Tat findet dank Klaus Bade die seriöse Migrationsforschung nach jahrzehntelanger Ignoranz zunehmend Gehör bei der Politik.

Necla Kelek, die sich gern mit dem früheren Innenminister Schäuble auf Fotos der Mitglieder der ersten Deutschen Islamkonferenz ablichten ließ, ist in diesem Kreis nicht mehr als Expertin gefragt. [...].

Man kann verschiedene Meinungen über die Bedeutung des wissenschaftlich-künstlerischen Schaffens von Necla Kelek haben. Sie hat sicherlich wichtige Themen in die Öffentlichkeit gebracht und dadurch politische Entscheidungsprozesse mitgestaltet. Sie hat zugleich reale Missstände verallgemeinert und dadurch den Eindruck erweckt, dass Probleme der Normalfall sind. Die repräsentativen Untersuchungen des Sachverständigenrats haben bestätigt, dass Integrationserfolge der Normalfall und nicht der Ausnahmefall sind. Deutschland schafft sich nicht ab, sondern entwickelt sich trotz vorhandener Probleme weiter.

Die eigentliche Frage ist, warum die *FAZ* eine Necla Kelek benutzt, um diese insgesamt positive Entwicklung in Frage zu stellen – abgesehen davon, dass sich Verschwörungstheorien gut verkaufen (,ein einflussreiches Kartell unterbindet offene Debatten'). Es ist an der Zeit, dass wir eine offene Diskussion über die verdeckten Interessen der Medienmacher als Panikmacher führen, anstatt uns an Kelek, Sarrazin oder Bade abzuarbeiten. Wollen wir einen offenen Diskurs über die Rolle der Medien in der Einwanderungsgesellschaft?"[160] Die *FAZ* wollte offenkundig nicht.

Erst im Nachhinein suchte Kelek nach empirischen Belegen für ihre versammelten fantasiereichen Unterstellungen und Alpträume. Sie wandte sich dazu mit einer bei den Adressaten Kopfschütteln erregenden „Anfrage zur Migrationsforschung" an den SVR tragende Stiftungen. Die Stiftungsanfrage offenbarte die ganze Naivität und Forschungsferne der Absenderin und zeugte von ihrem erschreckenden Nichtverhältnis zu Standards, Axiomatik und Ethik des Wissenschaftsbetriebs, über den sie sich aber wertende Urteile abzugeben erdreistet: Kelek meldete sich ohne jeden, bei Forschungsprojekten immer unabdingbaren Hinweis auf Anlage und Leitfragen, geschweige denn auf konzeptionelle Ausrichtung und Methoden ihrer angeblich geplanten Untersuchung per E-Mail in einem unspezifizierten Serienschreiben an die Stiftungszentralen:

„Sehr geehrte Damen und Herren, mein Name ist Dr. Necla Kelek, ich bin Soziologin und beschäftigte mich u.a. mit den Themen Integration und Islam. Im Rahmen einer Untersuchung über die deutsche Migrationspolitik und Migrationsforschung würde ich gerne erfahren …" Die Ahnungslosigkeit der Absenderin in Fragen der Forschungsförderung sprach dabei u.a. aus ihrer im Blick auf das bekanntlich streng vertrauliche Gutachterwesen absurden Bitte um Auskunft zu der Frage: „Welche Gutachter bzw. Evaluierungsgremien sind an der Vergabe der Mittel beteiligt?"[161]

Möglicherweise versuchte Kelek auf diese Weise auch etwas über die Hintergründe ihrer früher immer wieder neidvoll beklagten Misserfolge beim Bemühen um Fördermittel zu erfahren – die sich bei solchen Herangehensweisen allerdings von selbst erklären. So könne nur jemand urteilen, der „ganz weit weg ist von der Wissenschaft und ihren Fördereinrichtungen", hatte ich in meiner Entgegnung auf Keleks Angriff in der *FAZ* geschrieben. Das fatale Auskunftsbegehren Keleks war insoweit nur ein weiterer Beleg für die Wissenschaftsferne der Autorin, die sich aber wohl nach wie vor als Wissenschaftlerin versteht.

Als Advokat der von mir öffentlich zur Ordnung gerufenen Kelek trat Anfang Juli 2011, abermals an gleicher prominenter Stelle im *FAZ*-Feuilleton, der Bestseller-Autor Sarrazin auf den Plan.[162] Sarrazin distanzierte sich zwischen den Zeilen klar von der flachen Invektive und den durchsichtigen Unterstellungen von Kelek: Er verteidigte Kelek nur in einer einleitenden Nebenbemerkung gegen die ihr von mir bescheinigte Wissenschaftsferne und methodische Inkompetenz („starker Tobak").

Das „über weite Strecken lesenswerte Gutachten" des SVR hingegen war ihm sogar Anlass zu dem verhaltenen Eingeständnis von einigem Erkenntnisgewinn durch die Lektüre: „Das machte mich nicht dümmer, und sachliche Fehler fand ich auch nicht, wohl aber viele Anregungen für weitere Lektüre und die eine oder andere neue Erkenntnis." Auch dem von Kelek aus Unkenntnis attackierten Integrationsbarometer (Datenfälschung) bescheinigte Sarrazin: „Ich stelle auch nicht in Frage, dass die Umfrageergebnisse seriös zustande kamen." Aus dem Munde des Zerfetzers Sarrazin war das schon eine hohe Auszeichnung. Der Rest waren Missverständnisse:

Sarrazin stützte sein Lamento über einen vorgeblich „von Wunschdenken geprägten Optimismus" im aktuellen SVR-Migrationsgutachten 2011 auf dessen angeblich beredtes Schweigen über „die Unterschiede in den Integrationserfolgen zwischen Muslimen und anderen Migranten." Sarrazin irrte lautstark; denn das – in dem ausdrücklich auf Migrationsfragen gerichteten Migrationsgutachten nicht anzusprechende – Integrationsthema war, wie erwähnt, in Wirklichkeit Gegenstand des SVR-Integrationsgutachtens 2010 gewesen. Ebenso abwegig war Sarrazins Klage über die mangelnde Berücksichtigung seiner eigenen, ebenfalls nicht in einem Migrationsgutachten zu verhandelnden forschungsfernen und überdies längst widerlegten antiislamischen Desintegrationsthesen, die er, unbelehrbar bis heute, nach wie vor für „Tatsachen" hält.

Auf dem gleichen, persönlich verletzenden Niveau wie Kelek argumentierend, glaubte Sarrazin in einseitiger Verstümmelung

von überdies durch mich nicht zur Veröffentlichung freigegebe-
nen privaten Korrespondenzinhalten einen mir gänzlich fremden und zweifelsohne in meinem wissenschaftlichen wie publizistischen Lebensweg nicht erkennbaren opportunistischen
Wissenschaftler vorführen zu sollen: Ich sei „ein liebenswürdiger
Mann und sicherlich ein seriöser Wissenschaftler", der mit ihm
auch viele gemeinsame Einschätzungen teile, aber „nirgends
anecken" wolle, im Zweifelsfalle publizistisch nachtrete, wenn
der Gegner schon von anderen zu Boden gebracht worden sei
und im Blick auf seine angeblichen Tatsachen-Beweise lieber
schamhaft schweige: „Er weiß ja, dass die Fakten stimmen". In
jeder Hinsicht war und ist das Gegenteil der Fall.

Den Gipfel der Geschmacklosigkeit in der Polemik Sarrazins
bildete, der totalitaristischen Semantik von Kelek entsprechend,
ebenfalls eine Anleihe bei totalitaristischem, diesmal allerdings
nicht sozialistisch-kommunistischem, sondern sogar nationalso-
zialistischem Vokabular: Er verglich das SVR-Migrationsgutachten als angeblich schönfärberischen Kriegsbericht von der
„Integrationsfront" mit dem durch fälschende und beruhigende
Propaganda über die Frontverluste hinwegtäuschenden nationalsozialistischen „Reichsfunk". Und er setzte die kritische Auseinandersetzung mit der islamophob skandalisierenden Desintegrationspublizistik der Sarrazin, Kelek & Co. in eins mit der
Anklage von heroisch-mutigen „Integrationskraftzersetzern" in
Anlehnung an die im nationalsozialistischen Deutschland in der
Regel mit der Todesstrafe geahndete ‚Wehrkraftzersetzung'.

Auf den Angriff von Sarrazin habe ich konsequenterweise
nicht mehr geantwortet, weil ich die ‚Kontroverse' mit Kelek für
beendet erklärt hatte und nicht auch noch eine ‚Bade/Kelek/
Sarrazin-Kontroverse' stiften wollte. Eine Antwort erübrigte
sich auch bald, weil der frühere Integrationsminister von Nordrhein-Westfalen und heutige Vorsitzende seiner Landespartei,
Armin Laschet, Ende Juli 2011 in der *FAZ* direkt auf Sarrazin
antwortete und dabei u.a. auch auf dessen Invektiven gegen
mich und den SVR Bezug nahm.[163]

Der vierte im Bunde der prominenten Kelek- und nun auch Sarrazin-Apologeten aus der ‚Islamkritik‘, Ralph Giordano, hieb nachfolgend, ebenfalls in der *FAZ*, in die gleiche, sachlich falsche Kerbe der Verwechslung des SVR-Migrationsgutachtens 2011 mit dem SVR-Integrationsgutachten 2010. Sein in einen Leserbrief gefasster Hieb war für den meist durchaus pointiert, wenn auch zunehmend schrill schreibenden Journalisten und Schriftsteller allerdings nicht nur ganz ungewöhnlich flach angesetzt. Er bestand auch durchweg aus geradezu frappierend kelekianischen Argumentationsmustern im Sinne von Personalisierung, Polarisierung und Täter-Opfer-Umkehr mit ‚Islamkritikern‘ als von wirklichkeitsfremden ‚Schönrednern‘ bedrängten heroischen Wahrheitskündern. Das wirkte, als hätte er geradewegs an einem Leserbriefentwurf von Kelek entlanggeschrieben, was natürlich nicht unterstellt werden soll. Seine peinlich platte Kritik der Antikritik der ‚Islamkritik‘ mündete in den emphatisch-biederen Stoßseufzer: „Wie gut, dass es Thilo Sarrazin und Necla Kelek gibt."[164]

Einen episodischen Nachvollzug der Broder-Kelek-Sarrazin-Giordano-Attacken bot, neben anderen kommunikativen Kriegsschauplätzen in den Medien und im Internet, abermals in der *FAZ*, ein im Grenzbereich zwischen Verletzung der journalistischen Sorgfaltspflicht und gezielter Fehlinformation lavierender, argumentativ ebenfalls ganz auf der Kelek-Linie liegender und noch auffälliger (‚Streifzüge‘) platzierter denunziativer Bericht eines *FAZ*-Journalisten im Oktober 2011.

Er berichtete über meinen – in Wahrheit immer wieder von stürmischem Applaus unterbrochenen – Festvortrag auf der Feier zum zehnjährigen Jubiläum des Stuttgarter Bündnisses für Integration im Stuttgarter Rathaus am 4. Oktober 2011. Ich hatte diesen Vortrag ausnahmsweise einmal wörtlich ausgearbeitet und auch so vorgetragen, weil ich vorab um ein Manuskript gebeten worden war, sodass ich sehr genau prüfen konnte, was ich gesagt und was der Journalist geschrieben hatte.[165] Das Ergebnis des Vergleichs war verheerend für die Glaubwürdigkeit seiner Berichterstattung in der *FAZ* und soll hier kurz vorgeführt werden:

Ich hielt meinen Festvortrag im Anschluss an vom *FAZ*-Berichterstatter als „Wohlfühlreden" abqualifizierte Grußworte des Stuttgarter Oberbürgermeisters Wolfgang Schuster (CDU), der Integrationsbeauftragten der Bundesregierung Staatsministerin Maria Böhmer (CDU) und der baden-württembergischen Integrationsministerin Bilkay Öney (SPD). Der ansonsten für sachlich korrekte, differenzierte und sensible Texte bekannte *FAZ*-Journalist Rüdiger Soldt berichtete dazu:

„Schließlich tritt der eigentliche Festredner, der Migrationsforscher Klaus J. Bade, ans Pult. Der besonnene Stuttgarter Integrationsbeauftragte Gari Pavkovic hat ihn eingeladen, er wird das noch bereuen. Denn Bade gibt sich nicht die Mühe, konkret über das Stuttgarter Modell zu sprechen. Lieber spielt er mal wieder den ‚Anti-Sarrazin'. Bade hat das Problem vieler Emeriti – er kann sich mit seinem Bedeutungsverlust offenbar nicht abfinden. Als Gastredner ist er gern gesehen – Krawall garantiert. […] Er wettert gegen die ‚skandalisierende Desintegrationspublizistik'. Das Volk sei gar nicht so ängstlich, wie manche Politiker behaupteten. Zwei Drittel der Bürger, so Bade, bewerteten die gesellschaftliche Integration positiv. […]. ‚Gehen Sie mal nach Neukölln, sie werden dort nicht gleich totgeschlagen, vielleicht erst beim dritten Besuch.' Offenbar sollte das ein Witz sein. Schließlich tritt, etwas irritiert, Gari Pavkovic noch einmal ans Pult: ‚Vielen Dank für den scharf gewürzten Vortrag.'"[166]

In dieser Berichterstattung, die mit dem ‚Anti-Sarrazin' und dem Hinweis auf den vermeintlich an seinem Bedeutungsverlust kränkelnden Emeritus nachgerade wörtlich die Argumentationsmuster des kelekschen *FAZ*-Angriffs reproduzierte, war ebenfalls buchstäblich alles schief bis falsch: von ‚Sarrazin', der bei mir nur in einer Nebenbemerkung einmal vorkam, über die statistische Aussage, die sich auf den Erfolgsraum Stuttgart und nicht etwa auf das Bundesgebiet bezog und den vollkommen sinnentstellten, vom Publikum sehr wohl verstandenen und mit zustimmendem Gelächter beantworteten Witz[167] bis hin zu der schlicht ins Gegenteil verkehrten abschließenden Danksagung des angeblich schwer irritierten, in Wahrheit herzlich dankbaren „besonnenen Stuttgarter Integrationsbeauftragten Gari Pavkovic", der danach in einem scharfen offenen Brief an den Berichterstatter schrieb:

„Ich bin als Integrationsbeauftragter von Stuttgart irritiert – nicht über unseren Festredner Klaus J. Bade bei der Veranstaltung anlässlich zehn Jahre Stuttgarter Bündnis für Integration, sondern über Ihren Artikel darüber in der *FAZ* vom 6. Oktober.

Zuerst stellen Sie die konkrete Würdigung der Stuttgarter Integrationspolitik durch die Ministerinnen Böhmer (Bund) und Öney (Land) als eine reine Harmonieveranstaltung dar (‚Wohlfühlreden'), dann ziehen Sie über den Hauptredner Bade her, der pointiert auf die Diskrepanz zwischen der eher positiven Bewertung der Integration durch die Bevölkerung und der skandalisierenden Desintegrationsrhetorik in Teilen der Medien und der Politik einging. Klaus Bade gehört nach wie vor zu den bedeutendsten Experten zu Migration und Integration in Deutschland, und sein Vortrag mit Klarsicht und Klartext fand durchweg positive Resonanz im Stuttgarter Rathaus. Der Klartext löste keinen Krawall bei der ‚harmonischen' Veranstaltung aus, sondern Anerkennung und Applaus. Bade würdigte in seiner Rede auch konkret die Stuttgarter Integrationsarbeit, ebenso in seinem schriftlichen Beitrag in der Broschüre zu 10 Jahren des Stuttgarter Integrationsbündnisses.

In Ihrem Artikel gehen Sie auf die Stuttgarter Veranstaltung nur indirekt ein, sozusagen als Ouvertüre zu Ihrer persönlichen Kritik an Bade als ‚Anti-Sarrazin'. Bade hat im Unterschied zu Sarrazin oder Necla Kelek nicht nur den Anspruch, seine Aussagen durch empirische Untersuchungen belegen zu können, sondern daraus auch Lösungsansätze für die integrationspolitische Arbeit zu entwickeln. Was er sagt, hat Hand und Fuß. Bade hat im Unterschied zu den genannten Panikmachern auch Humor, doch seine humorvollen und teilweise ironischen Äußerungen haben Sie im Gegensatz zum Publikum wohl als bierernste Aussagen missverstanden.

Die lokalen Stuttgarter Medien haben über unsere Jubiläumsveranstaltung sachlich berichtet, weil sie auch die langjährige mühevolle Integrationsarbeit vor Ort kennen und anerkennen, die Erfolge aufweist. Klaus Bade und die anderen auswärtigen Ehrengäste kamen nach Stuttgart, um diese Erfolge zu würdigen. Aber, wie sagte es Stuttgarts Oberbürgermeister Wolfgang Schuster in seiner Eröffnungsrede: Für manche Medien sind nur schlechte Nachrichten gute Nachrichten. Man kann aus einem kurzen Beitrag über die gute kommunale Integrationspolitik eine schlechte Nachricht machen. Schade."[168] Es gereicht der *FAZ* zur Ehre, diese öffentliche Zurechtweisung durch Abdruck akzeptiert zu haben, zumal das nach den internen redaktionellen Spielregeln nach nur nach Abstimmung mit dem Verfasser des kommentierten Artikels geht.

Ein früherer Lehrer von Pavkovic, der den *FAZ*-Artikel von Soldt gelesen hatte, kommentierte, nachdem er „mit ingrimmiger Befriedigung" den Leserbrief von Pavkovic in der *FAZ* gefunden hatte, spontan und scharfsichtig: „Die vorhergegangene Berichterstattung hat mich freilich nur leicht irritiert, da sie ohne weiteres in die im Blatt ausgetragenen und keineswegs neutral moderierten Kontroversen Th.S./N.K. versus Bade eingeordnet werden kann."[169]

Die hier nur beispielhaft vorgeführten publizistischen Invektiven wurden in Internet-Blogs in noch grobkörnigerer Flachware zu üblen Schwarmdenunziationen inflationiert und in aggressiven Projektionen auch zu personenorientierten Feindbildern zugespitzt. Sie lösten damit im ‚Shitstorm' immer wieder aufs Neue höhnische Kommentare, wüste Beschimpfungen, bedrohliche Redensarten, aber eben auch direkte Bedrohungen aus. Eine besondere Rolle spielten dabei die Kommentarschleifen in Seiten, Netzen und Blogs, die mit unterschiedlichen Schwerpunkten antiislamisch und christlich-fundamentalistisch, antimultikulturell, antiliberal und anti-europäisch, ethnonational bzw. völkisch- oder kulturrassistisch und neonationalsozialistisch argumentieren und durch die Sarrazin-Debatte kräftigen Aufwind erhielten.

Ergebnis war in den für diese Propaganda empfänglichen Kreisen zweierlei: einerseits eine wachsende aggressive Bollwerkmentalität, die sich auf eine Art kulturellen Notstand glaubte berufen zu sollen; andererseits eine fortschreitende negative Integration in Gestalt der denunziativen Gruppenausgrenzung der als ‚Muslime' umschriebenen millionenstarken, vorwiegend deutsch-türkischen Minderheit in der Einwanderungsgesellschaft.

An Warnungen vor den Folgen dieser publizistischen Satansmühle und an Appellen an die Verantwortlichen hat es nie gefehlt. Meinungsfreiheit darf nicht gleichbedeutend sein mit dem Recht zur persönlichen Erniedrigung, öffentlichen Verleumdung und Ächtung anderer Menschen oder mit der fahrlässigen Ermunterung dazu. Verantwortungsvoll handelnde Publizisten und Journalisten sind sich dieser Gefahr bewusst. Solche, bei denen das nicht der Fall ist, müssen damit leben, öffentlich an diese Gefahr und an die Grenzen der journalistischen Sorgfaltspflicht erinnert zu werden.

Das gilt auch für Thilo Sarrazin selbst, der aus der mit seinem Namen verbundenen Debatte selber wenig gelernt zu haben scheint, obgleich er in seinem Buch ausdrücklich betont hatte: „Es schadet nicht, die eigene gefestigte Meinung immer wieder in Frage zu stellen, denn in der Weite der sozialen Wirklichkeit gibt es nur wenige endgültige und abschließende Antworten."[170] Sich selber kann er damit nicht gemeint haben; denn im Vorwort zur schon erwähnten, Anfang 2012 erschienenen Taschenbuchausgabe von ‚Deutschland schafft sich ab' wiederholte er mir und dem SVR gegenüber fast wortgleich und passagenweise noch verschärft seine in der *FAZ*[171] schon erhobenen, sachlich falschen und persönlich diffamierenden Behauptungen zum Thema Migration und Integration.

Sie gelten den von mir nie bestrittenen, vielmehr von Beginn an, d.h. Jahrzehnte vor Sarrazin und seither immer wieder scharf

ausgeleuchteten Problemen von Integration und Integrationspolitik in Deutschland. Sie waren, wie erwähnt, nicht nur Ergebnis lange anhaltender (und vom ‚Nicht-Einwanderungsland‘
appellativ stabilisierter) Rückkehrillusionen und verspätet ausgebildeten Einwandererbewusstseins, sondern auch Resultat
verspäteter pro-aktiver Einwanderungs- und Integrationspolitik: „Es ist ein Irrtum zu meinen, gesellschaftliche Probleme
seien dadurch besser beherrschbar, dass man sie gar nicht oder
nur indirekt anspricht und ja keine Schuldigen benennt", soll
ich mich und uns da abermals öffentlich belehren lassen. Und
noch mehr: „Ein durch Realismus und Sachverhaltskenntnis
geprägter Pessimismus ist allemal besser und für die Zukunft
zielführender als ein durch Wunschdenken und Unkenntnis
geprägter Optimismus."[172]

Nun war es genug mit der anmaßenden Aggressivität eines
mediensüchtigen Dilettanten im Feld von Migration und Integration. Einem Kontrahenten, der fast ein wissenschaftliches Leben lang dieses Feld beackert hat und der für seine – leider – oft
zutreffenden kritischen Warnungen mancherlei Prügel einste-
cken musste, Unkenntnis, Opportunismus und Feigheit anzudichten, strapazierte meine Contenance gegenüber einem aggressiven Laien mit stolzer Ahnungslosigkeit im Forschungsfeld.
Sarrazin hat die Chance nicht genutzt, für die Taschenbuchausgabe wenigstens die gröbsten Patzer seines Buchs zu korrigieren.
Er wiederholt stattdessen im Vorwort seinen aller Forschungs-
einsicht spottenden ‚islamkritischen‘ Refrain, der auch von seiner diesbezüglichen Vorbeterin Kelek[173] unausgesetzt vertreten
wird:

„Anders als Cem Özdemir und offenbar auch Klaus Bade
meinen, ist das Zurückbleiben muslimischer Migranten im Bil-
dungsbereich aber letztlich kein soziales, sondern ein im Islam
verwurzeltes kulturelles Phänomen. Die Herkunft aus dem islamischen Kulturkreis ist von den durchschnittlich schlechteren
Bildungsleistungen nämlich in der Praxis kaum zu trennen."[174]
Da war es wieder, das ‚im Islam verwurzelte kulturelle Phäno-

men'. Wir wissen inzwischen, dass bei Sarrazin kulturell, zumal wenn ‚verwurzelt', in Wahrheit ‚genetisch' meint. Sarrazin ist hier so unbelehrbar wie die meisten ‚Islamkritiker' – und zwar nicht aus genetischen Verhaltensdispositionen, sondern aus vorwissenschaftlichen Glaubensgründen.

Weil Sarrazin, sicher wider besseres Wissen, auch in seinem Taschenbuchvorwort behauptet, ich befände mich mit ihm in einer Art stillen Partnerschaft und hätte ihm auch öffentlich kaum widersprochen[175], sei in diesem Zusammenhang an ein frühes *dpa*-Interview erinnert, in dem ich Anfang September 2010 u.a. gefragt wurde: „Was halten Sie der These Sarrazins entgegen, dass islamisch geprägte kulturelle Einstellungen muslimischer Migranten schuld am Integrationsproblem sind?"

Meine Antwort lautete: „Das ist demagogischer Unsinn, der durch keinerlei Statistik zu belegen ist: Die Muslime in Deutschland stammen ursprünglich aus rund 50 Ländern, z.B. auch aus dem Iran, aus eine ausgesprochene Elitenwanderung nach Deutschland kam. Es geht in Wahrheit um unterschiedliche Sozialmilieus und Bildungstraditionen. In Sarrazins scheinwissenschaftlichem Desintegrations-Cocktail werden disparate Informationen über Bildungserfolge, Sozialmilieus und Religionsgemeinschaften verquirlt. Das Ergebnis ist eine für unkundige Zeitgenossen süffig wirkende Mischung von in der Kombination giftigen Halbwahrheiten."[176] Dem habe ich nichts hinzuzufügen.

Anmerkungen

1 Über N. Kelek als „Zeugin der Anklage": Bahners, Die Panikmacher, S. 131-174; vgl. ferner: Sauter, Der ‚Fall Kelek', S. 35 ff.; Sokolowsky, Feindbild Moslem, S. 112-132; vgl. jetzt auch Benz, Die Feinde aus dem Morgenland, S. 111-117, dessen Einschätzung ich mich hier nur bedingt anschließen kann, weil sie in dem Argument zentriert, dass Kelek im Wesentlichen glaubwürdig sei, abgesehen von zu starkem Ich-Bezug und einer Neigung zur Pauschalisierung.

2 Lenk, Ideologie. Ideologiekritik und Wissenssoziologie.

3 Küntzel, Matthias: Das Dilemma der Wirklichkeitsverweigerer, in: perlentaucher.de, 6.9.2011.

4 Prantl, Laudatio anlässlich der Verleihung des Geschwister-Scholl-Preises an Necla Kelek; vgl. Senft, Alexandra: Abrechnung mit dem Islam. Necla Keleks Aufschrei. Muslimische Frauen in Deutschland, in: Frankfurter Allgemeine Zeitung, 31.5.2005.

5   Beyer, Susanne/Spörl, Gerhard: Spiegel-Streitgespräch. Sie haben mir weh getan. Necla Kelek und Patrick Bahners, in: Der Spiegel, 2011, Nr. 8. Vgl. z.B. die Struktur ihres Buches ‚Die verlorenen Söhne'. Hier folgen aufeinander: fünf Fallstudien zu Gefängnisinsassen, eine autobiographische Episode („es dauerte lange, bis ich bereit war, Mutter zu werden", S. 95), die Beschreibung einer Beschneidungsszene, Beobachtungen im Schwimmbad in Kreuzberg, ein Abschnitt mit extrem generalisierenden Bemerkungen („Muslimische Jungen wachsen ohne Liebe auf", S. 152), eine Islamschelte, die besonders das Opferfest („töten für Allah", S. 169) kritisiert, eine weitere autobiographische Sequenz und schließlich ein politischer Forderungskatalog.

6   Täuscht Necla Kelek Islam nur vor? Eren Güvercin klärt auf und weist bei der Islamkritikerin Takiyya nach, in: Islam Online, 26.4.2010; Sezer, Kamuran: Die Verschleierin, in: MiGAZIN, 27.10.2010.

7   Mönch, Regina: Maulkorb für Islamkritiker. Eine Gegenpolemik, in: Frankfurter Allgemeine Zeitung, 20.1.2010; Broder, Henryk M.: Meine Schwestern und ich. Warum es ein Kompliment sein kann, als „Hassprediger" bezeichnet zu werden, in: Der Tagesspiegel, 25.1.2010; Seibel, Andrea: ‚Den Muslimen fehlt die Selbstkritik'. Interview mit Necla Kelek, in: Die Welt, 27.1.2010; Seibel, Andrea: Die nachhaltigen Offenbarungen der Sarrazin-Debatte. Interview mit Necla Kelek und Monika Maron, in: Die Welt Online, 27.9.2010.

8   Tkalec, Maritta: Migrationsgreis antwortet Krawallnudel, in: Berliner Zeitung Online, 19.5.2011; Sezer, Kamuran: Broder, der Clown der Nation, in: MiGAZIN, 7.2.2011.

9   Kelek, Necla: Ihr habt mit Hass gekocht. Kritik der Islamkritik, in: Frankfurter Allgemeine Zeitung, 22.1.2010.

10 Hierzu Kap. 4.2-4.4.

11 Kelek, Dankesrede anlässlich der Verleihung des Geschwister-Scholl-Preises.

12 S.o. Kap. 3.2.

13 Matussek, Matthias: Kritik an Islam-Kritikern. Dschihad im Feuilleton, in: Spiegel Online, 19.2.2011.

14 Melzer, Melanie: Bahners zieht es nach New York. Nils Minkmar wird Feuilleton-Chef der ‚FAZ', in: kress.de, 16.6.2011; In eigener Sache. Nils Minkmar wird Feuilletonchef der F.A.Z., in: Faz.net, 16. 6.2011.

15 Erdogans Ghostwriter. Sarrazin rezensiert Patrick Bahners, in: Frankfurter Allgemeine Zeitung, 21.2.2011; in gleichermaßen verächtlichem Sinne, abermals als Advokat Sarrazins auftretend: Dohnanyi, Klaus von: Von Panik keine Rede. Lieblingsfeinde Kelek und Sarrazin. An einer ernsthaften Debatte über die Islamkritik ist Patrick Bahners nicht interessiert, in: Der Tagesspiegel, 14.3.2011; vgl. Röhl, Wir schaffen uns nicht ab, S. 183 f.

16 S. Kap. 4.2; Sarrazin, Thilo: Die Lücken eines Gutachtens, in: Frankfurter Allgemeine Zeitung, 7.7.2011, http://www.faz.net/aktuell/feuilleton/debatten/integration/integrations-debatte-die-luecken-eines-gutachtens-12506.html.

17 Kelek, Necla: Der Panikmacher (Über Bahners, Panikmacher, 2012), in: dies., Chaos der Kulturen, S. 193-201.

18 Kelek, Die fremde Braut.

19 Schily, Otto: Integration. Alarmierender Einblick, in: Der Spiegel, 24.1.2005; vgl. Sokolowsky, Feindbild Moslem, S. 119.

20 Diese Einschätzung verdanke ich Werner Schiffauer.

21 Beck/Beck-Gernsheim, Fernliebe. Lebensformen im globalen Zeitalter, S. 127-129. Als Beleg zitieren Beck/Beck-Gernsheim das Buch von Kelek ‚Die fremde Braut' 2005, S. 171: „Die typische Importbraut [...] spricht kein Deutsch, kennt ihre Rechte nicht, noch weiß sie, an wen sie sich in ihrer Bedrängnis wenden könnte. In den ersten Monaten ist sie total abhängig von der fremden Familie, denn sie hat keine eigenen Aufenthaltsrechte. Sie wird tun müssen, was ihr Mann und ihre Schwiegermutter verlangen. Wenn sie nicht macht, was

man ihr sagt, kann sie von ihrem Ehemann zurück in die Türkei geschickt werden – das würde ihren sozialen oder realen Tod bedeuten." Vgl. hierzu auch schon Beck-Gernsheim, Wir und die Anderen, S. 76 ff.

22 Sauter, Der ‚Fall Kelek‘, S. 48.

23 Turan, Necla Kelek kritisch gelesen.

24 Kelek, Die fremde Braut, S. 219 f.; zit. bei Sokolowsky, Feindbild Moslem, S. 120.

25 Giordano, Ralph: ‚Nicht die Moschee, der Islam ist das Problem!‘, in: Die Welt 20.9.2008; zit. bei Sokolowsky, Feindbild Moslem, S. 20 f.

26 Kelek, Die verlorenen Söhne.

27 Notiz Werner Schiffauer an Verf., 18.10.2012.

28 Ursula Neumann an Verf., 5.8.2012.

29 Ebd.

30 Ebd.

31 Bahners, Die Panikmacher, S. 142-155; Karakaşoğlu, Yasemin/Terkessidis, Mark: Gerechtigkeit für die Muslime!, in: Die Zeit, 1.2.2006; Antwort Kelek dazu: „Gehen Sie heute zum Kottbusser Tor in Kreuzberg: Sie werden eher Probleme haben, muslimische Frauen ohne Kopftuch zu finden. Ich habe in den vergangenen zehn Jahren genau hingesehen, habe mit einigen meiner Interviewpartner wiederholt gesprochen, die Veränderung in der türkisch-muslimischen Community registriert und dabei dazugelernt. Nach meinem Verständnis macht erst das seriöse Forschung aus: die Bereitschaft, die eigenen Ergebnisse durch genaue Beobachtung auch wieder infrage stellen zu lassen." Kelek, Necla: Sie haben das Leid anderer zugelassen! Eine Antwort auf den offenen Brief von 60 Migrationsforschern, in: Die Zeit, 9.2.2006.

32 „So wie heute gelebt, ist Islam mit der Demokratie nicht kompatibel", Necla Kelek im Interview mit Rudolf Burger, in: Der Bund, 28.5.2011.

33 U. Neumann an Verf., 5.8.2012.

34 Posener, Alan: Bekenntnisse bei Brot und Rosen. Die Islamkritikerin wählt Dorade vom Grill, in: Die Welt, 13.3.2011.

35 ‚Deutschland hatte kein Konzept‘. Interview mit Necla Kelek, in: Südkurier, 22.1.2011.

36 Beyer, Susanne/Spörl, Gerhard: Spiegel-Streitgespräch. Sie haben mir weh getan. Necla Kelek und Patrick Bahners, in: Der Spiegel, 2011, Nr. 8.

37 ARD-Sendung ‚Menschen bei Maischberger‘ (14.8.2012); 3sat-Interview ‚Peter Voss fragt Necla Kelek: Hat Thilo Sarrazin Recht?‘ (18.10.2010); Schweizer Fernsehen: Sternstunde der Philosophie‘ (9.4.2008); alle Zitate in: Turkishpress, Necla Kelek. Wahrheit oder doch nur Show?

38 Beispiel: Kelek, Necla: Ihr habt mit Hass gekocht. Kritik der Islamkritik, in: Frankfurter Allgemeine Zeitung, 22.1.2010. Aufschlussreich hierzu auch das ‚Tischgespräch‘ von Alan Posener: Bekenntnisse bei Brot und Rosen. Die Islamkritikerin wählt Dorade vom Grill, in: Die Welt, 12.3.2011.

39 Seidl, Claudius: Kritiker des Islam. Unsere heiligen Krieger, in: Frankfurter Allgemeine Sonntagszeitung, 10.1.2010; vgl. Stoldt, Till R.: Islamkritik als Schlachtgesang der Gehässigen, in: Die Welt, 19.1.2010.

40 Korge, Johannes: BKA-Untersuchung. Polizei analysiert Dutzende ‚Ehrenmord‘-Fälle, in: Spiegel Online, 2.8.2011; vgl. Ehrenstein, Claudia: Typologie der ‚Ehrenmörder‘, in: Die Welt, 30.7.2011; Schiffauer, Werner: Eine Lust am Schaudern, Interview in: Die Tageszeitung, 17.10.2005. Für eine nüchterne Bestandsaufnahme zu dem überschätzten Verbrechenstypus der ‚Ehrenmorde‘ s. Kasselt, Ehrenmord in Deutschland; dies./Oberwittler, Ehrenmorde in Deutschland. 1996-2005; für eine wissenschaftlich fundierte und differenzierte, gleichermaßen an die weitere Öffentlichkeit gewandte Studie zur Stellung der Frauen im Islam s. Schneider, Der Islam und die Frauen.

41 Schädler, Karin: Auch Migranten wählen Ehepartner meist ohne Eltern, in: Tagesspiegel Online, 29.3.2009.

42 Beyer, Susanne/Spörl, Gerhard: Spiegel-Streitgespräch. Sie haben mir weh getan. Necla Kelek und Patrick Bahners, in: Der Spiegel, 2011, Nr. 8, S. 126.

43 Sezer, Kamuran: Die Verschleierin, in: MiGAZIN, 27.10.2010.

44 Manuskriptnotiz Werner Schiffauer an Verf. 18.10.2012.

45 Sokolowsky, Feindbild Moslem, S. 132.

46 Kelek, Necla: Friedrich hat recht, in: Die Welt Online, 1.4.2011.

47 Ausgewählte Publikationshinweise: Karakaşoğlu-Aydın, Muslimische Religiosität und Erziehungsvorstellungen; dies./Boos-Nünning, Zur Lebenssituation von Mädchen und jungen Frauen mit Migrationshintergrund in Deutschland; Karakaşoğlu/Gruhn/Wojciechowicz, Interkulturelle Schulentwicklung unter der Lupe. Die Petition vom 2.1.2006 war nicht die erste Reaktion von Karakaşoğlu auf Keleks unsachliche Argumentationen. Zuletzt war dazu ihr Artikel ‚Tremolo der Betroffenheit‘ (Die Tageszeitung, 19.1.2006) erschienen, der, ohne Koautor, noch präziser ihre eigene kritische Position zu Keleks Publikationen zeigt.

48 Ausgewählte Publikationshinweise: Terkessidis, Kulturkampf – Volk, Nation, der Westen und die Neue Rechte; ders., Psychologie des Rassismus; ders., Migranten; ders., Die Banalität des Rassismus; ders., Interkultur; Holert/ders., Fliehkraft. Gesellschaft in Bewegung.

49 Karakaşoğlu, Yasemin/Terkessidis, Mark: Gerechtigkeit für die Muslime!, in: Die Zeit, 1.2.2006.

50 Die einzige diesbezügliche Formulierung im Text des Aufrufs hatte geheißen: „Forscher und Forscherinnen, die zu unterschiedlichsten Facetten des Themas Migration gearbeitet haben".

51 di Lorenzo, Giovanni: Verteidigung der Freiheit, Cover-Kommentar in: Die Zeit, 9.2.2006.

52 M. Terkessidis an Verf., 8.8.2012.

53 Schwarzer, Alice: Ihrem Mut verdanken wir alles. Ayaan Hirsi Ali, Necla Kelek und Seyran Ateş riskieren ihr Leben, in: Frankfurter Allgemeine Zeitung, 11.2.2006; wieder abgedruckt unter dem Titel: dies., Offene Antwort: Das Klima wird kühler für Multi-Kultis. Und die Pfründe weniger, in: EMMA, März/April 2006.

54 In ihrer erst nach langen Telefonaten mit der Feuilleton-Chefredaktion der FAZ zugelassenen Entgegnung schrieb Yasemin Karakaşoğlu: „Frau Schwarzer behauptet, dass ich das ‚Kopftuchverbot im öffentlichen Dienst‘ als ‚Deutsche Fatwa‘ bezeichnet hätte. Das entspricht nicht der Wahrheit. Dies ist die Überschrift zu einem Artikel, den ich am 22. Juli 1998 in der Zeitung Jungle World zu dem Ludin-Fall geschrieben habe. Auf die Überschrift hatte ich, wie im Falle des ZEIT-Artikels selbst, keinen Einfluss. Sie behauptet, ich hätte die Probandinnen meiner Untersuchung als ‚Glückliche Töchter Allahs‘ bezeichnet. Auch dies ist unwahr. Es ist vielmehr der Untertitel einer Rezension zur Studie ‚Viele Welten leben‘ (Boos-Nünning/Karakaşoğlu 2005) von Jost Müller-Neuhof im Tagesspiegel vom 15.12.2004, einer Studie, in der es gar nicht um Kopftuchträgerinnen, sondern um junge Migrantinnen unterschiedlicher Religionen und ethnischer Herkünfte ging. Frau Schwarzer behauptet, ich hätte den Kollegen Wilhelm Heitmeyer als ‚rassistisch‘ bezeichnet. Auch das ist unwahr." (Yasemin Karakaşoğlu: Authentisch heißt nicht glaubwürdig. Eine Antwort auf Alice Schwarzer, in: Frankfurter Allgemeine Zeitung, 23.2.2006).

55 Hierzu grundlegend, allerdings mehr auf kritische Diskursanalyse als auf argumentative Dokumentation zielend: Sauter, Der ‚Fall Kelek‘.

56 „Es darf allerdings bezweifelt werden, dass einem in vieler Hinsicht dekadenten, durch exzessiven Selbsthass geschwächten westlichen Staat wie Deutschland aus dieser Richtung wirklich noch einmal ein rettendes Korsett gegen den endgültigen Zerfall eingezogen werden kann. Wenn das geschehen soll, dann müssen wir schon selbst Hand anlegen." (Institut für Staatspolitik, Sezession 13. April 2006, S. 46 f.).

57 Sauter, Der ‚Fall Kelek‘, S. 48.

58 Vgl. u.a.: ‚Reißerische Literatur'. Warum der Buchautor Mark Terkessidis den Brief gegen Necla Kelek unterschrieben hat. Interview mit Mark Terkessidis von Miriam Lau, in: Die Welt Online, 8.2.2006; vgl. Anm. 54, S. 224.

59 Kritisch pointiert hierzu u.a.: Hilal Sezgin, Der Hass der Anderen. Die deutschen Muslime sind weiter als es eine pauschale Islamkritik suggeriert, in: Die Tageszeitung, 17.2.2010.

60 Bade (Hrsg.), Das Manifest der 60. Deutschland und die Einwanderung.

61 Diese Information verdanke ich Rita Süssmuth. Ich selber war nicht als Mitglied der Unabhängigen Kommission Zuwanderung berufen worden, obgleich ich von Anbeginn dafür vorgesehen war. Otto Schily ließ, wie ich später aus Kreisen des Bundesinnenministeriums erfuhr, meinen ziemlich weit oben auf der Liste der zu Berufenden platzierten Namen streichen, nachdem ich ihn zusammen mit anderen Wissenschaftlern (u.a. Claus Leggewie) in einem Offenen Brief kritisiert hatte wegen seines problematischen Umgangs mit Zuwandererzahlen (unter Weglassung der Abwandererzahlen) zur Begründung seiner These „Die Grenze der Belastbarkeit Deutschlands durch Zuwanderung ist überschritten". Die Medien griffen die Nachricht unter Titeln auf wie ‚Wissenschaftler machen mobil gegen Bundesinnenminister' (vgl. K.J. Bade, „Bei uns kommt alles 25 Jahre zu spät", Interview in: Die Tageszeitung, 28.6.2012), was bei Schily zu einem Wutausbruch mit der genannten Folge führte. Mit dem gezielten Affront gegen mich habe er, bemerkte Schily Rita Süssmuth und auch mir selber gegenüber später selbstkritisch, „einen Fehler gemacht". Indirekt als Wiedergutmachung bot Otto Schily mir dann in einem ersten langen Gespräch unter vier Augen, dem noch andere folgen sollten, den Vorsitz in dem geplanten und im Zuwanderungsgesetz vorgesehenen, 2003 einberufenen und Ende 2004 schon wieder abberufenen Sachverständigenrat für Migration und Integration (Zuwanderungsrat) der Bundesregierung an, für den auch Rita Süssmuth vorgesehen war. Ich lehnte den Vorsitz ab, erklärte Schily, dass ein solches, in direktem Kontakt mit der Politik arbeitendes Gremium von dem einzigen dafür vorgesehenen politisch erfahrenen Mitglied, Rita Süssmuth, geführt werde müsse, und wurde später von den Mitgliedern des Sachverständigenrates zu ihrem Stellvertreter gewählt.

62 Lau, Miriam: Gefährliche Gutmenschen. Mit ihrer Kampagne gegen Necla Kelek wollen Migrationsforscher eine notwendige Debatte verhindern, in: Die Welt, 8.2.2006; vgl. Sokolowsky, Feindbild Moslem, S. 121-123.

63 Die Begründung lautete: „Necla Kelek tritt seit Jahren als so genannte Islamkritikerin in Erscheinung […]. In ihren Publikationen und bei öffentlichen Auftritten bleibt es aber häufig nicht bei einfacher Kritik. Vielmehr sind beleidigende und in Teilen auch befremdliche Äußerungen die Regel. So hat sie kürzlich in einem Interview muslimischen Männern einen gesteigerten Sexualtrieb, der im schlimmsten Fall zu Sodomie führt, unterstellt. […] Im gleichen Interview bezeichnet sie kopftuchtragende Frauen als ‚Islam Bitches' (Islamische Schlampen) und belegt diese Frauen, die ohnehin schon stark von Diskriminierung betroffen sind, mit einer weiteren negativen Zuschreibung, die nur als Beleidigung empfunden werden kann. […] Necla Kelek sieht die Ursache für sozio-ökonomische Probleme wie Bildungsbenachteiligung, Arbeitslosigkeit, Kriminalität etc. bei ZuwanderInnen in der islamischen Religion, kann diese Bewertung jedoch nicht mit empirischen Belegen nachweisen und bleibt damit stets auf einer abstrakten Behauptungsebene. Während renommierte WissenschaftlerInnen die Ursachen auf Grundlage langjähriger Forschung und konkreter Daten eindeutig in der Sozialstruktur, der Geschichte der Zuwanderung und der sehr späten politischen Reaktion auf die Realität des Einwanderungslandes Deutschland verorten. Es ist also anzunehmen, dass die Wissenschaft mit ihren Erkenntnissen näher an der Realität liegt als Necla Kelek mit ihren selektiven Beobachtungen und skandalisierenden Behauptungen. Wir sind der Meinung, dass eine Person wie Necla Kelek, die pseudowissenschaftlichen Populismus betreibt und damit eher für Desintegration sorgt als für Integration, eine Auszeichnung wie diese nicht verdient hat." (AK Grüne MuslimInnen NRW, ‚Keine Auszeichnung für Diffamierungen!').

64 Alice Schwarzer, Ein freier Kopf braucht kein Schamtuch. Laudatio auf Necla Kelek, in: FAZ, 8.11.2010.

65 Vgl. Kap. 4.3.

66 Necla Kelek, Aus Muslimen müssen freie Bürger werden. Necla Keleks Dankesrede bei der Entgegennahme des Preises der Friedrich-Ebert-Stiftung, in: FAZ, 9.11.2010.

67 Grundlegend über die „kulturelle Dramatisierung sozialer Konflikt": Radtke, Kulturen sprechen nicht, S. 96-111.

68 Kelek, Necla: Entgegnung, in: Die Zeit, 8.2.2006.

69 Seibel, Andrea: Die nachhaltigen Offenbarungen der Sarrazin-Debatte. Interview mit Necla Kelek und Monika Maron, in: Die Welt Online, 27.9.2010.

70 Kelek, Necla: Schluss mit der Opferdebatte, in: Focus, 19.3.2012.

71 Kap. 4.4.

72 Kelek, Necla: Wir müssen den Schleier lüften. Aus Necla Keleks Laudatio zur Überreichung des Ludwig-Börne-Preises an Frank Schirrmacher, in: faz.net, 14.6.2009; Schirrmacher nahm in seiner klugen Dankesrede keine der in Keleks wesentlich ‚islamkritisch‘ angelegten Laudatio vorgetragenen Invektiven auf: Schirrmacher, Frank: Solidarität mit dem jungen Deutschland. Dankesrede zum Ludwig-Börne-Preis 2009, in: Frankfurter Allgemeine Zeitung, 8.6.2009.

73 Prantl, Heribert: Deutschland, ein Fliegenpilz. Die Bundesrepublik braucht Einwanderung, sonst droht ein gewaltiger Verlust an Vitalität, in: Süddeutsche Zeitung, 27.10.2011.

74 Kelek, Chaos der Kulturen, S. 15.

75 Hierzu jetzt: Bade, Abwehrhaltungen und Willkommenskultur; allg.: Bielefeldt, Menschenrechte in der Einwanderungsgesellschaft; Leicht, Multikulturalismus auf dem Prüfstand; als Handbuch-Klassiker trotz Schwächen noch immer nützlich: Mintzel, Multikulturelle Gesellschaften in Europa und Nordamerika.

76 Schlagenwerth, Michaela: Wer hat die Deutungshoheit?, in: Berliner Zeitung, 3.2.2010.

77 Kelek, Chaos der Kulturen.

78 Neuester Überblick weltweit: Oltmer, Globale Migration; aktueller Überblick zur Integration in Deutschland: Löffler, Integration in Deutschland; allg. grundlegend: Sowell, Migrations and Cultures; Bade, Europa in Bewegung (überarb. Neuausg. i.Vorb.); Hoerder, Cultures in Contact; Enzyklopädie: Bade u.a. (Hrsg.), Enzyklopädie Migration in Europa vom 17. Jahrhundert bis zur Gegenwart (überarb. engl. Ausg. u.d. Titel: The Encyclopedia of European Migration and Minorities. From the Seventeenth Century to the Present).

79 Kermani, Wer sind wir?, S. 12.

80 Zu diesem Modus: Shooman, Kronzeuginnen der Anklage?

81 Necla Kelek, Chaos der Kulturen, S. 207.

82 Bax, Daniel: Unter Hasspredigern, in: Die Tageszeitung, 4.2.2010.

83 Sezgin, Hilal: Der Hass der anderen, in: Süddeutsche Zeitung, 23.2.2010.

84 Vgl. Sokolowsky, Feindbild Moslem, S. 125-132.

85 Uslucan, Dabei und doch nicht mittendrin, S. 7.

86 Seibel, Andrea: ‚Nicht Sarrazin, sondern die Diskussion spaltet das Land.‘ Interview mit Necla Kelek und Monika Maron, in: Die Welt Online, 2.9.2010.

87 Ebd.

88 Guschas, Thilo: Die Plumpheiten der Islamkritik (Rezension Patrick Bahners, Die Panikmacher), in: d.radio.de, 28.3.2011.

89 ‚Mit Toleranz wird gar nichts gut‘. Islamkritikerin Necla Kelek über eine Religion, die für sie vor allem eine autoritäre Ideologie darstellt, in: Reutlinger General-Anzeiger, 13.3.2010.

90 Kelek, Chaos der Kulturen, S. 12, vgl. S. 15 f.

91 Kelek, Necla: Die postidentischen Deutschen, in: Frankfurter Allgemeine Zeitung, 31.8.2011.

92 Steinfeld, Thomas: Unsere Hassprediger. Kritik an Auslegung des Islam, in: sueddeutsche. de, 14.1.2010.

93 Seibel, Andrea: ‚Den Muslimen fehlt die Selbstkritik'. Interview mit Necla Kelek, in: Die Welt, 27.1.2010.

94 Interview mit Necla Kelek, in: ZDF-Forum am Freitag, Das System Islam; über muslimische Frauen, aus der gleichen Sendung: ebd., Necla Kelek über muslimische Frauen.

95 „So wie heute gelebt, ist Islam mit der Demokratie nicht kompatibel", Necla Kelek im Interview mit Rudolf Burger, in: Der Bund, 28.5.2011.

96 Kelek, Die fremde Braut, S. 256, zit. nach Sokolowsky, Feindbild Moslem, S. 116.

97 Ebd.

98 Beispiele für einschlägige Studien u.v.a.: Brettfeld/Wetzels, Muslime in Deutschland; Haug/ Müssig/Stichs, Muslimisches Leben in Deutschland; Farrokhzad, Akademikerinnen mit Migrationshintergrund; Cöster, Ehrenmorde in Deutschland; Schiffer/Wagner, Antisemitismus und Islamophobie; Benz (Hrsg.), Islamfeindschaft und ihr Kontext; Sezer/Dağlar, Die Identifikation der TASD mit Deutschland; Schneider, Der Islam und die Frauen.

99 Kelek, Teilnahme von muslimischen Kindern – insbesondere Mädchen – am Sport-, Schwimm- und Sexualkundeunterricht; vgl. Anm. 42, Seite 224.

100 Sokolowsky, Feindbild Moslem, S. 123; hierzu die vernichtende Kritik von Martin Spiewak, Ins Schwimmen geraten. Politiker klagen, dass viele muslimische Schülerinnen den Turn-, Schwimm- und Sexualkundeunterricht boykottieren. Stimmt das überhaupt?, in: Die Zeit, 7.12.2006; Anm. 42, Seite 224.

101 Schneiders, Thorsten Gerald: Wenn die Grenzen der Kritik verschwimmen. Islamfeindlichkeit gehört in Deutschland heute zum Alltag, in: Jüdische Zeitung, 6.8.2010; vgl. ders. (Hrsg.), Islamfeindlichkeit. Wenn die Grenzen der Kritik verschwimmen.

102 Täuscht Necla Kelek Islam nur vor? Eren Güvercin klärt auf und weist bei der Islamkritikerin Takiyya nach, in: Islam Online, 26.4.2010. Für eine knappe, aber differenzierte Darstellung s. das Stichwort Taqiyya in: Hughes, Lexikon des Islam, S. 700.

103 Für eine Einordnung und strukturelle Analyse der Deutschen Islamkonferenz mit kritischem Protokoll s. jetzt: Tezcan, Das muslimische Subjekt.

104 Ebd., S. 106.

105 Auf diese und andere Zusammenhänge in diesem Kontext komme ich in meinen in Vorbereitung befindlichen autobiographischen Notizen zum Thema Migration und Integration in Deutschland noch ausführlicher zurück.

106 Musharbash, Yassin: Viel Selbstlob und Querschläger, in: Spiegel Online, 25.9.2009.

107 Kelek, Necla: Experiment erfolgreich gescheitert, in: Frankfurter Allgemeine Zeitung, 25.6.2009; Kelek, Necla: ‚Die Islamkonferenz läuft schief'. Interview mit Angelika Wölk, in: Der Westen Online, 24.6.2009; dies., Islamkonferenz ist gescheitert, in: Katholische Nachrichtenagentur, 22.1.2010.

108 ‚Mit Toleranz wird gar nichts gut'. Islamkritikerin Necla Kelek über eine Religion, die für sie vor allem eine autoritäre Ideologie darstellt, in: Reutlinger General-Anzeiger, 13.3.2010.

109 Lau, Jörg: Ihr seid nicht integrierbar. Die Islamkonferenz wird fortgeführt – und einige streitbare Teilnehmer werden nicht mehr eingeladen, in: Die Zeit, 4.3.2010; Kelek, Necla: Wer schützt die Muslime?, in: Frankfurter Allgemeine Zeitung, 16.3.1010; Mazyek, Aiman: Ein abstruses Bild des Islam, in: Süddeutsche Zeitung, 18.3.2010; Diskussion um Neuauflage der Islam-Konferenz, in: Newsletter Migration und Bevölkerung, März 2010, S. 1 f.; „So wie heute gelebt, ist Islam mit der Demokratie nicht kompatibel", Necla Kelek im Interview mit Rudolf Burger, in: Der Bund, 28.5.2011.

110 Kelek, Necla: Friedrich hat recht, in: Die Welt Online, 1.4.2011.

111 Keleks Auszeichnungen umfassten allein in den Jahren 2005-2010 u.a. den Geschwister Scholl-Preis (2005), die Mercator-Professur der Universität Duisburg-Essen (2006), den

Corine-Sachbuchpreis (2006); den Frauenpreis des Netzwerks Europäische Bewegung Deutschland (2008), den Hildegard-von-Bingen-Preis für Publizistik (2009) und den Freiheitspreis der Friedrich-Naumann-Stiftung (2010). Die Preisflut war in dem im Berliner Ballhaus Naunystraße aufgeführten musikalischen Schauspiel ‚Lö Bal Almanya‘ von Nurkan Erpulat und Tunçay Kulaoğlu (Regie: Nurkan Erpulat, Premiere 11.5.2010) Gegenstand einer sarkastischen Szene, in der eine als Necla Kelek erkennbare, Schweinsbratwurst fressende Figur beharrlich Unsinn plapperte und dafür jeweils mit Preiskränzen behängt wurde; vgl. dazu Kelek, Necla: Die postidentischen Deutschen, in: Frankfurter Allgemeine Zeitung, 31.8.2011.

112 S. Kap. 6.

113 S. Kap. 4.4.

114 „So wie heute gelebt, ist Islam mit der Demokratie nicht kompatibel", Necla Kelek im Interview mit Rudolf Burger, in: Der Bund, 28.5.2011. Im Vorjahr hatte Kelek hingegen sogar von einer Art „Fatwa" gegen sie berichtet: „Der Konvertit Pierre Vogel, auch bekannt als Abu Hamza, hat erst kürzlich bei einer Veranstaltung in Biblingen gerufen: ‚Allah, vernichte Necla Kelek!‘ Das ist so etwas wie eine Fatwa gegen mich." Auf die Interview-Frage „Haben Sie Angst?" antwortete Kelek: „Natürlich." (‚Die Burka bedeutet Leid.‘ Interview mit Necla Kelek, in: Medienmagazin pro online, 22.6.2010). Im Interview mit Andrea Seibel (Die Welt) vom 25.1.2010 wiederum antwortete Kelek auf die Frage „Wurden Sie schon bedroht?" mit einem klaren: „Nein" (‚Den Muslimen fehlt die Selbstkritik‘. Interview mit Necla Kelek, in: Die Welt, 25.1.2010). Diese Antwort gab sie auch im März 2010 auf die gleiche Frage in einem Interview (‚Mit Toleranz wird gar nichts gut.‘ Islamkritikerin Necla Kelek über eine Religion, die für sie vor allem eine autoritäre Ideologie darstellt, in: Reutlinger General-Anzeiger, 13.3.2010).

115 Bundespräsidialamt, ‚Vielfalt schätzen – Zusammenhalt fördern‘. Rede von Bundespräsident Christian Wulff zum 20. Jahrestag der Deutschen Einheit am 3. Oktober 2010 in Bremen, Berlin 2010, zit. S. 18.

116 Ebd., S. 13.

117 Schäuble. Islam ist Teil Deutschlands, in: Die Welt Online, 28.9.2006.

118 Schäuble. Islam ist Teil Deutschlands, in: ots.de, 6.3.2009; „Der Islam ist Teil unseres Landes", Wolfgang Schäuble im Gespräch mit dem Politmagazin Cicero, zit. nach: Hamburger Abendblatt Online, 22.3.2011.

119 Hierzu im Vergleich der Islam-Statements von Bundesinnenminister a.D. Wolfgang Schäuble, Bundespräsident Christian Wulff und dem amtierenden Bundesinnenminister Hans-Peter Friedrich: „Der Islam gehört zu Deutschland". Gespräch mit Patrick Bahners, DRadio Wissen, Agenda, 7.3.2011.

120 „Auch wenn wir weiter sind, als es die derzeitige Debatte vermuten lässt, sind wir ganz offenkundig nicht weit genug. Ja, wir haben Nachholbedarf, ich nenne als Beispiele: Integrations- und Sprachkurse für die ganze Familie, Unterrichtsangebote in Muttersprachen, islamischen Religionsunterricht von hier ausgebildeten Lehrern und selbstverständlich in deutscher Sprache." (Bundespräsidialamt, ‚Vielfalt schätzen – Zusammenhalt fördern‘. Rede von Bundespräsident Christian Wulff zum 20. Jahrestag der Deutschen Einheit am 3. Oktober 2010 in Bremen). Zu meinem hier indirekt von Wulff angesprochenen Konzept der ‚nachholenden Integrationspolitik‘ s. Bade, Versäumte Integrationschancen.

121 Einecke, Helga u.a.: Das Beste kommt noch, in: Süddeutsche Zeitung, 11./12.9.2010.

122 Wulff will Migranten mehr in die Pflicht nehmen, in: Focus Online, 19.10.2010.

123 Das Gutachten war von mir dem Büro des Bundespräsidenten mit zusätzlichen Informationen übermittelt worden.

124 Vgl. Kap. 4.2.

125 Thilo Sarrazin zieht Bilanz: ‚Ich hätte eine Staatskrise auslösen können‘, in: Frankfurter Allgemeine Zeitung, 25.12.2010. Sarrazin konzentrierte sich dabei auf die – sehr deutsche, am Ende prompt bei der Goethe-Exegese landende – Kritik an einem problematischen Zitat

Wulffs in Ankara aus dem West-Östlichen Divan. („Wie schön wäre es, wenn unsere politischen Führer nicht nur über die Halbbildung ihrer Redenschreiber, sondern über eigene Bildung verfügten!"); vgl. hierzu aus der umfangreichen Diskussion zur ‚Divan-Debatte': Hübsch, Hadayatulah: Islam ist nicht Fanatismus. Goethe und Sarrazin, der Koran und wir, in: ebd., 8.1.2011; Kelek, Necla: Goethes Islambild. Herr, mache ihnen Raum in ihrer engen Brust, in: ebd., 11.1.2011; Link, Jürgen: Mohammed war doch der Prototyp des prophetischen Genies, in: ebd., 13.1.2011; Frühwald, Wolfgang: Viel Dichtung, wenig Wahrheit, in: ebd., 15.1.2011; Lehr, Thomas: Goethe war Araber, in: ebd., 18.1.2011.

126 Alle loben Wulff, in: Frankfurter Allgemeine Zeitung, 4.10.2010; Muslime keine Bürger zweiter Klasse, ebd.

127 Merkel ruft Muslime zur Orientierung an Grundwerten auf, in: dpa, 4.10.2010.

128 Schmale, Holger: Der Präsident der Muslime. Christian Wulffs Signale an die Zuwanderer. Er geißelte Vorurteile wie Integrationsverweigerung, in: Frankfurter Rundschau, 4.10.2010.

129 Sturm, Friedrich: Wulff. „Wer unser Land verachtet, muss mit Gegenwehr rechnen", in: Die Welt, 4.10.2010.

130 Beispiel: ‚Warum der Islam noch kein Teil von Deutschland ist', Interview Thomas Schäfer mit dem Islamforscher Gerd-Rüdiger Puin, in: Saarbrücker Zeitung Online, 5.10.2010.

131 Zitiert nach: Shooman, Vom äußeren Feind zum Anderen im Inneren, S. 159.

132 Maron, Monika: Der Islam gehört nicht zu Deutschland, in: Der Tagesspiegel, 5.10.2010.

133 Zitiert nach: Shooman, Vom äußeren Feind zum Anderen im Inneren, S. 160.

134 Broder, Henryk M./Mohr, Reinhold: Gehören wir Ungläubigen auch dazu? Offener Brief an Christian Wulff, in: Der Tagesspiegel, 6.10.2010.

135 Nicht die Zuwanderung, der Islam ist das Problem! Schriftsteller Ralph Giordano verurteilt in einem offenen Brief die positive Haltung des Bundespräsidenten Christian Wulff zum Islam, in: Die Welt, 12.10.2010.

136 Alle loben Wulff – sogar die Muslime, in: Bild-Zeitung, 20.10.2010.

137 Wulff spürt das Vertrauen, in: Süddeutsche Zeitung, 22.10.2010.

138 Volmer, Hubertus: Rede vor Parlament in Ankara. Zwei Wulff-Sätze für die Türkei, in: tv, 19.10.2010.

139 Wulff spürt das Vertrauen, in: Süddeutsche Zeitung, 22.10.2010.

140 Kelek, Necla: Wulffs Republik der Gläubigen, in: Die Welt, 22.10.2010.

141 In ihrem Bericht über Wulffs Ankara-Rede ließ Kelek den Bundespräsidenten mit ‚vorsichtigen', ‚tastenden kurzen Schritten' auf das Rednerpult zugehen. Sarrazin berichtete in seiner Jahresbilanz über Wulffs erwähntes Drängen auf seine Abmahnung bzw. Entlassung beim Chef der Bundesbank: „Der frisch gewählte Bundespräsident stolperte eilfertig hinterher und bot seine Hilfe bei meiner Entlassung an" (s. Anm. 125, S. 228 f.).

142 Dobrinski, Matthias: Die neue deutsche Frage, in: Süddeutsche Zeitung, 6.10.2010.

143 Kelek, Necla: Das ist Kulturrelativismus, in: Frankfurter Allgemeine Zeitung, 15.2.2011; Replik: Rohe, Mathias: Das ist Rechtskulturrelativismus, in: Frankfurter Allgemeine Zeitung, 22.2.2011.

144 Akyol, Cigdem: Was die denken, die nicht denken. Islamfeindliche Gruppen bedienen rechtspopulistische Tendenzen und sind ideologisch bei Neonazis. Auch mit bei der Hetze gegen Migranten. Christliche Fundamentalisten, in: Die Tageszeitung, 26.5.2010.

145 Bade u.a., Migrationsland 2011.

146 Bade u.a., Einwanderungsgesellschaft 2010.

147 Sarrazin, Thilo: Die Lücken eines Gutachtens. Über die Unterschiede in den Integrationserfolgen zwischen Muslimen und anderen Migranten verliert Professor Klaus Bade, Vorsitzender des Sachverständigenrats Migration, kein Wort. Er weiß ja, dass die Fakten stimmen, in: Frankfurter Allgemeine Zeitung, 7.7.2011, http://www.faz.net/aktuell/feuilleton/debatten/integration/integrationsdebatte-die-luecken-eines-gutachtens-12506.html.

148 Broder, Henryk M.: Ein Hoch auf die Wissenschaft der Sündenbockfindung, in: Die Welt Online, 14.4.2011, http://www.welt.de/debatte/henryk-m-broder/article13172682/Ein-Hoch-auf-die-Wissenschaft-der-Suendenbockfindung.html.

149 S. Kap. 3.2.

150 Forscher geben Sarrazin Mitschuld an Abwanderung, in: Spiegel Online, 13.4.2011.

151 Bade u.a., Migrationsland 2011, S. 9.

152 Kelek, Necla: Professor Bade gibt den Anti-Sarrazin, in: Frankfurter Allgemeine Zeitung, 9.5.2011.

153 Vgl. Kap. 4.2.

154 Prantl, Heribert: Willkommen!, in: Süddeutsche Zeitung, 11.9.2010. In seinem eigenen zweiten Artikel über mich und den SVR, zu meiner Verabschiedung als Gründungsvorsitzender, hat Prantl dann seinen durch Kelek auf mich umgemünzten Begriff ‚Anti-Sarrazin‘ tatsächlich auf mich selber angewandt: ders., Einzelkämpfer für Einwanderer. Der Sachverständigenrat Migration und Integration verabschiedet seinen Chef Klaus Bade, in: Süddeutsche Zeitung, 30.8.2012.

155 Für die völkisch-rechtsradikale Agitation s. z.B. die anschließenden Beiträge aus der ‚Jungen Freiheit‘, in der ich als düsterer „Integrationspapst" bzw. „Pontifex Maximus" der Migrationsforschung und politisch einflussreichster „Multikulti-Einflüsterer" vorgestellt wurde: Nils Wegner, Necla Kelek rechnet ab, in: Junge Freiheit, 10.5.2011; Matthias Bäkermann, Multikulti-Einflüsterer. Klaus Bade ist einer der einflussreichsten Propagandisten einer Einwanderungspolitik, in: ebd., 20.5.2011; Björn Schumacher, Das Elend der Verharmloser, in: ebd., 16.9.2011. Wenn mein Name in einschlägigen Internet-Kommentaren auftaucht, wird zur „Aufklärung" nach wie vor gern der Kelek-Artikel eingestellt, in der letzten Zeit z.B. häufig von einem User mit dem Kürzel ‚DJ‘. Für die Internet-Agitation s. Kap. 5.

156 Ferdinand Fürst zu Hohenlohe-Bartenstein, Schrozberg-Bartenstein, Leserbrief, in: Frankfurter Allgemeine Zeitung, 13.5.2011, Briefe an die Herausgeber, S. 9.

157 Kelek, Necla: Professor Bade gibt den Anti-Sarrazin, in: Frankfurter Allgemeine Zeitung, 9.5.2011, http://www.faz.net/aktuell/feuilleton/debatten/2.1763/migrationsforschung-professor-bade-gibt-den-anti-sarrazin-12930.html; Replik: Bade, Klaus J.: Ich sitze keinem Politbüro vor, in: Frankfurter Allgemeine Zeitung, 18.5.2011, http://www.faz.net/aktuell/feuilleton/debatten/integration/migrationsforschung-ich-sitze-keinem-politbuero-vor-13228.html.

158 Hierzu: www.kjbade.de, ‚in eigener Sache‘.

159 Canan, Coşkun: Ist Frau Kelek eine Verschwörungstheoretikerin?, in: MiGAZIN, 13.5.2011, s. www.kjbade.de, ‚in eigener Sache‘.

160 Pavcovic, Gari: Die Allianz gegen eine differenzierte Darstellung der Realität im Einwanderungsland Deutschland. Das Beispiel FAZ und Necla Kelek, Leserbrief (Ms.) an die Frankfurter Allgemeine Zeitung, 11.5.2011.

161 ‚Anfrage zur Migrationsforschung‘. Serienschreiben von Necla Kelek an verschiedene Stiftungen, hier v. 3.6.2011.

162 Sarrazin, Thilo: Die Lücken eines Gutachtens, in: Frankfurter Allgemeine Zeitung, 7.7.2011, http://www.faz.net/aktuell/feuilleton/debatten/integration/integrationsdebatte-die-luecken-eines-gutachtens-12506.html.

163 Laschet, Armin: Sollen Taxifahrer lieber nicht an Gott glauben?, in: Frankfurter Allgemeine Zeitung, 22.7.2011, http://www.faz.net/aktuell/feuilleton/debatten/integration/integrationsdebatte-sollen-taxifahrer-lieber-nicht-an-gott-glauben-11111701.html.

164 Giordano, Ralph: Nur durch das Bekenntnis zur Wirklichkeit, in: Frankfurter Allgemeine Zeitung, 15.7.2011, http://www.faz.net/frankfurter-allgemeine-zeitung/wirtschaft/nur-durch-das-bekenntnis-zur-wirklichkeit-13418.html.

165 Bade, Integration in der Einwanderungsgesellschaft.

166 Soldt, Rüdiger: Stuttgart. Klarsicht? Oder nur Klartext, in: Frankfurter Allgemeine Zeitung, 6.10.2011.

167 Ich hatte gegen die Rede von der in Deutschland ,gescheiterten Integration' gesagt: „Wer die Integrationserfolge in Deutschland schlecht redet im internationalen Vergleich, dem empfehle ich einen nächtlichen Stadtbummel mit Schlips und Kragen in einem französischen Banlieue-Distrikt oder in ,Little Pakistan' in Bradford und dann zur Erholung mal einen Besuch um die gleiche Zeit in Neukölln oder Kreuzberg. Dort wird man mitnichten gleich beim ersten Besuch erschlagen – höchstens mal beim zweiten oder dritten […]." (www.kjbade.de, ,Medienbeiträge/Vortragsveröffentlichungen').

168 Stuttgarts erfolgreiche Integrationsarbeit. Gari Pavcovic an Werner Soldt, Frankfurter Allgemeine Zeitung, 7.10.2011, abgedr. in: Frankfurter Allgemeine Zeitung, 11.10.2011.

169 G. Abelein an G. Pavkovic, 12.10.2011.

170 Sarrazin, T., Deutschland schafft sich ab, S. 410.

171 Kap. 4.4.

172 Sarrazin, T., Deutschland schafft sich ab (Taschenbuchausgabe), S. XXIX.

173 ,Mit Toleranz wird gar nichts gut'. Islamkritikerin Necla Kelek über eine Religion, die für sie vor allem eine autoritäre Ideologie darstellt, in: Reutlinger General-Anzeiger, 13.3.2010.

174 Sarrazin, T., Deutschland schafft sich ab (Taschenbuchausgabe), S. XXX. Sarrazin jongliert dabei wieder, wie so häufig, mit selektiv und damit manipulativ genutzten Daten. Die Bildungserfolge sind primär eine Frage der sozialkulturellen und nicht der religiöskulturellen Herkunft. Das gilt auch für Kinder muslimischer Religionszugehörigkeit. Schon die PISA-Studie hatte gezeigt, dass das deutsche Schulsystem bei der Frage der sozialen Chancengleichheit unter allen Industriestaaten am schlechtesten abschneidet. Manches hat sich seither gebessert, aber auch nach der neuesten OECD-Bildungsstudie (2012) sind die Vergleichswerte für Deutschland nach wie vor dramatisch schlecht. Noch immer entscheidet die soziale (nicht die religiös-kulturelle) Herkunft in hohem Grad über schulischen Erfolg oder Misserfolg (Osel, Johann: Nur jeder Fünfte schafft den Aufstieg, in: Süddeutsche Zeitung, 12.9.2012). Völlig an Sarrazin vorbeigegangen sind offenkundig auch die in der Mediendiskussion Aufsehen erregenden Nachrichten über den rasanten Aufholprozess der zweiten und der dritten Migrantengeneration (gemessen an der eigenen familiären Bildungsgeschichte und an vergleichbaren Sozialmilieus ohne Migrationshintergrund). Davon zeugt auch der letzte Bildungsbericht der Integrationsbeauftragten der Bundesregierung. Aber Sarrazin akzeptiert offenkundig Forschungsergebnisse nicht, die seine ,Daten' widerlegen oder wertet sie manipulativ aus. Das zeigt auch seine Auswertung der in seinem Vorwort zitierten, im März 2011 vorgelegten Studie von Holger Liljeberg über Rückzugstendenzen türkischer Migranten in Deutschland, die von Sarrazin sehr einseitig interpretiert wird.

175 Vgl. hierzu Anm. 59, S. 81.

176 Zugleich habe ich in diesem Interview vor dem Hintergrund der Diskussion um einen Parteiausschluss Sarrazins klar gesagt: „Man sollte Sarrazin als Autor widerlegen und nicht als Parteimitglied umlegen; denn damit schafft man einen unheimlichen Märtyrer, der sich in einen noch gefährlicheren Wiedergänger verwandeln könnte." (,SPD-Ausschluss schafft Märtyrer'. Der Migrationsforscher Prof. Klaus J. Bade hat die SPD davor gewarnt, Thilo Sarrazin aus der SPD auszuschließen. Besser sei es, ihn als Autor zu widerlegen, in: Kölner Stadtanzeiger, 3.9.2010).

5. Denunziation und kommunikative Kriminalität im Internet: der virtuelle Pranger

Wer sich zur Zeit der Sarrazin-Debatte in den Themenfeldern Migration, Integration und Islam öffentlich für argumentative Differenzierung engagierte, wer Sarrazin kritisierte oder an den anderen ‚islamkritischen‘ Bastionen bzw. Heroen und ihren Pauschal- bzw. Kollektivdenunziationen öffentlich Kritik übte, rückte in der islamophoben Freund/Feind-Axiomatik rasch ins Feindbild ein.[1] Dafür sorgte die intensive, in der Organisation konspirative und in der Technik ausgefeilte Medienbeobachtung in den weitverzweigten islamfeindlichen Netz- und Hetzwerken. Über ihre Weblogs können sich aktionsbereite Mitglieder und Mitläufer, fast wie bei Facebook-Parties, über die ins Feindbild fallenden täglichen Veranstaltungen in Stadt und Region informieren, beobachten, berichten oder sich zu störenden ‚Besuchen‘ unerwünschter Veranstaltungen verabreden.[2] Dieses Feindbild umschloss im Wesentlichen zwei Gruppen: die angeblich nur naiven, aber missliebigen ‚Gutmenschen‘, die auf geeignete Weise, z.B. durch die dauerhafte Berieselung mit unerwünschten Medienhinweisen (‚Schau mal, was ich bei BILD.de gefunden habe‘ u.a.m.) belehrend zu belästigen waren; und die gefährlichen ‚demagogischen‘ bzw. ‚ideologischen‘ ‚Schönredner‘, die publizistisch zu bekämpfen oder als ‚Volksverräter‘ für ihre ‚verbrecherischen Lügen‘ auf geeignete Weise zur Rechenschaft zu ziehen und zu bestrafen waren.

Der islamfeindliche Bannstrahl traf z.B. Wissenschaftler, die es wagten, Sarrazin öffentlich zu kritisieren oder gar zu widerlegen. Zu ihnen gehörte schon bald die bereits erwähnte, von der VolkswagenStiftung mit einem ‚Schumpeter-Fellowship‘, einer der bundesweit höchsten wissenschaftlichen Förderauszeichnungen, bedachte, an der Berliner Humboldt-Universität forschende und lehrende Sozialwissenschaftlerin Dr. Naika Foroutan.[3] Sie hatte, wie erwähnt, mit ihrer Forschungsgruppe eine kritische Überprüfung zentraler Argumente und Daten des Sarrazin-Buchs ins Netz gestellt und die meisten davon als überzogen, einseitig, nur halb wahr oder ganz falsch interpretiert abgewiesen. Man muss dieser Kritik nicht in jedem Argument folgen, aber das Gesamtergebnis war überzeugend und prekär für Sarrazin.[4]

Das mediale Echo zur Zeit der Sarrazin-Debatte war groß, zumal sich Foroutan und ihre Gruppe auch direkt und persönlich an der öffentlichen Diskussion beteiligten, z.B. durch Vorträge und in Talkshows. Die Folge war ein von dem Internet-Pranger *Politically Incorrect (PI)* eröffneter ‚Shitstorm‘ und dann eine gleich von mehreren Seiten als Zangenangriff publizistisch und im Netz vorgetragene Attacke. Ihre denunziativen Unterstellungen und Verleumdungen zielten offen auf die Vernichtung der akademischen Existenz.[5] Das misslang, weil Dekanat und Universitätsleitung klar machten, dass in der Wissenschaft andere Standards gelten als auf dem Markt der Meinungen oder in der Weblog-Gosse.

Der zahlengläubige durch die kritische Dokumentation in vielen seiner Argumente und Daten blamierte, aber unbelehrbare Sarrazin wiederum beharrte weiterhin, noch nie habe jemand seine „Statistiken widerlegen können“. Zu dem Forschungsteam der Humboldt-Universität erklärte er auf dem argumentativen Niveau von islamfeindlichen Hassmails und Weblog-Postings erregt und barsch: „Das sind doch keine Wissenschaftler!“[6]

Höchstrangige Vertreter der Kirchen wiederum mussten damit rechnen, in die Weblog-Schusslinie der ‚Islamkritik‘ zu geraten, wenn sie sich zu weit auf das Feld der interreligiösen Verständigung wagten: So erhielt der bayerische Landesbischof Heinrich Bedford-Strohm eine Flut von antiislamischen Hassmails, weil er auf einer öffentlichen Veranstaltung des Bundesamtes für Migration und Flüchtlinge (BAMF) darauf hingewiesen hatte, dass die Bibel keine Intoleranz rechtfertige und für eine Öffnung der Kirchen auch gegenüber dem Islam eingetreten war.[7]

Als angeblich besonders gefährlicher Täter aus dem Bereich der Wissenschaft wurde ich selber in verschiedenen Blogs (z.B. ‚Nürnberg 2.0‘, ‚Konservative Wahrheitsunion/KWU‘ u.a.) oder deren Kommentarschleifen für mehr oder minder vogelfrei erklärt. Die oben in einigen Beispielen vorgeführten publizistischen Invektiven[8] lösten auch in meinem Falle im Internet höhnische Kommentare, wüste Beschimpfungen, bedrohliche Redensarten, aber auch indirekte Gewaltaufrufe und direkte Bedrohungen aus, die bei öffentlichen Vorträgen zeitweise polizeilichen Saalschutz oder sogar Personenschutz notwendig machten.

Staatsschutzabteilungen der Landespolizeiämter wiesen in ihren Gefährdergesprächen darauf hin, dass die Schreiber aggressiver Internet-Texte häufig selber keine unmittelbar Tatverdächtigen seien: Ihre Texte zielten zwar direkt oder indirekt darauf ab, Gewaltakte gegen die bloßgestellten Adressaten der Kritik zu motivieren und zu mobilisieren; aber eine direkte, persönliche Verbindung zwischen Wortgewalt und Tatgewalt und erst recht entsprechende Vorsätze seien nur selten nachzuweisen.

Ein brutalistischer Gewaltbefürworter könnte überdies auch ein im übertragenen Sinne braungebrannter rechtsradikaler, aber altersschwacher Mallorca-Rentner sein, der nach dem Frühstück im Internet ein bisschen agitieren gehe und nach dem Abendessen nachsehe, was sich dazu an Kommentaren eingefunden habe. So muss man wohl argumentieren, wenn man von Amts wegen gezwungen ist, sich in der Konfrontation mit der wachsenden Gefahr aus rechtsradikal/rechtsextremistischen Kreisen auf Kriminaltechnik zu beschränken und immer nur auf die physischen, aber nicht auf die geistigen Fingerabdrücke zu achten. Manche Mitarbeiter unserer Dienste und Behörden könnten möglicherweise ganz anders, wenn sie denn dürften. Aber das gilt, wie noch zu zeigen sein wird, sicher nicht für alle.

All das ist für Betroffene wenig tröstlich, wie das Beispiel der seit 2005 bestehenden Berliner Website ‚Chronik Berlin' zeigt, hinter der in Insiderkreisen der NPD-Landesvorsitzende Sebastian Schmidtke vermutet wurde, der dies jedoch dementierte. Die ‚Chronik Berlin' wird von einem Server in den USA aus betrieben, operiert damit im Geltungsbereich des – sehr offenen und im Prinzip nur rudimentär vorhandenen – amerikanischen Medienrechts und ist deshalb, so die geläufige Ausflucht, angeblich jedwedem Zugriff deutscher Behörden entzogen. Dieser Internet-Pranger, der nach Einschätzung der Justizverwaltung „die zentrale Internetplattform des aktionsorientierten Rechtsextremismus" in Berlin ist, führte 2011 schließlich rund 100 Personen, meist Berliner, als „Feinde des nationalen Widerstandes". Anzeigen wegen schwerwiegender Bedrohungen auf dieser Seite blieben erfolglos.

Der polizeiliche Staatsschutz informierte Betroffene zwar von ihrer Positionierung auf der ‚Chronik'-Seite, teilte aber zugleich mit, dass „keine Anhaltspunkte für eine konkrete Gefährdung" vorlägen bzw. dass sich allein „durch die Thematisierung Ihrer Person auf der fraglichen Liste" noch keine Gefahr ergebe. Das war nach Einschätzung der Mobilen Beratung gegen Rechtsextremismus (MBR) eine fatale und, wie sich bald zeigen sollte, opferreiche Fehleinschätzung:

Mehr als ein Dutzend Betroffene wurden seit ihrer Platzierung auf der ‚Chronik'-Liste Opfer von rechtsextremistischen Straftätern, zehn weitere Opfer wurden von unbekannten Tätern angegriffen, der Zusammenhang war auch hier unverkennbar.[9] Die Opfer hatten das Nachsehen, weil die Behörden, wieder einmal, die akute Gefahr verkannt und gewissermaßen nach dem fiktiven Motto gehandelt hatten, dass der Nachweis akuter Bedrohung durch vierschrötige rechtsradikale/rechtsextremistische Schlägertrupps erst erbracht ist, wenn ihr Opfer gefunden wird und, bei Zeugenmangel, selbst möglichst genau nachweisen kann, welche einzelnen Täter es mit welcher konkreten Hieb- bzw. Trittfolge zusammengeschlagen bzw. zusammengetreten haben.

Die amtliche Zurückhaltung gegenüber dem Pranger ‚Chronik Berlin' verwies einmal mehr auf die sehr ungleich verteilte Beobachtungs-, Ermittlungs- und Fahndungsbereitschaft im Vergleich von staatlichen Interventionen gegen ‚links', selbst zum Schutz von ‚rechts'. Das zeigen diverse zeitgleiche Beispiele aus ähnlichen Zusammenhängen, von denen hier nur drei und eine kleine Beispielsammlung genannt seien:

Beispiel 1: Zur gleichen Zeit, in der Anzeigen gegen die rechtsextremistische ‚Chronik Berlin' erfolglos blieben, wurde bekannt, dass im Dezember 2011 eine Razzia gegen einen Fotografen mit Beschlagnahmung seines Computers stattgefunden hatte. Ihm wurde vorgeworfen, dass er einen bekannten Neonazi bei einer Kundgebung fotografiert habe und das Bild auf einer linken Internetseite gelandet sei. Mein indiziertes eigenes Foto aber steht – rechtswidrig, strafbar und trotz Anzeige nach wie vor straffrei – immer noch auf der ‚Fahndungsliste' des rechtsextremistischen Internet-Prangers ‚Nürnberg 2.0' (s.u.).

Beispiel 2: Der engagierte kritische Jugendpfarrer von Jena, Lothar König, wurde, ebenfalls im Dezember 2011, von einer Anklage wegen „aufwieglerischen Landfriedensbruchs" bedroht, weil er es „bei seinen Protesten gegen die Neonazis übertrieben haben" soll. „Man fragt sich", kommentierte Heribert Prantl in der *Süddeutschen Zeitung*: „Ist derjenige ein Aufwiegler, der sich engagiert gegen Neonazis wehrt – oder derjenige, der ihn deswegen verfolgt?"[10]

Beispiel 3: Ebenfalls im Dezember 2011 lehnte das Oberlandesgericht Karlsruhe die Eröffnung eines Verfahrens gegen einen Neonazi und Leiter der örtlichen NPD-Jugend ab, der Baupläne, sogar fertig gebastelte Zünder sowie kiloweise chemische Zutaten für eine Rohrbombe gehortet hatte und außerdem ein Sturmgewehr samt Munition besaß.[11] Ob das Verfahren auch abgelehnt worden wäre, wenn man diese Kampf- und Attentatsutensilien bei einem ‚Linksradikalen' oder ‚Islamisten' gefunden hätte?

Beispielsammlung: Die Amadeu Antonio-Stiftung legte 2012 eine Aufsehen erregende Studie über ‚Das Kartell der Verharm-

loser' vor, deren Untertitel lautet: ‚Wie deutsche Behörden systematisch rechtsextremen Alltagsterror bagatellisieren.' Es handelt
sich um eine erschreckende Beispielsammlung von an der Grenze zur Rechtsbeugung lavierendem Behördenverhalten gegenüber eindeutig straffälligem, insbesondere neonationalsozialisti-
schem Alltagsterror, der sich im Schutz dieser indirekten amtlichen Tolerierung ungehindert weiter entfalten kann, zum Teil
mit diskreten Verbindungen bis in die Behörden selbst hinein.[12]

Die Autorin der Beispielsammlung, die Politologin und Publizistin Marion Kraske, ergänzte dazu: „Opfer rechter Gewalt,
Beratungsstellen und Opfervereine kämpfen bundesweit gegen
eine Mauer aus Ignoranz und Verharmlosung an. Polizei und
Strafverfolgungsbehörden negieren nur allzu oft die politischen
Motive von Rassismus. In vielen Städten existiert eine Kultur
des Wegschauens: Die Opfer werden in ihrer Notsituation allein
gelassen, die Täter hingegen erfahren Solidarisierung und können dadurch immer mehr gesellschaftlichen Raum besetzen.
Wer das Nazi-Problem offen anspricht, trifft dagegen auf Abwehr, wird gar als Nestbeschmutzer diffamiert. Insgesamt fehlt
in vielen Bundesländern und Kommunen eine klare Positionierung gegen rechtsextreme Gesinnung und ihre gewaltbereiten
Schläger und Provokateure. Die wehrhafte Demokratie wird so
zur Farce."[13]

An frühzeitigen Warnungen vor der Gefährlichkeit der hier
drohenden, konspirativ und zunehmend auch offen organisierten alltagsterroristischen Strukturen hat es nicht gefehlt, die
seitens der Behörden oft abwiegelnd als ausgeartete Raufereien
zwischen Jugendlichen verharmlost wurden. Es fehlte an dem
behördlichen und politischen Interesse, solche Warnungen auf-
zunehmen, durch Ermittlung zu prüfen und dort, wo solche
Ermittlungsarbeit durch bestehende Rechtsvorschriften blo-
ckiert wurde, diese durch die Entwicklung vielleicht überholten
Vorschriften zu ändern.

Das galt insbesondere für den deswegen immer wieder ergebnislos kritisierten und in seinem nach ‚rechts' hin offenkundig

beschränkten Sichtvermögen nachgerade einäugig wirkenden Verfassungsschutz.[14] Er konnte oder wollte, wie wir heute wissen, sehr viel weniger sehen als z.B. Rechtsextremismusforscher und investigative Journalisten, die ohne ‚V-Leute' und trotzdem ergebnisreicher arbeiteten. Hinweise auf die Gefahr von ‚rechts' wurden in der Regel mit dem Hinweis auf eine Art Rechts-Links-Balance in Sachen ‚Extremismus' beantwortet. Sie blamierte sich vor der Tatsache, dass es im Rechts-Links-Vergleich bekanntlich eine auch nur annähernd vergleichbare Liste von Ermordungen, Tötungen sowie schweren und schwersten, lebenslang einschränkenden Körperverletzungen und Traumatisierungen gar nicht gibt. Wollte man alle Opfer ‚rechter' Gewalt zusammenrufen und auch diejenigen noch einladen, die aus Angst vor neuerlichen Angriffen oder Bedrohungen keine Anzeige erstattet haben, dann würde das eine machtvolle Demonstration gegen ‚rechts' ergeben.

Das lange und zum Teil noch heute anhaltende demonstrative amtliche Desinteresse und die immer wieder zu hörenden Dementis gegenüber Hinweisen auf diese Gefahren und den regional zum Teil schon notorischen Alltagsterror von ‚rechts' haben bei nicht wenigen Zeitgenossen den Eindruck hinterlassen, dass das Weltbild einiger Behörden und insbesondere des Verfassungsschutzes noch durch die politische Windrose des Kalten Kriegs bestimmt ist. Bei manchen Beobachtern konnte auch der beklemmende Eindruck entstehen, dass bei amtlichen Ansprechpartnern hinter solchem mangelnden Erkenntnisvermögen politische Vorstellungen liegen könnten, die selbst so weit ‚rechts' waren, dass eine aus der gleichen Richtung drohende Gefahr nicht erkennbar war.

Deutsche islamfeindliche Weblogs sind in internationalen Aktionsbündnissen dicht vernetzt.[15] Dazu zählen in Europa u.a. *document.no*, zu dessen Autoren der norwegische Massenmörder Breivik gehörte, *Gates of Vienna*, eine wichtige Quelle für sein 1.500 Seiten umfassendes Pamphlet (s.u.), oder *Islam versus Europe* und das *Brussels Journal*. In den USA gehören dazu z.B. *Atlas*

Shrugs (Pamela Geller) und besonders *Jihadwatch* (Robert Spencer) als Informationszentren einer aggressiv-islamfeindlichen Denunziationsbewegung, die zunehmend Berücksichtigung auch in den ‚Leitmedien' findet.[16] Nachrichten lesen Rechtsextreme und Islamfeinde auf eigenen internationalen Portalen wie *Altermedia: World Wide News for People of European Descent.*

Sie alle liefern die „ideologische Blaupause für den ‚heiligen Krieg' gegen Islam und MultiKulti", der auch das Denken des christlich-fundamentalistischen Terroristen Breivik bestimmte. Der christliche Fundamentalismus verfügte in Deutschland über eigene einschlägige Propagandainstrumente im Netz. An ihrer Spitze operierte die vom Verfassungsschutz beobachtete und schließlich als verfassungsfeindlich eingestufte katholisch-fundamentalistische Hetz-Seite *kreuz.net,* an der der katholische Pfarrer Hendrick Joilie aus dem Bistum Mainz, Gründer des konservativen Netzwerks katholischer Priester, beteiligt war. Unter wachsendem Fahndungsdruck ging *kreuz.net* erst im Dezember 2012 vom Netz, wobei unklar blieb, ob es sich um einen Schlussstrich oder um ein befristetes Abtauchen in den elektronischen Untergrund zur Vorbereitung eines getarnten neuen Netz-Auftritts der katholischen Fundamentalisten handelte.[17]

Die Unterschiede in der nationalen und internationalen Vernetzungsdichte zwischen Akteuren und Beobachtern bzw. Ermittlern sind im Dschungel der Netz- und Hetzwerke des Web 2.0 mitunter grotesk, ungefähr so wie der Unterschied zwischen dem elektronischen Equipment des international organisierten Verbrechens und der Ausstattung einer deutschen Polizeistreife mit Wechselsprechanlage im Auto und Schreibmaschine im Amtszimmer. „Der rechtsextreme Untergrund ist europaweit vernetzt. Seine Verfolger arbeiten im Alleingang – und kommen kaum voran", lautete eine Bestandsaufnahme noch Ende 2011.[18]

Bei den weitreichenden und tiefgestaffelten Netzwerken und Internet-Blogs können in Deutschland, mit fließenden Übergängen, grob zwei Ebenen unterschieden werden: eine stärker bildungsbürgerlich-mittelständische, aber nicht minder aggressive Ebene und jene brutalistische geistige Unterwelt, bei der die Spanne zwischen Wort- und Tatgewalt am kürzesten zu sein scheint.

Beide Ebenen ankern nicht mehr nur in randständigen Gruppen. Sie kommen vielmehr auch aus der im Bielefelder Großprojekt ‚Gruppenbezogene Menschenfeindlichkeit (GMF)‘ seit Jahren beobachteten Mitte der Gesellschaft.[19] Dort haben die wachsende gesellschaftliche Unübersichtlichkeit, kulturelle und soziale Ängste einerseits und die allgemeine politische Repräsentations-, Legitimations- und Orientierungskrise andererseits wachsende Empörungsbereitschaft in ein „rasendes Bürgertum" verwandelt.[20] Teile davon projizieren Wut und Angst u.a. auf den Islam, zum Teil unter dem Schlachtruf der Kreuzritter *Deus vult*, so der Titel einer einschlägigen Internetseite.[21]

Auf beiden Ebenen expandiert insbesondere die immer besser organisierte und auch grenzüberschreitend aktive moderne Kreuzzugsbewegung „Abendland versus Islam" mit ihren oft ebenso flachen wie aggressiven, medientechnisch aber meist attraktiv servierten Botschaften. „Wenn ein Idiot heute weder von Religion noch von Politik und auch sonst keine Ahnung hat – von der ‚Scharia‘ quasselt er immer", glossiert der Sozialwissenschaftler und Publizist Wolfgang Pohrt. „Wenn es um den Islam geht, ist jeder Dorftrottel plötzlich Spezialist für Glaubensfragen, Orientalistik und Islamwissenschaft, ja sogar für Arabisch. In jedem Diskussionsforum im Internet gibt es faschistische Hetzer, die Koransuren angeblich aus dem Original zitieren, um zu beweisen, wie schrecklich und gefährlich der Islam sei."[22] Manche der hier agierenden und agitierenden selbsternannten ‚Islamkenner‘ können für ihren vermeintlichen Expertenstatus ungefähr so viel Legitimation beanspruchen wie ein Deutscher, der sich aufgrund seiner Geburt im Land zum Germanisten erklärt, oder ein Klosettbrillenschreiner, der den Optiker als Kollegen versteht.

Im bürgerlichen Mittelfeld operiert, pars pro toto, vor allem die im November 2004, eine Woche nach dem Mord an dem

niederländischen Islamkritiker und Filmemacher Theo van
Goch, gegründete, heute mächtige und einflussreiche, in Technik und Design perfekte große Internet-Plattform *Politically
Incorrect* (*PI*).[23] Ihr Gründer und Leiter ist der Sportlehrer Stefan
Herre aus Bergisch-Gladbach. Er hat zusammen mit seinem
Führungsteam angeblich Kontakte bis weit ins rechtsradikale
Spektrum hinein, ist aber – im Gegensatz zu harmlosen kopf-
tuchtragenden Lehrerinnen oder zu islamistischer oder gar
‚linksextremer‘ Ideen verdächtigten Lehramtsanwärtern – von
der Schulbehörde wie vom Verfassungsschutz nach wie vor unbehelligt.

PI hat es, so seine besten Kenner, die investigativen Journalisten Steven Geyer und Jörg Schindler, denen Tausende von zum
Teil hochvertraulichen *PI*-Mails zugespielt wurden, seither
„zum Zentralorgan der deutschen Islamphobiker gebracht“.[24]
Von *Politically Incorrect* geht ein inzwischen große Teile der Republik umspannendes und weit über ihre Grenzen hinausrei-
chendes, ständig weiter expandierendes konspiratives Netz- und
Hetzwerk aus. Seine Helfershelfer arbeiten mit Crosslink-Tech-
niken und noch raffinierteren anderen Instrumentarien, sodass
Gesinnungsfeinde ständig von allerlei unerfreulichen Postings
im Netz[25] umstellt bleiben.

In den islamophoben Kommentarschleifen von *Politically
Incorrect* werden der Islam („Pisslam“) als „freiwillige“ und
„schwere Geisteskrankheit“, als „faschistische Ideologie“, seine
Gläubigen mitunter als „Sackratten“, „Ziegenficker“, „Schleier-
schlampen“ und „Kopftucheulen“, als „Gesindel“, „Abschaum“
und „Türkendreck“ denunziert. In seinen Kampagnen wird
ausdrücklich nicht zwischen Islam und Islamismus unterschieden, werden Islam und Muslime durch Volksverhetzung verteu-
felt. In seinen Einträgen wird die muslimische Minderheit in
ihren legitimen Verfassungsrechten bedroht („Abschwören oder
Abreisen“).

Es wird dazu aufgerufen, die, in Anführungszeichen, nur sogenannten „Volksvertreter“ zu beseitigen, die für „die ganze

Abartigkeit der Moslem-Masseninvasion" verantwortlich seien. Nicht nur User dürfen in ihren Kommentaren zum sogar bewaffneten Kampf gegen diese „Invasion" aufrufen; auch auf der *PI*-Startseite selbst war Ende Februar 2011 eine an antisemitische Hetzpublikationen der NS-Zeit wie den ‚Stürmer' erinnernde Karikatur zu sehen: Eine blonde Europäerin mit Zöpfen, Helm, Schild und Lanze verjagte aus Europa mit einem Fußtritt einen als Schwein dargestellten Muslim – die schlimmste Erniedrigung gläubiger Anhänger des Islam.[26]

Kay Sokolowsky kommt in seiner Analyse der kommunikativen Denunziation im Internet zu diesem Ergebnis: „Was bei *PI* gehetzt wird, das sickert hinaus in zahllose andere Weblogs und Internetforen, das findet sich in den Leserkommentarspalten sämtlicher Online-Ausgaben seriöser deutscher Zeitungen wieder – also nicht nur bei *Bild*, sondern auch bei der *Süddeutschen* oder der *FAZ* und immer häufiger auf den Digitalseiten der multikulturellen *taz*. Die Autoren und Hardcore-User von *PI* sind die Avantgarde des Muslimhasses. Sie tummeln sich überall, wo das Web 2.0 ihnen die Möglichkeit gibt, ihr Gift zu verspritzen und den nicht ganz so fanatischen Fremdenfeind mit Angst- und Hassargumenten zu bestücken. […]

Diese Seite ist die fette Spinne in einem Netz der Fremdenfeindlichkeit. Jede Halbwahrheit und jede Gemeinheit, die hier steht, wird binnen kurzer Zeit Gemeingut vieler Millionen Menschen. Die übrigens meistens gar nicht wissen, woher die Diffamierungen stammen, die sie nachbeten. Wahrscheinlich wären sie zutiefst angeekelt, wenn sie die Hetztiraden auf *PI* einmal ungefiltert lesen würden. […]

PI ist voll von demokratiefeindlichen Ergüssen. Es gehört zum täglichen Geschäft dieser Website, gegen die Unabhängigkeit der Justiz zu pöbeln, das ‚dumme Wahlvolk', das leider schon wieder nicht rechtsradikal abgestimmt hat, zu verunglimpfen, und die verfassungsrechtlich garantierten Freiheitsrechte all denen abzusprechen, die nicht so ticken wie Stefan Herre und seine Volksgenossen. Dass Migranten auf ihren Bürgerrechten bestehen, erscheint diesen ach so grundgesetzloyalen Hasspredigern als ein ungeheurer Skandal. Ginge es nach Herre und *PI*, wäre das Grundgesetz längst abgeschafft worden."[27] Wer dieses zweifelsohne schroffe und polemische Urteil in der Sache anzweifelt, dem sei angeraten, der Empfehlung Sokolowskys folgend, in der Suchmaske von *PI* nur einmal die Stichworte ,Kuscheljustiz' und ,Dhimmitum' anzuklicken.

„Hier formiert sich eine Bewegung, die massiv den interkulturellen Frieden gefährdet und Feindbilder in rassistischer Manier produziert", warnt der Düsseldorfer Sozialwissenschaftler und Extremismusforscher Alexander Häusler.[28] In diesem Sinne ist *Politically Incorrect* in seinem islamfeindlichen Schwerpunkt klar verfassungsfeindlich. Die Hüter der Verfassung aber suchen mit ihrem Tunnelblick bei der Ende vergangenen Jahres eingeleiteten, der regulären Beobachtung vorgeschalteten Vorprüfung immer noch vorwiegend nach formulargerecht abhakbaren Indizien für ,Rechtsextremismus', während um sie herum und, wie wir seit der Aufdeckung der NSU-Verstrickungen wissen, zum Teil bis in ihre Reihen hinein, lange wenig verfassungskonforme Kräfte ihr Unwesen trieben.[29]

Gerade der Tunnelblick des Verfassungsschutzes auf der Suche nach seines Erachtens ,klassischen' Strukturmerkmalen von Rechtsradikalismus und Rechtsextremismus erlaubte es in diesem Sandkastenspiel, Plattformen wie *Politically Incorrect* mit simpelsten Abwehrtricks aus dem Visier der Behörde zu entkommen: Da Antisemitismus klassischerweise als konstituierendes Merkmal von Rechtsradikalismus und Rechtsextremismus gilt, konnte eine zum Teil klar minderheiten- und verfassungsfeindliche Seite wie *Politically Incorrect*, die sich in ihren Selbstbeschreibungen nicht nur als freiheitlich-demokratisch, sondern auch als ausgesprochen pro-israelisch und philosemitisch gerierte, füglich nicht rechtsradikal oder gar rechtsextremistisch sein.[30]

Politically Incorrect wird nach Angaben der Betreiber täglich mehr als 70.000-mal angeklickt. Dies geschah von Mai 2008 bis August 2011 mehr als 43 Millionen und bis Mitte Dezember

2012 insgesamt mehr als 70 Millionen Mal. Die Plattform ist aber auch der kommunikative Kern einer weit verzweigten, in ‚Ortsverbänden‘ organisierten Bewegung. Nach erstmals Interna aufdeckenden investigativen Recherchen, denen ich hier weiter folge, ist „PI weit mehr als ein virtueller Treffpunkt von Fanatikern“, nämlich „eine Organisation, die zum Teil hochkonspirativ an der Verteufelung einer ganzen Glaubensgemeinschaft arbeitet, die in einem internationalen Netzwerk von Islamhassern eine entscheidende Rolle spielt und diese noch auszuweiten gedenkt.“ Dabei geht es um das näherrückende Ziel „einer Organisation, die Islamkritiker und fanatische Islamfeinde eng miteinander vernetzt“, getragen von dem gemeinsamen Feindbild, „dass es nur gewaltbereite Muslime gibt und solche, die sich bis zum Ausbruch einer islamischen Revolution in Europa zum Schein friedlich geben.“[31]

Diese konspirativen Vernetzungen erreichen nachgerade alle Pfeiler der antiislamischen Bewegung. Das gilt z.B. für die aus dem Protest gegen den Moscheebau in Köln (‚Pro Köln‘/‚Pro NRW‘) hervorgegangene rechtsextremistische Splitterpartei ‚Pro Deutschland‘, die im Berliner Wahlkampf 2011 bis zum von Sarrazin erwirkten Verbot dieser Plakatierung zunächst mit dem Slogan „Wählen gehen für Thilos Thesen“ Wahlwerbung betrieb. Stellvertretender Landesvorsitzender und Aachener Kreisvorsitzender von ‚Pro NRW‘ ist der Polizeihauptkommissar Wolfgang Palm, der nach der Landtagswahl aus dem Polizeidienst entlassen wurde, was ‚Pro-NRW‘-Generalsekretär Markus Wiener in seiner Presseerklärung als Beleg dafür verstand, „dass die etablierte Politik einen rechtswidrigen Rachefeldzug gegen Pro NRW und leitende Pro-NRW-Funktionäre führt, seitdem unsere islamkritische Bürgerbewegung im Landtagswahlkampf die bisher tabuisierten Sollbruchstellen der multikulturellen Gesellschaft aufgezeigt hat.“[32]

Die konspirative Vernetzung umschließt aber auch die aus dem 2007 von Udo Ulfkotte gegründeten Verein ‚Pax Europa‘ 2008 hervorgegangene christlich-fundamentalistische antiislamische ‚Bürgerbewegung Pax Europa‘. Das Gleiche gilt für die im Herbst 2010 gegründete neokonservative Partei ‚Die Freiheit‘ des Berliner CDU-Rechtsabweichlers René Stadtkewitz, die sich zunehmend zu einem Sammelbecken auch rechtsradikaler, minderheiten- und insbesondere islamfeindlicher Kräfte entwickelte; denn Stadtkewitz möchte Deutschland, hier wortgleich mit dem norwegischen Terroristen Breivik, vor einer „voranschreitenden Islamisierung" retten und sieht sich mit seiner Kleinstpartei deshalb im „Widerstand" einerseits gegen diese dunklen Kräfte und andererseits gegen die parlamentarischen „gewählten Ignoranten aller Parteien" einschließlich der Bundeskanzlerin, die angeblich mit dem „Ausverkauf deutscher Interessen" an Europa sowieso „Hochverrat" betreibt.[33] Stark im Argument, schwach in der Strategie: Sie alle scheiterten als törichterweise nur getrennt, mithin in Konkurrenz angetretene Kleinstparteien bei der Wahl zum Berliner Abgeordnetenhaus am 18. September 2011, obgleich eine Forsa-Umfrage im Vorfeld ergeben hatte, dass vier Prozent der Berliner rechtsextrem wählen wollten, die am wenigsten Gebildeten am weitesten vornean.[34]

Die Vernetzung reicht über rechtsextremistische Kreise weiter bis in neonationalsozialistische Zirkel und Kampfgruppen hinein, die als konspirative Guerilla in eigener Sache, zugleich aber auch an der antiislamischen Front nach dem erprobten Terrormuster arbeiten: „Neonazis spionieren private Daten, z.B. Adressen und Beruf, von Linken, demokratischen Politikern, Polizisten, Journalisten und anderen ‚Feinden‘ aus. Die gesammelten Informationen werden in Szenepublikationen und im Internet veröffentlicht. Damit sollen Nazigegner eingeschüchtert und gewaltbereite Rechtsextremisten zu Angriffen auf die missliebigen Personen animiert werden."[35] Dazu gehören auch die schon erwähnten Weblisten mit einladenden Hinweisen auf ‚feindliche‘ Veranstaltungen. Zum *PI*-Netz gehört z.B. auch die Rechtsaußen-Bewegung ‚Bürger in Wut‘, zu deren Führung der Polizeioberkommissar Torsten Gross zählt, ein enger Mitarbeiter

von *PI*-Chef Herre. Aber *PI* strebt über diese Zirkel hinaus, auch
auf externen Rat hin:

Gerade weil „*PI*-News eines der wichtigsten Glieder der deutschen Islamkritik ist", schrieb Marc Doll, Vizechef der Partei
‚Die Freiheit', am 9. April 2011 an *PI*-Chef Herre, seien z.B.
offene Kontakte zu der mit Mitgliedern früherer rechtsextremistischer Splitterparteien durchsetzten Bewegung ‚Pro Deutschland' dem gemeinsamen Bemühen schädlich: „Du willst eine
islamkritische Wende in Deutschland vollziehen, aber dann
musst Du auch die breite Mitte der Gesellschaft ansprechen
[...]. Du brauchst den bürgerlichen Grünen-Wähler, der den
Islam ätzend findet. Auch den nationalen Linksparteiwähler.
Auch die ganzen Sarrazin-Anhänger in der SPD. Und auch die
Nationalliberalen in der FDP."

In diesem Sinne gibt es längst auch wachsende Kontakte in
die gutbürgerlichen Volksparteien und deren Verbände hinein:
So bescheinigte etwa der Geschäftsführer der Senioren-Union
der CDU im Mai 2011 dem *PI*-Team „Sympathie für Ihr Engagement", berichtete in diesem Zusammenhang, es gebe „viele in
der CDU, die die Union von innen erneuern möchten" und bot
PI an, gelegentlich „brauchbare Infos" beizusteuern. Ähnliches
gilt für den rechtslastigen ‚Stresemann-Club' der FDP, der mit
seinen Kontakten zur *PI*-Spitze ebenso Flagge zeigte wie die der
FDP nahestehende Friedrich-Naumann-Stiftung, die Necla
Kelek 2010 mit dem ‚Freiheitspreis' auszeichnete, weil sie in der
Integrationsdebatte „mit hohem persönlichen Einsatz und nicht
ohne Risiko für mehr Offenheit und Ehrlichkeit" eintrete, was
Kelek seither in ihren Selbstbeschreibungen gern zur Legitimation ihrer wenig freiheitsvollen, aber risikofreien aggressiven Publizistik vermarktet. Damit schlossen sich die Kreise bis weit in
die gutbürgerliche Mitte der Gesellschaft hinein.

Natürlich gibt es auch enge Kontakte zu den ‚Islamkritikern'
Ralph Giordano und Henryk M. Broder, der allerdings seinen
Blog ‚Die Achse des Guten' nach außen hin auf Distanz zu *Poli-
tically Incorrect* zu halten sucht. Dennoch freut man sich bei *PI*

über Broders dröhnende islamfeindliche Agitation und seine
bösartigen Invektiven gegen „linksreaktionäres Gutmenschen-
pack" und angebliche Freunde der „Musels", wie man bei *PI* die
Muslime nennt. [36]

Dabei sollten die konspirativ kooperierenden Suborganisati-
onen im Sinne eines im Frühjahr 2011 entworfenen Konzepts
nach alter Untergrundmanier, aber auch nach dem Vorbild von
Rockerbanden wie den ‚Hell's Angels' und den ‚Bandidos' so
organisiert werden, dass die einzelnen Gruppen selbständig wirken, damit der Ausfall einer Gruppe, z.B. durch Verbot, die anderen nicht gefährde: „In etwa 50 deutschen Städten, aber auch
in Österreich, der Schweiz und Tschechien, gibt es *PI*-Gruppen,
deren Führer eine Verpflichtungserklärung unterzeichnen sollen
und deren Aufgabe darin besteht, sich regelmäßig konspirativ zu
treffen, um Strategien für die Beeinflussung der Öffentlichkeit
zu entwerfen. Ein ganzes Arsenal davon haben die *PI*-Anhänger
mittlerweile entwickelt: etwa die lautstarke Störung von Diskus-
sionsrunden über den Islam, die gezielte Verunglimpfung von
‚Gutmenschen' in den Kommentarspalten verhasster Medien
oder die Versendung unzähliger Hassmails an vermeintlich linke
Meinungsmacher." [37]

Gegner bzw. ‚Feinde', die erkennbar den Mund halten oder
die PC-Tastatur weglegen, gelten als überzeugt, ruhig gestellt
bzw. hinreichend eingeschüchtert oder besiegt, werden zwar weiterhin über entsprechende Links beobachtet, aber zunächst einmal in Ruhe gelassen. Werden sie erneut unbotmäßig, kann der
Terror wieder anspringen. Kann dieser Alltag der ‚Meinungsfreiheit' im Sinne des Grundgesetzes noch als rechtsstaatlich gelten?

In diesem Sinne bot der Newsletter von *Politically Incorrect*
(*PI-News*) in der Sarrazin-Debatte vielfach angeblich ‚kritische',
in Wahrheit denunziative Informationen und dazu in den An-
hängen oft aggressiv pöbelnde Kommentarlinien mit gruppenspezifisch und auch persönlich diffamierenden Hassbotschaften,
Schmähmails und zuweilen auch nicht strafbar verkleideten
Aufrufen zur kommunikativen Belästigung. Früher warf man

Gegnern und ausgegrenzten Gruppen die Scheiben ein oder zertrümmerte die Schaufenster ihrer Geschäfte. Heute stellt man sie an den virtuellen Pranger und ermuntert damit zum anonymen ,Shitstorm' in den Kommentarspalten oder auch in direkten Zuschriften an dort einladend preisgegebene Privatadressen. Das alles bleibt in dieser immer weniger ,streitbaren' Demokratie mit ihrem zunehmend hilfloser wirkenden Rechtsstaat noch immer straffrei, jedenfalls solange es nicht von ,links' oder von gern des fundamentalistischen Islamismus verdächtigter islamischer Seite kommt.

Dies konnte ich im Frühjahr 2011 hinreichend selbst erfahren in einer nach den Attacken von Henryk A. Broder und Necla Kelek[38] verstärkten und bald von den verschiedensten Seiten weitergetragenen Kampagne. Im April 2011 war z.B. auf *PI-News* der folgende Aufruf zu meiner Belästigung mit Privatadresse, Fax- und Telefonnummern zu lesen, der bald auch durch andere Denunziationsartikel, z.B. in der *Jungen Freiheit*, begleitet wurde: „Der Kopf der ,Forscher'", die Kritik an Sarrazin übten, „ist Prof. Dr. Klaus J. Bade [folgend: Adresse]. Wenn jeder hier mal eine höfliche (!) E-Mail an den Herrn schickt und nur ein- bis dreimal dort anruft (wiederum höflich bleiben), spürt er vielleicht auch den Gegenwind (ändern wird er sich trotzdem nicht). ,Höflich' nicht weil er es verdient hätte, sondern um keine Anzeige zu provozieren."[39]

Die bei mir als dem angeblichen „Kulturmarxisten" und „Multikulti-Fanatiker Bade" daraufhin eintreffenden Mails oder ins Netz gestellten Botschaften fielen dann nicht ganz so ,höflich' aus, wie einige Beispiele aus vier Wochen im April/Mai 2011 zeigen:

„Du verdammter dreckiger Hurensohn. [...] Halte bloß Deine beschissenen Empfehlungen für Dich sonst wirst Du Dreckskerl zu Hölle geschickt. Wir wissen wo Du und Deine Drecksfamilie wohnen" (Anonyme Zuschrift April 2011)

„Es sind typisch Sozialwissenschaftler, die Deutschlands Integrationsmisere hervorgerufen haben. Leute wie Sie sind schuld, dass Menschen von meist türkisch-arabischen Schlägern auf Bahnhöfen niedergemetzelt werden, dass der Mörderkult Islam sich hier breitmacht." (Zuschrift Mai 2011).

„Bald hat das Krebsgeschwür des Islam alles überwuchert, was uns lebens- und liebenswert ist. Nicht Deutschland schafft sich ab, sondern Sie Gut- und Schönschwätzer, ignorant bis ins tiefrote Mark, tragen es zu Grabe. [...] Tröstlich allein: Lange können Sie und Ihresgleichen sich nicht mehr feige in Ihren Rotweingürteln und Ihre Blagen in Musel-freien Internaten und Privatschulen verstecken. Die Einschläge kommen näher." (Zuschrift Mai 2011)

„Wenn man Multi-Kulti-Kritiker schon nicht im Gulag verrotten lassen kann (dem stehen ja leider so unpraktische Vorschriften wie Art. 1 und 5 Grundgesetz entgegen), so müssen die Betreffenden zumindest sozial geächtet und medial ‚fertiggemacht' werden." (Zuschrift Mai 2011)

„Dieser arrogante, islamverliebte Volksverräter, der verzweifelt nach einer Daseinsberechtigung sucht, will den Menschen, die die Wahrheit aussprechen, einen Maulkorb anlegen? Ich wünsche mir sehnlichst, dass er das nächste Opfer wird, das auf einer U-Bahnstation zusammengetreten wird und zwar so lange, bis er die Wahrheit erkennt!" (Blog-Eintrag, *Politically Incorrect*, Mai 2011).

Der von Necla Kelek attackierte Erlanger Ordinarius Mathias Rohe hat dem seinerzeitigen *FAZ*-Feuilletonchef Patrick Bahners ähnliche Schmäh- und Drohschreiben zur Verfügung gestellt. Er hat diese elektronischen Diffamierungen und Pöbeleien mit der treffenden Einschätzung bewertet: „Das eigentlich Bedenkliche an solchen Vorgängen scheint mir zu sein, dass es – angesichts der Schlichtheit der konkret agierenden Personen – auch ein Umfeld an geistigen Brandstiftern gibt, die solche Fanatisierung ermöglichen."[40] Dieser Einschätzung kann ich mich nur anschließen.

Gegen die Autoren entsprechender Attacken in den nur selten und auch dann nur passiv vom Verfassungsschutz beobachteten Weblogs ermitteln – soweit sie namentlich fassbar sind und auch dann nur jeweils auf zeitaufwendige Anzeige hin – die Staatsschutzabteilungen der Landeskriminalämter. Aber die Spur verliert sich meist im Sand, wenn sie denn überhaupt intensiv verfolgt worden ist, woran es, wie noch zu zeigen sein wird, leider immer wieder begründete Zweifel gibt.

Beispiel in eigener Sache: Der erwähnte User, der bei *PI* im Mai 2011 so einladend von meiner Massakrierung in der U-Bahn schrieb, stellte seinen Text nicht nur mit meiner, sondern sogar auch mit seiner eigenen Wohnadresse und Telefonnummer samt einem (rechtlich geschützten) Porträtfoto von mir ein und firmierte dabei zuerst als ‚Konservative Wahrheits-Union (KWU)‘, in einem späteren Eintrag als ‚United Anarchists‘, dann wieder als ‚belljangler‘. Eine Strafanzeige beim Landeskriminalamt Berlin veranlasste eine entsprechende Ermittlung lediglich wegen widerrechtlicher Bildnutzung und führte im Ergebnis seitens der offenkundig überlasteten Staatsanwaltschaft nur zu einer nicht begründeten No-reply-Computer-Nachricht über die Einstellung des Verfahrens. Mag sein, dass es sich um einen psychisch gestörten Mailschreiber handelte, dem das ärztliche Attest einen Freibrief gab. Aber auch dann wäre ein Hinweis hilfreich gewesen.

Wenn die Verfasser von Hassmails und Gewaltaufrufen – was in der Regel der Fall ist – zu feige sind, ihre Adressen preiszugeben, sollte die Haftung die presserechtlich Verantwortlichen der Blogs treffen. Hier stimmt etwas nicht mehr mit dem Bürgerschutz im Rechtsstaat: Bei einem von einem flüchtigen Autofahrer verursachten Verkehrsunfall greift, wie jedermann weiß, die Halterhaftung. Das Gleiche gilt für die Haftung des Spediteurs für nicht zureichend gesichertes Gefahrgut auf dem Laster.

In den Kommentarschleifen von Weblogs aber dürfen übelste Nachreden, Denunziationen und sogar unverhohlene Gewaltaufrufe, also brandgefährliche Botschaften oder gar im Hinblick auf auserkorene Opfer zielführende Appelle stehen, während die Blog-Verantwortlichen sich medienrechtlich als für die Einträge auf ihren Seiten nicht verantwortlich erklären und damit der Haftung entziehen können. Das ist dreister Unfug, denn bekanntlich kann jeder Blog-Administrator entscheiden, was von Usern eingetragen werden darf und was nicht.[41]

„Das Verhetzen von Menschen schafft das Klima für Gewalttaten", mahnte Anfang August 2011 unter dem Eindruck des Massakers des norwegischen Gewaltverbrechers Breivik der frühere nordrhein-westfälische Integrationsminister Armin Laschet. „Das ist fast deckungsgleich mit islamistischen Hetzseiten im Internet, die zum Widerstand gegen die westliche Welt aufrufen. Das sind die gleichen Mechanismen und die gleichen Denkmuster, durch die sich Einzeltäter radikalisieren. So wie wir islamische Hetzseiten beobachten, müssen wir auch diese rechtspopulistischen Seiten beobachten."[42]

Unter dem Eindruck der Aufarbeitung der NSU-Serienmorde im Bundestags-Untersuchungsausschuss erklärte der Obmann von Bündnis 90/Die Grünen, Wolfgang Wieland, MdB, ein Jahr später im gleichen Sinne: „Die Sicherheitsorgane müssen den rechtsextremistischen Terrorismus deshalb künftig mit derselben Intensität beobachten wie bisher den islamistischen Terrorismus."[43] Das durch die Praxis der eigenen Kommentarspalten widerlegte Motto „Für Verfassung und Menschenrechte" (*Politically Incorrect*) darf deshalb einer intensiven und ermittlungsbereiten Beobachtung solcher publizistischen Umtriebe durch den Verfassungsschutz nicht im Wege stehen.

Das aber lehnt die Bundesregierung nach wie vor bzw. bis zum Abschluss der aufwendigen und den Beobachtern hinreichend Zeit zur Vertuschung von Sachverhalten und zur konspirativen Verwischung von Internet-Spuren gebenden Vorprüfung ab, trotz aller Appelle aus den verschiedensten parteipolitischen Richtungen.[44] Mitwirkend ist dabei mittlerweile vielleicht auch schon die Sorge vor den Folgen einer solchen Maßnahme; denn *Politically Incorrect* hatte aufgrund der steten Verharmlosung und demonstrativen Nicht-Beobachtung seiner gefährlichen Aktivitäten hinreichend Zeit, sich so breit zu vernetzten und eine solche Internet-Medienmacht zu entwickeln, dass man sich sogar erdreisten konnte, staatlichen Stellen direkt zu drohen:

Als die Verfassungsschutzchefs sich Ende September 2011 in Berlin trafen, um über die Frage der Behandlung von *PI* und anderer Weblogs der islamfeindlichen Szene zu verhandeln, womit die Vorprüfung in Gang gebracht wurde, drohte *PI* vorab in einem Offenen Brief von unverschämter Dreistigkeit unverhohlen Radikalisierungsmaßnahmen an: Man sei den Weg dieses Landes „bisher voller Verständnis mitgegangen", verkündete die kommunikationsmächtige *PI*-Führung der Bundesregierung und den deutschen Behörden in ungeheuerlicher Herablassung. „Sollte der Staatsschutz nun aber auch bei uns anklopfen, wird eine rote Linie überschritten."[45]

Das hier zuständige Bundesministerium des Innern aber tastet in Richtung auf den islamophoben Internet-Terror noch immer in vorgeblicher Unsicherheit mit der Stange im – sehr durchsichtigen – Nebel. Sollte das BMI nach dem Ende der Vorprüfung durch den Verfassungsschutz trotz der offen zu Tage liegenden, selbst der interessierten Öffentlichkeit schon – ohne ‚V-Leute' – bekannten Indizien für minderheiten- und damit verfassungsfeindliche Agitation und Propaganda abermals kneifen, dann wäre das sicherheitspolitisch eine Art Selbstmord aus Angst vor dem Tode. Das wäre rechtspolitisch besonders beschämend angesichts der Tatsache, dass der Verfassungsschutz zugleich nach wie vor führende Politiker der auch im Bundestag vertretenen Partei Die Linke beobachtet und das Bundesinnenministerium, wie in einer Bananenrepublik, gelegentlich mitzuteilen geruht, dass der eine oder andere vom Souverän als dessen Vertreter gewählte Politiker nun nicht mehr geheimdienstlich beobachtet werde.[46] Das ist und bleibt ein Skandal, für den es im demokratischen Rechtsstaat kein ‚Schönreden' geben kann, es sei denn, man wollte irgendwann den Rechtsstaat selbst in Anführungszeichen setzen.

Ähnliches gilt für die eklatant unterschiedliche Behandlung von meist friedlichen Moscheeverbänden[47] und erklärtermaßen extremistisch-gewaltbereiten, organisierten Islamfeinden durch den deutschen Inlandsgeheimdienst und den polizeilichen Staatsschutz. Sehr treffend bemerkte dazu der Vorsitzende des Auswärtigen Ausschusses des Deutschen Bundestages, Ruprecht Polenz (CDU), der selbst im Fadenkreuz der Islamfeinde steht: Wenn die Behörden ihre Maßstäbe bei der Überwachung islamischer Webseiten auf rechtsextremistische Internetseiten übertragen würden, dann „müssten sie *PI* schon lange beobachten".[48]

Auf der weltanschaulich und argumentativ untersten Netz-Ebene von aggressiv völkisch agitierenden Blogs wurden in der Sarrazin-Debatte als missliebig aufgefallene Personen sogar zu ‚Volksverrätern' und ‚Kriegsverbrechern' erklärt und zur öffentlichen Ächtung und Bestrafung ausgeschrieben, was meist wiederum zu den allfälligen Hassmail-Attacken und allerlei mehr oder minder ernst zu nehmenden direkten Bedrohungen führte, die allesamt nur ein Ziel haben: unliebsame Kritiker zu verunsichern und möglichst zum Schweigen zu bringen, indem man sie oder ihre Familien bedroht, sie öffentlich oder beruflich bloßzustellen oder auch in ihrem privaten Wohnumfeld zum vermeintlich ruhestörenden Ärgernis werden zu lassen sucht. Welcher Nachbar sieht schon gerne aufgesprühte Morddrohungen im Hausflur oder Schweineblut an den Briefkästen?[49]

Natürlich habe man nichts, aber auch gar nichts gegen das mutige Engagement des einen Hausbewohners gegen die Rechten. Im Gegenteil, man sei doch kein Freund der neuen Nazis. Widerstand müsse sein, den Anfängen müsse man wehren – aber doch bitte nicht in diesem bislang so friedlichen Haus; denn Widerstand ziehe die Rechten ja schließlich auch erst an. Könnte man seinen Widerstand nicht vielleicht auch andernorts leisten, am besten unter anderer Adresse? Oder so ähnlich.

Beispiel in eigener Sache: Anfang 2011 erschien mein Name als einer der ersten – in durchaus angenehmer, seither ständig wachsender Gesellschaft – unter Hinweis auf mir zur Last gelegte sogenannte „Einlassungen" und mit öffentlicher Einladung zur Mitarbeit an der weiteren „Beweisführung" gegen mich in einem Steckbrief mit (unzulässig publiziertem) Porträtfoto in einer Liste von „Kriegsverbrechern". Sie würden angeblich die „Islamisierung Deutschlands" sowie „durch linke Ideologie aktiv die Zerstörung unseres Heimatlandes betreiben" und sollten dafür zu gegebener Zeit „zur Rechenschaft gezogen" werden. Träger war der Internet-Pranger *Nürnberg 2.0.* Er beruft sich auf das „Nürnberger Kriegsverbrecher-Tribunal", folgt in seiner Argumentationstechnik aber mehr dem nationalsozialistischen Volksgerichtshof unter Roland Freisler.

Zur „Begründung" seiner „Vorwürfe" dienten dem Denunziationsportal bemerkenswerterweise u.a. wieder die von Kelek gegen die von ihr nur sogenannte ‚Migrationsforschung' und mich selbst ins Feld geführten Argumente ‚Ideologie', ‚Lüge', und ‚Verschleierung' sowie meine angebliche Enttarnung als ‚führender Organisator' der von Kelek erfundenen ‚Integrationsindustrie'. In Wirklichkeit deckten sich die mir als ‚volks-' und ‚weltanschauungsfremd' zur Last gelegten ‚Beweise' mit den erwähnten wissenschaftlichen Ergebnissen des Sachverständigenrates deutscher Stiftungen für Integration und Migration (SVR), als dessen Vorsitzender ich auch ausdrücklich attackiert wurde. Die SVR-Ergebnisse zeigten, wie erwähnt, im Sinne der ‚Urteilsbegründung' des Internet-Prangers in der Tat:

erstens, dass Unterschiede im Integrationserfolg „wesentlich mit sozialen Milieus, mit Bildung bzw. Ausbildung" und in der Regel wenig bis gar nichts „mit der Glaubenszugehörigkeit zu tun" haben;

zweitens begründeten die SVR-Ergebnisse, im Sinne des Prangers für den Vorsitzenden schuldhaft, dass es keine flächendeckende „Integrationsmisere in Deutschland" gibt. Strafverschärfend für mich kam nach Auffassung des Prangers unsere Einschätzung hinzu, insgesamt verlaufe die „Integration in Deutschland sehr viel erfolgreicher, als es die Desintegrationspublizistik glauben machen will, auch im internationalen Vergleich".

Der dritte ‚Beweis' gegen mich war die ebenfalls unbestreitbare und inzwischen auch allgemein anerkannte Einschätzung:

„Die in Deutschland geborene Zuwandererbevölkerung der zweiten und dritten Generation erzielt in fast allen Bereichen, sei es Bildung oder Arbeitsmarkt, deutlich bessere Ergebnisse als ihre Eltern und Großeltern."[50] Das gilt bekanntlich auch, wenn der Abstand zu den im Vergleich stärker wachsenden Bildungs- und Ausbildungserfolgen von Jugendlichen ohne Migrationshintergrund deswegen nicht notwendig geringer wird. Neuere Untersuchungen zeigen überdies, dass beim Vergleich von aus den gleichen Sozialmilieus stammenden Schülern diejenigen mit Migrationshintergrund beim Übergang auf weiterführende Schulen sogar besser abschneiden.[51]

In der emsig fortgeschriebenen Liste der „Vorwürfe" stand im März 2012 zu meiner Person zusätzlich neben „Volksverhetzung" noch „Diffamierung Andersdenkender", nämlich meine Wendung gegen „als Aufklärer getarnte Brandstifter und Friedensbrecher in der Einwanderungsgesellschaft". Dabei war es mir – in einem ständig von einem islamfeindlichen Pöbler unterbrochenen Vortrag in Köln – vor allem um die erwähnten scheinaufklärerisch-islamfeindlichen Internet-Blogs gegangen und gar nicht primär um Sarrazin, Kelek, Broder, Giordano oder andere publizistische Wegbereiter des Islamhasses. Diese Information („Migrationsexperte nennt Sarrazin einen ‚Brandstifter'") war vielmehr aufgrund einer stark verkürzten Agentur-Meldung in der immer wieder als Advokat Sarrazins und Keleks auftretenden *Welt* verbreitet worden.[52] Dies geschah, statt meiner dringenden Bitte um Korrektur, demonstrativ und mit gefällig begleitender Werbung für das Sarrazin-Buch ohne konkreten Anlass gleich noch ein zweites Mal mit den entsprechenden, gefährlichen Folgen für mich.[53]

Auch der Blog *Nürnberg 2.0* versteckt sich hinter dem Schutzschild der ausdrücklichen Berufung auf Demokratie und Menschenrechte, zu denen bekanntlich auch das Recht auf Meinungsfreiheit gehört. Er versteht sich nach außen hin zugleich als „Netzwerk demokratischer Widerstand" und beruft sich in einer demonstrativen, Meinungspluralismus vortäuschenden

Schutzbehauptung auf die Mitarbeit sogar „linker" Autoren.[54] Auch hier sahen Verfassungsschutz und Bundeskriminalamt, als sie sich Ende Juli 2011 vor der mörderischen norwegischen Kulisse endlich erstmals mit *Nürnberg 2.0* beschäftigten, zunächst „keine aktuelle Gefahr". Und auch hier deutete frühzeitig vieles darauf hin, dass die ungewöhnlich auffällige Mischung von amtlicher Arglosigkeit und Ahnungslosigkeit, wie im erwähnten Falle der *Chronik Berlin,* vordergründig sein könnte – abermals zu Lasten potentieller Opfer. Es mussten erst die grauenhaften Verbrechen der NSU-Mörder aufgedeckt werden, bis endlich Bewegung in die Frage einer Beobachtung dieses denunziativen Prangers kam, mit der dann zuerst der rührige Hamburger Verfassungsschutz begann.

Klartext – nach dem stiernackigen, glatzköpfigen Politologen ‚Michael Mannheimer', *PI*-Chefideologe und Starautor der *PI-News,* der mit Klarnamen Karl-Michael Merkle heißt und aus Heilbronn stammt, wo er im Februar 2012 einen Strafbefehl wegen Volksverhetzung und Aufrufs zum bewaffneten „Widerstand" erhielt und dessen Spezialthema der „ethnisch-religiöse Zersetzungsprozess" ist: Mannheimer alias Merkle forderte ausdrücklich „härtest mögliche Strafen" für die auf *Nürnberg 2.0* zur Fahndung ausgeschriebenen „Verräter". Das ist sehr ernst zu nehmen, denn Mannheimer/Merkle steht angeblich selbst hinter dem Pranger *Nürnberg 2.0,* der aber auch von einer Berliner *PI*-Ortsgruppe beschickt zu werden scheint.

Mannheimer alias Merkle selber wollte bei seiner Strafandrohung für die auf *Nürnberg 2.0* geouteten ‚Volksverräter' zwar zunächst mal noch von der Todesstrafe absehen. Das galt aber durchaus nicht für alle *PI*-Kommentatoren, von denen z.B. ein User („germantempler") direkt zur Tötung des auf *Nürnberg 2.0* ebenfalls ausgeschriebenen Bundestagsabgeordneten Sebastian Edathy aufrief, der von einem anderen Kommentator („saustalld") als „linksfaschistisches indisches Halbblut" angegriffen wurde: „Nur ein toter Edathy ist ein guter Edathy."[55] Missverständnisse ausgeschlossen. Soll wieder einmal ordnungsgemäß abgewartet werden, bis die Opfer die amtlich verwendungsfähigen physischen ‚Belege' für die Ernsthaftigkeit von gegen sie ausgesprochenen Bedrohungen erbracht haben?

Für deutsche Ermittlungsbehörden waren Internet-Kriminelle wie diejenigen von *Nürnberg 2.0* zunächst, wieder einmal, angeblich schwer fassbar, weil sie sich des schon genannten simplen Tricks bedienten, der die Behörden auf eine angeblich unübersichtliche Hindernisstrecke schickten: *Nürnberg 2.0* sendete über eine Adresse in New York. Hier gelten zwar, wie erwähnt, in der Tat andere medienrechtliche Standards; aber ein amtliches Rechtshilfeersuchen hätte zweifelsohne folgenreich sein können. Dass dergleichen möglich ist, wenn man es möglich machen will, hat im Großformat die weltweite Jagd auf den Sprecher und bekanntesten Mitarbeiter der Whistleblower-Plattform *WikiLeaks* Julian Assange gezeigt.

Ein weiterer folgenreicher behördlicher Denkfehler kommt hinzu: Einerseits wird immer wieder trostvoll darauf hingewiesen, dass Gewaltaufrufer nicht notwendig Gewalttäter seien. Andererseits wird für die konkrete Ermittlungsarbeit dann doch immer wieder aufs Neue von der im Internet-Zeitalter antiquierten Identität von Anstiftern und Tätern ausgegangen, bei der sich die Ermittlungsarbeit im Kreise dreht, weil die ideellen Täter wesentlich geschickter sind als die vergeblich nach ihren Fingerabdrücken am Tatort suchenden Kriminaltechniker.

Es geht hier vielmehr um den gleichen indirekten Ursache-Folge-Nexus, der für die NPD in einer Presseanalyse so beschrieben werden konnte: „Auch wenn die NPD nicht so weit geht, zur Gewalt gegen Ausländer aufzurufen; sie markiert mit ihrer Ideologie die Ziele für die Schläger aus der Szene. Sie tut das so ungeniert, dass die Faust-Attacken des Pöbels nur wie eine natürliche Fortsetzung der Wort-Attacken der Partei erscheinen."[56] Ganz in diesem Sinne bestätigt der Medien- und Islamforscher Kai Hafez für die islamophoben Netz- und Hetzwerke im Web 2.0: „Virtuelle Islamophobie ist ungeachtet ihrer verbalen Artikuliertheit nicht zwangsläufig mit Gewalt verbunden, sie wird

allerdings von islamfeindlichen Gewalttätern fast immer als Be-
zugsquelle genannt."[57]

Vieles deutet indes auch hier darauf hin, dass sich manche der
vielgescholtenen deutschen Behörden und Dienste in diesem
Bereich noch immer auf die schon mehrfach erwähnte gelegentliche, aber nicht systematische Internetbeobachtung ohne Er-
mittlungs- oder gar Fahndungsfunktionen beschränken müssen,
selbst wenn sie hinreichend Anlass sähen, tätig zu werden; ganz
abgesehen davon, dass sie mitunter auch auf Fahndungswegen
oder, wie im Falle der NSU-Gewaltverbrecher, sogar unmittelbar
vor dem sicheren Zugriff aus schwer nachvollziehbaren Gründen
regelrecht zurückgepfiffen wurden. Von behördlicher Seite wurde mir zu verstehen gegeben, dass man zunächst einmal selber
politisch aus den eigenen Fesseln befreit werden müsse, um aktiver zum Schutz der Verfassung und der durch potentielle Verfas-
sungsbrecher Bedrohten tätig werden zu können. Diesen Wunsch
gebe ich auch an dieser Stelle weiter, in der Hoffnung, dass nicht
noch zu viele Opfer als menschliche ‚Belege‘ für die Notwendigkeit erbracht werden müssen, hier amtlich tätig zu werden.

Fazit: Die von der Desintegrationspublizistik im Kontext der
Sarrazin-Debatte präsentierten integrations- und insbesondere
‚islamkritischen‘ Informationen und vorgeblich wirklichkeitsge-
treuen Bestandsaufnahmen operierten oft mit vordergründig
korrelierten Daten, hintergründig raunenden Andeutungen
und anekdotischer Evidenz in an Plattversionen scholastischer
Beweisführung erinnernden vulgärrationalistischen Argumen-
tationszirkeln. Sie führten in den argumentativ anschließenden,
aber zum Teil, wie im Falle von *PI*, mitunter auch in Pionierfunktion vorauseilenden Weblogs, Netz- und Hetzwerken sowie
in direkter Korrespondenz zu Belästigungen und Beleidigungen
durch massenhafte Hassmails, zu Einschüchterungsversuchen,
Bedrohungsaufrufen im Internet und nicht selten auch zu direkten konkreten Bedrohungen.

Das hat zu einer gewaltbereiten oder doch ‚nötigenfalls auch‘
Gewalt akzeptierenden Suche nach Ersatzlösungen und Sün-

denböcken geführt, die der Sozialpsychologe Haci-Halil Uslucan in den beschwörenden Appell gefasst hat: „Schuldige an einer gesellschaftlichen Misere zu finden, ist einfach; befriedigt es
doch individuelle und kollektive Racheimpulse und entlastet
vom eigenen Reflexionszwang. Aber Angst und Verunsicherung
führen selten zu differenzierten Überlegungen, weil ein Teil der
mentalen Energie für die Regulation der eigenen Angst absor-
biert wird; Menschen werden dadurch anfälliger für primitive,
autoritäre Lösungen. Diesen geistigen Rückschritt sollten wir
schon aus bloßem Eigeninteresse nicht zulassen."[58]

Die agitatorische islamfeindliche Dauerberieselung weiter
Kreise der aus den verschiedensten Gründen empörungsbereiten
Öffentlichkeit zeigte während der Sarrazin-Debatte aber auch in
der öffentlichen Kommunikation schwerwiegende Folgen: Das
Recht auf freie Meinungsäußerung schien zeitweise auch für
Wissenschaftler nur mehr bedingt gegeben. Bei Vorträgen mussten Veranstalter zunehmend auf Saalschutz, mitunter auch auf
Personenschutz achten, weil das gut vernetzte Fußvolk der ‚islamkritischen‘ bzw. islamfeindlichen Internet-Fraktionen in öffentlichen Veranstaltungen als Friedensbrecher auftrat, während
in den schwer bewachten ‚Sarrazin-Lesungen‘, in denen der
Bestsellerautor wie ein Heiliger angebetet wurde, Kritiker nie-
dergebrüllt oder angepöbelt wurden.[59]

Das berichtete z.B. Alexandros Stefanidis, der Sarrazin monatelang begleitete, über eine missglückte Podiumsdiskussion in
der mit 800 Plätzen ausverkauften Münchner Reithalle Ende
September 2010. Diskutieren sollten der Handelsblatt-Chefre-
dakteur Gabor Steingart, der Münchner Soziologieprofessor
Armin Nassehi und Sarrazin. „Aber Steingart und Nassehi werden vom Publikum niedergebuht oder ausgepfiffen, sobald sie
sich zu Wort melden."[60] Armin Nassehi hat mir das bestätigt.

Vertreter der geistigen Elite des Landes, insbesondere der
‚Linken‘ zugerechnete Intellektuelle hielten sich in dieser anfangs vorwiegend von Journalisten, Politikern und Migrations-
bzw. Integrationsforschern geführten Diskussion oft lange zu-

rück. Gründe mögen gewesen sein, dass sie sich nicht auf dieses Niveau herablassen wollten, dass sie sich öffentlichen Ärger ersparen oder sich und ihre Familien aus der nie ganz ausschließbaren konkreten Bedrohung heraushalten wollten; vielleicht auch, dass ihnen zum Teil einleuchtende Botschaften Sarrazins so unentwirrbar mit ideologischen Sprengsätzen vermischt erschienen, dass ihnen eine kritische Entflechtung zu mühevoll war.

Sarrazin selber wurde in den ihm geneigten Medien immer wieder vom Islamophobie- bzw. Rassismusverdacht freigesprochen. In den Medien von ‚links‘ wurde ihm, von Ausnahmen wie der *taz* und der *Frankfurter Rundschau* abgesehen, wenig widersprochen, von der liberalen ‚Mitte‘ partiell durchaus zugesprochen und von ‚rechts‘ allenthalben zugejubelt. Das alles führte in der weiteren Öffentlichkeit offenbar zu der Einschätzung, dass Sarrazin und die in den Weblog-Informationen verbreiteten sachlichen Halbwahrheiten, Fehlinformationen und ‚islamkritischen‘ Denunziationen weitgehend unwidersprochen geblieben seien, Sarrazin als geistiger Übervater also doch „mit seinen Thesen irgendwo und irgendwie Recht habe.“[61]

Es könne ja sein, „dass sich Henryk Broder geschmeichelt fühlt, wenn ihm Thilo Sarrazin qua Gen eine höhere Intelligenz als Necla Kelek bescheinigt“, ätzte der *taz*-Redakteur Daniel Bax. „In einer pluralistischen Gesellschaft braucht es aber nicht nur verbindliche Spielregeln, wie sich Einwanderer und Alteingesessene zu verhalten haben. Sondern auch, welche Meinungsäußerungen noch akzeptabel sind – und welche nicht. Die Affäre Sarrazin hat da für mehr Klarheit gesorgt. Erstaunlich ist jetzt nur die Wehleidigkeit all jener, die sonst gerne über ‚zu viel Toleranz gegenüber Intoleranz‘ lamentieren.“[62] Um Agitation und Ausweichmanöver vor der publizistischen Verantwortung für deren Folgen geht es in den beiden anschließenden Kapiteln.

Anmerkungen

1 Vgl. Shooman, Islamfeindschaft im World Wide Web.

2 Boie, Johannes: Besuch von der anti-islamischen Kampftruppe, in: Süddeutsche Zeitung, 11.3.2010; Akyol, Cigdem: Was die denken, die nicht denken, in: Die Tageszeitung, 26.5.2010.

3 Foroutan analysiert mit ihrer Forschungsgruppe in VW-Projekt ‚Heymat: Hybride europäisch-muslimische Identitäts-Modelle' am Beispiel der Beobachtungsgruppe ‚Muslime' Kernfragen der Einwanderungsgesellschaft in Deutschland und Europa. Sie ist zugleich Direktorin des von der Stiftung Mercator zusammen mit dem Bundesinnenministerium geförderten ‚Jungen Islam-Konferenz' und Ko-Direktorin des vom Bundesministerium für Bildung und Forschung geförderten Projekts ‚Concepts for the Development of Intelligence, Security and Prevention' (CODISP).

4 Foroutan u.a, Sarrazins Thesen auf dem Prüfstand.

5 Neben Hass- und Drohmails, die auch zu einem Gefährdergespräch mit dem polizeilichen Staatsschutz führten, gab es auch polemische Angriffe aus dem Bereich der Wissenschaft, so z.B. die Polemik des von Sarrazin hochgeschätzten emeritierten Bremer Sozialökonomen und FAZ-Autors Gunnar Heinsohn unter dem Titel ‚Naika Foroutan und die Kunst des Zählens' (Frankfurter Allgemeine Zeitung, 9.9.2010), die Naika Foroutan mit einer Replik unter dem Titel ‚Die Berechnungen sind demagogisch' (Frankfurter Allgemeine Zeitung, 16.9.2010) abwies. Eine perfide Diffamierung des Projekts ‚Heymat' kam von dem gelegentlich als ‚Denunziant des Tages' und selbstverhasster ‚Antisemitenjäger' (Blog ‚Schmok') kritisierten Politologen Clemens Heni (ders., Schadenfreude. Islamforschung und Antisemitismus in Deutschland nach 9/11).

6 Akyol, Cigdem: Menscheln mit dem Mahner, in: Die Tageszeitung, 7.9.2011.

7 Kasperowitsch, Michael: Der Bischof bekam viele anti-islamische Hassmails. Interview mit Bischof Heinrich Bedford-Strohm, in: Nürnberger Nachrichten, 11.5.2012.

8 Kap. 4.3, 4.4.

9 Erst als der Fahndungsdruck stieg, wurde die zur Gewalt aufrufende ‚Fahndungsliste' Anfang 2012 zeitweise vom Netz genommen, aber wohl nur, um durch Neukonfiguration die Betreiber der Liste zu löschen. Heine, Hannes: Justiz und Polizei hilflos gegen Nazi-Hetze im Netz, in: Der Tagesspiegel, 17.1.2012; ders., Neonazi-Gegner können sich nicht sicher fühlen, in: Der Tagesspiegel, 25.6.2012; Mai, Marina: Rechte Website geleert. ‚Fahndungsliste' wurde von Internetseite entfernt, in: Die Tageszeitung, 20.1.2012; dies., Feindliste der Nazis wieder da, in: Neues Deutschland, 23.1.2012.

10 Prantl, Heribert: Der verfolgte Pfarrer, in: Süddeutsche Zeitung, 9.12.2011.

11 Carstens, Peter: Zwickauer Zelle und staatliche Behörden. Alles eine Frage der Aufklärung?, in: Frankfurter Allgemeine Zeitung, 27.12.2011.

12 Kraske, Das Kartell der Verharmloser; vgl. Lamberty, Lucas: Rechte Gewalt wird verharmlost, in: Frankfurter Rundschau, 15.8.2012. Vgl. dazu ferner z.B. die polizeilichen Einschüchterungsversuche gegenüber dem VOICE-Aktivisten Mbolo Yufanyi wegen dessen Rolle bei dem – vergeblichen – Versuch der Aufklärung des unerklärlichen Verbrennungstodes des Untersuchungshäftlings Oury Jalloh im Polizeigewahrsam in Dessau: The VOICE Refugee Forum, Pressemitteilung: Einschüchterungsversuche der deutschen Polizei, Jena 20.1.2012, http://www.thevoiceforum.org/node/2400; s. auch Jakob, Christian/Kaul, Martin: Polizeiübergriff auf Gedenkdemo. Am siebten Todestag Oury Jallohs greift die Dessauer Polizei Aktivisten an, die Aufklärung des mysteriösen Feuertodes fordern. Der laufende Prozess fördert immer neue Ungereimtheiten zutage, in: Die Tageszeitung, 10.1.2012; dapd, Brandanschlag auf Dessauer Polizeiwache. Zusammenhang mit dem ungeklärten Fall Jalloh, in: Berliner Zeitung, 19.1.2012.

13 Şenol, Ekrem: Das Kartell der Verharmloser, in: MiGAZIN, 15.8.2012.

14 Hierzu Kap. 7.1.

15 Allg. hierzu: Shooman, Vom äußeren Feind zum Anderen im Inneren.

16 Vgl. z.B. Goostein, Laurie: Drawing U.S. Crowds With Anti-Islam Message, in: The New York Times, 8.3.2011; Peter King's Obsession, ebd.

17 Bube, Alina/Kinkel, Lutz: Die Jagd nach den Machern von kreuz.net, in: stern.de, 16.11.2012; Vermeintlich christliches Hass-Portal kreuz.net abgeschaltet, in: DerWesten.de, 2.12.2012.

18 Förster, Andreas: Einheitsfront der Islamfeinde, in: Berliner Zeitung, 27.7.2011; Fahrion, Georg: Braune Gefahr. Jeder Staat für sich gegen die rechte Front, in: Financial Times Deutschland, 8.12.2011.

19 Zick, Islamfeindliche Einstellungen in der Bevölkerung; Zick/Küpper/Hövermann, Die Abwertung der Anderen.

20 Jörges, Hans-Ulrich: Sarrazin 2.0, in: Der Stern, 4.8.2011.

21 Kastner, Bernd: Der Feind steht fest, in: sueddeutsche.de, 2.3.2011.

22 Pohrt, Wolfgang: Abendland vs. Islam, in: Der Tagesspiegel, 5.2.2012.

23 Hierzu auch: Sokolowsky, Feindbild Moslem, S. 113-147, 161 f., 168-172; Jung, Politically Incorrect.

24 Geyer, Steven/Schindler, Jörg: Im Netz der Islamfeinde, in: Frankfurter Rundschau, 14.9.2011 (zit.); Dorothea Jung, Politically Incorrect: Die Allianz der Islamhasser, in: Blätter für deutsche und internationale Politik, 2010, Nr. 11, S. 13-16; Benz, Die Feinde aus dem Morgenland?, S. 139-143, 156-167.

25 Dazu gehört in meinem Fall u.a. der unsägliche FAZ-Artikel von Necla Kelek, mit dessen Nachladen mir ein User mit dem Namen ‚D.J.‘ bis heute nachstellt, dessen Code aber bald geknackt sein dürfte.

26 Kastner, Bernd: Der Feind steht fest, in: sueddeutsche.de, 2.3.2011; Geyer, Steven/Schindler, Jörg: Im Netz der Islamfeinde, in: Frankfurter Rundschau, 14.9.2011; dies., Die Islamhasser bitten zur Kasse, in: ebd., 23.9.2011; ‚Eindeutig Volksverhetzung‘. Historiker Wolfgang Benz über die Methoden der Islamhasser, in: ebd., 15.9.2011; Schellenberger, Rouven: Politically Incorrect, in: ebd., 3.11.2011; Geyer, Steven: Politically Incorrect. Bundesverfassungsschutz will PI überprüfen, in: ebd., 6.1.2012.

27 Sokolowsky, Kay: Der Hass auf Muslims hat sich in Deutschland wie eine Epidemie breitgemacht, in: Telepolis Online, 2.11.2009.

28 Schindler, Jörg: Die wahren Deutschen. Erkundungen am rechten Rand der Republik, in: Berliner Zeitung, 17.6.2011; vgl. Häusler/Virchow (Hrsg.), Handbuch Rechtsextremismus; Häusler/Stollreiter (Hrsg.), Die ‚PRO-Bewegung‘; Häusler/Killguss (Hrsg.), Feindbild Islam.

29 Hierzu Kap. 6.2, 7.

30 Hafez, Freiheit, Gleichheit und Intoleranz, S. 99; Boie, Johannes: Besuch von der anti-islamischen Kampftruppe, in: Süddeutsche Zeitung, 11.3.2010.

31 S. Anm. 24, S. 262.

32 Hoher Pro-NRW-Funktionär und Polizeihauptkommissar weiter im Dienst, in: MiGAZIN, 11.5.2012; Pro-NRW-Politiker vom Polizeidienst suspendiert, in: MiGAZIN, 21.5.2012; Presseerklärung Generalsekretär Markus Wiener, Aachen 16.5.2012 (http://www.pro-nrw.net/?p=1830; vgl. http://www.pro-nrw.net/?p=8551; http://www.aachener-zeitung.de/artikel/2393356).

33 Spiegel, Hubert: Der Populist und sein Volk, in: Frankfurter Allgemeine Zeitung, 5.9.2011.

34 Rennefanz, Sabine/Rogalla, Thomas: Jeder Achte wünscht sich einen Führer, in: Berliner Zeitung, 8.7.2011.

35 Jansen, Frank: Feierabend Gestapo, in: Der Tagesspiegel, 14.11.2011.

36 Geyer, Steven/Schindler, Jörg: Im Netz der Islamfeinde, in: Frankfurter Rundschau, 14.9.2011 (dort, soweit nicht anderweitig belegt, auch die vorherigen Zitate).

37 Ebd.

38 Vgl. Kap. 4.2.

39 Kommentar 32 zu: Deutsche im maurischen al-Andaluz, in: PI news (http://www.pi-news.
    net/2011/04/deutsche-im-maurischen-al-andaluz/).

40 Bahners, Panikmacher, S. 246. Für eine Sammlung einschlägiger Hassmails s. jetzt Benz,
    Die Feinde aus dem Morgenland, S. 147-155.

41 Ein nachahmenswertes Beispiel dafür, wie zivile Umgangsformen in der Internetkommuni-
    kation gesichert werden können, ist die ‚Netiquette‘ des für den Bereich Migration/Integra-
    tion wichtigen Internet-Informationsmagazins *MiGAZIN* mit den folgenden Spielregeln für
    die Kommentarspalten: „Höflichkeit und Respekt: So wie wir in der realen Welt mit den
    Menschen um uns umgehen, so sollten wir uns auch im Internet verhalten: höflich und re-
    spektvoll. Bitte vergessen Sie nie, dass am anderen Ende ein Mensch sitzt. Kritische und
    kontroverse Meinungen sind willkommen, sofern diese sachlich vorgetragen werden. Nur
    so kann eine interessante Diskussion geführt werden, die auch für die Leserinnen und Leser
    einen Mehrwert bietet. Nachsicht: Die Moderation ist stets bemüht, herablassende oder
    sonst wie provozierende Leserkommentare zu löschen bzw. erst überhaupt nicht freizuschal-
    ten. Sollte es dennoch mal vorkommen, dass die Moderation einen solchen Kommentar
    übersehen hat und jemand Ihnen zu nahe getreten ist, empfehlen wir, nachsichtig zu sein.
    Ein Erwidern auf demselben Niveau führt lediglich dazu, dass es zu einem endlosen Hin und
    Her ohne Wert kommt. In den allermeisten Fällen hilft – so schwer es auch manchmal fallen
    mag – ignorieren. Beherzigen Sie einfach, dass der Klügere nachgibt." (Netiquette, http://
    www.migazin.de/netiquette/).

42 „Ich habe Sorge, dass es Nachahmer geben könnte", Integrationsexperte Armin Laschet über
    Islamkritik, Internetblogs und die Anschläge in Norwegen (Interview: Kristian Frigelj), in:
    Die Welt, 5.8.2011.

43 Geyer, Steven: Warnungen vor weiteren rechten Terrorzellen. Bundeskriminalamt sieht
    Anschlaggefahr auch auf Politiker, in: Frankfurter Rundschau, 10.9.2012.

44 Geyer, Steven/Schindler, Jörg: Parteien wollen Islamfeinde überwachen. Spitzenpolitiker
    halten Internetblog ‚Politically Incorrect‘ für verfassungsfeindlich, in: ebd., 15.9.2011;
    ‚Eindeutig Volksverhetzung‘. Historiker Wolfgang Benz über die Methoden der Islamhasser,
    in: ebd., 15.9.2011; Geyer, Steven/Schindler, Jörg: Die Islamhasser bitten zur Kasse, in: ebd.,
    23.9.2011; Schindler, Jörg/Geyer, Steven: Behörden nehmen PI ins Visier, in: ebd., 27.9.2011;
    Politically Incorrect wird auch künftig nicht beobachtet, in: MiGAZIN, 2.12.2011.

45 Geyer, Steven/Schindler, Jörg: Islamfeinde drohen Behörden. Verfassungsschutz berät über
    rechte Internetseite, in: Frankfurter Rundschau, 29.9.2011.

46 Küpper, Mechthild: „Ein Angriff auf das Grundgesetz". Überwachung der Linkspartei, in:
    Frankfurter Allgemeine Zeitung, 23.1.2012; Heilig, René: Stalking im Staatsauftrag. Ver-
    fassungsschutz bespitzelt Abgeordnete der Linken, in: Neues Deutschland, 23.1.2012;
    Brössler, Daniel/Bielicki, Jan: Justizministerin rügt Verfassungsschutz. Leutheusser-Schnar-
    renberger hält Beobachtung linker Bundestagsabgeordneter für „unerträglich", in: Süddeut-
    sche Zeitung, 24.1.2012; Brössler, Daniel u.a.: Verfassungsschutz soll weniger Linke über-
    wachen. Innenminister will unter anderem Petra Pau und Dietmar Bartsch von der Beob-
    achtungsliste streichen, in: Süddeutsche Zeitung, 26.1.2012.

47 Beispiele dafür waren u.v.a. die anhaltende Beobachtung von Milli Görüş durch den Verfas-
    sungsschutz mit den gleichen einschränkenden Folgen wie im Falle der Moschee in Penzberg
    sowie die ‚Moschee-Razzien‘ in Gestalt der verdachtsunabhängigen polizeilich-erkennungsdienst-
    lichen Kontrolle friedlicher Moschee-Besucher in Niedersachsen, von denen Innenminister
    Schünemann erst abließ, als ihm dies von Ministerpräsident Wulff 2010 regelrecht untersagt
    wurde. Vgl. hierzu: Schiffauer, Die Islamische Gemeinschaft Milli Görüs; Schöne, Stefanie: Erst
    gelobt, dann geächtet. Die Moschee in Penzberg ist bundesweit anerkannt für ihre Integrations-
    arbeit. Doch der Verfassungsschutz zieht Verbindungen zu Extremisten und sät damit Zweifel,
    in: Die Tageszeitung, 12.5.2010; Bade u.a., Einwanderungsgesellschaft 2010, S. 217.

48 Zitiert nach: Deutscher Bundestag, 17. Wahlperiode, Drucksache 17/7761 (17.11.2011), S. 2.

49 Popp, Maximilian: ‚Florian wir kriegen dich'. Rechtsextremismus, in: Der Spiegel, 11.6.2012; Heine, Hannes: Neonazi-Gegner können sich nicht sicher fühlen, in: Der Tagesspiegel, 25.6.2012.

50 Nürnberg 2.0: Akte Klaus Bade, 25.7.2011, http://wiki.artikel20.com/index.php?n=Akten. AkteBadeKlaus; vgl. Internetseite wendet sich gegen Politiker, Wissenschaftler und Journalisten, die in Fragen des Islam eine liberale Haltung vertreten, in: Kölner Stadt-Anzeiger, 24.7.2011.

51 Vgl. z.B. Uslucan, Dabei und doch nicht mittendrin, S. 68-73; letzte Ergebnisse: Engels u.a., Zweiter Integrationsindikatorenbericht; Autorengruppe Bildungsberichterstattung, Bildung in Deutschland 2012.

52 Migrationsexperte nennt Sarrazin einen ‚Brandstifter', in: Die Welt, 2.5.2011.

53 „Gerade hat Klaus Bade, Migrationsforscher, ihn erneut als ‚Brandstifter' bezeichnet" (Seibel, Andrea: SPD-Provokateur, in: Die Welt Online, 9.5.2011); vgl. dazu www.kjbade.de ‚in eigener Sache'.

54 Jung, Dorothea: Am Pranger der Islamkritiker, in: DLF-Magazin (Deutschlandfunk), 4.8.2011.

55 Rechtsextremisten drohen Polenz und Edathy Gewalt an, in: Kölner Stadtanzeiger, 24.7.2011; Baumstieger, Moritz u.a.: Die offene Gesellschaft und ihre Feinde, in: Der Stern, 4.8.2011; Beckedahl, Markus: Hetzzentrale – das Internet-Netzwerk ‚Politically Incorrect', in: 3sat, Kulturzeit, 6.12.2011.

56 Eine unerträgliche Partei, in: Der Spiegel, 13.2.2012.

57 Hafez, Freiheit, Gleichheit und Intoleranz, S. 307 f.

58 Uslucan, Dabei und doch nicht mittendrin, S. 13 f.

59 Boie, Johannes: Besuch von der anti-islamischen Kampftruppe, in: Süddeutsche Zeitung, 11.3.2010; Akyol, Cigdem: Was die denken, die nicht denken, in: Die Tageszeitung, 26.5.2010.

60 Stefanidis, Alexandros: Ende einer Dienstreise, in: Süddeutsche Zeitung Magazin, 29.7.2011.

61 Vgl.: „Die Linke wurde überrollt". Migrationsforscher über Identitäten. Klaus J. Bade im Interview mit Alem Grabovac, in: taz.de, 13.1.2011; ders., Sagen, was gut läuft in diesem Land, ebd., 1.2.2011; Sezer, Kamuran: Was ist Integration?, in: qantara.de, 16.12.2010.

62 Bax, Daniel: Nein zum Salonrassismus, in: Die Tageszeitung, 6.9.2010.

6. Wortgewalt und Tatgewalt

6.1 Antiislamische Agitation und antimultikulturelle Gewalt: der norwegische Massenmord

Schon vor der Sarrazin-Debatte, innerhalb derer die ‚Islamkritik' starken Auftrieb erhielt, war aus gegebenem Anlass immer wieder die Frage nach dem Zusammenhang von Wort- und Tatgewalt aufgeworfen worden, die aber an den medienstarken oder mediengeschützten ‚Islamkritikern' abzugleiten schien wie von einem teflonbeschichteten Schutzschild. Ein Beispiel dafür war die grauenhafte und weltweit Aufsehen erregende Abschlachtung der im dritten Monat schwangeren ägyptischen Pharmazeutin und Handballspielerin Marwa El-Sherbini in einem Gerichtssaal des Dresdner Landgerichts am 1. Juni 2009.

Tathergang: Angeklagt und wegen seiner wiederholten öffentlichen Pöbeleien gegenüber Marwa El-Sherbini („Islamistin", „Terroristin", „Schlampe") und nach wiederholten Verwarnungen und Geldstrafen möglicherweise von einer Haftstrafe bedroht war der geradezu manisch islamfeindliche russlanddeutsche Aussiedler Alex Wiens, der sich als Bauhelfer und Hausmeistergehilfe durchgeschlagen hatte und zuletzt Hartz IV bezog. Wiens hatte ein Küchenmesser mit 18 cm langer Klinge in den Gerichtssaal eingeschmuggelt. Von dem vor Islamhass rasenden Täter wurde Marwa El-Sherbini vor Gericht öffentlich buchstäblich abgeschlachtet: 16 Messerstiche, die ihr Schulterblatt zertrümmerten, Rücken, Brust, rechten Arm, Luftröhre, Speiseröhre, Brustkorb, Lungen, Leber, Milz und Herz verletzten.

Verzweifelt versuchte ihr Ehemann, der am Dresdner Max Planck-Institut für molekulare Zellbiologie und Genetik arbeitende Genforscher Elwi Ali Okaz, seine blutüberströmte und lebensgefährlich verletzte Frau vor dem mit dem langen Messer weiter auf sie einhackenden Täter zu retten. Vergeblich, der Rasende verletzte auch ihn schwer durch Messerstiche in Unterkiefer, Hals, Brustkorb, Schulter und Bauch. Er wurde obendrein noch von einem zufällig anwesenden Bundespolizisten angeschossen, der ihn in dem Getümmel für den Täter hielt. Das Projektil aus der schweren Polizeipistole durchschlug das Bein und zertrümmerte den Oberschenkelknochen des schon durch die Messerstiche Schwerverletzten. Er brach nach dem Schuss bewusstlos zusammen, musste reanimiert, dann in ein künstliches Koma versetzt werden und überlebte mit schweren körperlichen und psychischen Schäden knapp, während seine Frau nicht mehr zu retten war. Zeuge der Blutorgie an den Eltern wurde der gleichermaßen schwer traumatisierte, beim Versuch, ihn in Sicherheit zu bringen, verletzte dreijährige Sohn Marwa El-Sherbinis, der mit ansehen musste, wie seine Mutter im Gerichtssaal verblutete.[1]

Das grauenhafte Ereignis erregte in Politik und Medien in Deutschland zunächst wenig Aufsehen. Wie hätte das Echo in den Medien wohl ausgesehen, wenn der Gewalttäter ein fundamentalistischer Islamist und sein Opfer eine schwangere Deutsche ohne Migrationshintergrund gewesen wären?

In Alexandria hingegen, wo sie bestattet ist, gilt Marwa El-Sherbini als Märtyrerin. Die Tatsache, dass die Bundeskanzlerin sich beim ägyptischen Staatspräsidenten erst spät für den vor allem bei muslimischen Organisationen in Ägypten Empörung hervorrufenden Mord an einer Ägypterin in einem deutschen Gerichtssaal entschuldigte, hat in der muslimischen Welt erhebliche Irritationen hinterlassen. Das Teilstück einer Dresdner Straße nach dem Mordopfer zu benennen, wurde von FDP und CDU abgelehnt, weil man ein ,Netzwerk der Schande' fürchtete, zu dem es allen Anlass gegeben hätte. Stattdessen wurde, als kleine Verlegenheitslösung, vom Freistaat Sachsen und der Stadt Dresden ein Stipendium nach Marwa El-Sherbini benannt, das 2012 erstmals verliehen wurde.[2]

Aiman Mazyek, Generalsekretär des Zentralrats der Muslime in Deutschland, der den bei dem Attentat schwerverletzten, im

August noch immer kaum sprachfähigen Ehemann El-Sherbinis im Krankenhaus besucht hatte, forderte – wieder einmal vergeblich – eine öffentliche Diskussion über die Folgen der um sich greifenden Islamfeindschaft: „Islamistin, Terroristin, Schlampe – Alex W. hat ausgesprochen, was nicht Wenige in unserem Land denken, aber (noch) nicht wagen laut zu sagen. […] Hierzulande gilt für die muslimischen Frauen: nicht auffallen, mit Tunnelblick durch die Straßen gehen, nicht anecken und wenn möglich alles mit dem Auto erledigen." Geschehe ein Ehrenmord, sitze „der Islam insgesamt auf der Anklagebank". Werde „eine Muslimin mit Kopftuch ermordet", gebe es „bestenfalls pflichtschuldige Betroffenheit."[3]

Auf der Seite von *Politically Incorrect* hingegen durfte ein User namens „PigMohamed" über die grauenhafte Abschlachtung der schwangeren Marwa El-Sherbini den folgenden Hass-Kommentar einstellen: „Mir tut es überhaupt nicht leid um diese verschleierte Kopftuchschlampe. Und noch dazu ein Moslem im Bauch weniger."[4] Strafbar? Offensichtlich nicht. Meinungsfreiheit? Fragt sich, für wen. Was hätte dort wohl gestanden, wenn der Täter, wie erwähnt, ein Islamist und das Opfer eine deutsche Christin gewesen wären?

In ihrer Begründung der lebenslänglichen Haftstrafe für den Mörder Alex Wiens betonte die Richterin am Dresdner Landgericht am 11. November 2009, der Täter habe nicht aus „diffusem Rassismus", sondern aus „blankem Hass auf Muslime" gehandelt. „Woher aber hatte der Mörder diesen Hass?", fragte als einsamer kritischer Beobachter der Berichterstattung über den Mord an Marwa El-Sherbini und über den Prozess gegen Alex Wiens der Hamburger Dozent, freie Journalist und Schriftsteller Kay Sokolowsky, der eine ausführliche medienkritische Analyse[5] dazu vorgelegt hat.

Das Dresdner Landgericht selbst war dieser Frage nicht weiter nachgegangen und auch die deutschen Medien hielten sie zumeist kaum für erörterungswürdig, was den ‚Islamkritik'-Analytiker Sokolowsky, auch im Blick auf die deutsche Medienlandschaft, zu der Schlussfolgerung führte: „Wiens ist mit seinem Hass nicht allein, sondern in fürchterlich großer Gesellschaft." Seine Analyse und Einschätzung vom 21. Dezember 2009 schließt unmittelbar an die Ergebnisse der beiden letzten Kapitel an und wird deshalb hier in Kurzfassung wiedergegeben:

Nach der Einschätzung von Kay Sokolowsky „wäre die Explosion von Muslimfeindschaft, die am 1. Juni zum Tode Frau El-Sherbinis führte und fast auch ihren Mann das Leben gekostet hätte, ein sehr triftiger Grund gewesen, über eine Ideologie zu reden, die sich wie eine Epidemie in Deutschland verbreitet hat. Spätestens jetzt wäre es an der Zeit gewesen, beispielsweise die Hetz-Website *Politically Incorrect* gesellschaftlich zu ächten, die täglich ca. 50 000 Besucher mit rassistischen und muslimfeindlichen ‚News' bedient. Spätestens jetzt hätte die Rede davon sein müssen, dass jeder zweite Deutsche negativ gegen Muslime und alle, die er für Muslime hält, eingestellt ist. Spätestens jetzt wäre eine kritische Debatte über Autoren wie Henryk M. Broder, Necla Kelek, Udo Ulfkotte, Ralph Giordano oder Hans-Peter Raddatz angezeigt gewesen; Autoren, die mit ihren Brachialattacken gegen Muslime und ‚Gutmenschen' erheblich dazu beigetragen haben, den als ‚Islamkritik' getarnten Rassismus salonfähig zu machen. Und spätestens jetzt hätten die Medien darüber nachdenken müssen, wie viel sie selbst dazu beigetragen haben, dass einer wie Alex Wiens sich einbildet, Muslime hätten ‚kein Recht, in Deutschland zu leben.'

Nichts davon ist geschehen. Stattdessen wetteiferten die Berichterstatter darin, den Mörder El-Sherbinis als Einzeltäter und jämmerlichen Paranoiker darzustellen. [...]. Und der momentan prominenteste Islamfeind Deutschlands, Thilo Sarrazin, der unermüdlich gegen ‚unproduktive' Muslime und ‚Kopftuchmädchen' eifert, sitzt unbehelligt im Vorstand der Deutschen Bundesbank – dabei bedürfte es nur eines Wortes von Kanzlerin Merkel, ihn in die Gosse zu setzen, für die er so gern predigt. [...]

Rassismus, egal in welcher Form, ist ein Thema, das in Deutschland nicht gern besprochen wird. In seiner neuesten

Variante, dem Muslimhass, wird er erst recht kleingeredet. [...] Am Prozess gegen den Mörder Alex Wiens interessierten viele Berichterstatter vor allem die massiven Sicherheitsvorkehrungen der Dresdner Polizei: Sogar Scharfschützen waren auf dem Dach des Gerichtsgebäudes postiert. Dass deren Gewehre nicht auf Leute wie Wiens, sondern auf Muslime gerichtet waren – der Dresdner Polizeichef begründete die Maßnahmen mit dem Gefasel eines obskuren Internet-Islamisten –, war ein weiterer Beitrag für die Angst und den Abscheu vor dem Islam, der sich in Deutschland breitgemacht hat. [...]. Nachdem weder Terroristen noch gewalttätige Demonstranten sich vor dem Landgericht hatten blicken lassen, zogen die Kamerateams – vermutlich enttäuscht – wieder ab. Die hysterischen Maßnahmen der Dresdner Polizei schienen den Reportern kaum einen kritischen Kommentar wert. [...]

Stattdessen bemühten sich zahlreiche Journalisten, die Existenz einer ‚Islamophobie‘ in Deutschland zu bestreiten. Dabei wetteiferten Autoren der linken Presse (wie Alex Feuerherdt in *Jungle World*) und Autoren rechter Publikationen (wie Michael Miersch in der *Welt*) miteinander. Nicht zufällig sind diese beiden Journalisten auch für die ‚Achse des Guten‘ tätig, ein Publizisten-Netzwerk, dessen prominentestes Mitglied der Muslimhasser Henryk M. Broder ist. In der Angst vor dem Islam und der ressentimentgeladenen Überzeugung, alle gläubigen Muslime seien verkappte Terroristen, überwinden viele Linke und Rechte ideologische Grenzen und reichen sich die Hände. So einig sind sie sich in ihrer Wut auf dem Islam, dass sie gar nicht merken, wie grotesk es wirkt, wenn sie behaupten, die ‚Islamophobie‘ in Deutschland gäbe es gar nicht. Dabei sind sie selbst doch die besten Beispiele dafür.

Kurz vor Ende des Prozesses gegen Alex Wiens lief für die Skrupellosen vom Boulevard längst wieder ‚business as usual‘. Am 9. November 2009 titelte *Bild*: ‚Schöne Türkin vom Ehemann ermordet?‘ Obwohl die Polizei zu den Motiven des mutmaßlichen Täters noch gar nichts sagen konnte, wusste *Bild* bereits, was hier passiert war: ,Schon wieder so ein verdammter ,Ehrenmord'!' Der Tod Marwa El-Sherbinis hätte eine Gelegenheit sein können, ja, müssen, die muslim- und im weiteren Sinne migrantenfeindliche Ideologie hinter diesen Zeilen zu thematisieren. Dass dies so gut wie gar nicht passiert ist, sagt über die Popularität und Gefährlichkeit des antimuslimischen Ressentiments ebenso viel aus wie die Mordschlächterei von Alex Wiens. Er ist nicht allein. Er hat überall in Deutschland Gesinnungsgenossen, und sehr viele davon sitzen dort, wo Meinung gemacht wird. Das sollte die Lehre aus dem Mord an Marwa El-Sherbini sein."[6] Die Lehre aus dem Mord wurde nicht gezogen.

Erst im Juli 2011 kam für die antiislamische Agitation in Deutschland eine grundstürzende Veränderung. Am 22. Juli zündete der antiislamisch, aber auch antimultikulturell, antidemokratisch, antiliberal und anti-europäisch motivierte christlich-fundamentalistische Terrorist Anders Behring Breivik im Stockholmer Regierungsviertel eine schwere Autobombe, die gewaltige Schäden anrichtet, acht Menschen tötete und viele Passanten sowie Beschäftigte in den umliegenden Büros verletzte. Anschließend erschoss er, als Polizist verkleidet, auf der vorgelagerten Ferieninsel Utöya mit Handfeuerwaffen 69 vorwiegend jüngere Menschen und verletzte andere schwer.

Zunächst wurde allenthalben, insbesondere von ,Terrorexperten' der Medien an einen islamistisch motivierten Terroranschlag gedacht, was in der Erwartungshaltung mehr aus der kollektiven Stimmungslage schöpfte als aus der Kriminalstatistik; denn nach Informationen von Europol gab es, wie eingangs erwähnt, 2010 in der EU zwar 249 Terroranschläge, von denen aber nur drei einen islamistischen Hintergrund hatten. Bis in den Abend hinein wetteiferten die ,Terrorexperten' mit einschlägigen Nicht-Ausschluss-Vermutungen, die, so der sarkastische Kommentar von Stefan Niggemeier in der *FAZ*, „höchstens noch Millimeter von der ,Switch'-Satire entfernt" waren, „in der die Reporterin auf die Frage nach der Ursache eines gerade passierten Unglücks sagt: ,Al Qaida. Alles andere wäre zum jetzigen Zeitpunkt reine Spekulation.'"[7]

Dann kam die Wahrheit ans Licht. Mit einem Schlag trat der vordem von kritischen Zeitgenossen immer wieder vergeblich angeprangerte potentielle Zusammenhang von Wortgewalt und Tatgewalt auf blutige Weise zutage. Der Terrorakt setzte, wie Kommentatoren treffend titelten, ,Europas Rechtspopulisten unter Stress'. Breiviks Tat war ein ,Schlag ins Gesicht der Anti-Islam-Bewegung'; denn jetzt ging es de facto um nicht weniger als um ,geistige Brandstiftung' im Zusammenhang von ,Wort und Mord' und das Thema ,virtueller und echter Terror' beherrschte kurzzeitig die Mediendiskussion.[8]

Breivik berief sich immer wieder auf die Gefährdung ,christlicher' Werte durch den Islam. Ein überzeugter Christ, der aus seinem Glauben handlungsbestimmende ethisch-moralische Grundwerte bezieht, konnte der christlich-fundamentalistische Attentäter Breivik indes ebenso wenig sein wie islamistisch-fundamentalistische Terroristen gläubige Muslime sein können, selbst wenn sie sich auf der Suche nach der Legitimation oder gar Motivation ihrer Verbrechen auf den Islam berufen, auch wenn es sich bei ihren Opfern um ,Ungläubige' handelt; denn Bibel und Koran rechtfertigen keine Mordanschläge, auch wenn fundamentalistische Islamisten dies behaupten und offensichtlich nicht wenige ,Islamkritiker' dies glauben, weil sie die dem Koran gegenüber freischwebenden Wahnvorstellungen von Islamisten mit den Lehrtraditionen des Islams verwechseln.[9]

In Breiviks Manifest erscheint Christentum vielmehr, wie es zu Recht in einem Kommentar hieß, als vierschrötiger Kulturchauvinismus: „Tradition ohne Evangelium, Weltrettungsplan ohne Moral. Da klaffen ein ethisches Loch und ein tiefes Sinndefizit, und alle großen Vokabeln, mit denen der selbst ernannte Messias es zu stopfen versucht (Freiheit, Vernunft, Aufklärung, Würde, Pflicht) klingen hohl. [...] Breivik weiß nicht, wer er selbst ist, sondern nur, wo der Feind steht."[10]

Breivik stellte kurz vor den Attentaten sein 1.516 Seiten langes, an etwa 2.000 Adressaten in Europa, darunter auch einige Dutzend Adressen in Deutschland, gemailtes kulturpessimistisch-zivilisationskritisches und vor allem islamophages Manifest ,2083 – A European Declaration of Independence'[11] ins Netz, in dem die Worte ,Islam' und ,Muslim' insgesamt rund 7.000 Mal vorkommen. Es schöpfte vor allem aus – auch deutschen – antiislamischen Internetseiten, auf denen Breivik zum Teil vordem auch selbst geschrieben hatte.

In seinem Manifest versteht sich Breivik als Zeuge des von vielen Zeitgenossen in seiner Dramatik nicht erkannten kulturellen und demographischen Untergangs Europas, dem gegenüber ihm der Niedergang Roms nachgerade „graziös" erscheint. Die Gründe für die Endzeit-Katastrophe Europas und seiner Nationen liegen für ihn auf der Hand. Es ist das stille Bündnis von linkem Multikulturalismus, politischer Korrektheit, naiv-islamophilem ,Gutmenschentum', Islam und Islamismus, dem gegenüber die ,islamkritische' Aufklärung im heroischen Licht einer mutigen Widerstandsbewegung erscheint.

Dies aber ist die auch in Deutschland allgemein verbreitete Argumentationslinie der Selbstheroisierung der in Wahrheit risikolos und oft opportunistisch auf der Welle des Antiislamismus schwimmenden ,islamkritischen' Publizisten und Agitatoren, die z.B. Thilo Sarrazin im Blick auf die nicht minder gängige Integrationskritik bis heute zu der Selbstbeschreibung veranlasst: „Mahner und Warner werden noch immer diffamiert."[12]

Breivik berief sich in seinem Manifest an mehreren Stellen dankbar auf Unterstützung durch „Brüder" in Deutschland, darunter auch auf *Politically Incorrect*.[13] Über den Versand des Breivik-Manifests hinaus erkennbar waren aber – kriminaltechnisch – zunächst keine direkten Verbindungslinien zu deutschen antiislamischen Netzwerken, zumal die Behörden, wieder einmal, nur nach tat- bzw. tatverdachtsrelevanten direkten persönlichen Kontakten suchten – am besten mit am Tatort bzw. auf Tatwaffen hinterlassenen Fingerabdrücken. Unverkennbar aber waren die geistigen Fingerabdrücke, nämlich verwandte oder gleiche Denkmuster und Argumente im Sinne von grobschlächtigen Vereinfachungen der auch von führenden deutschen ,is-

lamkritischen' Publizisten vorgelebten antiislamischen Abwehrhaltungen und Argumentationslinien.

Umso eindringlicher stellte sich die bis dahin immer wieder
abgewiegelte Frage nach der publizistischen Verantwortbarkeit
von Argumenten im Grenzfeld von Information, Polemik, Demagogie und Denunziation bei ‚islamkritischen' Publizisten
und islamfeindlichen Blogs.[14] Eine scharfsinnige, kurz nach der
Tat verfasste Analyse des Manifests von Breivik kam zu einem
für die erste Riege der deutschen antiislamischen Desintegrationspublizistik prekären Ergebnis. Sie betonte eine frappierende
geistige Nähe zu Argumentationslinien z.B. bei Kelek, Sarrazin,
Broder und Giordano:

Die Ursache allen Übels liegt nach dieser Analyse für Breivik
darin, dass „die Political Correctness gesiegt hat, jenes Gutmenschentum, das nur deshalb freundlich zu Muslimen ist, weil es
sein eigenes Vaterland hasst." Inzwischen seien „Multikulti und
Politische Korrektheit (‚Ausländer sind gut, das Nationale ist
schlecht') zur europäischen Leitideologie aufgestiegen." Der
Multikulturalismus sei „ein Totalitarismus. Er kontrolliert sämt-
liche Parteien und die ‚Mainstream Medien' sowieso. Mit einem
Wort: Die Große Koalition der ‚Korrekten' schwächt von innen
die Abwehr gegen den äußeren Feind und treibt so die Islamisierung Europas voran. Und wer die multikulturelle Propaganda
ans Licht bringt, der wird mit der Moralkeule (‚Faschist!') nieder-
geknüppelt." Hinter dem gefährlichen Multikulturalismus aber
stecke „der alte Marxismus in neuem Gewand. Seine übelsten
Vertreter kommen aus Deutschland, aus Frankfurt am Main, es
sind die Vertreter der kritischen Theorie [...]. Wie die Pest breitete sich der Frankfurter ‚Kulturmarxismus' über Europa aus.
Unter der zivilen Maske von ‚Multikultur' und ‚politischer Korrektheit' tarnte er seine wahren Absichten. Der Kulturmarxismus
hat den Kontinent sturmreif geschossen und den Muslimen Tor
und Tür geöffnet. Europa schafft sich ab – der Kommunismus
als Feindbild wurde vom Islam abgelöst. Hurra – wir kapitulieren
vor dem Islam, schreit es aus jeder Seite des Pamphlets."[15]

Damit schlug der kritische Kommentar die Brücke zu Henryk M. Broders antiislamischem Bestseller. „Es ist konsequent, wenn Henryk M. Broder am Ende seines Buches ‚Hurra, wir kapitulieren‘ den Islam als eine ‚Verführung‘ beschreibt", hatte schon Thomas Steinfeld in seiner Kritik an der ‚Islamkritik‘ von Broder und Kelek geschrieben. „Und es ist auch konsequent, wenn es im Blog ‚Die Achse des Guten‘, dessen Mitarbeiter Henryk M. Broder ist, heißt, die ‚Islamkritik‘ müsse jetzt ‚militant‘ werden und ihre Kritiker ‚mit der Axt ins Bad‘ treiben", wie dies dem dänischen Karikaturisten Kurt Westergaard bei einem Einbruch eines Islamisten in seine Wohnung widerfuhr.[16]

Aus Breiviks Manifest ergab sich auch, warum der Attentäter in Norwegen, wo immerhin knapp drei Prozent der Bevölkerung Muslime sind, nicht etwa ein islamisches Kommunikationszentrum oder eine Moschee, sondern das Osloer Regierungsviertel und das Zeltlager einer sozialdemokratischen Jugendorganisation auf Utöya angegriffen hatte: Der kulturelle und demographische Untergang Europas konnte im Sinne seiner Wahnvorstellungen nur an der Wurzel des Übels bekämpft werden – bei den angeblichen politisch korrekten, linken, multikulturalistischen ‚Gutmenschen‘, die es geschehen lassen oder sogar schönreden, „dass Muslime die echten Europäer in ihrer Heimat mit ihrer Geburtenrate übervölkern".[17]

Die frappierende geistige Nähe des Breivik'schen Manifests zu Argumentationslinien der deutschen ‚islamkritischen‘ Desintegrationspublizistik während der Sarrazin-Debatte wurde in der Mediendiskussion[18] sogleich erkannt und benannt. Am schärfsten urteilte die Westfälische Rundschau in ihrem Kommentar vom 28. Juli 2011 zur nur kurz aufbrausenden Debatte um Wort- und Tatgewalt:

„Die Debatte ist scheinheilig. Es gibt nicht den leisesten Zweifel daran, dass ein vergiftetes Klima den Nährboden für Gewalt bereitet, und es gibt nicht den geringsten Anlass, Autoren vom Schlage Sarrazin vor entsprechenden Vorwürfen in Schutz zu nehmen. Sie sind geistige Brandstifter. Junge Fanatiker radikalisieren sich nicht im luftleeren Raum. Wenn ein islamfeindliches Buch Rekordeinnahmen erzielt und sein Autor wie ein Volksheld beklatscht wird, sind sie davon überzeugt, ihr Unwesen im Einverständnis mit der schweigenden Mehrheit zu treiben. Das war in Hoyerswerda, in Mölln und Solingen so, das macht die Gefährlichkeit von Hasspredigern aus, und genau daran entzündet sich doch die Empörung.

Da wird mit Worten ein Klima der Ausgrenzung geschürt, das gewaltbereite Extremisten zu Schreckenstaten anspornt und ihnen ideologische Rechtfertigung liefert. Von dieser Verantwortung kann sich kein Schreibtischtäter und kein Talkshowhetzer freisprechen und auch jeder Einzelne nicht, der den Populisten Beifall spendet. Ihr Gedankengut ist tief in die Gesellschaft eingedrungen, weil es dort wiederum auf einen Nährboden trifft. [...]

Rechtspopulisten speisen daraus ihren Zulauf und bahnen sich in vielen Nachbarländern den Weg zur Macht. Solche Entwicklungen fordern die Abwehrkräfte der Demokratie heraus. Mehr Wachsamkeit gegenüber der braunen Vernetzung, mehr Entschiedenheit gegen rechte Aufmärsche, mehr Aufklärung zum Schutz von Rattenfängern sind angesagt und eine Besinnung auf die Mahnung: Wehret den Anfängen."[19]

Das zielte auch auf Henryk M. Broder, den Breivik in seinem Manifest lobend erwähnt und über den der Kommentator Christian Bommarius urteilte: „Der Antiislamismus als Ressentiment, wie er sich in den vergangenen Jahren in der Mitte der deutschen Gesellschaft herausgebildet hat, ist nicht zum Geringsten Broders Verdienst." Breivik hatte seinem Manifest die vielsagende Jahreszahl „2083" vorangestellt – vier Jahrhunderte nach der Belagerung Wiens durch die Türken. Broder hatte geschrieben: Nach den Niederlagen von Poitiers (732) und Wien (1683) sollten die Europäer nun mit demographischen Waffen besiegt werden. Auch Breivik faselte vom „demographischen Dschihad". Von Broder stammte auch die Warnung: „Wie die Appeasement-Politik gegenüber Hitler die expansive Haltung der Nazis nur befördert hat, so laufen die Europäer mit ihrer Politik der Beschwichtigung heute Gefahr, die Transformation Europas zu einem islamischen Kontinent zu beschleunigen."[20] Diese Ideen waren bekanntlich auch Sarrazin und Kelek nicht fremd.

Stern-Chefredakteur Hans-Ulrich Jörges, wegen seiner Kritik an Sarrazin selbst vielfach hassmail-geschädigt, pointierte dazu Anfang August 2011 prägnant: „Das mörderische Manifest taucht vieles in ein neues Licht, das in demselben Gedankengebäude wohnt: die Angst vor Europas Untergang. Breivik wie Broder erkennen muslimische ‚No Go-Areas'; Breivik zitierte gar eine Empfehlung Broders, aus Europa auszuwandern. Breivik wie Sarrazin rechnen europäische respektive deutsche Fertilität gegen islamische Fruchtbarkeit auf; beide halten muslimische Migranten ökonomisch für nutzlos. Und wie liest sich nun Sarrazins Albtraum? ‚Das Deutsche in Deutschland verdünnt sich immer mehr und das intellektuelle Potenzial verdünnt sich noch schneller. Wer wird in 100 Jahren ‚Wanderers Nachtlied' noch kennen? Der Koranschüler in der Moschee nebenan wohl nicht.' Was richten solche Sätze an?"[21] Das erinnert an jene oben erwähnte deutsch-koreanische Musikstudentin, die Sarrazin auf einer seiner Kultveranstaltungen verzweifelt fragte, ob er denn gar nicht merke, was er hier anrichte.

„Wenn der Begriff vom ‚geistigen Mittäter' je einmal Sinn gemacht hat, dann hier", schrieb der Wiener Publizist Robert Misik Ende Juli 2011 und entfachte damit auf Broders ‚Achse des Guten' einen Sturm der Entrüstung. „Nach dem Massaker versuchen die geistigen Brandstifter den Kopf ein bisschen einzuziehen. Wortreich bekunden sie jetzt, dass sie mit der Tat eines solchen ‚Irren' doch nichts zu tun haben. Sie versuchen, sich davonzustehlen. Man sollte sie nicht einfach so durchkommen lassen. Broder & Co. haben sich der Mittäterschaft schuldig gemacht. Ihre Selbstentschuldigungen jetzt sind so wirr wie kaltschnäuzig."[22]

Auch die Erlanger Medienpädagogin und Leiterin des kleinen Erlanger Instituts für Medienverantwortung, Sabine Schiffer, die seit Jahren die Behandlung der Themen Islam und ‚Islamkritik' in den Medien untersucht und deshalb von ‚Islamkritikern' denunziativ verfolgt wird, schrieb: „Man braucht nicht explizit zu Gewalt aufzurufen. Wer immer wieder bloggt: ‚Wie lange noch?', ‚Wann wollen wir uns endlich wehren?' und ‚Lasst uns etwas gegen die Islamisierung Europas unternehmen!', legt Feuer."[23]

Der SPD-Vorsitzende Sigmar Gabriel erklärte Ende Juli 2011: „In einer Gesellschaft, in der der Anti-Islamismus und die Abgrenzung von anderen wieder hoffähig wird, in der das Bürgertum Herrn Sarrazin applaudiert, da gibt es natürlich auch an den Rändern der Gesellschaft Verrückte, die sich letztlich legitimiert fühlen, härtere Maßnahmen anzuwenden." Attentäter wie Breivik handelten dann in der Vorstellung, „der schweigenden Mehrheit zum Durchbruch zu verhelfen."[24]

Von „intellektuellen Brandstiftern im Anzug" sprach zeitgleich der nordrhein-westfälische Arbeits- und Integrationsminister Guntram Schneider (SPD).[25] „Verantwortungslose mediale und politische Kampagnen führten zu einer Art Paranoia", sekundierte Anfang August 2011 Ismail Ertuğ, Mitglied des europäischen Parlaments (SPD). „Populisten [...] schaffen für Personen wie Thilo Sarrazin [...] ein Klima, in dem aus Hassschriften Bestseller werden."[26] Ganz in diesem Sinne hatte der seinerzeitige Bundesinnenminister de Maizière schon im September 2010 in einem Interview über den „Fall Thilo Sarrazin" gewarnt: „Was jetzt aktuell passiert, das kommt mir so vor, als würde einer eine Fackel an einen Heuhaufen halten, um darauf hinzuweisen, dass es brennen könnte. Das ist verantwortungslos."[27]

Verwandt mit Breivik erschienen auch Giordanos erwähnte Denunziationen „dieser Political-Correctness-Clique" mit ihren „Multi-Kulti-Illusionisten" und islamophilen „Gutmenschen vom Dienst."[28] Noch mehr galt dies für Kelek, die sich serienweise der gleichen Argumentationsmuster bedient. Das war auch zu beobachten in ihrer erwähnten *FAZ*-Attacke auf den angeblichen „Kulturrelativismus" von Mathias Rohe und in dem wahnhaften *FAZ*-Angriff auf mich selbst, in dem sie mich zum „Generalsekretär" eines angeblich allmächtigen wissenschaftlichen „Politbüros" von alles und alle beherrschenden politisch korrekten, links-ideologisch-multikulturalistisch-islamophilen Meinungsmachern und sich selbst zu einer Art heroischen Zeugin des wahren wissenschaftlichen Widerstandskampfes zu stilisieren suchte.[29]

Immer unausweichlicher wurde die Frage nach den vielfachen Gemeinsamkeiten zwischen dem Internet-Pamphlet von Breivik und Texten auch der deutschen ‚Islamkritik'. Sie leuchtete in der öffentlichen Diskussion aber nur kurz auf, um sogleich wieder wortreich und mit vordergründig dahingeplapperten Selbstschutzargumenten abgedrängt zu werden. Leitfiguren der publizistischen ‚Islamkritik' in Deutschland zeigten sich nicht nur sogleich und erfolgreich bemüht, von Breiviks islamophagen Vorstellungen als Verirrungen eines angeblich Geisteskranken abzurücken. Sie verwahrten sich dabei zum Teil auch mit den gleichen argumentativen Techniken gegen pauschalisierende Schuldzuweisungen gegenüber der vulgärrationalistischen ‚Islamkritik' unter Hinweis auf Breivik, die manche von ihnen vordem unter Hinweis auf die Verbrechen z.B. von muslimischen ‚Ehrenmördern' selber pauschal gegenüber ‚dem' Islam ins Feld geführt hatten.

Ein Musterbeispiel dafür lieferte Ende Juli 2011, eine Woche nach dem Attentat von Breivik, Necla Kelek in einem Interview in der ihr geneigten Zeitung *Die Welt* mit deren stellvertretender Chefredakteurin Andrea Seibel. Kelek verdrehte in ihrer narzisstischen Mischung von introvertierter Wehleidigkeit und extrovertiertem Angriffseifer jede auch nur potentielle Kritik an der ‚Islamkritik' vor dem Hintergrund der norwegischen Mordtaten verschwörungstheoretisch dreist zu dem Versuch, „die Auseinandersetzung mit einer Weltreligion wieder einmal zu tabuisieren." Wer diese Auseinandersetzung betreibe, klagte Kelek selbstmitleidig, „ist schnell ein Rassist." Sie merkte dabei offensichtlich gar nicht, dass sie sich hier just mit dem Argument verteidigte, das Breivik in seinem Manifest selber, wie gezeigt, gegen Kritik an der ‚Islamkritik‘ ins Feld geführt hatte.

Obgleich sie noch gar nicht persönlich angegriffen worden war, war Kelek ihre Angreifbarkeit doch so furchterregend bewusst, dass sie es nicht nur bei ihrer notorischen verschwörungstheoretischen Täter-Opfer-Schuldumkehr beließ. Sie verband den Ausbruchsversuch aus der gefürchteten Einkesselung in verräterisch vorauseilender Selbstverteidigung sicherheitshalber gleich mit der Ankündigung juristischer Schritte, falls ihre eigenen Verschwörungstheorien gegen sie selbst gewendet werden sollten in Gestalt des Versuchs, ihre pauschalisierende islamfeindliche Agitation mit konkreten islamfeindlichen Gewalttaten in Verbindung zu bringen. Auch die schrille Vorab-Bestreitung von im Blick auf sie noch gar nicht erhobenen Ursache-Folge-Unterstellungen zwischen antiislamischer Agitation und Breiviks Bluttaten gehört zur vordergründigen Popanztechnik der ‚Islamkritik‘. Die alte Regel ‚Wer sich verteidigt, klagt sich an‘, gilt aber bekanntlich besonders dann, wenn die prophylaktische Selbstverteidigung schon anläuft, bevor Anklage überhaupt erhoben worden ist.

Ein Jahr nach Beginn der Sarrazin-Debatte gehe es nun wieder nur um Bildungs- und Sozialpolitik, assistierte im gleichen Interview die mit Kelek befreundete kluge, aber in Islamfragen ahnungslose und aufgeregt die kelekianischen zirkulären Syllogismen nachbetende Schriftstellerin Monika Maron; denn „die kulturellen und religiösen Traditionen als Quelle der meisten Probleme werden ignoriert, sogar schöngeredet". Sie brachte dazu ein absurdes, aber seither gern bedientes Verteidigungsargument in Umlauf: Nur weil Breivik z.B. auch Kafka, Churchill oder Merkel erwähne, dürfe man solche Autoren und Personen schließlich ebenso wenig in Haftung für Breiviks Mordtaten nehmen wie „die Kritik am Islam".[30] Auch dieses absurde Argument gehörte in Keleks semantisches Nebelwerfer-Arsenal. Die in der *Welt* publizierten dubiosen Verteidigungsargumente waren trotz ihrer geradezu albernen Vordergründigkeit wirksam, weil sie an prominent meinungsbildender Stelle vorgetragen wurden. Sie drängten die Kritik an der ‚Islamkritik' noch einmal erfolgreich ab.

Aber sie lagen, als Popanz-Strategie, in Wahrheit klar daneben: Unübersehbar ist z.B. die Verwandtschaft der demo-kulturalistischen bzw. kulturrassistischen nationalen und europäischen Menetekel von Sarrazin mit den Untergangsvisionen von Breivik, von Kelek, Broder und Giordano ganz zu schweigen. Ebenso unübersehbar ist aber auch die Tatsache, dass der Internet-Plagiator und Phrasendrescher Breivik von Sarrazins analytischer Intelligenz und Broders Intellektualität meilenweit weit entfernt ist.[31]

Unmissverständlich hat der Historiker und Vorurteilsforscher Wolfgang Benz die Brücke zwischen aggressiver ‚Islamkritik' und gewaltbereitem antiislamischem Kulturrassismus geschlagen: „Die Folgen gruppenfeindlicher Agitation sind nur selten so dramatisch wie im Sommer in Oslo. Die Provokateure verwahren sich freilich angesichts der Katastrophe mit der Gebärde der Entrüstung gegen den Vorwurf geistiger Brandstiftung. Natürlich brauchte der Mann, der im Juli 2011 in Oslo mit 76 Morden sein krudes Weltbild ausagierte, einen Nährboden für seinen Hass gegen Muslime und Sozialisten. Der Nährboden wurde durch Agitation bereitet. Die Stichwortgeber hat der Mörder in seinem Bekenntnispamphlet ausführlich benannt."[32]

Für Breiviks mörderische Folgerungen war die ‚Islamkritik' freilich nicht in direkte Haftungsgemeinschaft zu nehmen. Persönliche Ursache-Folge-Schuldzuschreibungen können aus ideellen Übereinstimmungen nicht abgeleitet werden. Ihre Vertreter brauchten sich gar nicht so nervös gegen persönlichen Tatverdacht zu verwahren; denn es geht hier weniger um persönliche Haftung als um ethische Verantwortung, der sich kein Publizist entziehen kann, der mit zündfähigen Argumenten in hochexplosivem Gelände hantiert. Dazu gehört, solche Argumente so zu präsentieren, dass sie nicht unter Berufung auf die Autoren als Brandsätze missbraucht werden können oder, sollte dies doch geschehen, sich entschieden dagegen zu verwahren. Diese ethische Verantwortungsgemeinschaft im Sinne einer ‚neuen Medienethik' (B. Pörksen) sollte jenseits der journalistischen Individualethik auch die ‚Professionsethik' (K. Hafez) und damit auch Herausgeber, Verleger, Anteilseigner und Presseräte einschließen.[33]

Das folgenschwere Versagen vor dieser ethischen Verantwortungsgemeinschaft war besonders in der Vergröberung der Argumente Sarrazins und anderer ‚Islamkritiker' in den Medien und vor allem in islamfeindlichen Blogs in Reihe zu beobachten – ohne eine öffentliche Distanzierung von deren Seite, die zweifelsohne geschäftsschädigend gewesen wäre, weil sie wichtige Leserkreise getroffen hätte. Anders gewendet: Wer virtuos auf der medialen Klaviatur spielen kann, hätte dort auch unmissverständlich vor einschlägigen Missverständnissen warnen können. Und wer dies bis heute versäumt hat, könnte es noch immer nachholen, die öffentliche Anerkennung eigener Fehlleistungen eingeschlossen.

Belangvoller als gedrechselte semantische Fluchtversuche der publizistischen ‚Islamkritik' war eine Einschätzung des am Goethe-Institut München arbeitenden Islamwissenschaftlers Stefan Weidner, der zu einer tiefer gehenden Auseinandersetzung mit den Argumentationslinien der ‚Islamkritik' aufrief:

Das „eigentliche Trauma der Islamkritik" bestehe „nicht darin, dass Breivik ihre Ideen zitiert und sich daraus eine *licence to kill* gebastelt hat, sondern dass seine Tat unmissverständlich die wahre Stoßrichtung dieser Bewegung offenlegt: die eigene Gesellschaft, wie sie nun einmal ist: Europa, der Westen selbst. Der 22. Juli 2011 hat gezeigt, dass die greifbarste Frucht der islamkritischen Aktivitäten bislang nirgendwo die Zurückdrängung des Islams ist, sondern nur die Spaltung eben derjenigen Gesellschaft, für die die Islamkritik zu sprechen vorgibt und die sie verteidigen und stärken will. Die anderen, lernen wir jetzt, sind wir selbst. Die Anti-Islam-Bewegung hat nicht den Hass gegen den Islam, sondern den gegen das heutige Europa hochgepäppelt, gegen jeden europäischen Bürger und erst recht jeden Politiker, der den Makel hat, sich nicht von ihr irremachen zu lassen [...]. Die islamkritische Bewegung einer Differenzierung zu unterwerfen, wie es nach dem 22. Juli kaum anders möglich sein wird, bedeutet, ihr den ‚Islam‘ aus dem Namen zu streichen und sie, nackt wie sie dann vor uns steht, noch einmal zu fragen: Was will sie? Die Spreu vom Weizen, das Indiskutable vom Diskutablen wird dann leichter zu trennen sein.“[34]

Das Letztere dürfte jedenfalls im Falle Kelek wenig Chancen haben; denn bei ihr sind, wie gezeigt, Spreu und Weizen schwer trennbar gemischt und werden von ihr in der streitigen Kommunikation und besonders in ihrer präventiven Selbstverteidigung meist in stets anderer Mischung aufgewirbelt.

Im Blick auf Sarrazin und die ‚Sarrazin-Debatte‘ kam Weidner zu einem nicht minder treffenden Ergebnis: „Thilo Sarrazins ‚Deutschland schafft sich ab‘ war ein Paradebeispiel dafür, wie eine im Prinzip hilfreiche, aber offenbar wenig willkommene Kritik (am nicht mehr finanzierbaren Sozialsystem, am Werteverfall, an Bildungsferne und anderem) in eine unfruchtbare und überaus hässliche Islamdebatte verdreht wurde, so dass sie sich damit am Ende selbst kastrierte. Sarrazin [...] ist in die Falle getappt, die sich die Islamkritik immer selbst stellt, wenn sie behauptet, wir litten weniger an uns selbst als an den anderen.“[35]

Die Frage nach der publizistischen Verantwortbarkeit schloss nicht nur ‚islamkritische‘ Publizisten ein, die für ihre Publikationen selber zu haften haben, sondern auch islamfeindliche Weblogs. Deren Verantwortliche aber können sich, wie gezeigt, aufgrund der bisherigen, hier zweifelsohne verbesserungswürdigen Rechtsprechung nach wie vor der Verantwortung für die auf ihren Seiten publizierten Kommentare entziehen. Das vermeintlich sortierende Motto ‚virtueller und echter Terror‘ hilft hier ebenso wenig weiter wie die in aller Regel kaum zu klärende Frage nach der gewollten oder ungewollten Stimulierung strafbarer Kommentare.[36]

Jenseits der nur fahndungstechnisch belangvollen Frage nach direkten Kontakten Breiviks zur deutschen Szene war sofort erkennbar gewesen, dass viele der in seinem Manifest kumulierten Gedanken sich mit den Vorstellungen ‚islamkritischer‘ bzw. islamfeindlicher Blogs in Deutschland, Italien, Frankreich und anderen europäischen Ländern deckten. Das wurde auch von ihnen selbst ausdrücklich bestätigt und Breiviks Machwerk sogar als die Botschaft einer „Ikone" unter den „Widerstandskämpfern" im Abwehrkampf gegen die „muslimische Invasion" begrüßt, wenn auch verbunden mit dem bedauernden Hinweis, dass der Attentäter der Bewegung mit seiner misslichen Tat einen schlechten Dienst erwiesen habe.[37] „Das Manifest an sich liest sich ausgezeichnet", notierte z.B. am 23. Juli 2011, einen Tag nach dessen Veröffentlichung und damit einen Tag nach den Morden des Autors, ein anerkennender Kommentar im Forum von *Politically Incorrect*, begleitet von der bedauernden Bemerkung, der Verfasser habe mit seinen Morden aber leider „mehr Schaden angerichtet, als er sich vorstellen kann".[38]

Nach eingehenden Analysen der Kommunikation von *Politically Incorrect* konnte der islamfeindliche deutsche Blog begründet als eine Organisation beschrieben werden, „die Gewaltverherrlichern und Rassisten, deren Weltbild dem des norwegischen Massenmörders Anders Breivik ähnelt, ein Forum bietet." Das zeigte z.B. eine Rundmail der *PI*-Gruppe Innsbruck, deren Verfasser vier Tage nach dem Massaker von Breivik, am 26. Juli 2011, klagte, es gebe in Norwegen „so viel MultiKulti, das tut schon weh. Ein leichtes Spiel für einen Massenmörder, nicht nur diesen Breivik". Ein anderer User räsonierte: „Was er schreibt, hört sich ganz vernünftig an", während ein dritter kalkulierte: „Den über eine Million Ermordeter aus den 17 000 islamischen Attentaten weltweit stehen nun 90 Tote aus einem singulären christlichen Terroranschlag gegenüber." Eine weitere Stimme über Breivik schätzte: „Von seiner Warte aus hat er wahrscheinlich rational gehandelt. Islamisierung ist mit friedlichen Mitteln nicht mehr aufzuhalten, also wende ich Gewalt an, und zwar nicht gegen die Symptome (Moslems), sondern gegen die Ursache (linksgrüner multikultisozi Wahn)." Und ein drohender Kommentar lautete im Blick auf die bevorstehenden Berliner Wahlen, in denen islamfeindliche, rechtspopulistische und rechtsradikale Kleinstparteien bald vergeblich um die Wählergunst konkurrierten, unmissverständlich: „Spätestens wenn die Berliner Wahl verloren geht, wird allen bewusst sein, dass in Deutschland mit demokratischen Mitteln keine islamkritische Politik zu betreiben ist." Das war unverhüllt die christlich-fundamentalistische Perspektive von Terror und Bürgerkrieg.[39]

Dergleichen war für die *PI*-Leitung, die mit der Tarnkappe eines streng demokratisches Leitbildes auftritt, höchst unwillkommen, weshalb *PI*-Chef Herre verordnete, niemand bei *PI* solle Breivik mehr „ungefragt erwähnen" und wenn, dann nur unter den – offensichtlich erst einzuschärfenden – Bedingungen: „uneingeschränktes Bekenntnis zum Grundgesetz" und „klare Distanzierung von jeglicher Gewaltanwendung". Das waren Maßregeln für die externe Kommunikation. Intern war nach dem Attentat von Norwegen nichts wichtiger als die Einschätzung von Breiviks Tat. Dies war insbesondere deswegen von Belang, weil die geistige Nähe auch der *PI*-Spitze selbst durchaus bewusst war.

Das wusste auch die islamophage Schweizer Militärpfarrerin Christine Dietrich aus der Gemeinde Siselen, die zur Führungsgruppe von *PI* zählte, im *PI-Magazin* unter dem nordisch-völkische Assoziationen weckenden Decknamen ‚Thorin Eisenschild‘ schrieb und den seit 2005 agitierenden geheimnisvollen Internetblogger ‚Fjordman‘[40] persönlich kannte, dem Breivik nachgerade geistig hörig war. Sie urteilte intern über Breiviks monströses politisches Testament ganz unmissverständlich: „Was er schreibt, sind größtenteils Dinge, die auch in diesem Forum stehen könnten". Es gibt Quellen, die so aussagekräftig sind, dass sie keiner weiteren Interpretation bedürfen. Dazu gehört die dem *Spiegel* zugespielte interne Kommunikation in der *PI*-Leitung über das Breivik-Attentat, die hier in einem Ausschnitt wiedergegeben werden soll:

„Der 22. Juli 2011 begann für die führenden Köpfe von *Politically Incorrect*, dem größten islamfeindlichen Blog in Deutschland, wie ein gewöhnlicher Tag. Im internen Skype-Chat wies man sich gegenseitig auf Verbrechen hin, die offenbar von ‚Musels‘ begangen wurden, wie Muslime hier genannt werden; man diskutierte über eine Rudolf-Heß-Doku im Fernsehen und wetterte über Klagen gegen ein Burkaverbot.

Um 16.34 Uhr aber änderte sich die Lage. ‚Mehrere Verletzte. Schwere Explosion im Herzen Oslos‘, vermeldete der Administrator mit dem Namen ‚theAnti2007‘, ein Computerfreak aus Köln. [...]

Um 18.32 Uhr schreibt theAnti2007: ‚Scheißerei vor Oslo, paar Tote‘, ein Schreibfehler, den Herre mit ‚Immer diese Scheißereien;-)‘ beantwortet. Die Islamfeinde drängt es nach Gewissheit, denn auf unsicherer Grundlage schreiben sich Hetzartikel gegen den Islam nur schwer. ‚Gibt es eigentlich schon irgendwelche Hinweise, dass es – wovon auszugehen ist – unsere ‚Freunde‘ waren?‘, fragt Marco P. ungeduldig, der im Blog unter dem Pseudonym ‚Frank Furter‘ schreibt. ‚Meines Wissens gibts noch kein offizielles Bekennerschreiben‘, antwortet Herre.

Um 19.44 Uhr meldet theAnti2007: ‚Mehrere Tote im Jugendzeltlager durch Islamisten‘. Jetzt endlich scheint bestätigt, was die *PI*-Macher längst vermuteten, die Meldung beflügelt ihre Phantasie: ‚Es ist Freitag. Ob da jemand heute eine giftige Predigt gehalten hat?‘, fragt die Schweizer Militärpfarrerin Christine Dietrich, die ebenfalls Administratorin der Web-Seite ist, unter Anspielung auf islamische Freitagsprediger süffisant. [...]

Noch wähnt sich der innere Zirkel auf der ‚richtigen Seite‘ und feiert die hohen Klickzahlen, die der vermeintliche Anschlag der Islamisten *PI-News* beschert. ‚Die rennen uns die Bude ein‘, jubelt Dietrich um 21.40 Uhr.

Herre hat sich bereits in die Nachtruhe verabschiedet, da platzt das erste Gerücht in den Chat, wonach es sich bei dem Täter nicht um einen Muslim, sondern um einen Rechten handeln könnte. ‚Sollte sich bewahrheiten, dass es ein rechtsextremer Anschlag war, dann werden wir noch verdammt viel von denen hören‘, fürchtet Marco P. ‚Das wäre der nächste politische Gau, nach Fukushima [...] dann wird es in Zukunft heißen: ‚Seht ihr, nicht nur Musels machen Attentate‘. Dann wird demnächst jedes Muselattentat relativiert.

Am nächsten Morgen herrscht Klarheit über den Täter. Auf Skype diskutiert die Führung nun über Anders Behring Breivik, der offenbar mit einer europaweiten islamophoben Bloggerszene sympathisierte, zu der auch die Macher von *PI-News* gehören. ‚Und schon geht‘s gegen uns‘, schreibt Christine Dietrich und verlinkt zu einem Artikel, in dem Breivik mit dem radikalen Blogger Fjordman in Verbindung gebracht wird [...].

‚Ich kenne Fjordman persönlich – er ist KEIN Killer. Das ist eine Katastrophe, für uns und für Fjordman natürlich. Armer Kerl, er war bei mir zu Gast.‘ Weil ihre Kollegen sich lieber an den hohen Klickzahlen berauschen, wird Dietrich deutlicher: ‚Die Clicks machen mir grad weniger Sorgen, uns brennt der Hintern.‘ Sie vermutet, dass einige Leute nun ‚in den Startlöchern hocken, um uns als Terrororganisation zu überwachen‘. Rasch folgen die ersten Verschwörungstheorien: ‚Ich glaube, die verschleiern ein dschihadistisches Ding und schieben es dem Counter-Dschihad in die Schuhe, um uns zu überwachen und am Ende alle dranzukriegen.‘ Counter-Dschihad ist die Selbstbezeichnung von Islamfeinden wie *PI-News*.

‚Also, mal im Ernst‘, schaltet sich nun wieder theAnti2007 ein. ‚Mir tut es um die Leute sehr leid. Aber FALLS !! er ein ‚Rechter‘ war, dann jemand, der Eier in der Hose hat ... und nicht nur geredet hat, sondern auch zur Tat griff. Einer in Norwegen, der sich gegen die Übermacht der Linken und Muslims gewehrt hat.‘“

Auf eine Anfrage des *Spiegel* hin bewertete Herre, wie die Redaktion berichtete, die internen Äußerungen „angesichts der tragischen Ereignisse in Norwegen“ zwar als „völlig unangemessene Entgleisungen“, an denen er sich nicht beteiligt habe. Die

Schweizer Militärpfarrerin Dietrich (,Thorin Eisenschild') habe mittlerweile ihren Ausstieg aus *PI* angekündigt. Dass das Massaker von Norwegen die *PI*-Macher aber intern zu keinem spürbaren Nachdenkprozess veranlasste, zeigte ein Kommentar des TV-Journalisten Michael Stürzenberger (*PI*-Pseudonym ,Byzanz'), der ebenfalls zum Führungszirkel des Blogs gehörte, bis 2004 Pressesprecher der Strauß-Tochter Monika Hohlmeier und im Mai 2011, nach eigenen Angaben aus Rücksicht auf muslimische Wähler intern „angefeindet", aus der CSU nach rechts ausgetreten war. Er ermahnte am 2. August seine Kollegen, keinesfalls aus dem Kreuzzug auszuscheren: „Nur nicht einschüchtern lassen. Gegenoffensive. Hunderte Millionen Tote durch diese kriegerische Ideologie haben bisher offensichtlich auch niemand betroffen gemacht. Diese gottverdammten Heuchler."[41]

Der *PI*-Blog blieb mit seiner Ambivalenz zwischen Distanzierung, Verständnis und Faszination keine Ausnahme. Die Homepage der rechtspopulistischen Partei ,Die Freiheit' etwa verurteilte die Mordtaten von Breivik offiziell ebenfalls „aufs Schärfste". Das passte schlecht zur Position des ersten anschließenden Kommentators, der die „persönliche Verzweiflungstat" des norwegischen Terroristen als „Aufschrei gegen die Meinungsdiktatur der derzeitigen Demokratie in unserer Gesellschaft" bewertete.[42]

Der Massenmord von Norwegen rüttelte zumindest einen Teil der Öffentlichkeit in Deutschland auf und ließ Ende Juli 2011, wie erwähnt, Sarrazins medial machtvoll unterstütztes Bemühen um ein publizistisches Comeback aus Anlass des ersten Jahrestages des Erscheinens seines Buches ins Leere laufen. Beeindruckend wirkte die Verbindung von Erschütterung und Trauer mit dem demonstrativen Bekenntnis zu kultureller Vielfalt in der demokratischen Einwanderungsgesellschaft bei Bevölkerung und Regierung in Norwegen.[43] Zu einem mutigen Nachvollzug dieser Verbindung von Trauerarbeit und Bekenntniskraft aber hat es in Deutschland selbst in der Konfrontation

mit den Serienmorden des ‚Nationalsozialistischen Untergrunds' (NSU) ab November 2011 nicht gelangt.

6.2 Antiislamismus und neonationalsozialistische Gewalt: die NSU-Serienmorde in Deutschland

Für viele deutsche Zeitgenossen war der norwegische Terrormör-
der Breivik zunächst nur ein Einzeltäter in einem fernen Land.
„Wie weit weg ist Norwegen?", fragte in düsterer Ahnung der
Integrationsbeauftragte des Senats von Berlin Günter Piening
Ende Juli 2011 und gab sich diese Antwort:

„Nein, niemand kann sagen, ob in unserer Mitte ein ähnlicher Gewalttäter heranwächst. Doch auch bei uns ist der Boden
bereitet, auf dem so jemand seine kruden Rechtfertigungen finden könnte. Die Abwertung und Ausgrenzung von Muslimen ist
in den letzten Jahren gesellschaftsfähig geworden. Auf Internetplattformen wie *Politically Incorrect* dürfen sich Muslimhasser
austoben, ohne Angst vor Strafverfolgung haben zu müssen. In
ihrer Abwertung von Minderheiten und ihren Aussagen zu
Islam und Einwanderern insbesondere aus der Türkei und den
arabischen Ländern stehen viele dort veröffentlichte Beiträge in
keiner Weise dem nach, was der norwegische Attentäter vertritt,
ja der Attentäter war selbst aktiv in dieser Internetszene. [...].
Hier wird Ausgrenzung und Gewalt der Weg geebnet. Hier ist
das Umfeld, in dem ‚Einzeltäter' oder Gruppen genauso wie
rechtspopulistische Bewegungen Bestätigung und Anstöße für
ihr Denken und Handeln finden."[44]

Als Anfang November 2011 die schon seit 1999 anhaltenden
Verbrechen der ‚Zwickauer Zelle' aus dem ‚Nationalsozialistischen Untergrund' (NSU)[45] und deren Unterstützungskreise ins
Blickfeld der Öffentlichkeit rückten, war klar, dass Pienings
Frage nach der Distanz zwischen Norwegen und Deutschland
schon ihre Antwort gefunden hatte, lange bevor sie gestellt worden war. Als der Integrationsbeauftragte des Senats von Berlin

im Juni 2012 resigniert zurücktrat, hinterließ er eine kritische Abschiedsbilanz der bundesdeutschen Integrationspolitik. Sie kam zu dem Ergebnis, dass Deutschland „von einer wirklichen Anerkennung der Einwanderungsgesellschaft und der Gleichstellung der Einwanderer und ihrer Kinder" noch weit entfernt sei:

„Die Zustimmung, die die zynischen und rassistischen Thesen von Thilo Sarrazin in Teilen der bundesdeutschen Eliten gefunden haben, haben gerade bei vielen erfolgreichen Migranten die Frage aufgeworfen, ob sie in der Bundesrepublik jemals als gleichberechtigte Bürgerinnen und Bürger anerkannt sein werden." Vor diesem Hintergrund seien die Erkenntnisse im Zusammenhang mit den NSU-Serienmorden auch integrationspolitisch eine Zäsur: „Es ist nach wie vor unfassbar, dass eine Gruppe von Mördern durch die Lande ziehen und willkürlich Einwanderer ermorden konnte und die Ermittlungsbehörden nehmen das Umfeld der Opfer in Verdacht, statt dem nachzugehen, was naheliegt: dass hier rechtsextremes, rassistisches Gedankengut seine fürchterlichen Folgen zeigt."[46]

Das Zwickauer Trio aus dem ,Nationalsozialistischen Untergrund' folgte bei seinen Mord- und Raubzügen durch die Republik dem Strategiekonzept ,Taten statt Worte', das in neonationalsozialistischen Kreisen in Deutschland und in den internationalen Neonazi-Netzwerken schon länger diskutiert wurde, was die Sicherheitsdienste in Alarmbereitschaft hätte versetzen müssen. Aber davon ahnten die deutschen Sicherheitsbehörden einschließlich des scharf nach möglichen islamistischen und linksradikalen Tätern Ausschau haltenden Verfassungsschutzes in Deutschland trotz allen Einsatzes von V-Leuten in der Szene offenkundig wenig; denn sie beobachteten die neonationalsozialistischen Weblogs ebenso wenig systematisch wie die islamfeindlichen digitalen Netz- und Hetzwerke.[47]

Zur Last gelegt wurden den drei NSU-Tätern, von denen sich die beiden männlichen der Festnahme durch Selbstmord entzogen: mindestens 15 Banküberfälle zur Finanzierung der Taten und des Lebens im Untergrund; diverse Sprengstoffanschläge, darunter auch der unaufgeklärte Nagelbomben-Anschlag in Köln-Mülheim in einer vorwiegend von türkischen Einwanderern bewohnten Straße im Jahr 2004, der 22 Menschen verletzte; 2000 bis 2007 mindestens neun Hinrichtungen gleichende Erschießungen von sieben türkischen sowie einem griechischen Einwanderer, der wohl für einen Türken gehalten wurde, regelmäßig aus nächster Nähe durch Schüsse mitten ins Gesicht aus einer Ceska-Pistole; die Erschießung einer Polizistin in Heilbronn, wobei auch deren Kollege schwer verletzt wurde und überdies durch das posttraumatische Stresssyndrom die Erinnerung an den Tathergang verlor. Hier war es offenkundig nur darum gegangen, an die Dienstwaffen der Polizisten zu kommen, von denen eine später in den Trümmern der von der überlebenden dritten Tatverdächtigen angezündeten letzten Bleibe des untergetauchten Mördertrios in Zwickau gefunden wurde.[48]

Erschreckend waren nicht nur die Mordtaten selbst, sondern auch die auffälligen, bald kaum mehr nur als ‚Pannen', Abstimmungs- und Konkurrenzprobleme erklärbaren Versäumnisse, Unterlassungen und scheinbar in Einzelfällen sogar Verstrickungen bei der ‚Aufklärung' der Verbrechen.[49] Das galt z.B. für die Nichtbeachtung oder Nicht-Weitergabe von zielführenden Hinweisen, für gleich mehrfache Behinderungen von LKA-Zielfahndern und des Spezialeinsatzkommandos (SEK) selbst kurz vor der sicheren Ergreifung des gesuchten, in den Untergrund abgetauchten Trios durch vorgesetzte Sicherheitsbehörden, sodass die Entdeckung der Mörder schließlich ein grandioser Zufall und nicht etwa das Ergebnis zielführender Fahndung war.

Einzelne Polizeibehörden hatten zwar das scheinbar immer wieder gleiche Muster von bestimmten Banküberfällen registriert – bewaffneter Überfall und spurloses Verschwinden der beiden Täter nach der Flucht auf Mountainbikes. Wiederholt wurden die bewaffneten und maskierten Täter von Überwachungskameras erfasst. Wiederholt wurden auch von Zeugen der Banküberfälle sogar die Täter relativ gut beschrieben – von denen einer an der Waffe Linkshänder war, angeblich besonders ‚böse Augen' hatte und damit ziemlich gut der Physiognomie eines der beiden untergetauchten Verdächtigen entsprach.

Mehr noch: Selbst bei den Morden gab es Parallelbeobachtungen von Zeugen, die bei besserer Koordination zielführend hätten einbezogen werden können. Beispiel: Nach einem der drei jeweils nach dem gleichen auffälligen Muster allein in Nürnberg verübten Morde, an dem Dönerbudenbesitzer Ismail Yasar am 9. Juni 2005, waren die Täter anschließend, wieder einmal, spurlos auf Mountainbikes verschwunden. Wie später zu erfahren war, wurden bei der Polizei zwei verdächtige Männer gemeldet, die an einem Imbissstand Mountainbikes abgestellt hatten, die einige Zeit vorher von ihnen aus einem in der Nähe geparkten Wohnmobil ausgeladen und dann wieder darin verstaut worden waren – Imbiss zu Alibizwecken unmittelbar nach vollbrachter Tat? Aber solche Hinweise wurden amtlich nicht beachtet oder doch nicht überregional weitergegeben, weshalb der Mangel an Übersicht nicht zu dem dann möglicherweise naheliegenden Verdacht führen konnte, dass Bankräuber und Mörder identisch sein könnten.

Und selbst bei der Entdeckung der – bereits toten – Täter nach einem Bankraub gleichen Musters in Eisenach am 4. November 2011 spielte der Zufall noch eine entscheidende Rolle: Einem Rentner war aufgefallen, dass zwei Radfahrer hastig Mountainbikes in einem großen Wohnmobil verstaut hätten, das dann eilig abgefahren sei, was für ein großes und schwerfälliges Wohnmobil ein eher auffälliges Verkehrsverhalten war. Fahrraddiebstahl? Autodiebstahl? Der Mann merkte sich den Anfangsbuchstaben ‚V' des Kennzeichens und ging erst mal einkaufen. Als er beim Verlassen des Geschäftes Polizisten in die Arme lief, die nach zwei verdächtigen Radfahrern fragten, berichtete er von seiner Beobachtung.

Das zunächst etwas abseits abgestellte Wohnmobil war inzwischen von den Tätern, vermeintlich unauffällig, nach kurzer

Fahrt wieder einmal im weiteren Umfeld des Tatorts geparkt worden, wo sie, wie immer, die Aufhebung der Ringalarmfahndung abwarten wollten, um dann ruhig aus der Stadt zu fahren. Das hatte bei allen Mordanschlägen und Banküberfällen gut funktioniert. Diesmal klappte es nicht; denn nun suchte die Polizei, deren Sprechfunk die zunehmend panischen Täter in ihrem Fahrzeug mithören konnten, auch innerhalb des Fahndungsringes – und zwar nach einem Wohnmobil mit dem Anfangsbuchstaben ‚V‘ auf dem Nummernschild. Als ein Streifenwagen sich dem Wohnmobil mit dem Kennzeichen ‚V-MK 1121‘ näherte, wurde er mit einem Feuerstoß aus einer Maschinenpistole empfangen, der mit Ladehemmung abbrach, was die Panik im Innern des Fluchtfahrzeugs offenkundig suizidal werden ließ.

Dann hörten die Beamten im Bus zwei Schüsse. Damit tötete Uwe Böhnhardt durch Kopfschuss mit einer aufgesetzten Pump Gun zunächst seinen Komplizen Mundlos und dann durch einen Schuss mit der gleichen Waffe in den Mund sich selber, nachdem er im Fahrzeug rasch noch einen Brand gelegt hatte. Der Brand konnte gelöscht werden. Deshalb konnten entscheidend wichtige Fahndungshinweise gerettet werden; ganz so wie bei dem noch vor der vollkommenen Zerstörung des Hauses gelöschten Brand, den die Dritte im Bunde, Beate Zschäpe, nach der Nachricht vom Tod ihrer Komplizen in der gemeinsamen Wohnung in Zwickau legte, um sich dann, nach einer viertägigen Irrfahrt durch Deutschland, zu stellen – und fortan zu schweigen.

Die Beamten hätten sich dem Fahrzeug zweifelsohne anders genähert, wenn sie geahnt hätten, dass das Wohnmobil nicht nur Stadtpläne und größere Mengen Bargeld, sondern auch ein rollendes Waffenlager enthielt: außer der Maschinenpistole diverse Handfeuerwaffen mit Munition, darunter auch eine Ceska-Pistole. Mit einer Waffe dieses Typs aber waren die Morde an den neun Einwanderern verübt worden, weshalb man in Polizeikreisen auch von den ‚Ceska-Morden‘ sprach. Damit begann sich schrittweise, nach diversen kriminologischen Puzzle-Tagen und endgültig erst nach Einbeziehung der in dem verbrannten Appartement in Zwickau entdeckten Beweisstücke ein gar nicht vermuteter, geschweige denn gesuchter Kreis zu schließen; denn niemand war davon ausgegangen, dass die gesuchten Bankräuber auch die gesuchten Mörder waren. Anders gesagt: Wären Böhnhardt und Mundlos nicht durch einen Zufall als tote Bankräuber ‚gefasst‘ worden, wären sie unter Umständen als lebende Mörder noch heute unterwegs.[50]

Erst später wurde bekannt, wie oft die Täter bei fast zielführend wirkenden Kontrollen überprüft, aber nicht ergriffen worden waren, weil man von einem ganz anderen Tatverdacht ausging und wegen der mangelnden überregionalen und behördenübergreifenden Kooperation die Zusammenhänge von ‚Dönermorden‘ bzw. ‚Ceska-Morden‘ und Banküberfällen nicht erkennen konnte. Zu dienstlichen Koordinationsproblemen kamen der in der Mediendiskussion geäußerte Verdacht der Ermittlungsbehinderung oder gar -vereitelung, auch durch die stumpfsinnig ‚routinemäßige‘ Vernichtung einschlägiger Akten, auch noch nach der Aufdeckung der tatverdachtsrelevanten Zusammenhänge in dem rechtsradikal/rechtsextremistischen Milieu, über das V-Leute des Verfassungsschutzes just in diesen Akten berichtet hatten.

Das Vorhandensein solcher Akten wurde skandalöserweise zunächst mehrfach geleugnet – Ermittlungsbehinderung im Amt. Von Disziplinarverfahren deswegen ist nichts bekannt. Aber Teile der Akteninhalte konnten aus Korrespondenzakten rekonstruiert werden. Sie berichteten u.a. auch über den – von Diensten, die glaubten, alle Spuren beseitigt zu haben, zunächst ebenfalls bestrittenen – vergeblichen Versuch, ausgerechnet den späteren NSU-Serienmörder Uwe Mundlos, der wegen rechtsradikaler Äußerungen bei der Bundeswehr aufgefallen war, als V-Mann für den Militärischen Abschirmdienst (MAD) anzuwerben. Von einer Bestrafung verlogener, die Aufklärung behindernder Beamter ist nichts bekannt.

Noch grotesker war die Lage in Berlin: Hier wurden selbst im Juni 2012 noch, ebenfalls angeblich ‚routinemäßig' nach Ablauf der Zehn-Jahres-Frist, 57 Aktenordner des Verfassungsschutzes über Rechtsextremisten und möglicherweise auch mit Bezügen zur Terrorgruppe NSU geschreddert. Dies geschah vollauf, wenn nicht sogar vorsätzlich rechtswidrig, weil der Berliner Landesarchivar die Akten ausdrücklich als „historisch wertvoll" eingestuft und um deren Aufbewahrung gebeten hatte, was unter normalen Rechtsumständen einem Verbot der amtlichen Aktenvernichtung (‚Kassation') gleichkommt. Die Rechtsumstände waren aber wohl auch hier nicht ganz normal. Diesmal war von Seiten des Verfassungsschutzes zu erfahren, dass es sich hier um „ein Versehen" gehandelt habe.[51]

Ein bizarrer Gipfel der bühnenreifen Enthüllungen in diesem skandalösen Spektakel war die schon früh publik gewordene Tatsache, dass ein Agentenführer beim Hessischen Landesamt für Verfassungsschutz, den man seiner politischen Einstellung wegen intern den ‚Kleinen Adolf' nannte, auf noch immer ungeklärte Weise zumindest passiv in einen der ‚Dönermorde' verwickelt war: Als der Sohn des Inhabers eines kleinen türkischen Internetcafés in Kassel im April 2006 von den NSU-Mördern durch zwei Schüsse in den Kopf aus einer Ceska mit Schalldämpfer hingerichtet wurde, saß der ‚Kleine Adolf' nur wenige Meter entfernt im Hinterzimmer – und sah sich dort zum Feierabend im Internet Porno-Seiten an. Nach den Schüssen, die der in Sachen Observation erfahrene Beamte und fünffache Agentenführer absurderweise angeblich gar nicht bemerkt, nach einer späteren Version eher für das Geräusch platzender Luftballons gehalten hatte, verließ er flugs und still den Tatort.

Obgleich das Aufsehen erregende Verbrechen, Tatortbeschreibungen und Spekulationen über mögliche Täter und Tatmotive tagelang die Medien beherrschte, meldete er sich, und zwar nach Rücksprache mit seinem Behördenleiter, erst nach einer Woche, was erstaunlicherweise nicht zu Bestrafungen oder doch Disziplinarverfahren führte. Seine polizeiliche Vernehmung unter dringendem Tatverdacht, Hausdurchsuchung eingeschlossen, wurde vom Verfassungsschutz angeblich nur zögerlich zugestanden. Ihre Fortsetzung hätte zur frühzeitigen Entdeckung der Mörderbande führen und weitere Untaten verhindern können, wenn der Polizei nicht – zunächst durch den Verfassungsschutzpräsidenten, dann sogar durch den damaligen Innenminister und heutigen hessischen Ministerpräsidenten Volker Bouffier (CDU) – eine Aussagegenehmigung für die fünf vom ‚Kleinen Adolf‘ geführten V-Leute im neonationalsozialistischen Milieu verweigert worden wäre. Das Verfahren gegen den dubiosen Verfassungsschützer wurde im Januar 2007 ergebnislos eingestellt, er selbst sicherheitshalber ins Regierungspräsidium nach Darmstadt versetzt, wo er sich heute um Beihilfeanträge von Landesbeamten kümmert.

Der selbstbewusst und ohne jedes Schuldbewusstsein auftretende damalige Innenminister und heutige Ministerpräsident von Hessen erklärte in seiner Vernehmung vor dem Untersuchungsausschuss des Bundestages am 28. September 2012, er habe sich die schwere Entscheidung seinerzeit nicht leicht gemacht. In der Tat: Acht Monate hatte er für diese extrem dringliche, letztlich dann doch negative Entscheidung gebraucht. Er musste sich deshalb in und nach seiner Vernehmung gleich mit zwei Vorwürfen abfinden: Edathy und die SPD-Obfrau im Ausschuss, Eva Högl, hielten Bouffier vor, den Schutz von V-Leuten aus der rechtsradikalen Szene über die Polizeiermittlungen in einer bundesweiten Mordserie mit Tätern aus eben dieser Szene gestellt zu haben. Und die innenpolitische Sprecherin der hessischen SPD-Fraktion beschuldigte ihren Ministerpräsidenten, seinerzeit den Innenausschuss des Hessischen Landtages belogen zu haben.[52]

Es konnte nicht wundernehmen, dass bei dieser unerhörten amtlichen Ansammlung von Unklarheiten, Fehlinformationen und Informationsbehinderungen, in Einzelfällen scheinbar auch von Lug und Trug selbst gegenüber dem Untersuchungsausschuss des Bundestages, am Ende begründbare Verschwörungstheorien wucherten. „Es sollte vor uns offenkundig verborgen werden", kommentierte der mit rechtsradikalen Hassmails und Morddrohungen überschüttete Ausschussvorsitzende Sebastian Edathy (SPD) den gegenüber dem höchstrangigen politischen Untersuchungsgremium der parlamentarischen Demokratie ungeheuerlichen Vorgang.

Mit diesen sich wiederholenden Vorgängen wurde durch Vertreter der Exekutive das parlamentarische System in Gestalt seines höchsten Prüfungsgremiums wie eine verrotzte Spielgruppe im Sandkasten behandelt. Damit wurde unmissverständlich klargemacht, dass für geheimdienstliche Aktivitäten, die parlamentarischer Kontrolle zu unterliegen haben, besondere Spielregeln gelten. Das gilt offenbar selbst dann, wenn diese Aktivitäten erkennbar aus der Kontrolle gelaufen sind und sich auf eine Weise verselbständigt haben, wie dies für eine parlamentarische Demokratie nicht hinnehmbar ist, wenn sie nicht zu ihrem eigenen Totengräber werden will.

Der bühnenreife Skandal um den ‚Kleinen Adolf‘ und seine mächtigen Schutzpatrone wurde kurz vor Abschluss dieses Manuskripts im September 2012 noch überboten durch die Nachricht, dass ein Ex-Liebhaber der nationalsozialistischen Mörderbraut Zschäpe, der dem Killerkommando Sprengstoff und eine Waffe geliefert, beim Untertauchen und auch anderweitig logistisch geholfen haben soll, elf Jahre als V-Mann für das Berliner Landeskriminalamt gearbeitet hat. Der nationalsozialistische V-Mann des Landeskriminalamts war einer von bislang bereits 13 ermittelten mutmaßlichen Helfern des NSU-Mörderkommandos.

Damit nicht genug: Der u.a. wegen Volksverhetzung, gefährlicher Körperverletzung und Landfriedensbruch in besonders schwerem Fall verurteilte gewalttätige Rechtsradikale war nicht nur Informant. Er durfte für eine Privatfirma sogar mit vertraulichen Verschlusssachen von Bund und Ländern umgehen, nachdem ihm bei einer Sicherheitsüberprüfung vom Bundesamt für Verfassungsschutz 2008/09 ausdrücklich „hinreichende politisch-demokratische Zuverlässigkeit‘ bzw. „besondere Staatstreue" attestiert worden waren. Er hatte, unsicher geworden, seinem Führungsbeamten schließlich mehrfach Hinweise auf den Aufenthaltsort eines namentlich von ihm nicht genannten Trios gegeben, die aber amtlich „ohne Konsequenzen" blieben. Das geschah z.B. 2002 mit einem, wie sich später erweisen sollte, klar zielführenden Hinweis, dessen Nutzung zur Ergreifung der Täter und damit zur Verhinderung weiterer Mord- und Raubtaten hätte führen können. Nichts dergleichen geschah.

Die Tatsache, dass die dem Berliner Innensenator und Vorsitzenden der CDU-Fraktion im Landtag, Frank Henkel, bekannte Information zunächst ebenfalls nicht an den Untersuchungsausschuss des Bundestages weitergegeben wurde, führte, zusammen mit der Affäre um die im Juni 2012 klar widerrechtlich geschredderten 57 Aktenordner mit möglichem Bezug zur Terrorgruppe NSU, zuletzt sogar zu einer Belastung der schwarz-roten Regierungskoalition im Berliner Senat, der schließlich, nach der Bekanntgabe einer weiteren widerrechtlichen Schredder-Aktion anstelle des Innensenators die allseits hochgeachtete Leiterin des Berliner Verfassungsschutzes zum Opfer fiel.[53]

„Das Verhalten der Geheimdienste war und bleibt skandalös", hatte der innenpolitische Sprecher der Fraktion Die Linke im hessischen Landtag, Hermann Schaus, angesichts der Versuche zur amtlichen Verwischung der Spuren des ‚Kleinen Adolf' in Kassel/Darmstadt gesagt. „Erst haben sie das NSU-Mördertrio jahrelang ein schreckliches Werk verrichten lassen. Nun wird die parlamentarische Aufklärung der Hintergründe systematisch torpediert."[54] „Dass die Behörden trotz des eindeutigen Erstarkens einer islamfeindlichen Szene am rechten Rand des politischen Spektrums jahrelang untätig blieben", erklärte die innenpolitische Sprecherin der – vom Verfassungsschutz beobachteten – Fraktion Die Linke im Bundestag, Ulla Jelpke, reihe sich ein in „die Skandalgeschichte um die Bagatellisierung der Gefahr von Rechts durch die Sicherheitsbehörden."[55]

Man könnte auch hier sagen: Eine ‚Gefahr von rechts' kann nicht erkennen, wer selbst im gleichen politischen Spektrum steht. Hier könnte die Erinnerung helfen, dass die Geheimdienste im Nachkriegsdeutschland und in der jungen Bundesrepublik – unter ausdrücklicher Hinnahme durch Bundeskanzler Adenauer – durchsetzt waren mit nationalsozialistischen ‚Experten‘ aus den Reihen von Gestapo, SS und dem militärischen Nachrichtendienst ‚Fremde Heere Ost‘. Sie brachten mit ihrem NS-Fachwissen auch ihre politischen Einstellungen mit in die Dienste, sorgten dafür, dass bei deren Erweiterung die ‚richtigen‘ Personalentscheidungen getroffen wurden und schirmten zugleich diskret die ‚Rattenlinie‘ nach Südamerika ab, über die sich NS-Täter problemlos der deutschen Justiz entziehen konnten, die, lange ebenfalls mit NS-Juristen durchsetzt, an ihrer Verfolgung oft ohnehin wenig Interesse zeigte.[56] Die vor dem aktuellen Hintergrund dringend nötige kritische Aufarbeitung dieser Zusammenhänge aber dürfte, im Blick auf die dann sicher ebenfalls ‚routinemäßig‘ gesäuberten Aktenbestände, auch für Historiker einigermaßen schwierig sein.

Die Kette der nicht geheim zu haltenden Skandale der Geheimdienste löste die schwerste Krise der deutschen Sicherheitsbehörden seit ihrem Bestehen aus. Sie führte immerhin zu einigen disziplinarischen Überprüfungen in den entsprechenden Dienststellen, dann sogar zum Rücktritt des Präsidenten des Bundesverfassungsschutzes, dem auf der Länderebene Rücktritte bzw. Abberufungen dreier Verfassungsschutzpräsidenten folgten, bis mit der Versetzung der Berliner Verfassungsschutzleiterin im November 2012 schließlich die insgesamt fünfte Chefposition fiel.[57] All das veranlasste den Ressortleiter Innenpolitik und Chefkolumnisten der *Süddeutschen Zeitung*, Heribert Prantl, schon Ende Januar 2012 zu dem bissigen Kommentar über den Verfassungsschutz: „Entweder hat er von den Neonazi-Morden nichts gewusst – dann ist er überflüssig. Oder er hat davon gewusst und nichts dagegen getan – dann ist er gefährlich."[58]

Die Krise der Geheimdienste schwelte weiter: Bundesjustizministerin Leutheusser-Schnarrenberger (FDP) verlangte im

September 2012, unterstützt von dem FDP-Vorsitzenden Rösler und gegen den entschiedenen Widerspruch von Bundesverteidigungsminister de Maizière, die Abschaffung des Militärischen Abschirmdienstes (MAD), den auch Thüringens Innenminister Geibert (CDU) für „sehr zweifelhaft" hielt.[59]

Ganz ohne Geheimdienste wird es freilich nicht gehen; und ein polizeilicher Staatsschutz, der solche Aufgaben übernehmen wollte, würde in einigen Bereichen selber zum Geheimdienst werden. Aber so wie sie bislang arbeiteten und geführt wurden, können ‚unsere Dienste' offenkundig nicht bleiben. Wenn es sie weiter geben soll, dann müssen sie nicht nur organisatorisch neu gegründet, sondern auch inhaltlich neu begründet werden – unter weitaus schärferer Kontrolle und, soweit noch nicht geschehen, zum Teil wohl auch mit neuem Leitungspersonal, wobei es nicht mehr nur um die aus ihrer düsteren Frühgeschichte bekannte ‚Bewährung' und ‚Erfahrung' gehen darf. Davon wird noch zu reden sein.[60]

Nach den Morden waren von den zuständigen Kriminalämtern auf der Suche nach Indizien für vermeintliche Zusammenhänge mit Schutzgelderpressung, Drogenhandel und anderen Verbrechen zunächst sogar die Familien der Opfer und deren Umfeld verdächtigt und oft auf rüde Weise verhört worden – bei Vernehmung nicht etwa nur diskret zuhause, sondern ganz regulär, Tatverdächtigen gleich, nach Abholung im Streifenwagen auf der Polizeistation, Kinder und Eltern getrennt, das ganze Programm.

Das führte zu unerträglichen zusätzlichen Belastungen der Opferfamilien und teilweise sogar zu ihrer familiären Isolation, zumal selbst im Verwandten- und Bekanntenkreis in der Türkei ermittelt wurde. Entschuldigt haben sich die Polizeipräsidenten bei den durch diese unerhörte Behandlung ihrer Beamten zusätzlich traumatisierten Angehörigen der Opfer bis heute in aller Regel nicht. Warum auch – man hatte schließlich nur ordnungsgemäß seinen Dienst versehen. Die Sonderkommissionen bekamen alltagsrassistische, ethnisch diffamierende Namen wie

‚SoKo Bosporus'. Warum auch nicht – es sah doch so aus, als sei das ein Ding unter Türken. Und die Morde, deren Opfer meist in Döner-Buden gestanden hatten, erhielten das ächtende Etikett ‚Dönermorde'. Warum auch nicht – das stimmte doch mit den Tatorten überein … – Das ächtende Etikett ‚Dönermorde' wurde schließlich zu Recht zum Unwort des Jahres 2011 gewählt[61] und diejenigen, die sich in amtlicher Funktion in öffentlichen und nicht-öffentlichen Kommissionen über das Verhalten von Polizei und Sicherheitsdiensten informieren konnten, waren mitunter bestürzt über die zum Teil unglaublich vordergründigen funktionstechnischen Antworten und Ausflüchte auf ihre bohrenden Fragen –.

Der Vorsitzende des türkisch-islamischen Dachverbandes DITIB, Ali Dere, erklärte Ende November 2011, die Mordserie und die offenkundigen Versäumnisse und Verfehlungen der Sicherheitsbehörden hätten das Vertrauen der türkischen Einwanderer zwar nicht in die deutsche Gesellschaft, aber in den deutschen Staat erschüttert. Man fühle sich bedroht. Aiman Mazyek, der Generalsekretär des Zentralrats der Muslime in Deutschland (ZRM), dem auch die DITIB angehört, beklagte die in ihren Verwandtschafts- und Bekanntschaftskreisen teilweise einer Ächtung gleichkommende Verdächtigung der Familien der Opfer und erklärte zur neu auflebenden, eskapistischen Diskussion um ein Verbot der NPD unmissverständlich scharf: „Wenn wir alles auf die Neonazis schieben, verorten wir das Problem am politischen Rand." Landläufiger Alltagsrassismus habe „entscheidend dazu beigetragen, dass Viele Rechtsextremisten nicht so schlimm finden und bei ihren Taten wegschauen."

Die Bundestagsvizepräsidentin Petra Pau von der Partei Die Linke, die, wie auch Pau persönlich, vom Verfassungsschutz beobachtet wird, forderte die Einrichtung einer unabhängigen Beobachtungsstelle für Rechtsextremismus, die „ehrliche" Angaben zur Zahl der zum Teil auf bestialische Weise umgebrachten Opfer rechter Gewalt ermittelt. Den Hintergrund bildeten eklatante Widersprüche: Während die Bundesregierung im Jahr

2009 für die Zeit seit der deutschen Vereinigung ‚nur' von 46, nach bemühtem Nachrechnen dann später von 58 Opfern rechter Gewalt ausging, erfasste der Tagesspiegel im Mai 2012 (31. Mai 2012) 148 Tote, während die Amadeu Antonio-Stiftung sogar im November 2011 schon 182 Opfer dokumentierte.[62] Abgeordnete von SPD und Bündnis 90/Die Grünen stimmten dem zu und auch Bundestagspräsident Lammert forderte eine Überprüfung der Zahl der Todesopfer rechter Gewalt seit der deutschen Vereinigung.

Hinter dem nur vermeintlich erhebungstechnischen Problem steht ein größeres Dilemma: Es hat wesentlich mit der terminologischen Engführung der Begriffe ‚rechtsradikal' und ‚rechtsextremistisch' zu tun. ‚Rechtsextremistisch' ist eine weniger auf individuelles Verhalten als auf die Mitgliedschaft in oder die nachweisliche Nähe zu Gruppen, Organisationen, Verbänden oder Parteien mit entsprechenden Zielsetzungen gerichtete Kategorie. Anders gewendet: Eine Person ist ‚rechtsextremistisch' weniger wegen ihres Verhaltens, sondern wegen ihrer Mitgliedschaft oder Nähe zu als ‚rechtsextremistisch' erkannten Vereinigungen. Folge: Selbst eine spontane Gewalttat, die durch ein geschlossenes, in Wahrheit rechtsextremistisches Weltbild ausgelöst wird, erscheint vor diesem Hintergrund oft nicht als rechtsextremistisch, sondern als Affekthandlung und geht demzufolge unter Umständen auch nicht in die Statistik ‚rechtsradikaler' oder gar ‚rechtsextremistischer' Gewalttaten ein. Mehr noch: Die geradezu schulbuchkonforme und längst veraltete Konzentration auf ‚Rechtsextremismus' in Reinkultur blendet, wie noch zu zeigen sein wird, im weiteren Umfeld viele andere einschlägige Gefahren für die Einwanderungsgesellschaft im demokratischen Rechtsstaat aus.[63]

Die Beantwortung der im Zusammenhang der Aufklärung der NSU-Verbrechen anstehenden Fragen wurde in diverse Gremien verlagert – vom Neonazi-Untersuchungsausschuss im Bundestag über eine zusätzliche Bund-Länder-Kommission bis hin zu verschiedenen Untersuchungskommissionen auf Länder-

ebene. Ihre abschließenden Berichte stehen, soweit sie überhaupt umfassend veröffentlicht werden, noch aus. Was bislang
bekannt wurde, war eine noch nie erlebte Schreckenskette von
unfassbarem behördlichem ‚Versagen' – so entsetzlich und so
unbegreiflich, dass immer wieder die ungeheuerliche Frage auf-
tauchte, ob und inwieweit hier über Nachlässigkeit bzw. Fahrläs-
sigkeit hinaus in Einzelfällen sogar partielle amtliche Mitwisser-
schaft bzw. stille Duldung im geheimdienstlichen Dunkelfeld
im Spiel gewesen sein könnten.

Seit November 2011 wurden zugleich, auch in der Zusammenarbeit zwischen den Sicherheitsbehörden des Bundes und
der Länder neue, die früheren wechselseitigen Blockaden aufhe-
bende Kooperationsformen eingeführt, neue Datenzentren und
Beobachtungsinstrumentarien etabliert. Sie nehmen erkennbare
– d.h. konkreten Tatverdacht begründende, ausdrücklich als
solche identifizierbare – ‚rechtsextremistische' Aktivitäten ins
Visier, sparen bemerkenswerterweise aber die oft mit fließenden
Grenzen benachbarten Aktivitäten der islamfeindlichen Szene
abermals weitgehend aus. Bayern machte hier als erstes Bundesland eine Ausnahme: Die Internet-Agitation erreiche Adressaten, so der bayerische Innenminister Joachim Herrmann, „an
die der Absender gar nicht gedacht hat und die der Produzent
überhaupt nicht kennt." Der Landesverfassungsschutz solle deshalb „die Internet-Seiten aller Spielarten des Extremismus ge-
nauer beobachten."[64] Das aber geschieht, wie erwähnt, z.B. im
Falle von *Nürnberg 2.0* bislang nur in Hamburg, bei *Politically
Incorrect* noch immer gar nicht.[65]

Der in Fragen der Integration in der Einwanderungsgesellschaft sensible frühere Bundespräsident Christian Wulff, der,
wie gezeigt, wegen des Islam-Wortes in seiner Bremer Rede vom
3. Oktober 2010 und seines klaren Bekenntnisses zur Einwanderungsgesellschaft selber im Visier der ‚islamkritischen' bzw.
islamfeindlichen Agitation und Denunziation stand, empfing
demonstrativ schon im November 2011 im Schloss Bellevue
Angehörige der Ermordeten und Verletzte der Verbrechensserie.

Er kündigte für Februar 2012 eine offizielle Trauerfeier an, die er wegen seines Rücktritts nicht mehr im Amt erlebte. Wulff forderte die konsequente Ächtung jeder Art von Fremdenfeindlichkeit und erklärte unausgesprochen, aber unmissverständlich auch an die Adresse der ,Islamkritik' gewandt: „Wir brauchen ein Klima, das schon pauschale Diffamierungen nicht zulässt", denn: „Sie sind der Nährboden für Gewalt".[66]

Auf der Trauerfeier selbst sagte die Bundeskanzlerin: „Doch Intoleranz und Rassismus äußern sich keineswegs erst in Gewalt. Gefährlich sind nicht nur Extremisten. Gefährlich sind auch diejenigen, die Vorurteile schüren, die ein Klima der Verachtung erzeugen". Und: „Aus Worten können Taten werden."[67]

Vertreter der ,Islamkritik' hatten, trotz vieler fließender Grenzen in der Argumentation, meist auf erkennbare Abgrenzung gegenüber rechtsextremistischen oder gar neonationalsozialistischen und damit auch antisemitischen Strömungen geachtet.[68] Sie hatten, oft auf demonstrativ pro-israelischem und sogar philosemitischem Kurs, in der Regel auch eine Vergleichbarkeit von Antiislamismus und Antisemitismus vehement bestritten und entsprechende Vergleiche mit Schmähkritik und Hassmailkampagnen belegt. Das galt z.B. für entsprechende Thesen und Untersuchungen des Historikers und früheren Leiters des Berliner Zentrums für Antisemitismusforschung, Wolfgang Benz.[69]

Der Massenmörder Breivik konnte, so betrachtet, noch als ein zwar in seinem Manifest ,2083' annähernd geistesverwandter, aber doch verwirrter Täter durchgehen. Zur Vermittlung gegenüber einschlägigen Schuldsprüchen hatten im Juli 2011 noch beschwichtigende Kommentare aufgerufen wie derjenige von Carolin Emcke: „Die Anschläge von Oslo müssen uns verändern. Dazu gehört jedoch auch, dass wir die Unterscheidung zwischen denen, die Hass predigen, und denen, die morden, aufrechterhalten. Eine ideologische Ähnlichkeit im Denken ist eben keine Gemeinsamkeit im Handeln. Nicht jeder Islamfeind ist ein Terrorist. Nicht jeder Christ ist ein christlicher Fundamentalist. Nicht jeder Fundamentalist ist gewalttätig."[70] Schon das war ein sehr brüchiges Kompromissangebot, dem in Teilen die innere Logik fehlte, weil ‚Hasspredigen‘ bekanntlich nicht nur Abwehrhaltungen, sondern auch Aggressionsbereitschaft stimuliert.

Seit der Aufdeckung des Zwickauer Mördertrios und seines nationalsozialistischen Umfelds brachen auch solche Kompromissbrücken ein; denn bei den Serienmorden der Zwickauer Zelle aus dem ‚Nationalsozialistischen Untergrund‘ ging es nicht mehr nur um die Schwelle zwischen antiislamischer Wort- und Tatgewalt. Mit den Morden und deren Umfeld trat vielmehr nun unverkennbar auch jene fließende Grenze zwischen ‚islamkritischen‘ bzw. antiislamischen und gewalttätig-neonationalsozialistischen Motiven ins Licht, vor der kritische Stimmen seit Jahren vergeblich gewarnt hatten.[71]

Das, was von ihnen im Stillen befürchtet worden war und von Vertretern von Politik und Behörden von ihrer vermeintlich höheren Warte aus, wieder einmal, für einen albernen Albtraum gehalten wurde, brach nun aus nur scheinbar heiterem Himmel herein: Es war die Erkenntnis, wie dünn der Firniss der demokratischen Werte in randständigen Kreisen geworden war. Damit verband sich die angstvolle Frage, wie weit solche Tendenzen der Auflösung von Anerkennung durch Teilhabe und Akzeptanz kultureller Vielfalt in sozialem Frieden auch in der Mitte der Einwanderungsgesellschaft wirksam sein könnten.

Nun gab es, wie die erwähnten nervös-fahrigen Reaktionen deutscher ‚islamkritischer‘ Publizisten und islamfeindlicher Blogs erkennen ließen, kein Ausweichen vor der Verantwortungsfrage mehr. Klar und vor allem selbstkritisch mutig beantwortet ist sie bis heute nicht. Stattdessen beherrschen fadenscheinige Ausflüchte und dreiste Vorwärtsverteidigung das schmutzige Feld. Das ist schäbig und beschämend angesichts der schwerwiegenden Folgen dieser Geschichte des Grauens für die größte – muslimische – Einwanderergruppe in Deutschland.

Umso beeindruckender blieb vor diesem Hintergrund die unmittelbare Reaktion des größten – türkischen – Teils dieser Gruppe auf die neonationalsozialistischen Türkenmorde: Es dominierte die Trauer und die überwältigende Mehrheit rechnete die Taten einer kleinen Gruppe von Radikalen, aber nicht der Mehrheitsbevölkerung zu. Sie sah auch die Verantwortung dafür nicht dort, sondern bei dem mangelhaften Schutzangebot des Staates für Einwanderer und bekannte sich, trotz aller Beunruhigung, klar zu Einwanderungsland und Einwanderungsgesellschaft.[72]

Aber im langen Schatten der Sarrazin-Debatte bewegt sich mehr als Umfragedaten erkennen lassen. Der *ZEIT*-Journalist Jörg Lau hat die tiefer liegenden Stimmungsveränderungen in einer scharfsichtigen Einschätzung ausgeleuchtet, die vollauf meiner eigenen entspricht:

„Man fühlte sich von Sarrazin und seinem begeisterten Publikum aus Deutschland heraus definiert", schreibt er über die Betroffenheitserfahrung von Menschen mit Migrationshintergrund. „Die Enthüllung über die Mordserie traf auf diese Gefühlslage. Ohnehin angeknackstes Vertrauen war nun bei vielen ganz dahin: Die Hinrichtung von Türken, wie sich nun herausstellte, durch Neonazis, war jahrelang den Opfern und ihrem mutmaßlichen ‚Milieu' zugeschrieben worden. Im Begriff ‚Dönermorde' schien der antitürkische Rassismus der Behörden und der Medien zu sich zu kommen. Gerade bei gut ausgebildeten und erfolgreichen deutschen Türken trifft man derzeit auf eine Mischung aus enttäuschter Liebe zu ihrer Heimat, auf Wut, Trauer und allgemeine Aufgewühltheit, in einem Maß, dass einem Angst um dieses Land und seinen Zusammenhalt machen kann. Wir verlieren so die Besten. Auch diejenigen, die nicht weggehen, schließen innerlich mit Deutschland ab."[73]

Diesen Kulturbruch in der Einwanderungsgesellschaft verdanken wir zu wesentlichen Teilen der von der Sarrazin-Debatte nachhaltig forcierten vulgärrationalistisch-kulturrassistischen publizistischen ‚Islamkritik' und ihren digitalen, im Argument noch grobschlächtigeren Begleitkommandos im Web 2.0. In den beiden abschließenden Kapiteln werden, die erarbeiteten Linien überblickend und zusammenführend, Rahmenbedingungen überprüft (Kap. 7) und einige Schlussfolgerungen versucht (Kap. 8).

Anmerkungen

1 Winter, Steffen: ‚Bloßer Hass'. Rekonstruktion einer Katastrophe, in: Der Spiegel, 5.9.2009.

2 Avenarius, Tomas: Empörung in Alexandria. Proteste nach Mord an Ägypterin in deutschem Gerichtssaal, in: Süddeutsche Zeitung, 7.7.2009; Lachmann, Günther/Flade, Florian: Mord in Dresden empört arabische Welt. Islamisten instrumentalisieren Bluttat an Ägypterin. Rufe nach Rache bei Trauerfeier in Alexandria, in: Die Welt, 7.7.2009; Bartsch, Michael: Namensstreit in Dresden. Die Null-Toleranz-Zone, in: taz.de, 6.7.2012; Winzer, Tobias: Stadtrat einigt sich auf Gedenken an Marwa El-Sherbini, in: saechsischezeitung.de, 7.9.2012.

3 Drobinski, Matthias/Preuß, Roland: Angst vor der Tagesordnung. Dass der Fall der in Dresden im Gericht getöteten Ägypterin nicht mehr Empörung bei Deutschen auslöst, erleben Muslime als Teil einer zunehmend feindseligen Stimmung, in: Süddeutsche Zeitung, 17.8.2009.

4 Zitiert bei: Kastner, Bernd: Der Feind steht fest, in: sueddeutsche.de, 2.3.2011.

5 Sokolowsky, Islamhass? Alles halb so wild; vgl. ders., Feindbild Moslem.

6 Sokolowsky, Kay: Die Leere nach dem Mord, in: MiGAZIN, 21.12.2009.

7 Niggemeier, Stefan: Fernsehkommentare zum Terror. Wer solche Experten kennt, braucht keine Laien, in: Frankfurter Allgemeine Zeitung, 24.7.2011; vgl. Matussek, Matthias: Breivik-Debatte – Entwarnung. Papst doch kein Terrorist!, in: Spiegel Online, 7.8.2011.

8 Baş, Ali: Europas Rechtspopulisten unter Stress, in: MiGAZIN, 25.7.2011; Dobrinski, Matthias: Virtueller und echter Terror, in: Süddeutsche Zeitung, 26.7.2011; ‚Schlag ins Gesicht der Anti-Islam-Bewegung'. Die Reaktion rechtspopulistischer Parteien, in: Frankfurter Allgemeine Zeitung, 27.7.2011; Becker, Peter von: Wort und Mord. Geistige Brandstiftung? Wie nun auch Thilo Sarrazin oder Henryk M. Broder in die Nähe von Oslo geraten, in: Der Tagesspiegel, 29.7.2011.

9 Ich bin kein Kenner der Heiligen Schriften des Islams, kenne den Koran aber doch ein wenig aus der mich nach wie vor überzeugenden, einer kritischen Edition gleichenden – in islamistischen Kreisen geächteten und fast vergessenen – kommentierten Übersetzung des aus Lemberg stammenden polnisch-jüdischen Kulturwissenschaftlers, Orientreisenden, späteren Islamwissenschaftlers und pakistanischen UNO-Diplomaten, der in Kairo zum (sunnitischen) Islam übergetreten war und sich fortan Muhammad Asad nannte: Asad, Die Botschaft des Koran; vgl. ders., Der Weg nach Mekka.

10 Assheuer, Thomas/Finger, Evelyn/Topçu, Özlem: Bomben für das Abendland. Eine Analyse von Anders Breiviks terroristischem Programm, in: Die Zeit, 28.7.2011; Lehmig, Malte: Glaube, Liebe, Hoffnung. Religionskritik und Religionsfreiheit. Durch 9/11 und Breivik sind fundamentale Werte in Bedrängnis geraten, in: Der Tagesspiegel, 19.8.2011.

11 Anders Behring Breivik, 2083 – A European Declaration of Independence (http://de.scribd.com/doc/60740932/2083-a-European-Declaration-of-Independence).

12 Sarrazin sieht Integration als Pflicht für die Muslime, in: Focus Online, 5.3.2012.

13 Leyendecker, Hans: Kreuzzug gegen Muslime. Attentäter spricht von deutschen Gesinnungsgenossen, in: Süddeutsche Zeitung, 27.7.2011; Lehmig, Malte: Glaube, Liebe, Hoffnung. Religionskritik und Religionsfreiheit. Durch 9/11 und Breivik sind fundamentale Werte in Bedrängnis geraten, in: Der Tagessspiegel, 19.8.2011.

14 Kirchner, Thomas: Bürgerkrieg im Netz. Der Attentäter von Oslo ist Teil der anti-islamischen Szene, deren verbale Gewalt den Boden für solche Taten bereitet, in: Süddeutsche Zeitung, 26.7.2011; allgemein hierzu die Arbeiten der Islamwissenschaftlerin Sabine Schiffer vom Erlanger Institut für Medienverantwortung, z.B. dies., Die Darstellung des Islams in der Presse; dies./Wagner, Antisemitismus und Islamophobie. Ein Vergleich (bes. über Broder und Giordano). Wegen ihrer Kritik an der entgrenzten medialen Islamkritik wurde Schiffer prompt von einer von PI-News angezettelten Hassmailkampagne („Dr. Sabine Schiffer hetzt gegen Deutschland") getroffen (Seidl, Leonhard F.: Hetzkampagnen gegen Sabine Schiffer, in: Neue Rheinische Zeitung, Online-Flyer, 8.4.2012).

15 Assheuer, Thomas/Finger, Evelyn/Topçu, Özlem: Bomben für das Abendland. Eine Analyse von Anders Breiviks terroristischem Programm, in: Die Zeit, 28.7.2011.

16 Steinfeld, Thomas: Unsere Hassprediger. Kritik an Auslegung des Islam, in: sueddeutsche.de, 14.1.2010.

17 Ebd.

18 Hierzu: Jäger/Wamper, Die Anschläge in Norwegen in den deutschsprachigen Medien.

19 Kappe, Petra: Vergiftetes Klima, in: Westfälische Rundschau, 29.7.2011.

20 Bommarius, Christian: Was Broder mit Breivik zu tun hat, in: Berliner Zeitung, 28.7.2011; zur Kritik an Bommarius vgl. Becker, Peter von: Wort und Mord. Geistige Brandstiftung? Wie nun auch Thilo Sarrazin oder Henryk M. Broder in die Nähe von Oslo geraten, in: Der Tagesspiegel, 29.7.2011.

21 Jörges, Hans-Ulrich: Sarrazin 2.0, in: Der Stern, 4.8.2011.

22 Misik, Robert: Prima Klima für Einzeltäter, in: taz.de, 27.7.2011.

23 Zitiert nach: Kirchner, Thomas: Bürgerkrieg im Netz. Der Attentäter von Oslo ist Teil der anti-islamischen Szene, deren verbale Gewalt den Boden für solche Taten bereitet, in: Süddeutsche Zeitung, 26.7.2011.

24 Bandar, Miriam: Sigmar Gabriel. Fremdenfeindliches Klima begünstigte Attentate (dpa-Gespräch), in: dpa, 27.7.2011.

25 Meier-Braun, Karl-Heinz: Debatte um Islamkritik kocht wieder hoch, in: Katholische Nachrichtenagentur, 28.7.2011.

26 Ertuğ, Ismail: Gelegenheit zur Versöhnung, in: MiGAZIN, 3.8.2011.

27 Thomas de Maizière über den Fall Thilo Sarrazin, Interview: Käfer, Armin/Maron, Thomas, in: Badische Zeitung, 2.9.2010.

28 Vgl. Kap. 5.

29 Kap. 4.4 (Kelek, Necla: Professor Bade gibt den Anti-Sarrazin, in: Frankfurter Allgemeine Zeitung, 9.5.2011, http://www.faz.net/aktuell/feuilleton/debatten/2.1763/migrationsforschung-professor-bade-gibt-den-anti-sarrazin-12930.html).

30 Autorinnen: Islamkritik ist nicht gleich Brandstiftung, Katholische Nachrichtenagentur, 28.7.2011; Seibel, Andrea: Die hohe Kunst des Falschverstehens. Monika Maron und Necla Kelek über Islamkritik nach dem Massaker in Norwegen, über Thilo Sarrazins verhinderten Ausflug nach Kreuzberg und ein Jahr ‚Deutschland schafft sich ab‘, in: Die Welt, 28.7.2011; vgl. Seibel, Andrea: ‚Nicht Sarrazin, sondern die Diskussion spaltet das Land.‘ Interview mit Necla Kelek und Monika Maron, in: Die Welt Online, 2.9.2010. Wes Geistes Kind die kluge Schriftstellerin Maron als hilflose Kelek-Schülerin ist, hatte schon die in ihrer inneren Widersprüchlichkeit geradezu alberne Kritik der ‚Islamkritikerin‘ Maron an der berühmten Rede des Bundespräsidenten Wulff („Aber der Islam gehört inzwischen auch zu Deutschland") gezeigt: Sie beschuldigte Wulff, in unzureichender Differenzierung nur von „dem Islam" gesprochen zu haben und sprach im gleichen Atemzug selber von „dem Islam, der einen unverhohlen weltlichen und politischen Anspruch hat, der von der Scharia gar nicht zu trennen ist." (Maron, Monika: Der Islam gehört nicht zu Deutschland. Zur Rede des Bundespräsidenten, in: Tagesspiegel Online, 5.10.2010).

31 Broder selbst übte sich nach seiner einträglichen Phase als ‚islamkritischer‘ Demagoge kreidefressend in alternativen Engagements: Dem Einschaltquoten steigernden Talkshow-Star richtete die ARD sogar eine eigene Talkshow (‚Entweder Broder‘) ein. Darin konnte man schließlich z.B. am Abend des 1. Advent 2012 in aufwendiger Inszenierung einen geradezu verhaltensauffällig friedfertigen, auch interkulturell witzelnden Broder erleben, der beiläufig auch mal wieder an das Holocaust-Schicksal seiner Eltern erinnerte, das die Mutter überlebt habe, weil sie kurz vor Kriegsende aus einem Todesmarsch habe „türmen" können (Entweder Broder – Die Deutschland-Safari, Teil IV: Guck mal wie wir überleben, ARD, 2.12.2012).

32 Benz, Vorurteile gegen Muslime.

33 Hafez, Freiheit, Gleichheit und Intoleranz, S. 232; allg. hierzu: Pörksen/Detel, Der entfesselte Skandal; vgl. ders., Die Wutmaschine, in: Süddeutsche Zeitung, 22./23.12.2012; allg. hierzu:. Geißler, Rainer: Massenmedien und die Integration ethnischer Minderheiten in Deutschland, Bielefeld 2009.

34 Weidner, Stefan: Die anderen sind wir selbst, in: Süddeutsche Zeitung, 29.7.2011.

35 Ebd.

36 Dobrinski, Matthias: Virtueller und echter Terror, in: Süddeutsche Zeitung, 26.7.2011.

37 Ebd.; Kirchner, Thomas: Bürgerkrieg im Netz. Der Attentäter von Oslo ist Teil der anti-islamischen Szene, deren verbale Gewalt den Boden für solche Taten bereitet, in: Süddeutsche Zeitung, 26.7.2011; Leyendecker, Hans: Kreuzzug gegen Muslime. Attentäter spricht von deutschen Gesinnungsgenossen, in: Süddeutsche Zeitung, 27.7.2011; Emcke, Carolin: Der Mord an der Freiheit. Lange wurde die Islamfeindlichkeit verharmlost. Nach Oslo müssen wir dem rechten Terror ins Auge blicken, in: Die Zeit, 28.7.2011; Dernburg, Andrea: Lob der Horde. Italiens und Frankreichs Rechte, in: Der Tagesspiegel, 30.7.2011.

38 Dobrinski, Matthias: Virtueller und echter Terror, in: Süddeutsche Zeitung, 26.7.2011.

39 Feldenkirchen, Markus/Stark, Holger: „Uns brennt der Hintern", in: Der Spiegel, 26.9.2011; Jörges, Hans-Ulrich: Sarrazin 2.0, in: Der Stern, 4.8.2011; Baumstieger, Moritz u.a.: Die offene Gesellschaft und ihre Feinde, in: ebd.

40 Richter, Nicolas: Das Ende vom Anfang. ‚Fjordman‘, ein islamfeindlicher Blogger ohne Gesicht, war die einflussreichste Quelle Anders Breiviks, in: Süddeutsche Zeitung, 27.7.2011.

41 Feldenkirchen, Markus/Stark, Holger: „Uns brennt der Hintern", in: Der Spiegel, 26.9.2011 (auch für die vorherigen Zitate); Baumstieger, Moritz u.a.: Die offene Gesellschaft und ihre Feinde, in: Der Stern, 4.8.2011.

42 Denso, Christian: Der rechte 11. September, in: Die Zeit, 28.7.2011.

43 Vgl. u.v.a.: Bittner, Jochen: Blut in einer sauberen Welt. Warum Norwegen? Nach den Anschlägen von Oslo hat die Selbsterforschung begonnen, in: Die Zeit, 28.7.2011; Gamillscheg, Hannes: Multikulti wird plötzlich populär. Anschläge in Norwegen sorgen für Stimmungsumschwung, in: Berliner Zeitung, 3.8.2011; Ertuğ, Ismail: Gelegenheit zur Versöhnung, in: MiGAZIN, 3.8.2011.

44 Wie weit weg ist Norwegen? Pressemitteilung des Integrationsbeauftragten des Senats von Berlin Günter Piening, Berlin 26.7.2011.

45 Baumgärtner/Böttcher, Das Zwickauer Terror-Trio; Fuchs/Goetz, Die Zelle; zur aktuellen Diskussion: Rechtsextremismus. Angriff auf die Demokratie, in: Das Parlament, 16.7.2012, S. 1-15.

46 Senatsverwaltung für Arbeit, Integration und Frauen, Pienings kritische Abschiedsbilanz; vgl. Beikler, Sabine/Törne, Lars von: „Ich bin kein Typ für Rot-Schwarz". Der scheidende Integrationsbeauftragte Günter Piening fühlt sich vom neuen Koalitionspartner CDU im Senat nicht mehr unterstützt. In der Einwanderungspolitik habe die Stadt einiges erreicht – trotz Rückschlägen durch Sarrazin-Debatte und NSU-Affäre, in: Der Tagesspiegel, 21.5.2012.

47 Tanjev Schultz, Terroristen kommen nicht aus dem Nichts, in: Süddeutsche Zeitung, 18.12.2012.

48 Mordserie von Rechtsextremen, in: Newsletter Migration und Bevölkerung, Dez. 2011, S. 1-3; Hampel, Torsten/Jansen, Frank: Die Netzbetreiber. Seit Wochen wuchert der Fall der Jenaer Terrorzelle. Und jetzt erst ist zu ahnen, wie eng die rechtsextreme Szene verflochten ist, in: Der Tagesspiegel, 7.12.2011; Jansen, Frank: Extremer Spurwechsel. Die Terrorgruppe NSU soll auch Unterstützer in Berlin gehabt haben, in: ebd., 12.12.2011; ders., Braune Verbindungen. Die Rechtsextremisten agieren international. Im Fall der Zwickauer Neonazi-Zelle sind die Verflechtungen von besonderem Interesse, in: ebd., 30.12.2011.

49 Gensing, Terror von rechts.

50   Chaffin, Sharon: ‚Ich bin die, die Sie suchen'. Rechtsextreme Terrorzelle NSU flog vor einem
     Jahr auf, in: Nürnberger Nachrichten, 31.10.2012; Diehl, Jörg: NSU-Terror. Legenden,
     Rätsel, Theorien, in: Der Spiegel, 23.11.2012; Artikel ‚Neonazi-Mordserie', in: Wikipedia,
     die Enzyklopädie.

51   Heine, Hannes/Jansen, Frank: Anklage gegen Zschäpe im NSU-Fall. Akten in Berlin ver-
     nichtet, in: Der Tagesspiegel, 7.11.2012.

52   Exner, Ulrich: Der ‚kleine Adolf', der Mord und die Porno-Seiten, in: Die Welt Online,
     15.11.2011; Neonazi-Anschläge. Der ‚kleine Adolf' und die umstrittene Rolle der V-Leute,
     in: Focus Online, 15.11.2011; Karg, Josef: Dönermord. Verfassungsschützer am Tatort.
     Welche Rolle spielte der ‚kleine Adolf'?, in: Augsburger Allgemeine, 16.11.2011; Kocaman,
     Birol: „Dazu liegen der Bundesregierung keine Erkenntnisse vor", in: MiGAZiN, 15.3.2012;
     Militärgeheimdienst wollte NSU-Terroristen als V-Mann anwerben, in: ebd., 12.9. 2012;
     Pannen bei NSU-Ermittlungen, in: SWR-Landesschau Baden-Württemberg, 14.9.2012;
     Bouffier ist sich keiner Schuld bewusst, in: MiGAZIN, 1.10.2010.

53   Pannen bei NSU-Ermittlungen, in: SWR-Landesschau Baden-Württemberg, 14.9.2012;
     Verfassungsschutz bescheinigte Terrorhelfer besondere Staatstreue, in: Frankfurter Allgemei-
     ne Zeitung, 17.9.2012; Bebber, Werner von/Törne, Lars von: Neue Schredder-Aktion.
     Opposition glaubt nicht an Zufall, in: Der Tagesspiegel Online, 13.11.2012.

54   Militärgeheimdienst wollte NSU-Terroristen als V-Mann anwerben, in: MiGAZiN, 12.9. 2012.

55   Geyer, Steven: Politically Incorrect. Bundesverfassungsschutz will PI überprüfen, in: Frank-
     furter Rundschau, 6.1.2012.

56   Stahl, Nazi-Jagd; vgl. Herwig, Malte: Die Unentbehrlichen. Geheimakten belegen. Ehema-
     lige Gestapo- und SS-Leute arbeiteten für den deutschen Geheimdienst der Fünfziger- und
     Sechzigerjahre als Beamte und Bundeskanzler Konrad Adenauer billigte das höchstpersönlich,
     in: Süddeutsche Zeitung, 27./28.10.2012. Dass es sich hier nicht nur um ein deutsches,
     geschweige denn historisches Problem handelt, zeigt im Blick auf die Verschränkung geheim-
     dienstlicher und rechtsextremer Strukturen in Europa: Ganser, Nato-Geheimarmeen in
     Europa.

57   Goetz, John u.a.: Neben der Spur. Anatomie eines Staatsversagens. Warum es der Polizei nie
     gelang, die Terroristen zu finden, in: Süddeutsche Zeitung, 5.5.2012; Gesamtdarstellung
     jetzt: Leggewie/Meier, Nach dem Verfassungsschutz; Fünfter Verfassungsschutzchef geschred-
     dert, in: MiGAZIN, 15.11.2012.

58   Prantl, Heribert: Hilfe, der Verfassungsschutz!, in: Süddeutsche Zeitung, 28.1.2012.

59   Militärgeheimdienst wollte NSU-Terroristen als V-Mann anwerben, in: MiGAZiN, 12.9.
     2012.

60   Vgl. Anm. 56, S. 309.

61   Ertuğ, Ismail: MEP, Brauchen wir diesen Verfassungsschutz?, in: MiGAZiN, 7.2.2012; Paul,
     Das Unwort des Jahres 2011 verweist auf die kulturellen Dimensionen des Institutionellen
     Rassismus.

62   Decker u.a., Die Mitte im Umbruch, S. 12.

63   Hierzu zuletzt die Beiträge zum Schwerpunkt ‚Rechtsextremismus' in: Das Parlament,
     16.7.2012, S. 1-15.

64   Gefahr für Muslime. Bayerns Verfassungsschutz warnt vor reaktionären Extremisten, in:
     Frankfurter Rundschau, 2.8.2011.

65   Internetplattformen. Verfassungsschutz beobachtet Islamhasser, in: Spiegel Online,
     6.11.2011.

66   Zitiert nach: Mordserie von Rechtsextremen, in: Newsletter Migration und Bevölkerung,
     Dez. 2011, S. 1-3.

67   Zitiert nach: Prantl, Heribert: Wie Integration endlich gelingen kann, in: sueddeutsche.de,
     23.2.2012; Kolbe, Daniela: Populistische Verkürzungen. Minister Friedrich im Innenaus-
     schuss, in: MiGAZiN, 8.3.2012.

68 Kirchner, Thomas: Bürgerkrieg im Netz. Der Attentäter von Oslo ist Teil der anti-islamischen Szene, deren verbale Gewalt den Boden für solche Taten bereitet, in: Süddeutsche Zeitung, 26.7.2011.

69 Benz (Hrsg.), Islamfeindschaft und ihr Kontext; ders., Der Feind in der Wiege. Was die Antisemiten des 19. Jahrhunderts und manche ‚Islamkritiker‘ des 21. Jahrhunderts eint, in: Süddeutsche Zeitung, 4.1.2010; Broder, Henryk M.: Sind Muslime die Juden von heute? Der Historiker Wolfgang Benz zieht Parallelen zwischen Antisemiten und den Islamkritikern. Doch die Angst der Islamisten hat mit dem Hass auf Juden wenig gemein. Eine Replik, in: Die Welt, 13.1.2010; Benz, Antisemitismus und ‚Islamkritik‘.

70 Emcke, Carolin: Der Mord an der Freiheit. Lange wurde die Islamfeindlichkeit verharmlost. Nach Oslo müssen wir dem rechten Terror ins Auge blicken, in: Die Zeit, 28.7.2011.

71 Ein wichtiger, von deutschen Behörden ständig bewusst überhörter und doch unbeirrbarer Warner ist hier Bernd Wagner, ehemals DDR-Kriminalpolizist, nach der Wende Leiter der Abteilung Staatsschutz im gemeinsamen Landeskriminalamt der neuen Bundesländer und heute Chef einer Beratungsgesellschaft für demokratische Belange sowie Gründer und Leiter der Aussteigerinitiative ‚Exit‘, der die deutsche Neonazi-Szene seit Jahrzehnten beobachtet. Über Wagner: Nazi-Terror. „Das deutsche Sicherheitssystem ist eine Fiktion", in: Deutsch-Türkische Nachrichten, 18.11.2011; Hampel, Torsten: Kenne deine Gegner, in: Der Tagesspiegel, 6.2.2012.

72 Hacettepe University/SEK-POL/Data4U, Die Gefühle und die Meinungen der türkischen Migranten in Deutschland über die rassistische Neo-Nazi-Mordserie; vgl. Vertrauen der Türken in den Sicherheitsdienst und die Politik ist erschüttert, in: MiGAZIN, 11.1.2012; Bax, Daniel: Zwickau im Hinterkopf, in: Die Tageszeitung, 11.1.2012.

73 Lau, Jörg: Die Vergiftung der deutschen Integrationsdebatte, in: Zeit Online, 22.10.2012.

7. Erfahrung und Verarbeitung: Terrormorde als Lernprozess?

Die zentrale Botschaft des ‚Kühn-Memorandums‘ von 1979 – das wesentlich von seinem jungen, schon 1983 verstorbenen Chefdenker Dr. Karlfriedrich Eckstein stammte und deshalb besser ‚Kühn-Eckstein-Memorandum‘ heißen sollte – lautete: Was man heute nicht in die Integration investiere, müsse man später für Resozialisierung und Polizei bezahlen.[1] Kühn und Eckstein konnten nicht ahnen, dass sich ihr Menetekel zum Teil gerade am ‚rechten‘ Rand der Mehrheitsbevölkerung und zunehmend auch in ihrer Mitte erfüllen sollte. Die ‚Mitte‘ scheint insgesamt, jedenfalls an der Oberfläche, nach ‚rechts‘ zu rücken, wobei Umfragen zufolge zuletzt rund 60 Prozent der Bevölkerung ‚islamkritischen‘ und über 30 Prozent dezidiert islamfeindlichen Positionen zuneigten.[2]

7.1 Behördliche Sichtblenden:
Gefahren in der ‚Mitte‘ und ‚rechts‘ davon

Nach ständiger publizistisch-agitatorischer Berieselung wuchern heute nicht mehr nur am ‚rechten‘ Rand, sondern auch in der Mitte der Gesellschaft – besonders, aber nicht nur bei Menschen ohne Migrationshintergrund – klar islamfeindliche Vorstellungen. In dieser Dichte, Feindbildschärfe und Projektionsintensität hat es sie bisher in Deutschland nicht gegeben, aller herkömmlichen Distanz zu ‚den Türken‘ als der vermeintlichen Inkarnation des Fremden zum Trotz.

Falsch und nur dem Niveau der vulgärrationalistischen ‚Islamkritik‘ entsprechend wäre der Gedanke, das habe mit dem Anstieg der Zahl muslimischer Zuwanderer vorzugsweise aus der Türkei oder doch mit der natürlichen Vermehrung (ohne

Migration) der muslimisch-türkischen Bevölkerung im Land zu tun; denn, wie gezeigt, ist die deutsche Wanderungsbilanz gegenüber der Türkei seit fast einem Jahrzehnt negativ, d.h. es gehen mehr Menschen auf Zeit oder auf Dauer aus Deutschland in die Türkei als in umgekehrter Richtung und die Geburtenraten von Frauen türkischer Herkunft passen sich zunehmend denjenigen deutscher Frauen an.

Realitätsnäher wäre die Annahme, dass es hier um ein Wahrnehmungsproblem geht, d.h. dass die – ob geliebt oder verflucht – seit vielen Jahren faktisch vorhandene multikulturelle Vielfalt durch eine neue, islamophobe ‚Brille‘ betrachtet wird, die vermeintlich Schreckliches erkennbar macht, das sich dem ‚bloßen Auge‘ bislang entzog. Dann nämlich wachsen allen Muslimen Hörner und Pferdefüße und der Eindruck entsteht, man habe diese Teufelei, ohne die besagte ‚Brille‘, vordem bloß nicht erkennen können.[3]

Diese Wahrnehmungsveränderung ist sicher nicht nur, aber zumindest doch ganz wesentlich Ergebnis der emsigen Aktivität einer in dieser Hinsicht sehr ‚erfolgreichen‘, durchaus überschaubaren Gruppe von Publizisten, Netz- und Hetzwerken. In der schockierenden Konfrontation mit dem blutigen Grauen der islamfeindlichen Gewalt im Jahr 2011 suchten sie sich nervös und in vorauseilender Selbstverteidigung vor dem Verdacht ideeller Beteiligung an der Stiftung potentiell gewaltbereiter Islamfeindlichkeit wegzuducken – und setzten trotzdem ihr ebenso fahrlässiges wie einträgliches publizistisches Treiben fort.

Im Gegensatz zu wissenschaftlichen oder wertebezogenen religionskritischen Diskursen über islamische Lehrtraditionen, religiös bestimmte Vorstellungswelten bzw. Lebensformen und deren Vereinbarkeit mit gelebtem Christentum[4] ankern die in der Einwanderungsgesellschaft mitunter gemeingefährlichen, ‚islamkritisch‘ getarnten, aber scheinaufklärerisch-islamfeindlichen Vorstellungen in häufig weltanschaulich-ideologischen Glaubenswelten, deren Denkmuster oben ausgeleuchtet worden sind. Sie werden verbreitet und gefestigt durch antiislamische

Netz- und Hetzwerke, die von erheblichem Einfluss auf die Leserkreise der ‚islamkritischen' Publizistik im gebildeten Mittelstand sind, wie die Kommentarspalten vieler Internet-Medien
und auch der Online-Ausgaben seriöser Tageszeitungen zeigen.
Das gilt besonders für den teils kulturalistisch, teils kulturrassistisch geprägten fundamentalistischen Antiislamismus. Kulturrassismus aber ist, wie wir spätestens seit den neonationalsozialistischen Serienmorden wissen, keine nur etwas absonderliche
Weltanschauung. Kulturrassismus kann töten.

Diese Netz- und Hetzwerke knüpfen zum Teil an die erwähnte ‚islamkritische' Publizistik an und inflationieren deren Botschaften auf meist niedrigerem Niveau und in noch vergröberter
Form. Sie operieren zum Teil, wie der islamfeindliche Internet-
Pranger *Politically Incorrect* (*PI*), aber auch ganz eigenständig
und versorgen umgekehrt von sich aus die ‚islamkritische' Publizistik mit einschlägigen Informationen und für sie belangvollen Alltagsinformationen von der islamfeindlichen Front. Ihre
Anhänger, die oft identisch sind mit den an der ‚islamkritischen'
Publizistik orientierten Kommentarschreibern, überschwem-
men die User-Spalten fast aller Online-Medien in fanatisch-
missionarischem Eifer mit ihren islamfeindlichen kakophonen
Heilslehren und ideologischen Therapien zur Rettung des
Abendlandes vor der ‚Islamisierung' bzw. ‚Schariarisierung'
durch die ‚Überschwemmung' Europas mit ‚muslimischen Migranten' und deren ‚ungezügelter Vermehrung' in den im ‚genetischen' Sinne ‚kraftlos' gewordenen modernen Einwanderungsländern der Alten Welt.

Viele Spuren gingen aus von Ausländerfeindlichkeit bzw.
diffuser Fremdenfeindlichkeit als Ersatzantwort auf allerlei kulturelle und mentale, ökonomische und soziale Verunsicherun-
gen und Ängste. Sie mündeten in das breite Projektionsbecken
von abstrakter Islamfeindlichkeit und zunehmend auch von
konkreten persönlichen Abwehrhaltungen gegenüber Muslimen. Paradoxerweise verstärkte sich beides offenkundig als eine
Art gruppenbezogene ideologische Bollwerkmentalität gerade

mit der steigenden Akzeptanz der interkulturellen Begegnung im Alltagsleben der Einwanderungsgesellschaft, besonders bei jüngeren Menschen.[5]

Wie lautete doch ein grundlegender Startgedanke des späteren Jenaer Mörder-Trios Anfang der 1990er Jahre: „Zuerst einmal müssen die Ausländer weg!"[6] So die damals 17 Jahre alte aggressive Kampfhundefreundin und spätere neonationalsozialistische Mörderbraut Beate Zschäpe, die in der Haft von dem norwegischen Massenmörder Breivik als Brieffreundin („liebe Schwester")[7] begehrt wurde, seit ihrer Festnahme schwieg und damit vergeblich darum pokerte, mithilfe der Kronzeugen-Regelung einer Mordanklage zu entkommen. Das Feindbild ‚Ausländer' wurde zunehmend zum Feindbild ‚Islam' bzw. ‚Muslim' mit fließenden Grenzen zum Feindbild des ‚Türken' als dem Inbegriff des vermeintlich auch kulturell bedrohlichen Fremden schlechthin. Wohin das alles führen kann, ist seit November 2011 auch in Deutschland hinreichend bekannt. Im Nachhinein wird deutlich, in welch starkem Maße auch das Fehlverhalten von Politik und Behörden beigetragen hat zur indirekten Ermunterung der Radikalisierung von ‚rechts'. Das galt besonders für die aufreizende Mischung von fremdenfeindlichen und kulturrassistischen populistischen Redensarten von Politikern und behördlicher Nachsicht oder Schwäche gegenüber Rechtsextremisten, wie sie z.B. in Thüringen, der Heimat des Zwickauer Trios, lange erlebbar war.[8]

Dabei war das schon früher mordende und raubende, erst Ende 2011 aufgedeckte neonationalsozialistische Trio wohl nur die Spitze eines Eisbergs inmitten von anderen, noch unter Wasser liegenden Eisbergen mit einem nur mühsam und ansatzweise aufgedeckten Unterstützer- und Mitwisserkreis. Um diese Eisberge herum plantschten im Oberflächenwasser lange auffällig hilflose Verfassungsschützer, oft mit dem Rücken zum Objekt und ohne zureichende Ermittlungsaufträge, umgeben von einer erstaunlich großen Zahl von ‚V-Leuten', die zum Teil das Verhalten von bezahlten Doppelagenten hatten: Sie konnten aus den Fragen ihrer Führungsbeamten erkennen, welchen Objekten, Verhaltensformen und Personen das besondere Beobachtungs- und Fahndungsinteresse galt. Sie konnten deshalb im Tätermilieu rechtzeitig warnen und finanzierten mit ihren zum Teil beträchtlichen Honoraren mitunter just die Aktivitäten mit, deren Beobachtung bzw. Verhinderung ihre Tätigkeit gelten sollte.[9]

Ob umgekehrt die Beamten des Verfassungsschutzes, die die ‚V-Leute' führten, in diesem Milieu immer die nötige Distanz halten und einschlägige Hinweise auf Bedrohungen von ‚rechts' zureichend gewichten konnten oder wollten, müsste eingehend geprüft werden. Das ist, jedenfalls im Einzelnen, weniger Sache der eingerichteten Untersuchungskommissionen auf Bundes- und Länderebene, sondern vor allem der dienstlich vorgesetzten Behörden. Dass diese allein dazu imstande sind, darf bezweifelt werden; denn wären sie es, dann fehlte der Anlass zu einer solchen Überprüfung. Das zeigten zuletzt die skandalösen Enthüllungen nach dem Rücktritt des thüringischen Verfassungsschutzpräsidenten, die in der Presse nicht ohne Grund als ‚Schlammschlacht im NSU-Sumpf' beschrieben wurden.[10]

Hier hatten sich über Jahrzehnte hinweg offenkundig durch vielerlei persönliche Bezüge und informationelle Abhängigkeiten strukturierte, unübersichtliche Zwischenwelten herausgebildet, die auch für die unverdeckt operierenden Sicherheitsbehörden unzugänglich, aber angeblich unabdingbar waren. Es sollte sicher einmal geklärt werden, wieso investigative Journalisten, die keine ‚V-Leute' beschäftigen, mit ihrer Arbeit mitunter erfolgreicher sein konnten als der deutsche Inlandsgeheimdienst, der in der NSU-Affäre bis zum Schluss ebenso ratlos blieb wie polizeiliche Fahndungsabteilungen, von denen die in Köln schließlich eine Hellseherin befragte, während die in Hamburg einen iranischen Geisterbeschwörer einschaltete.[11]

„Nach allem, was man aus der Geschichte des Verfassungsschutzes weiß, haben die nach rechts immer einen eher vernebelten Blick gehabt, aber einen sehr scharfen auf alles, was sich links von der Mitte bewegt. Aber das gilt nicht nur für den Verfassungsschutz", kritisierte der Begründer und Vorsitzende des bundesweiten Verbandes ‚Gesicht zeigen! Für ein weltoffenes Deutschland', der ehemalige Regierungssprecher Uwe-Karsten Heye (SPD). „Wenn ich die jetzige Debatte verfolge, dann war bis zur Entdeckung dieses Trios in Zwickau die Bedrohung von rechts in den Köpfen vieler Politiker überhaupt nicht präsent. Bis dahin hatten wir aber 140 Mordopfer rechtsextremistischer Gewalt. Jetzt erst spricht der Innenminister von Rechtsterrorismus. Was war das eigentlich vorher? Welche Art von Verniedlichung dieses Themas haben wir uns von den konservativen Parteien anhören müssen."[12]

Die erschütternde Tatsache, dass der Verfassungsschutz trotz bis ins Helfermilieu oder sogar an den Rand des Tätermilieus eingeschleuster ‚V-Leute' nichts gewusst haben will, alarmierte auch den Rechtsextremismus-Experten, früheren Kriminalisten und Nazi-Jäger in der DDR, Bernd Wagner. Der spätere Mitbegründer der Neonazi-Aussteiger-Initiative ‚Exit', dessen Warnungen ebenfalls jahrelang ignoriert wurden und dessen Initiative regierungsamtlich zeitweise sogar die Fördermittel gestrichen werden sollten, sah sich zu der Frage veranlasst: „Wie latent ausländerfeindlich ist diese Gesellschaft?"[13]

Kein vernünftiger, geschweige denn sachkundiger Mensch kann glauben, dass ein abgetauchtes und gesuchtes, teils als Mörder, teils als Bomber, teils als Bankräuber verdächtigtes Tätertrio aus Ostdeutschland jahrelang in ihm mehr oder minder unbekannten Städten im Westen der Republik in einem auffälligen großen, Schlafplätze für mehrere Personen, Raum für zwei Mountainbikes und zahlreiche für Logistik und Überfälle nötige Utensilien bietenden Wohnmobil unbehelligt umhergondeln konnten.

Erst recht aber kann niemand weiter annehmen, dass die Täter bei solchermaßen auffälliger und für sie enorm gefährlicher Erkundungsarbeit auf diese Weise selber die geeigneten Opfer suchen, ihre konkreten Lebensgewohnheiten ausspähen und zugleich Fluchtwege erkunden konnten, um dann genau zur passenden Zeit zum Schuss aus nächster Nähe zu kommen, nämlich wenn das Opfer allein am Tresen oder in seinem Laden stand, um dann buchstäblich spurlos vom Erdboden zu verschwinden. Eine solche exakte logistische Planung der – fast – perfekten Verbrechen aber war nötig, um die gefoppte Polizei trotz schließlich riesigen Fahndungsaufwands bis zum tödlichen Showdown in Eisenach mit der Fahndungsstange in falscher Richtung im Nebel stochern zu lassen.

Niemand also kann glauben, dass die NSU-Mörder nach ihren Verbrechen auf selbst erkundeten Routen ihre bis zuletzt immer erfolgreiche Flucht angetreten hätten. Diese Flucht war, wie wir heute wissen, stets so raffiniert durchdacht und so präzise vorbereitet, dass die Polizei trotz scharfer Kontrollen mit Ringalarmfahndung das auffällige, große Wohnmobil nie als Fluchtfahrzeug entdeckte – das meist geradezu demonstrativ unauffällig in der Nähe des Tatorts parkte, bis die Ringalarmfahndung aufgehoben war.

Solche Alleingang-Vermutungen wären also geradezu albern gewesen. Auch der bislang ausgespähte und dingfest gemachte Kreis von Helfern, Helfershelfern und Mitwissern muss sehr viel größer gewesen sein. Das vermutet auch der mir persönlich bekannte frühere Bundesinnenminister und bayerische Ministerpräsident Günther Beckstein (CSU), in dessen Heimatstadt Nürnberg allein drei und in dessen heimatlichem Freistaat Bayern immerhin fünf der (abgesehen von dem Polizistenmord) neun rassistisch motivierten NSU-Morde zu registrieren waren.[14] Das hatte zweifelsohne nicht mit einer besonderen Mörderliebe zum schönen Franken- oder Bayernland zu tun, sondern mit dort vorhandenen informationellen und konspirativen Strukturen. Die Fahndungsergebnisse beschränken sich aber, trotz oder vielleicht gerade wegen des ‚V-Leute'–Einsatzes, nach wie vor auf kaum mehr als ein Dutzend Personen, die, mit einer Ausnahme, alle nicht in Untersuchungshaft sitzen. So sieht zweifelsohne keine erfolgreiche Verfassungsschutzarbeit aus.[15]

Im Hintergrund zeichnet sich eine Kontinuitätslinie ab, die in der aktuellen öffentlichen Empörungsdiskussion meist ebenso wenig gesehen wird wie auf regierungsamtlicher und behördlicher Seite. Diese Linie reicht, mit mancherlei Brechungen, von diffuser Fremdenfeindlichkeit mit völkischen und kulturrassistischen Versatzstücken einerseits und vulgärrationalistischer ,Islamkritik' andererseits über die aggressive antiislamische Bündelung und Ausrichtung solcher Ressentiments in Weblog-Denunziationskampagnen bis hin zum gewaltbereiten völkisch-antiislamischen Fundamentalismus mit seinen zum Teil offenen Grenzen zum neuen Nationalsozialismus. Dies ist auch einer der Wege von der Wortgewalt zur Tatgewalt. Niemand, der hier auch nur indirekt beteiligt war, sollte sich mit schäbigen scholastischen und eskapistischen Argumenten aus der ganz persönlichen, wenn auch nur indirekten und deshalb nicht straffälligen Mitverantwortung für dieses Desaster davonstehlen dürfen.

Praxisorientierte Wissenschaftler, kritische Publizisten und Experten der Integrationspraxis haben frühzeitig und lange vergeblich gewarnt vor den Folgen der demonstrativen Erkenntnisverweigerung unter dem Motto ,Die Bundesrepublik ist kein Einwanderungsland'. Sie haben später, bis zuletzt ebenso vergeblich, vor der mangelnden Erkenntnis der Gefahren gewarnt, die in der publizistischen Integrationsdiskussion von der oft denunziativen, in scheinwissenschaftlichem Gewande daherkommenden ,Islamkritik' ausgingen. Deren Argumente verschmolzen in aggressiven Internetblogs zu antiislamischer Volksverhetzung. Ergebnis waren mitunter kaum verdeckt Gewaltbereitschaft schürende oder auch direkt zur Gewaltanwendung animierende Kampfaufrufe gegen mehr oder minder gefährliche ,Gutmenschen' und ,multikulturelle Schönredner' als Vertreter von ,falscher' kultureller ,Toleranz' und von nur getarntem sozialen Frieden in einer angeblich alle herkömmlichen Werte zersetzenden Einwanderungsgesellschaft als vermeintlichem Endzeitstadium des Verfalls von Volk, Nation und westlicher Zivilisation.

Mit Integration und Migration beschäftigte Wissenschaftler sind bei öffentlichen Veranstaltungen mitunter nach wie vor auf Saalschutz oder gar Personenschutz angewiesen, weil sie zum Teil als ‚Volksverräter' auf neonationalsozialistischen und ideologisch angrenzenden Fahndungslisten bzw. Feme-Aufrufen stehen, die Historikern aus der deutschen Geschichte sicher besser bekannt sind als der Polizei. Konkrete Hilfe durch entsprechende Ermittlungen konnte uns niemand bieten. Über Saal- und Personenschutz hinaus waren ‚unseren Diensten' hier, wie wiederholt mitgeteilt wurde, durch mangelnde Zuständigkeit, geltendes Medienrecht und andere widrige Umstände leider die Hände gebunden. Von wem eigentlich, haben wir uns oft gefragt.

In islamophoben Internetblogs mit den sie umschwebenden Hassmail-Wolken aber durften, wie gezeigt, am Ende sogar die öffentliche Abschlachtung Marwa El-Sherbinis in einem deutschen Gerichtssaal, das Massaker des norwegischen Massenmörders Breivik und die deutschen ‚Döner-Morde' straflos zu heroischen Taten verklärt werden. Ein bloßes NPD-Verbot wäre da hilfreich und hilflos zugleich; denn eine verfassungsfeindliche Partei kann man verbieten, die politischen Vorstellungen ihrer Anhänger nicht.

Überdies schien das, trotz erkannter Verfassungsfeindschaft, an höchster Stelle zunächst auch gar nicht mehr beabsichtigt zu sein, nachdem sich Bundesinnenminister Friedrich in einem delikaten Rechtsverständnis der besonderen Art wie folgt gegen ein neues NPD-Verbotsverfahren ausgesprochen hatte: „Die NPD ist eine totalitäre, verfassungsfeindliche Partei, die mit unserer Demokratie null-Komma-null zu tun hat. Aber die Gesinnung einer Partei reicht eben nicht aus, um sie zu verbieten."[16]

Was, so darf gefragt werden, muss eine angeblich klar und mit einer Abweichung von maximal ‚null Komma null' als ‚totalitäre, verfassungsfeindliche Partei' erkannte Partei eigentlich noch an Vorleistungen zu ihrem Verbot erbringen? Eine islamistische ‚totalitäre, verfassungsfeindliche Partei' müsste sicher nicht so lange auf ihr Verbot warten; ganz abgesehen davon, dass sie mit ebenso großer Sicherheit erst gar nicht zugelassen worden wäre. Es bleibt abzuwarten, ob die hier offenbar konsequenter denkenden Innenminister der Länder den schwankenden Bundesinnenminister festlegen können.

Einige Sicherheitsbehörden beobachteten die islamfeindliche Agitation im Internet zwar in Ausschnitten sehr wohl, aber eben nur unsystematisch und vorwiegend passiv, d.h. ohne Ermittlungsauftrag. Das aktive Ermittlungsinstrumentarium, das sie gegen tatsächliche, potentielle oder nur vermutliche fundamentalistische Islamisten so oft in Stellung brachten, wurde gegenüber den Aktivitäten von im Internet als aufklärerische ‚Islamkritiker' getarnten fundamentalistischen Antiislamisten eher zurückhaltend oder auch gar nicht eingesetzt. Und das, obgleich dabei zuletzt auch zunehmend fließende Grenzen zu rechtsextremistischen und neonationalsozialistischen Kreisen klar erkennbar geworden waren.[17]

Am Ende wollte es, wieder einmal, niemand gewesen sein. Niemand konnte angeblich irgendetwas ahnen oder gar absehen. Wissenschaftlich begründete Warnungen wurden als intelligentes Raten, ihre im Nachhinein erwiesene Treffsicherheit, wie gehabt, als reiner Zufall abgetan. Die eklatanten Fahndungs- und Aufklärungsprobleme wurden vorwiegend auf technisch-organisatorische ‚Pannen', inner- und zwischenbehördliche Missverständnisse zurückgeführt – tödliche Pannen und Missverständnisse leider, mit einer langen blutigen Spur. Und mit dieser verspäteten, heute nur noch historischen Spurensuche sind wir noch bei weitem nicht am Ende – wenn diese Spurensuche denn überhaupt mit dem gebotenen Nachdruck betrieben wird, nämlich ohne Rücksicht auf Namen, Funktionen und Pensionsbezüge. „Jeder Stein muss umgedreht werden", drängte Hansjörg Geiger, der frühere Chef von Verfassungsschutz und BND im Februar 2012.[18]

Daran gibt es begründbare Zweifel; denn die für eine Einwanderungsgesellschaft latent suizidale Tradition der gezielten

Nichtbefassung mit Gefahren für Anerkennung durch Teilhabe und Akzeptanz von kultureller Vielfalt in sozialem Frieden dauert an. Das zeigte der Unterschied zwischen der Trauer- und Vermittlungsarbeit in Norwegen und Deutschland: In Norwegen war die regierungsamtliche Reaktion auf den Terror-Schock vom Juli 2011 geprägt durch ein umso nachdrücklicheres Bekenntnis zu Multikulturalität und Liberalität, zur offenen Demokratie und zu Europa sowie durch die gemeinsame Wendung gegen minderheitenfeindliche Strömungen, die diesen programmatischen Grundwerten in der Einwanderungsgesellschaft zuwiderlaufen.

In Deutschland hat es in der regierungsamtlichen Reaktion auf den NSU-Schock nur zu Trauerbekundungen und zu Warnungen vor Rechtsextremismus gereicht. Selbst in der Konfrontation mit den in Reihe aufgedeckten Mordtaten war die Hürde zu einem Bekenntnis zu den Grundwerten der de facto seit Langem multikulturellen Einwanderungsgesellschaft in Deutschland offenkundig noch immer zu hoch:

In den bewegten und bewegenden regierungsamtlichen Botschaften zur Aufdeckung der Verbrechen der „rechtsextremistischen Gruppe aus Zwickau" (Bundeskanzlerin Merkel, 23. November 2011) war zwar immer wieder von den „Morden und Anschlägen einer kriminellen neonazistischen Bande" (Bundestagspräsident Lammert, 22. November 2011), von „Neonazis" sowie der „Gefahr des rechtsextremistischen Terrors in Deutschland" (Staatsministerin Böhmer, 17. November 2011) und sogar in rituell eingeübter Semantik von „Rechtsextremismus, Fremdenfeindlichkeit und Antisemitismus" die Rede (Entschließungsantrag der Parteien des Bundestages, Drucksache 17/7771, 22. November 2011). Aber von den neuen Nationalsozialisten wurden, diesmal, keine Juden umgebracht. Die aus völkisch-kulturrassistischem Hass Ermordeten waren ihrer Religionszugehörigkeit nach Muslime und ihrer Herkunft nach Türken (mit Ausnahme eines wohl mit einem Türken verwechselten Griechen).

Wo also waren die Warnungen vor der hasserfüllten antiislamischen Bewegung? Sie faselt von der ‚Islamisierung Europas‘ durch ‚demographische‘ Usurpation, versteht sich als selbsternannter Retter des Abendlandes, nennt sich zu Unrecht ‚Islamkritik‘ und betreibt in Wahrheit desintegrative Identitätssicherung durch die aggressive Auskreisung von Minderheiten, also negative Integration. Wo war und bleibt die gesellschaftliche Ächtung der immer einflussreicher und mächtiger werdenden, geschickt an der Grenze der Verfassungskonformität operierenden antiislamischen Netzwerke, die treffender Hetzwerke heißen sollten?

Zu Ostern 2012 meldeten sich selbst die obersten Repräsentanten der beiden großen christlichen Kirchen als Kritiker der Internet-Agitation zu Wort: „Die Anonymität des Internets ist eine Verlockung, Hemmungen aufzugeben. Sie verleitet dazu, dem destruktiven Potenzial, das in uns allen steckt, völlig freien Lauf zu lassen", warnte der Ratsvorsitzende der Evangelischen Kirche in Deutschland, Nikolaus Schneider. Der Vorsitzende der katholischen Deutschen Bischofskonferenz, Erzbischof Zollitsch, wurde deutlicher: „Es muss uns nachdenklich stimmen, wenn manche Zeitgenossen im Schutz der Anonymität Meinungsfreiheit im Internet als Freibrief für Hetze, Diffamierung und Mobbing verstehen."[19] Das waren klare Worte für die höchsten Kirchenvertreter, die sehr wohl wissen, dass es in ihren Gemeinden auch fundamentalistisch und kulturrassistisch denkende ‚Christen‘ gibt, deren Verhältnis zum Gebot der christlichen Nächstenliebe auch in der Einwanderungsgesellschaft einigermaßen erklärungsbedürftig ist.

Nachdenklichkeit und mahnenden Worten aber sollten nicht nur die schon lange arbeitenden, regierungsamtlich sehr wenig geförderten oft kleineren, aber mutiger und unter dem Druck des rechtsradikalen Alltagsterrorismus mitunter gefährlich lebenden bürgergesellschaftlichen Selbsthilfeinitiativen ‚gegen rechts‘ entsprechen, sondern auch konkrete Antworten des Staates und seiner Organe. Auch die Bundeskanzlerin hatte, wie erwähnt, in ihrer Rede auf der Trauerfeier zum Gedenken an die Neonazi-Opfer unmissverständlich vor den geistigen Zusammenhängen zwischen Wortgewalt und Tatgewalt gewarnt: „Aus Worten können Taten werden!" Eine klare behördliche Antwort auf diese Warnung aber ist erst zum Teil und nur sehr einseitig erkennbar:

Es gibt, wie gezeigt, fließende Grenzen zwischen einer ‚Islamkritik' im Sinne der friedlichen Auseinandersetzung z.B. mit islamischen Lehrtraditionen und religiös geprägten Lebensformen und einer aggressiv kämpferischen, ganze Religions- und Bevölkerungsgruppen denunzierenden und diffamierenden islamfeindlichen Agitation. Die zwischen diesen beiden Polen oszillierende ‚Islamkritik' hat – sicher weithin nicht absichtsvoll, aber als stete Berufungsinstanz de facto – den Boden bereitet für eine fundamentalistische Islamophagie, die in den sumpfigen Abgründen der Internetblogs wütet und deren giftiger Smog zunehmend die Kommentarspalten der übrigen medialen Online-Welt überzieht. Dies ist unbestreitbar eine Gefahr für die demokratische Einwanderungsgesellschaft und dort, wo immer wieder die religiös-kulturellen Freiheitsrechte von Einwanderern in Frage gestellt werden, ein klarer und strafbarer Verfassungsbruch.

Umso auffälliger waren und blieben auf Seiten der staatlichen Gefahrenabwehr die einseitige Konzentration auf fundamentalistisch-terroristischen Islamismus, Links- sowie Rechtsextremismus einerseits und die geradezu demonstrative Nichtbefassung mit der islamfeindlichen Volksverhetzung andererseits.

Das galt und gilt auch für die Einäugigkeit des ins Gerede gekommenen Verfassungsschutzes, der auch unter seiner neuen Leitung noch lange brauchen wird, um das verspielte Vertrauen zurückzugewinnen: Der deutsche Inlandsgeheimdienst fahndet mit größter Intensität und Tiefenschärfe nach islamistisch-fundamentalistischen Tendenzen innerhalb meist friedlicher muslimischer Gruppen und Glaubensgemeinschaften. Er beobachtet linksradikale oder dafür gehaltene Gruppierungen und Kontakte zu ihnen, selbst im deutschen Bundestag (Die Linke) und sucht möglichst lupenreine, aktuell für ein NPD-Verbot gerichtsfeste Spuren von Rechtsextremismus. Aber er lässt ganz offen agierende aggressiv minderheiten-, insbesondere islamfeindliche und oft klar verfassungsfeindliche Internetblogs bislang, von Ausnahmen abgesehen, unbeobachtet.

Das zeigte, ausgerechnet in den Wochen, in denen eine schockierte Öffentlichkeit laufend neue Informationen über das Versagen staatlicher Instanzen bei der Abwehr von mörderischen Islamfeinden verarbeiten musste, die Antwort der Bundesregierung vom 17. November 2011 auf die Kleine Anfrage der Bundestagsfraktion der – vom Verfassungsschutz beobachteten – Partei Die Linke zum Thema ‚Antimuslimische Hetze' (Drucksache 17/7569):

Schon in ihrer Antwort auf die Kleine Anfrage der Fraktion zum Thema ‚Antimuslimischer Rassismus und Rechtsextremismus' (Bundestagsdrucksache 17/6910) hatte die Bundesregierung (BMI) am 5. September 2011 erklärt, „beim islamfeindlichen Internetportal *Politically Incorrect* (*PI*) ließe sich keine rechtsextremistische Bestrebung feststellen, die überwiegende Mehrheit der Einträge bediene sich ‚keiner klassischen rechtsextremistischen Argumentationsmuster'. Islamkritische bis hin zu muslimfeindliche [sic!] Einstellungsmuster seien insgesamt Ausdruck von Ängsten vor Überfremdung und müssten nicht zwangsläufig Ausdruck einer verfassungsschutzrelevanten Bestrebung sein." (Drucksache 17/7569)

Diese Begründung, in der der nationalsozialistisch-rassistische Kampfbegriff ‚Überfremdung' (das semantische Pendant zum NS-Begriff der ‚fremdvölkischen Unterwanderung') zur indirekten Legitimation fremden- und minderheitenfeindlicher Abwehrhaltungen verwendet wurde, weckte allgemeine Empörung in der oppositionellen parlamentarischen und in der außerparlamentarischen Öffentlichkeit. Von der Bundesregierung (BMI) mithilfe des Verfassungsschutzes zur Begründung vorgebrachte zentrale Argumente, z.B. über die angeblich nicht ‚verfassungsschutzrelevanten' fließenden Grenzen zwischen antiislamischen und rechtsextremistischen Gruppierungen wurden von investigativen Journalisten und Wissenschaftlern widerlegt, die offenkundig besser informiert waren als der Verfassungsschutz (Bericht ebenda).

Die Empörung und die Hinweise hinderten die Bundesregierung (BMI) nicht daran, in Beantwortung der neuerlichen Anfrage der Partei Die Linke am 17. November 2011 demonstrativ bei ihrer am 5. September 2011 gegebenen Linie zu bleiben: „Die Bundesregierung hat ihre Sichtung und Auswertung von mutmaßlich islamfeindlichen und antimuslimischen Äußerungen intensiviert. Die hierbei gewonnenen Erkenntnisse führen jedoch im Ergebnis nicht zu einer Änderung der auf Bundestagsdrucksache 17/6910 vom 5. September 2011 getroffenen Einschätzung." Auch ansonsten gab es „keine Erkenntnisse", die zu einem Positionswechsel hätten führen können (ebenda).

Das widersprach der Überzeugung vieler Vertreter auch der großen Parteien, für die „*PI*-Inhalte fremdenfeindlich und volksverhetzend waren" und die deshalb „eine Überwachung durch den Verfassungsschutz" forderten.[20] Es zeigte auch, dass Politik und Behörden zum Teil noch immer nicht in der Einwanderungsgesellschaft angekommen sind; denn die Konzentration auf ‚Rechtsextremismus'[21] und dabei sogar noch auf die ‚klassischen rechtsextremistischen Argumentationsmuster' erzeugt einen amtlichen Tunnelblick, der blind macht gegenüber anderen gesellschaftlichen Gefahren: Nicht nur das Gewaltpotenzial von Rechtsextremismus und islamistischem Fundamentalismus, auch der latent oder sogar offen gewaltbereite völkisch-kulturrassistische und in seiner konkreten Stoßrichtung antiislamische, sich selbst als ‚christlich-abendländischer' Widerstand verstehende Fundamentalismus der Mitte ist eine Lebensgefahr für die Einwanderungsgesellschaft, die essentiell auf die Anerkennung durch Teilhabe und auf die Akzeptanz kultureller Vielfalt in sozialem Frieden angewiesen ist.

Das wurde im Bundesministerium des Innern erst spät und ansatzweise entdeckt: Anfang Dezember 2012 erst fand in Berlin eine Tagung der Deutschen Islamkonferenz (DIK) des BMI zum Thema ‚Muslimfeindlichkeit in Deutschland. Phänomen und Gegenstrategien'[22] statt, auf der sich Ministerialbeamte und Behördenvertreter anhand der Berichte von Experten der Wissenschaft und der Praxis über den Ernst der Lage und damit auch über ihre – auch weiterhin uneingestandenen – Versäumnisse kundig machen konnten. Bis dahin hatte sich nur die im Herbst 2010 eingerichtete Arbeitsgruppe ‚Präventionsarbeit mit Jugendlichen', und zwar nur unter anderem auch, um dieses Thema gekümmert, nämlich sehr breit und allgemein im verschrubelten Sinne von „Fragen der universellen Prävention von Muslimfeindlichkeit, Antisemitismus unter muslimischen Jugendlichen und Islamismus im Sinne eines religiös begründeten Extremismus".

In der von der Arbeitsgruppe in Abstimmung mit dem BMI erarbeiteten einladenden Erläuterung der Konferenzagenda hieß es denn auch, in verkrampfter Diktion versehentlich die enorme Erkenntnis- und Handlungsverzögerung des Ministeriums dokumentierend: „Laut der Bestandsaufnahme der Arbeitsgruppe beginnt Muslimfeindlichkeit erst ein Thema der spezifischen, themenbezogenen Präventionsarbeit zu werden. Das betrifft auch die Prävention von Muslimfeindschaft im Sinne einer Förderung positiver Einstellungen in der Mehrheitsgesellschaft gegenüber kultureller und religiöser Vielfalt mit konkretem Bezug auf Muslime. Aber auch im Blick auf Maßnahmen gegen Rechtsextremismus wird erst begonnen, sich mit ‚Anti-Islamisierungs-Kampagnen' rechtsextremistischer Parteien und Gruppierungen auseinanderzusetzen." Ziel der unglaublich verspätet eingerichteten, vorwiegend auf Jugendarbeit konzentrierten DIK-Arbeitsgruppe soll es sein, „bis 2013 Ergebnisse zu erarbeiten, die die universelle Präventionsarbeit insbesondere mit Jugendlichen praktisch befördern", wozu auch die Berliner Tagung einen Beitrag leisten sollte.

Bleibt zu hoffen, dass die Ergebnisse der Tagung hinter den Kulissen des BMI zu der Erkenntnis geführt haben mögen, dass das alles nach gehabten Erfahrungen einschließlich der antimuslimischen Terrorerfahrungen in Norwegen und in Deutschland wieder einmal zu spät kommt und insgesamt viel zu wenig ist, gemessen an den hier anstehenden enormen gesellschaftspolitischen Vermittlungsaufgaben zur ‚Förderung positiver Einstellungen in der Mehrheitsgesellschaft gegenüber kultureller und religiöser Vielfalt mit konkretem Bezug auf Muslime'. Dergleichen schiebt man im BMI, wie bei der DIK insgesamt, gern auf angegliederte Nebenstellen ab, auf deren Ergebnisse man stolz verweisen kann, wenn sie weiterzuführen scheinen, und von denen man sich problemlos distanzieren kann, wenn ihre Bemühungen ergebnislos blieben. Von einem Verständnis von Integrationspolitik als Zentralbereich der Gesellschaftspolitik zeugen solche ausgelagerten Beschäftigungsnachweise nicht.

Der Massenmord in Norwegen im Juli 2011 und die ab November 2011 aufgedeckten Serienmorde des ‚Nationalsozialistischen Untergrunds' (NSU) in Deutschland haben hierzulande vielleicht nur eine Atempause bewirkt. Ob dabei in der Mehrheitsbevölkerung die Abgrenzung gegenüber den mit antiislamischen Phrasen umgehenden neonationalsozialistischen Mördern einen nachhaltigen Lernprozess ausgelöst hat, kann erst die Zukunft zeigen.

Politik und Behörden jedenfalls haben bislang scheinbar wenig aus beiden Terrorerfahrungen gelernt – vor allem nicht, dass es jenen indirekten Ursache-Folge-Nexus zwischen Wortgewalt und Tatgewalt gibt. Sie müssen den Kampf an dieser schmutzigen Front verstärken. Öffentliche Trauerarbeit, fleißige Kommissionssitzungen, ein paar behördliche Abberufungen, Rücktritte, diskrete Versetzungen und wenige Disziplinarverfahren, einige Razzien und lokale Vereinsverbote[23] sind dazu nicht genug. Unsere Dienste sollten, wie erwähnt, nicht nur reaktiv, bei der Tataufklärung, nach physischen Fingerabdrücken suchen. Sie müssen lernen, pro-aktiv, zur Tatprävention, nach geistigen Fingerabdrücken zu suchen.

Wäre das zureichend geschehen und hätte es nicht die politische und behördliche Unterschätzung bzw. Verharmlosung der

Gefahren in islamfeindlichen Kreisen in der ‚Mitte' der Gesellschaft und nach ‚rechts' hin die Verengung des Blickwinkels auf ‚Rechtsextremismus' gegeben, dann hätte das NSU-Trio vielleicht weniger mörderische und räuberische Chancen gehabt und weniger Deckung im Untergrund gefunden; ganz abgesehen davon, dass ungeklärt ist, ob der NSU nicht über die sicher ermittelten Bombenattentate, mindestens 10 Morde und 15 Raubüberfälle hinaus für noch weitere unaufgeklärte Verbrechen verantwortlich ist und welche anderen im konspirativen Untergrund vernetzten und behördlich übersehenen Verbrecher es über diese Gruppe hinaus möglicherweise noch gab bzw. gibt.

Im Weg standen auf Seiten der Behörden strukturelle und persönliche Probleme: kontraproduktive Funktionsüberschneidungen mit Zügen von polykratischen Konkurrenzen zwischen Institutionen und karrieristische Konkurrenzen zwischen ihren Führungsabteilungen. Hinzu kamen dienstliche Fahrlässigkeiten und Verfehlungen bis hin z.B. zu regelrechter Kumpanei zwischen Behördenvertretern und Neonazis und zu deren systematischem Schutz als V-Leuten vor Strafverfolgung. Das galt z.B. in Thüringen und Hessen und war dort Anlass für mancherlei disziplinarische oder auch durch diskrete Versetzung getarnte Aufräumarbeit.[24] In Baden-Württemberg wurde aus gebotenem Anlass über die Tätigkeit von neonationalsozialistischen Mitgliedern des rassistischen Ku-Klux-Klan als V-Leuten spekuliert, während in Böblingen sogar zwei Polizisten dem Klan angehört hatten.[25]

Sicher bleibt dies: Eine Verfassung, die überleben will, muss ihre Feinde kennen. Dazu braucht sie einen ‚Verfassungsschutz', der seinerzeit ganz bewusst so programmatisch und zugleich auch so einschränkend benannt worden ist. Aber der Verfassungsschutz ist ein Geheimdienst. Und ein Geheimdienst muss auch im demokratischen Rechtsstaat verdeckt operieren dürfen. Daraus resultiert eine Spannung zwischen verdeckter Arbeit und demokratischer Kontrolle. Nachvollziehbar war, so betrachtet, die Warnung von BMI-Staatssekretär Fritsche, der den parlamentarischen Untersuchungsausschuss mit seinem abweisenden Verhalten empörte, vor einer aus individuellem Fehlverhalten abgeleiteten Beschädigung des Rufes einer ganzen Behörde.[26]

Die Männer und (wenigen) Frauen an dieser schmutzigen Front sollten in der Tat nicht dafür an den Pranger gestellt werden, dass sie beruflich das machen, wofür sich andere zu fein sind, zumal zur verdeckten Arbeit nicht nur absolutes Stillschweigen, sondern zuweilen auch ein Stück legitime Unaufrichtigkeit gehören. Das aber muss seine Grenze einerseits am Verfassungsgebot der Verhältnismäßigkeit der Mittel finden und andererseits an der Auskunftspflicht gegenüber den verfassungsgemäß zur demokratischen Kontrolle der Geheimdienste eingesetzten Gremien. Täuschungsversuche, Falschaussagen und Ermittlungsbehinderungen vor diesen Gremien müssen als Straftaten verstanden und geahndet werden können. Am Ende kann es konkret um die Frage gehen, was wichtiger ist: der garantierte Schutz der Identität eines V-Mannes oder der Schutz potentieller weiterer Opfer durch eine für Ermittlungszwecke unabdingbare Preisgabe der Identität von möglicherweise selber zum Täterumfeld zählenden V-Leuten.

Und genau hier darf die Kontrolle, wie das Beispiel des ‚Kleinen Adolf‘ in Hessen zeigte, eben nicht allein der Exekutive überlassen bleiben. Es muss, wenn Gefahr im Verzuge ist, möglich werden, dass sich in solchem Krisenfalle anrufbare höchstrangige Kontrollgremien, die es auf Bundes-, wie auf Länderebene gibt, nach entsprechender Abstimmung mit anderen hier zuständigen Institutionen notfalls auch über ein Veto des obersten Dienstherrn hinwegsetzen können. Die Legitimität des ‚Verfassungsschutzes‘ ergibt sich daraus, dass er seinem programmatischen Namen entspricht und sich demokratischer Kontrolle nicht entzieht. Das wird, wie erwähnt, in einiger Hinsicht seine Neubegründung und angesichts des Dienst- und Verfassungsverständnisses einiger Inhaber von Führungspositionen wohl auch weitere Neubesetzungen unumgänglich machen.

7.2 Integration als Ressortpolitik:
Zauberlehrling Bundesinnenministerium

Im Blick auf die zwischen Tragödie, Farce und Groteske schwankende ‚Aufklärung' und auf die unzureichende gesellschaftspolitische Bearbeitung der NSU-Serienmorde hatte der scheidende Integrationsbeauftragte des Senats von Berlin, Günter Piening, im Juni 2012 erklärt: „Das Vertrauen in diese Gesellschaft und ihre Institutionen, das bei Einwanderinnen und Einwanderern immer sehr hoch war, hat stark gelitten. Die bisher unternommenen Aufklärungsbemühungen sind nicht ausreichend. Die staatlichen Institutionen haben den Nachweis noch nicht erbracht, dass in Deutschland alle Bevölkerungsgruppen den gleichen Schutz staatlicher Stellen genießen. Es wird große Anstrengungen brauchen, hier wieder das Vertrauen aufzubauen, das die Basis jeder gelingenden Integration ist."[27]

Die Mordserie und die Versäumnisse der Sicherheitsbehörden hätten „das jahrelange Vertrauen der Migranten und Muslime in den Staatsapparat" erschüttert, hatte schon Ende 2011 der Vorsitzende der Türkisch-Islamischen Union der Anstalt für Religion (DITIB), Ali Dere, gewarnt. „Migranten und Menschen mit Migrationshintergrund in Deutschland fühlten sich bedroht."[28] Nach einer deutsch-türkischen Umfrage (Hacettepe-University/Data4U, 2012) unter muslimischen Migranten in Deutschland befürchten mehr als 66 Prozent der Befragten „weitere rassistisch motivierte Morde in Deutschland", 42 Prozent von ihnen gingen „sicher" bis „ganz sicher" davon aus.[29]

Das Gegenteil der nötigen Vertrauensoffensive waren die für einige, insbesondere ‚islamkritische' Teile der Mehrheitsbevölkerung vielleicht vertrauensbildenden, für einen millionenstarken – muslimischen – Teil der Einwandererbevölkerung aber vertrauenszerstörende gesellschaftspolitische Fehlleistungen des hier zuständigen Bundesinnenministeriums. Sie hatten schon eine längere Vorgeschichte unter Minister Friedrich (CSU), der mit seinem Ressort zunehmend in die Rolle eines Zauberlehrlings in der Einwanderungsgesellschaft geriet.

Die Kette der gesellschaftspolitischen Fehlleistungen des Bundesinnenministeriums setzte sich fort mit einem unerhörterweise unmittelbar an die Trauerfeier zum Andenken an die vorwiegend muslimischen Opfer der NSU-Morde anschließenden Skandal: Es war die allgemeine Empörung hervorrufende, dem Minister wochenlang angeblich ganz unerklärliche, verfälschende und Muslime stigmatisierende Vorveröffentlichung der erwähnten Studie ‚Lebenswelten junger Muslime in Deutschland' in der *Bild*-Zeitung als angeblich der Aufklärung dienende ‚Schock-Studie'.[30] Die Publizierbarkeit der stark sicherheitspolitisch angelegten, im Gegensatz zu ihrem Titel weder für Muslime in Deutschland noch für muslimische Jugendliche repräsentativen Studie war wegen der damit möglicherweise verbundenen Missverständnisse anfangs intern in Zweifel gezogen worden. Deshalb wurde die Studie zum Verdruss der Autoren monatelang zurückgehalten und für eine amtliche Vorstellung vom BAMF mit einer neuen Zusammenfassung versehen, während die Autoren weiter hingehalten wurden. Plötzlich geriet die Studie auf völlig rätselhafte Weise ausgerechnet an die *Bild*-Zeitung. Sie wurde dort, wie nicht anders zu erwarten, sensationell aufbereitet mit Alarmmeldungen über kulturelle Abwendung, wachsendes Desinteresse an Integration und steigende Gewaltbereitschaft bei jungen Muslimen, wozu der Minister sich überdies mit ‚Besorgnis' zitieren ließ: „Wer Freiheit und Demokratie bekämpft, wird hier keine Zukunft haben".[31]

Die in Wahrheit die Integrationsentwicklung weit positiver, aber die Wirkung der Sarrazin-Debatte wesentlich negativ bewertenden Inhalte der Studie wurden so einseitig wiedergegeben, dass zur Bestürzung der Autoren sogar Beifall von der falschen Seite kam: Die rechtspopulistische *Junge Freiheit* jubilierte, dass der angeblich mutige Minister in der „Todeszone deutscher Integrationslügen und Ausländertabus" die „hartnäckige Integrationsverweigerung" junger Muslime aufgedeckt habe.[32] Sarrazin glaubte seine Thesen „glänzend bestätigt" zu sehen[33] und holte vor diesem ersehnten falschen Hintergrund wieder einmal zu einem Rundumschlag im Sinne der negativen Integration aus: „Jeder soll so leben, wie er möchte, aber nicht unbedingt bei uns", erklärte Sarrazin und verdrillte die aggressive Flanke mit wieder einmal klar antiislamischer Stoßrichtung: „Wer bei uns lebt, muss auch die grundsätzlichen Werte des westlichen Abendlandes akzeptieren, die sich auf Religionsfreiheit, Gewaltverzicht und die Gleichberechtigung der Frau beziehen."[34] Das bewerteten die schockierten, „große Empörung, sogar Verzweiflung" meldenden Verfasser der Studie als geradezu „tragisch".[35]

Zu der die Wissenschaftler entwürdigenden Behandlung durch das BMI kam der Vertrauensbruch gegenüber ihren Interviewpartnern: Peter Holtz, einer der sensiblen Verfasser der Studie, berichtete von zwei Beispielen: einerseits von einem älteren Pionierwanderer der ‚Gastarbeitergeneration‘, der dankbar dafür war, „dass sich nun endlich jemand für seine Geschichte, seine Gefühle, seine Sicht der Dinge interessiert"; andererseits von der skeptisch-resignierten Erwartungshaltung eines jüngeren Diskussionsteilnehmers, die aus den Worten sprach: „Egal, was Ihr wollt und egal was Ihr macht, letztendlich heißt es doch wieder so und so viele Muslime sind radikal und wollen sich nicht integrieren." Spätestens seit dieser Erfahrung, schreibt Holtz, „wurde es für mich auch zum Ziel, diesen Menschen, über die in Deutschland so viel geredet wird und mit denen so wenig geredet wird, durch meine Arbeit eine Stimme zu geben."

Umso erschütterter war der Wissenschaftler, dann in der *Bild*-Zeitung genau die von seinem jungen Interviewpartner befürchtete groteske Verzerrung seiner Arbeitsergebnisse zu finden und von der bundesweit Aufsehen erregenden ‚Besorgnis‘ des Ministers zu erfahren. „Man denkt sich, man müsse das doch verhindern können, doch das geht nicht. Man möchte reagieren, aber wie? Und dann übernehmen viele andere Medien den Artikel und die Politikerinnen und Politiker geben ihre Statements ab." Am Ende fragte sich der deprimierte Wissenschaftler sogar, ob es nicht vielleicht besser gewesen wäre „gar nichts zu tun und gar nichts zu sagen? Vielleicht. Wenigstens hätte einem Thilo Sarrazin dann nicht Beifall geklatscht!"[36]

Der Bundesinnenminister und seine Staatssekretäre erklärten vor laufenden Kameras, vor dem Bundestag und im Innenausschuss immer wieder, dass man keine Ahnung habe, wie die Studie an die *Bild*-Zeitung geraten sein könnte. Schließlich wurden sogar die lange vom Ministerium hingehaltenen Autoren der Indiskretion verdächtigt. Indizien erhärteten nach Wochen Schritt um Schritt zunehmend den Verdacht, dass die 750 Seiten umfassende Studie doch direkt aus dem Bundesinnenministerium an die *Bild*-Zeitung durchgereicht worden sein müsse. Am Ende der skandalösen Groteske musste der immer mehr unter Druck geratene Minister schließlich einräumen, dass die Studie, aber angeblich ohne sein Wissen, von seiner eigenen Presseabteilung zur Vorbereitung eines Interviews an die Zeitung gegeben worden sei, weshalb er von SPD und Linke offen der „Lüge" bezichtigt wurde.[37]

„Will man ein Muster dafür haben, wie wissenschaftliche Studienergebnisse durch Politik und Medien missbraucht werden und in fast bösartiger Weise gegen ihre Intention wiedergegeben werden", urteilte der Strafrechtler und Kriminologe Prof. Dr. Henning Ernst Müller, „dann gibt es jetzt erneut ein treffendes Beispiel: Die Studie ‚Lebenswelten junger Muslime in Deutschland.'[38] Die Konferenz Islamischer Landesverbände' (KILV) bescheinigte dem Bundesinnenminister am 10. März 2012 in einer gemeinsamen Erklärung, schlicht „fehl am Platze" zu sein.[39]

Die Pressemeldung über die empörende Affäre habe ich selber wie folgt kommentiert: „Das Verhalten des Ministers ist erschreckend. Wer in der Mediendemokratie seine eigene Presseabteilung nicht unter Kontrolle hat, sollte seine Presseabteilung oder sich selber auswechseln. Und das eigene Fehlverhalten dann auch noch als gezielte ‚Schocktherapie' in Sachen Islam zu verkaufen ist eine bodenlose Dreistigkeit. Der Minister sollte sich gleich zweimal öffentlich entschuldigen: für die Täuschung des Parlaments und für gesellschaftspolitisch unverantwortliche islamophobe Demagogie im Amt."[40]

Das Ministerium versuchte den Skandal zu begrenzen und Gras über die Affäre wachsen zu lassen: Der Minister entschuldigte sich diskret in einer nichtöffentlichen Sitzung des Innenausschusses und stellte dort eine öffentliche Entschuldigung in Aussicht. Davon wollte er später nichts mehr wissen und verwies darauf, dass er sich doch schon entschuldigt habe und darüber in den Medien berichtet worden sei. Das reiche. Gemeint war ein Bericht in dem auf Migrations- und Integrationsthemen spezialisierten Online-Fachmagazin *MiGAZIN*, das zweifelsohne nicht die gleiche Öffentlichkeit wie die *Bild*-Zeitung erreicht, um die es aber hier gegangen wäre.

Und der Skandal spitzte sich noch weiter zu: Ein Ersuchen der Fraktion Die Linke um Offenlegung von E-Mail- und Schriftverkehr mit der *Bild*-Zeitung war vom Bundesministerium des Innern liegengelassen, dann verweigert worden unter Hinweis auf organisatorische Probleme. Dann zog der Journalist Tim Gerber die Schlinge zu und beantragte Akteneinsicht vor dem Berliner Verwaltungsgericht, das dem Ministerium eine Frist setzte, um seinen E-Mail-Verkehr offenzulegen. Im Mai hatte das Ministerium noch mitgeteilt, es liege „nach wie vor kein Schriftwechsel betreffend der Studie vor." Dann kam die nach allem, was im Zusammenhang der Verschleierungstaktiken in der NSU-Affäre bekannt geworden war, geradezu bestürzend einschlägige Antwort: Man könne den Sachverhalt nicht mehr rekonstruieren, denn die Mail – die es nach der Auskunft vom Mai gar nicht gegeben hatte – existiere nicht mehr. Die gesamte Korrespondenz mit der *Bild*-Zeitung sei „unwiederherstellbar digital geschreddert worden – aufgrund begrenzter Speicherkapazitäten im Bundesinnenministerium."[41] Das war im Niveau nicht mehr zu unterbieten, blieb, wie nicht anders zu erwarten, persönlich folgenlos, wirkte aber für das Vertrauen in die staatlichen Institutionen in der Einwanderungsgesellschaft verheerend.

Die gesellschaftspolitischen Grotesken des Bundesinnenministeriums endeten, bislang, mit der gegen eine islamistische Radikalisierung Jugendlicher und junger Erwachsener gerichteten, wohl gut gemeinten, aber naiv und dilettantisch gemachten, im absehbaren Ergebnis klar muslimfeindlich wirkenden und dann auch genauso verstandenen ‚Vermisst-Kampagne‘. Dazu gehörten eine bundesweite Plakatierungs- und Postkartenaktion sowie eine Anzeigenkampagne in verschiedenen Medien. Die bald ‚Vermisstenanzeigen‘ genannten Plakatentwürfe lösten allgemeine Empörung aus. Sie führten zu einer regelrechten Revolte bei den Sprechern mehrerer muslimischer Verbände und zu deren Rückzug aus der – am Rande der immer mehr sicherheitspolitisch instrumentalisierten Islamkonferenz gebildeten – ‚Initiative Sicherheitspartnerschaft‘, die damit nicht mehr funktionstüchtig ist. Die Muslimverbände fühlten sich „kriminalisiert" durch die „Fahndungsplakate", mit denen eine islamfeindliche „gesellschaftliche Paranoia heraufbeschworen" werde. Die Aktion musste, nach anfänglicher Zurückweisung der Kritik, abgeblasen werden, das Ministerium hatte sich abermals bloßgestellt.[42]

Die Tatsache, dass, wie das erneut unter Druck geratene BMI zu seiner Verteidigung vortrug, Vertreter einzelner muslimischer Verbände im Vorfeld der Aktion zugestimmt, nicht widersprochen oder auch gar nicht votiert hätten, ändert nichts am angerichteten Schaden, für den allein das Ministerium die Verantwortung trägt. Außerdem ist die Berufung staatlicher Behörden auf die Haltung muslimischer Glaubensverbände bekanntlich in der Regel ambivalent bzw. nichtssagend: Sind sie nützlich, gelten sie als Repräsentanten der Muslime. Wirken sie störrisch, wird darauf verwiesen, dass sie ja nur einen kleinen Teil der Muslime repräsentieren. Der öffentlichen Empörung halber wurde die ‚Vermisst‘-Kampagne im September 2012 zwar vorerst gestoppt, damit aber nur vertagt. Abstand genommen wurde davon nicht, will sagen: Gesellschaftspolitisch gelernt wurde offenkundig abermals nichts.

Eine – durchaus nicht neue – Folgerung könnte lauten: Das Bundesinnenministerium ist mit seinen riesigen, auch für leitende Beamte kaum mehr überblickbaren Zuständigkeitsbereichen funktional grenzwertig gefordert. Mit der Konzipierung und Gestaltung von Integrationspolitik als Gesellschaftspolitik ist das Innenressort konzeptionell und funktional klar überfordert. Dieser Zentralbereich der Gesellschaftspolitik darf in der Einwanderungsgesellschaft nicht einem Ressort überlassen bleiben, das durch kontraproduktive und dilettantische, im Ergebnis islamophob wirkende Initiativen wie ‚Schocktherapie‘ oder ‚Vermisstenanzeigen‘ und die sicherheitspolitische Instrumentalisierung vertrauensbildender Institutionen wie der Islamkonferenz indirekt zur negativen Integration beiträgt und damit andere, auf den Zusammenhalt in der Einwanderungsgesellschaft zielende Initiativen der Bundesregierung wie insbesondere diejenigen der Staatsministerin für Migration, Flüchtlinge und Integration in ihrem Schwerpunktbereich Integration in der Wirkung konterkariert. Deshalb sollte das überforderte Ministerium in seinen Zuständigkeiten im gemeinsamen Interesse entlastet werden mithilfe einer Neustrukturierung der integrationspolitischen Belange in Berlin. Dabei sollte das Bundesinnenministerium in diesem Feld nur noch die Zuständigkeit für ausländer- und aufenthaltsrechtliche Fragen sowie für Aufgaben im Bereich von Migration, Flucht und Asyl behalten. Das wären, neben seinen vielen anderen Zuständigkeiten, in diesem Bereich Aufgaben genug.

Integrationspolitik als Gesellschaftspolitik unter Berücksichtigung anderer zentraler Teilbereiche wie z.B. Bildung, Familie, Jugend, Soziales, Arbeit, Wirtschaft und Bevölkerung sollte andernorts gebündelt oder wohlstrukturiert umverteilt werden. Die institutionell nicht zureichend abgesicherte sogenannte Interministerielle Arbeitsgruppe Integration und die wildwüchsig entstandenen integrationsspezifischen Abteilungen bzw. Schwerpunktgruppen in den einzelnen Ressorts sind improvisierte Notlösungen in einer überholten Ressortstruktur, die einer Einwanderungsgesellschaft unwürdig ist.[43]

Hier könnte die Bundesebene einiges lernen von den Erfahrungen mit neuen Ressortstrukturen und Querschnittsministerien auf Länderebene. Sie sind durchaus funktionstüchtig und sie machen ihre Arbeit in Sachen Integration jedenfalls nicht schlechter als das Bundesinnenministerium – das hier ohnehin nur bedingt zuständig ist, weil Integration schwerpunktmäßig Ländersache ist. Gerade deshalb sollte es daran gehindert werden, in diesem enorm sensiblen gesellschaftspolitischen Bereich durch offensiven Dilettantismus bzw. die Verwechslung von Wünschelrute und Stahlrute noch mehr Porzellan zu zerschlagen als bisher.

Ähnlich problematisch wie diejenige des Bundesinnenministers war im Blick auf die dringend nötige Vertrauensbildung in der Einwanderungsgesellschaft die Haltung von Bundesfamilienministerin Schröder, in deren Ressort einschlägige Präventivaufgaben fallen. Schröder, Mitglied der hochkonservativen kleinen ‚Selbstständigen Evangelisch-Lutherischen Kirche' (SELK), war schon vorab durch vielerlei ‚islamkritische' Positionierungen aufgefallen. Das galt besonders für den ihres Erachtens bestehenden, in Wirklichkeit aber gerade nicht nachweisbaren, auch in dazu von ihr selbst in Auftrag gegebenen wissenschaftlichen Schnellgutachten klar dementierten Zusammenhang zwischen Glaubensstärke und Gewaltbereitschaft bei jugendlichen Muslimen.[44] Hierher gehört auch ihre Behauptung einer – ebenfalls in einer von ihr selbst in Auftrag gegebenen Studie widerlegten – religiös-kulturellen, d.h. im Klartext islamischen, Motivation von Zwangsheiraten.[45]

Die Bundestagsabgeordnete der CDU Kristina Köhler – heute verheiratet mit dem Parlamentarischen Staatssekretär im Bundesinnenministerium Ole Schröder (CDU) – hatte sich 2004 für die Christdemokraten in der denunziativen Schmutzkampagne gegen den von Rita Süssmuth und mir (Stellvertretung) geleiteten Sachverständigenrat der Bundesregierung für Zuwanderung und Integration (Zuwanderungsrat) ihre parteipolitischen Sporen verdient. Sie war als ‚Fachpolitikerin' ihrer

Bundestagsfraktion mit der nachgerade grotesken und für das Integrationsverständnis weiter Kreise ihrer Partei vielsagenden Zuständigkeit „Islam, Integration und Extremismus" in der CDU/CSU-Fraktion gerne für eine Verschärfung von Maßnahmen gegen Islamismus[46] und Linksextremismus, aber nur schwer oder auch gar nicht für eine ihres Erachtens einseitige Verstärkung der Maßnahmen gegen den erkennbar wachsenden Rechtsextremismus zu gewinnen gewesen.[47]

Zu den ersten Amtshandlungen der Familienministerin Schröder hatte die Einführung der sogenannten ‚Extremismus-Klausel' gehört. Danach müssen Antragsteller ein schriftliches Bekenntnis zur freiheitlich-demokratischen Grundordnung ablegen, um an die Förderungen zu gelangen, für die der Bund z.B. im Jahr 2012 immerhin 29 Millionen Euro zur Verfügung stellt, davon 24,33 Millionen für das schon ältere Programm ‚Toleranz fördern – Kompetenz stärken', das Kinder und Jugendliche „an demokratische Grundwerte heranführen" und gegen „rechtsextremistisches Gedankengut" wappnen soll, sowie 4,67 Millionen für die 2010 von der Ministerin selbst begründete neue Initiative ‚Demokratie stärken', die „präventiv gegen Linksextremismus und Islamismus" wirken soll. An den mindestens ebenso gefährlichen militanten ‚Antiislamismus' (W. Benz) ist in beiden Fällen zumindest expressis verbis nicht gedacht.[48]

Der ‚Extremismus-Klausel' müssen sich auch die mitunter sozialistisch-demokratisch motivierten Initiativen gegen Rechtsextremismus unterwerfen. Sie werden dadurch insofern auf mitunter perfide Weise an ihrer Arbeit gehindert, weil ihre Projekte nicht nur sich selbst zur Verfassung bekennen, sondern dieses eidähnliche Bekenntnis auch für alle Organisationen und Partner ablegen müssen, mit denen sie zusammenarbeiten. Alle Kooperationspartner oder Referenten müssen überprüft werden. Im Zweifelsfalle müssen – ausgerechnet – Berichte oder Behörden des gerade im Blick auf seine einschlägigen politischen Einseitigkeiten in Verruf geratenen Verfassungsschutzes

zu Rate gezogen werden. „Ich lehne diese Gesinnungsschnüffelei
ab", protestierte, natürlich ergebnislos, Regierungssprecher a.D.
Uwe-Karsten Heye als einschlägig erfahrener Antragsteller. Einige bewährte Projekte gegen Rechtsextremismus sind auf diese
Weise bereits in finanzielle Not geraten oder mussten ihre Arbeit
einstellen.[49]

Die Ministerin stört das nicht, im Gegenteil: In der Bundes-
tagsdebatte zum fremdenfeindlichen und insbesondere antimuslimischen Neonazi-Terror am 22. November 2011 wurde
sie u.a. wegen ihrer ‚Extremismus-Klausel' scharf angegriffen.
Frau Schröder, deren Mann, der parlamentarische Staatssekretär
im Bundesinnenministerium Ole Schröder, die erwähnte Anfrage der Linken zur Beobachtung islam- und verfassungsfeindli-
cher Internet-Agitation unter Hinweis auf „keine Erkenntnisse"
abgewiesen hatte, bemühte sich nicht einmal um eine Antwort.
Sie schwieg, nahm die Kritik teils herablassend gleichgültig, teils
kopfschüttelnd, teils amüsiert zur Kenntnis, um am Ende der
Debatte eilig aufzubrechen zu einem Referat auf einer Fachtagung der Konrad-Adenauer-Stiftung – Thema: Islamismus.[50]

So betrachtet, haben Teile der Bundesregierung scheinbar in
der Tat die ‚integrationspolitische Reifeprüfung' (E. Şenol) in
der Einwanderungsgesellschaft bislang nicht bestanden.

Mehr als Politik und Behörden haben wohl die von ihnen
wenig bis gar nicht beobachteten, geschweige denn behinderten
antiislamischen Netz- und Hetzwerke im Web 2.0 gelernt: Sie
distanzierten sich, wenn auch zum Teil mit auffällig mühsamen
und gestelzten Phrasen, von den antiislamischen Bluttaten. Einige tauchten auf Zeit ab und unter anderem Namen in den
Sozialen Medien wieder auf. Andere verlegten sich zeitweise aufs
Kreidefressen in Gestalt zurückhaltenderer Diktion und kont-
rollierten – was vordem angeblich ganz unmöglich und deshalb
angeblich auch nicht justitiabel war – auf die Zensur allzu unflä-
tiger User-Einträge. Manche raspelten sogar Süßholz in Gestalt
von öligen Bemerkungen über den angeblich doch zu Unrecht
kritisierten Verfassungsschutz, der ja schließlich nicht auch noch

für seine eigenen unzureichenden Arbeitsbedingungen verantwortlich gemacht werden dürfe.[51]

Aber die gefährlichen Netz- und Hetzwerke sind inzwischen ebenso stabil wie flexibel: Die meisten Akteure sind durch amtliche Nachlässigkeit, Inkompetenz, in Einzelfällen wohl sogar stille Toleranz inzwischen längst so gut konspirativ organisiert und vernetzt, dass selbst die Reform der Sicherheitsdienste und vor allem des Verfassungsschutzes auch unter seinem neuen Präsidenten ihnen wohl nur mehr wenig anhaben kann; zumal wenn diese Vernetzungen ausgerechnet mithilfe von ‚V-Leuten' erkundet werden sollen, die nur dann kompetent berichten können, wenn sie zureichend in die Szene eingebunden sind – dort aber ebenso kompetent vor amtlichen Zugriffen warnen können. Selbst einer geheimdienstlichen ‚Operation Blitzkrieg' mit amtlichen Hackerangriffen sehen z.B. Redaktionsmitglieder und Nutzer des aggressiven islamfeindlichen Blogs ‚Altermedia Deutschland' nach eigenen Worten gelassen entgegen: „Wir haben bestens vorgesorgt. Sollte Altermedia Deutschland jemals gesperrt werden, sind wir in weniger als 48 Stunden wieder da."[52]

Hinzu kommt, dass diese Reform vorzugsweise technischorganisatorischer Natur ist: Vom Runden Tisch gegen ‚Rechtsextremismus', dem ‚Zentralen Abwehrzentrum gegen Rechtsextremismus' (GAR), der ‚Rechtsextremismus'-Datei von Bund und Ländern in Berlin über gewalttätige bzw. gewaltbereite ‚Rechtsextremisten' und der Internet-Beobachtung von ‚rechtsextremistischen' Tendenzen, bis hin zuletzt zu dem vom Bundesinnenministerium wieder einmal sehr ungeschickt, nämlich ohne zureichende Abstimmung mit den gegen solche Verfahrensweise als „Alleingang", „Schnellschuss" und sogar „PR-Gag" (NRW-Justizminister Jäger) protestierenden Ländern etablierten ‚Gemeinsamen Extremismus- und Terrorabwehrzentrum' (GETZ). Das GETZ ist nach dem GAR und dem schon seit 2004 bestehenden Abwehrzentrum zur Bekämpfung von islamistischem Terrorismus (GATZ) die dritte zentrale Abwehreinrichtung dieser Art. Dabei sollen, wie auf der Herbsttagung des

Bundeskriminalamts (BKA) 2012 verlautete, Polizei und Nachrichtendienste neben dem Rechtsextremismus „gemeinsam auch Linksextremismus, Ausländerextremismus, Spionage und Proliferation in den Blick nehmen und sich austauschen."[53]

Nach der sicherheitsdienstlichen NSU-Pleite geht es stattdessen vor allem um eine noch effizientere Beobachtung des ‚Rechtsextremismus', vorwiegend im Blick auf dessen gewalttätige oder doch beobachtbar gewaltbereite Formen und Formationen – was rechtlich nicht unproblematisch ist, weil das Verfassungsschutzgesetz gar nicht zwischen friedlicher und gewalttätiger Verfassungsfeindschaft unterscheidet. Von dem militanten kulturrassistischen Antiislamismus, der als Motiv hinter den NSU-Serienmorden ebenso stand wie hinter dem Breivik-Massenmord, war als programmatischem Schwerpunkt der Abwehrarbeit abermals nicht die Rede. Von einem ‚Gemeinsamen Abwehrzentrum gegen Antiislamismus' ist nichts bekannt.

Die aufwendige Reform bringt insgesamt sicher eine sträflich lange überfällige, fahndungstechnisch nützliche Logistik. Sie bringt für sich allein genommen aber wohl kaum das, was der Bundesinnenminister auf seiner dazu veranstalteten Pressekonferenz die „neue Philosophie" des Verfassungsschutzes genannt hat. Nötig ist dazu auch ein neues Selbstverständnis der Sicherheitsdienste und vor allem ein über alle Zweifel erhabenes, gefestigtes Selbstverständnis ihrer immer auf die verschiedenste Weise gefährdeten Mitarbeiter. Und hier gibt es zweifelsohne noch erheblichen ‚philosophischen' Optimierungsbedarf.[54] Das war der Grund, weshalb Regierungssprecher a.D. Uwe-Karsten Heye (SPD) den „Rechtspopulismus" nicht nur bei Politikern, sondern ausdrücklich auch bei Verfassungsschützern kritisierte und in aller Schärfe bekannte: „Ich bin zunehmend skeptisch, ob der Staat in unserem Kampf gegen Rechtextremismus an unserer Seite ist."[55]

Bundesinnenminister Friedrich zweifelte später selber öffentlich daran, ob sich mit den neuen Strukturen das mörderische und räuberische NSU-Desaster hätte verhindern lassen. Sie werden ihre Feuerprobe zu bestehen haben bei der Suche nach rund 100 in den Untergrund abgetauchten, mit Haftbefehl gesuchten Rechtsextremisten, von denen Bundesinnenminister Friedrich im Oktober 2012 sprach und damit bestätigte, dass es den besagten Untergrund auch aus Sicht seines Ministeriums gibt. Er wollte, wie er versuchsweise beruhigend nachbesserte, damit aber nicht gesagt haben, „es gebe bereits ein hundert Mann starkes Pendant zur ehemaligen Rote-Armee-Fraktion (RAF)", also eine Art Braune-Armee-Fraktion (BAF). Aber ausgeschlossen ist das nicht, zumal der besagte ‚Untergrund', in den die Gesuchten abgetaucht sind, durchaus auch der ‚Nationalsozialistische Untergrund' (NSU) sein könnte, der bislang erst im Blick auf die Mordtaten des Zwickauer Trios näher erkundet werden konnte. „Es kann sein, dass die hundert Abgetauchten nur irgendwo versuchen, einem Gerichtsverfahren zu entgehen", räsonierte ein kluger Kommentar. „Es kann aber auch sein, dass manche oder die Mehrzahl von ihnen mit Interesse auf die widerlichen Mordfeldzüge der Zwickauer Gruppe Nationalsozialistischer Untergrund (NSU) oder des Norwegers Anders Breivik schauen."[56] Das sieht offenkundig auch der Verfassungsschutz so, denn er befürchtet „eine weitere Radikalisierung der neonazistischen Szene, mit möglichen Anschlagsfolgen vergleichbar dem NSU."[57]

Es geht aber nicht nur um die Abwehr von vierschrötigen Gewalttätern von ‚rechts', so wichtig das auch ist; denn das ist vorwiegend ein Polizeiproblem. Und damit würden uniformierte Polizei, Kriminalpolizei und polizeilicher Staatsschutz vermutlich auch zurechtkommen, wenn sie dazu materiell, technisch und auch personell (wieder) zureichend ausgestattet würden. In Berlin hieße das z.B. auch, die folgenreichen ‚Sarrazin-Schäden' in Gestalt der Haushaltskürzungen des seinerzeitigen Finanzsenators im Sicherheitsbereich nicht nur rückgängig zu machen, sondern ins Gegenteil zu verkehren.

Es geht ebenso um die Abwehr von Fremden- und insbesondere Islamfeindlichkeit im Sinne einer Bedrohung der grundgesetzlich garantierten Rechte von Minderheiten auf freie Entfaltung im Land. Mangelnder Minderheitenschutz ist eine Lebensgefahr für die demokratische Einwanderungsgesellschaft. Ob solche Bedrohungen de facto gewaltaffin sind oder, vorerst, nur auf dem Papier bzw. im Netz stehen, ist dabei ebenso wenig entscheidend wie die Frage, ob sie ‚klassische rechtsextremistische Argumentationsmuster' bedienen oder nicht. Das BMI und seine Dienste müssen endlich begreifen, dass sie hier mit nur mehr bedingt tauglichen antiquierten, zum Teil noch aus dem Kalten Krieg stammenden Rastern und Instrumentarien nach einer auf diese Weise nicht zu bannenden Gefahr für die demokratische Einwanderungsgesellschaft tasten – soweit sie, was aus den genannten Gründen bezweifelt werden kann, überhaupt verstanden haben, worum es beim inneren Zusammenhalt in der Einwanderungsgesellschaft geht.

Anmerkungen

1 Bade, Versäumte Integrationschancen und nachholende Integrationspolitik, S. 45; Kühn, Stand und Weiterentwicklung der Integration der ausländischen Arbeitnehmer und ihrer Familien.

2 Hierzu neben den Bielefelder Studien (s. Anm. 57, S. 81) zuletzt: Decker u.a., Die Mitte im Umbruch. Diese schon in den vergangenen Jahren kritisierte Studie der SPD-nahen Friedrich-Ebert-Stiftung leidet allerdings nach wie vor methodisch an zu weit gefassten Begriffen (z.B. ‚rechtsextremistisch') und am Einsatz von suggestiv wirkenden Leifragen wie z.B. „Die Ausländer kommen nur hierher, um unseren Sozialstaat auszunutzen" (Gesamt: 36 %/Ost: 53,9 %/West: 31,4 %) oder „Die Bundesrepublik ist durch die vielen Ausländer in einem gefährlichen Maße überfremdet"(37,2 %/43,6 %/35,6 %). Vgl. hierzu: Rechtsextremismus-Studie, Jeder dritte Ostdeutsche ist ausländerfeindlich, in: Süddeutsche.de, 12.11.2012; Clauss, Ulrich/Lutz, Martin: Rechtsextremismus. Angst vor Abstieg macht anfällig für Nazi-Parolen, in: Die Welt Online, 13.11.2012; vgl. Kap. 8.1.

3 Hierzu zuletzt: Foroutan, Muslimbilder in Deutschland.

4 Hierzu zuletzt: Schmid, Islam im europäischen Haus.

5 Hierzu zuletzt: Knopp/Walther, Bilder in den Köpfen.

6 Frenzel, Veronica: Jenaer Neonazi-Trio. Ein Sozialarbeiter macht sich Vorwürfe, in: Tagesspiegel, 27.11.2011.

7 Breivik will Brieffreundschaft mit Zschäpe, in: RP Online, 21.5.2012; Leyendecker, Hans/Schultz, Tanjev: Zschäpe will auch vor Gericht schweigen, in: Süddeutsche Zeitung, 24./25.11.2012.

8 Hierzu besonders: Fuchs/Goetz, Die Zelle; vgl. Tanjev Schultz, Terroristen kommen nicht aus dem Nichts, in: Süddeutsche Zeitung, 18.12.2012.

9 Berwarder, Manuel/Müller, Uwe: Verfassungsschutz lahmgelegt?, in: Die Welt, 11.10.2011.

10 Schmidt, Wolf: Schlammschlacht im NSU-Sumpf. Thüringer Beamte machen sich wilde

Vorwürfe – bis hin zu einem angeblichen ‚homoerotischen Verhältnis' zu einem V-Mann im NSU-Umfeld, in: Die Tageszeitung, 29.11.2012.

11 Der Geisterbeschwörer („Metaphysiker') wollte über ein Medium mit einem sieben Jahre zuvor erschossenen türkischen Gemüsehändler Kontakt aufnehmen, brachte dabei im Jenseits aber wohl physiognomisch Täter und Opfer durcheinander und ließ den Toten – dem falschen Bild der Fahnder entsprechend – von Rache für eine „Ungerechtigkeit", von „Drogen" sowie von einer „Bande" faseln und ausrichten: „Der Täter soll einen dunklen Teint (Südländer), braune Augen, schwarze Haare haben. Er soll sehr jung sein, und es könnte sich um einen Türken handeln." (Medick, Veit: Rechtsterrorismus: Polizei suchte mit Geisterbeschwörer nach NSU-Mördern, in: Spiegel Online, 14.6.2012). Jansen, Frank: In der Ferne. Die Verbrechen der Terrorgruppe ‚Nationalsozialistischer Untergrund' bleiben unfassbar. Obwohl die Ermittler zahllose Details sammeln, bleibt die Frage: Wie funktionierte der Irrsinn?, in: Der Tagesspiegel, 3.11.2012; Tretbar, Christian: Skurrilität und Sternstunde, in: ebd.

12 ‚Vernebelter Blick nach rechts'. Uwe-Karsten Heye im Gespräch mit Holger Schmale, in: Frankfurter Rundschau, 20.11.2011.

13 ‚Wie ausländerfeindlich ist diese Gesellschaft?', in: vorwärts.de, 15.12.2011.

14 Beckstein vermutet weitere Helfer bei NSU-Morden, in: sueddeutsche.de, 7.9.2012.

15 Leyendecker, Hans: Nazis im Westen sollen Terror-Trio geholfen haben. Laut Zeugenaussage spionierten rechtsextremistische Unterstützer die Tatorte der Mordserie aus, in: Süddeutsche Zeitung, 9.11.2011; Prantl, Heribert: Braune Mörder, in: Süddeutsche Zeitung, 14.11.2011; Kemper, Anna: Tief im Westen. Dortmund ist ein Zentrum der Autonomen Nationalisten. Dort töteten die Zwickauer Terroristen Mehmet Kubaşk. Er ist nicht das einzige Opfer rechter Gewalt in der Stadt, in: Die Zeit, 15.12.2011; Bielicki, Jan: Musik des Hasses. Das Umfeld des rechtsextremen Terrortrios war gut vernetzt mit Skinhead-Bands, in: Süddeutsche Zeitung, 27.11.2011; ‚Der Staat muss reagieren'. Interview mit dem früheren Verfassungsrichter Winfried Hassemer, in: Süddeutsche Zeitung, 22.3.2012.

16 Dahlkamp, Jürgen u.a.: Eine unerträgliche Partei, in: Der Spiegel,13.2.2012; Friedrich gegen NPD-Verbot, in: Der Tagesspiegel, 30.9.2012.

17 Das bedeutet keineswegs, dass im Bereich Migration die legitime und begründete Skepsis gegenüber Einwanderung oder gar die im Bereich Integration und Sicherheit nur zu berechtigte Kritik an dem gefährlichen islamistischen Fundamentalismus als Wendung gegen die demokratische Einwanderungsgesellschaft oder gar als finstere völkische Reaktion zu denunzieren seien – im Gegenteil: Auch die demokratische Einwanderungsgesellschaft lebt vom Aushandeln unterschiedlicher oder auch gegensätzlicher Positionen, nötigenfalls auch im Konflikt der Argumente. Intoleranz darf dabei nicht mit aufsuchender Toleranzbereitschaft beantwortet werden. Die tragenden Säulen ihrer axiomatischen Architektur hingegen, also soziale Anerkennung, kulturelle Toleranz und gesellschaftlicher Frieden, müssen durch solche Konflikte unbehelligt bleiben.

18 „Jeder Stein muss umgedreht werden". Hansjörg Geiger im Interview mit Heribert Prantl, in: Süddeutsche Zeitung, 14.2.2012.

19 Schneider, Internet-Anonymität verleitet zur Aufgabe von Hemmungen, in: derwesten.de, 7.4.2012; Kirchen rufen an Ostern zu mehr sozialer Gerechtigkeit auf, in: evangelisch.de, 9.4.2012.

20 Geyer, Steven/Schindler, Jörg: Die Islamhasser bitten zur Kasse, in: Frankfurter Rundschau, 23.9.2011.

21 Druwe, Rechtsextremismus. Methodologische Bemerkungen zu einem politikwissenschaftlichen Begriff; Kopke/Rensmann, Die Extremismus-Formel; Stöss, Rechtsextremismus im Wandel; Kiess, Rechtsextrem – extremistisch – demokratisch – wie denn nun?; Buck u.a. (Hrsg.): Ordnung. Macht. Extremismus; Skelton-Robinson, Rechtsterrorismus in Deutschland; Sundermeyer, Rechter Terror in Deutschland; Aus der Mediendiskussion: Rechtsextremismus, in: Aus Politik und Zeitgeschichte, 2012, Nr. 18/19; Memet Kılıç, MdB: Wie-

derauferstehung des Rechtsextremismus?, in: MiGAZIN, 14.9.2011; Probst, Maximilian: Der falsche Frieden, in: Die Zeit, 24.11.2011; Bangel, Christian: Neue deutsche Nazis, in: Zeit Online, 8.3.2012.

22 Hierzu und zum Folgenden: Muslimfeindschaft – Phänomen und Gegenstrategien.

23 Düsseldorf verbietet rechtsradikale Vereinigungen, in: Frankfurter Allgemeine Zeitung, 24.8.2012.

24 Euler, Ralf: Angegriffen. Volker Bouffier, in: Frankfurter Allgemeine Zeitung, 16.11.2010; Schultz, Tanjev: Klima des Misstrauens. Die Ermittlungen zum NSU zeigen: Verfassungsschutz und Polizei arbeiteten gegeneinander, in: Süddeutsche Zeitung, 5.11.2012; Widerstand statt Wegsehen. Gedenken an Opfer des NSU-Terrors – Geheimdienst deckte Neonazis, in: Neues Deutschland, 5.11.2012; Heilig, René: Unbelehrbar, in: ebd.

25 Obermaier, Frederik/Schultz, Tanjev: Die Maske der Rassisten. Bei Ermittlungen gegen den NSU wird deutlich, wie sich der Staat mit dem Ku-Klux-Klan eingelassen hat, in: Süddeutsche Zeitung, 24.10.2012; Krauel, Torsten: Die braunen Netzwerke kennen keine Grenzen, in: Die Welt Online, 24.10.2012.

26 Schultz, Tanjev: ‚Was heißt hier befangen?‘ Innenstaatssekretär Fritsche bringt den NSU-Ausschuss gegen sich auf, in: Süddeutsche Zeitung, 19.10.2012.

27 Senatsverwaltung für Arbeit, Integration und Frauen, Pienings kritische Abschiedsbilanz; vgl. Peters, Freia: Türken geben deutscher Politik Mitschuld an Neonazi-Morden. Laut Umfrage haben die Morde der Zwickauer Zelle das Vertrauen des Vertrauen der Einwanderer in Staat und Sicherheitsbehörden erschüttert, in: Die Welt, 17.1.2012.

28 ‚Unser Vertrauen in den Staat ist gestört‘. Muslime zur Neonazi-Mordserie, in: Spiegel Online, 21.11.2011.

29 Foroutan, Muslimbilder in Deutschland, S. 52, 54.

30 Frindte u.a., Lebenswelten junger Muslime in Deutschland; zur Methodenkritik an der Studie s. die Stellungnahme des Heymat-Teams an der HU Berlin (Foroutan u.a., Stellungnahme zur Studie ‚Lebenswelten junger Muslime in Deutschland‘).

31 Caspari, Lisa: Was die Integrationsstudie wirklich sagt, in: Zeit Online, 1.3.2012; Innenminister Friedrich im Interview. Die Multikulti-Illusion ist gescheitert, in: bild.de, 3.3.2012; Solms-Laubach, Franz: Nach Schock-Studie. Innenminister warnt radikale Muslime. Junge Muslime verweigern Integration, in: ebd., 29.2.2012; Peters, Freie: Neue Studie befeuert Islamdebatte, in: Die Welt, 2.3.2012; Keller, Claudia: Streit um Islamstudie. Bischof Dröge kritisiert Innenminister Friedrich, in: Der Tagesspiegel, 5.3.2012; Wiemken, Jochen: „Populismus wird niemals zu einem Gefühl des Miteinanders führen". Interview mit SPD-Bundesvorsitzender Özoguz, in: MiGAZIN, 5.3.2012.

32 Paulwitz, Michael: Fakten unerwünscht, in: Junge Freiheit, 29.3.2012.

33 Vor allem junge Muslime haben Probleme mit der Integration. Sarrazin freut sich über Ergebnis der Muslim-Studie, in: Focus Online, 1.3.2012.

34 Sarrazin sieht Integration als Pflicht der Muslime, in: Focus Online, 5.3.2012.

35 Schulte von Drach, Markus C.: „Sarrazin fühlt sich bestätigt. Das ist tragisch", in: Süddeutsche Zeitung, 2.3.2012; Şenol, Ekrem: Die Spielregeln, der Teufelskreis und die logischen Folgen der Sarrazin-Debatte, in: MiGAZIN, 5.3.2012; Pfannkuch, Katharina: Denn sie wissen nicht, was sie tun, in: ebd., 6.3.2012.

36 Holtz, Peter: Die Muslim-Studie? Völlig missverstanden, in: Spiegel Online, 3.3.2012.

37 Bundesinnenminister Friedrich wird im Bundestags-Innenausschuss zur Muslim-Studie Stellung nehmen, in: Mitteldeutsche Zeitung Online, 6.3.2012; Friedrich der Lüge bezichtigt. Muslim-Studie des Bundesinnenministeriums, in: Die Tageszeitung, 21.4.2012.

38 Müller, Innenminister gibt Ergebnisse der eigenen Studie verzerrt wieder; vgl. ‚Wissenschaftler sollten gewarnt sein‘. Islamwissenschaftlerin Riem Spielhaus im Interview mit Daniel Bax, in: Die Tageszeitung, 10.3.2012.

39 Bax, Daniel: Muslime pfeifen auf Sicherheitspartner, in: Die Tageszeitung, 13.3.2012; Islamische Landesverbände. „Bundesinnenminister Friedrich ist fehl am Platz", in: MiGAZIN, 12.3.2012.

40 Bade, Klaus J.: Kommentar zu ‚Nachspiel der Muslim-Studie'. Innenministerium muss E-Mail-Verkehr mit Bild-Zeitung offenlegen, in: ebd., 6.6.2012.

41 Şenol, Ekrem: Innenminister Friedrich entschuldigt sich für Falschauskunft, in: MiGAZIN, 27.4.2012; ders., Innenministerium muss E-Mail-Verkehr mit Bild-Zeitung offenlegen, in: ebd., 6.6.2012; ders., Friedrich verweigert öffentliche Entschuldigung wegen MiGAZIN-Artikel, in: ebd., 9.11.2012.

42 Hebestreit, Steffen: Friedrich erzürnt Muslime, in: Frankfurter Rundschau, 30.8.2012; Austrittserklärung der vier islamischen Religionsgemeinschaften in: MiGAZIN, 29.8.2012; Muslime empört über Kampagne, in: Frankfurter Allgemeine Zeitung, 31.8.2012; Lanig, Thomas: Muslimische Verbände stellen sich gegen Friedrich, in: stern.de, 31.8.2012; Protest. Islamische Verbände kündigen Partnerschaft mit Innenministerium, in: Spiegel Online, 31.8.2012; ‚Plakataktion des Innenministeriums ist unsäglich'. Interview SPD-Vizevorsitzende Özoguz, in: Der Tagesspiegel, 31.8.2012; ‚Muslime unter Generalverdacht'. Verbände gegen Friedrich, in: Frankfurter Rundschau, 31.8.2012; Muslime empört über Kampagne. Innenministerium weist Forderung nach Stopp zurück, in: Frankfurter Allgemeine Zeitung, 31.8.2012.

43 Hierzu das SVR-Jahresgutachten 2012: Bade u.a., Integration im föderalen System, S. 19 f.

44 BILD-Interview Integration. Warum Familienministerin Kristina Schröder als deutsche Schlampe beschimpft wurde, in: bild.de, 2.11.2010; kritisch dazu: Neumeyer, Jochen: Muslimische Jugendliche: Islam, Gewalt und scheinbare Zusammenhänge, in: Spiegel Online, 26.11.2010. Vgl. Bade, Abwehrhaltungen und Willkommenskultur.

45 Mirbach u.a., Zwangsverheiratung in Deutschland. Bebend vor Wut über „diesen wissenschaftlichen Unsinn" der „Migrationsforscherlobby", deren Ergebnisse ihr verständlicherweise schwer zu schaffen machen und abermals verbunden mit den bekannten Verfolgungsvorstellungen („wer anderes behauptet, wird von den Migrationsbeamten ‚zwangsreleriert'"): Kelek, Necla: Unter dem Schleier, in: Die Welt, 6.12.2011.

46 Bahners, Patrick: Kay Sokolowsky. Feindbild Moslem. Zur Mobilisierung des Ekels, in: faz. net, 4.3.2012. Der auch in der islamischen Welt vielgereiste deutsche Publizist, Kriegsberichterstatter und ehemalige Fremdenlegionär Peter Scholl-Latour kritisierte Köhlers Betrauung mit Islamfragen durch die CDU als „Skandal", weil sie „keine Ahnung" habe (Islamophobe Tendenzen? Debatte über die Integration von Zuwanderern, in: Frankfurter Allgemeine Zeitung, 4.1.2010); zu Köhlers Solidarisierung mit dem ‚islamkritischen', als Missionar auftretenden „populären Demagogen Raddatz" als „kritischem Islamwissenschaftler" s. jetzt Benz, Die Feinde aus dem Morgenland, S. 81 f.

47 Diese Rechts-gleich-links-Blockadehaltung des CDU-Bundestagsabgeordneten Köhler in entsprechenden Diskussionen war einer der Gründe für mein Ausscheiden aus dem Beirat des ‚Bündnisses für Demokratie und Toleranz' der Bundesregierung.

48 Weinlein, Alexander: Bekenntnis-Streit, in: Das Parlament, 16.7.2012.

49 ‚Wie ausländerfeindlich ist diese Gesellschaft?', in: vorwärts.de, 15.12.2011.

50 Şenol, Ekrem: Tragödie im Bundestag, in: MiGAZIN, 23.11.2011; ders., Die integrationspolitische Reifeprüfung für Deutschland, in: ebd., 13.6.2012.

51 Bielicki, Jan/Leyendecker, Hans: ‚Diese irren Verbrecher'. Vertreter der NPD versuchen so verzweifelt wie vergeblich, auf Distanz zur Zwickauer Terrorzelle zu gehen, in: Süddeutsche Zeitung, 15.12.2011.

52 Rietzschel, Antonie: ‚Wir sind verboten, na und?', in: sueddeutsche.de, 25.7.2012.

53 Neues Zentrum gegen Extremismus. Länder fühlen sich übergangen, in: Süddeutsche Zeitung, 9.11.2012; BKA-Herbsttagung. Bundesinnenminister Friedrich gegen Fusion von Sicherheitsbehörden, in: Frankfurter Allgemeine Zeitung, 13.11.2012.

54 Jansen, Frank: Eine neue Philosophie. Verfassungsschutz vor der Reform, in: Der Tagesspiegel, 27.8.2012; hierzu zuletzt der Schwerpunkt ,Rechtsextremismus', in: Das Parlament, 16.7.2012, S. 1-15; Höll, Susanne: Widerstand gegen Innenminister Friedrich, in: Süddeutsche Zeitung, 20.9.2012.

55 ,Unser Vertrauen in den Staat ist gestört': Muslime zur Neonazi-Mordserie, in: Spiegel Online, 21.11.2011; Heye kritisiert ,Rechtspopulismus', in: DerWesten.de, 21.11.2011; ,Wie ausländerfeindlich ist diese Gesellschaft?', in: vorwärts.de, 15.12.2011.

56 Krauel, Torsten: Die braunen Netzwerke kennen keine Grenzen, in: Die Welt Online, 24.10.2012.

57 Foroutan, Muslimbilder in Deutschland, S. 34.

8. Blockade und Befreiung: Identitätskrise, negative Integration und neue Selbstbilder in der Einwanderungsgesellschaft

8.1 Verdrängung – Empörung – Exklusion: Sarrazin-Debatte, ‚Islamkritik‘ und negative Integration

‚Was man verdrängt, das kann man nicht gestalten.‘ So habe ich 1994 eine Kritik an der Vernachlässigung der Gestaltungs- und Vermittlungsaufgaben in Sachen Migration und Integration in Deutschland überschrieben.[1] ‚Besserwisser‘ pflegen nur beliebt zu sein, wenn sie des Irrtums überführt werden können. Das ist hier, leider, nicht der Fall. Und es gab viele Warner, die sich, wie ich selber, nie für ‚Besserwisser‘ gehalten haben, eher vielleicht für Klarseher ohne ‚Scheuklappen‘ (Otto Schily).[2] Dazu gehörten praxisbezogen arbeitende Wissenschaftler, kritische Publizisten und Experten aus den verschiedensten Praxisbereichen, unter ihnen auch die Integrationsbeauftragten auf Bundes-, Länder- und kommunaler Ebene. Ihre Mahnungen wurden überhört oder verdrängt. Zu verdichten begann sich kollektives Misstrauen im Blick auf Migration und Integration, auf Migrations- bzw. Integrationspolitik und ersatzweise auf die Zuwandererbevölkerung selbst.

Erst im ersten Jahrzehnt des 21. Jahrhunderts, mindestens ein Vierteljahrhundert zu spät, kam es zu kraftvollen integrationspolitischen und zögerlich auch zu migrationspolitischen Initiativen. Ihre Bedeutung wurde in der öffentlichen Diskussion oft ebenso wenig erkannt wie die Tatsache, dass Integration auf kommunaler Ebene, vor dem Hintergrund der lange widrigen staatlichen Rahmenbedingungen betrachtet, sogar meist relativ erfolgreich verlaufen war. Integrationserfolge wurde allerdings häufig auch von fahrlässigen populistischen Politikern schlechtgeredet und in nicht wenigen ‚Leitmedien' larmoyant kaputtgeschrieben. Die Rede von der ‚gescheiterten Integration' überdauerte so, allen empirischen Gegenbelegen zum Trotz; denn schlechte Nachrichten laufen besser als gute. Das war einer der Hintergründe für die Empörungsexplosion der Sarrazin-Debatte 2010/11. Die an ihren Frontlinien sichtbar gewordenen Abwehrhaltungen, diffusen Ängste, Projektionen und Aggressionen sollten als Warnsignale aus einer empörungsbereiten Bürgergesellschaft in Erinnerung bleiben.

Welche Rolle die Sarrazin-Debatte und die von ihr in wechselseitiger Eskalation forcierte ‚Islamkritik' für die Entwicklung der Einwanderungsgesellschaft und der politischen Kultur in Deutschland gespielt haben, wird sich erst im Rückblick aus der Zukunft in die Vergangenheit sagen lassen, die heute unsere Gegenwart ist. Mit der gebotenen Zurückhaltung gegenüber den langen Entwicklungslinien lassen sich aber auch heute schon eine Reihe von zum Teil umfragegestützten Entwicklungstrends und Folgeabschätzungen notieren:

In den bei Sarrazin sachlich zutreffenden, wenn auch zumeist nur neu entdeckten und zum Teil unnötig überzogenen Positionen hat die nach ihm benannte Debatte schlechterdings gar nichts bewirken können: In führenden Kreisen der politischen Parteien breitete sich bald eine pauschalisierende ‚Sarrazin ist pfui'-Haltung aus, mit der man zunächst nicht nur die fällige, aber zweifelsohne peinliche, weil notwendig selbstkritische Auseinandersetzung mit der politischen Provokation, sondern sogar den Namen und das Buch selbst durch die Rede vom ‚S-Wort', dem ‚S-Buch' bzw. ‚dem Buch' zu tabuisieren strebte. Die SPD führte durch die Ersatzhandlung ihres blamablen Nicht-Ausschlussverfahrens auf der politischen Bühne nur sich selber vor; denn sie zeigte damit, dass ein Ausschluss ohne zureichende parteiinterne Sachdiskussion für viele ihrer Mitglieder, die Sar-

razins Argumenten zumindest zum Teil zuneigten, nicht nachvollziehbar gewesen wäre. All das blockierte die nötige politische
Auseinandersetzung mit einer ganzen Reihe von durch Sarrazin
angesprochenen, wenn auch oft polemisch überzogenen und
ideologisch unterlegten Problemen.

Dass Sarrazins Argumente dabei vielfach nur neu entdeckt
worden waren, wäre nicht von Belang gewesen im Blick auf den
Lernprozess, der von diesem neuerlichen, wenn auch wesentlich
negativen Anstoß hätte ausgehen können. Aber dabei stand sich
Sarrazin mit der von Beginn an medial in den Vordergrund
drängenden skandalisierenden Überziehung seiner Botschaften
und deren weltanschaulich-ideologischer Begleitmusik weitgehend selbst im Weg.

Ich habe in den vergangenen Jahren in Wort und Schrift immer wieder für ein „solidarisches Wir" in der Einwanderungsgesellschaft geworben.[3] Die Sarrazin-Debatte hat, wie der Berliner
Integrationsbeauftragte Piening bei einer unserer letzten Begeg-
nungen sagte, in der Integrationsdiskussion ein Stück weit „dieses mühsam erreichte ‚Wir' wieder kaputtgemacht". „Das Vertrauen der Einwanderer in die Gesellschaft hat einen tiefen Riss
bekommen", urteilte Piening im März 2012 in seiner kritischen
Abschiedsbilanz. Ursache seien „die Vorgänge um die Zwickauer
Terrorgruppe sowie die Debatte um das Sarrazin-Buch" gewesen. „Das ist verheerend, weil die Einwanderergruppen eigentlich immer ein größeres Vertrauen in die deutschen Institutionen hatten, als die Einheimischen selbst."[4]

Sarrazins Buch und die daran anschließende Debatte hätten
„nicht nur keine neuen Erkenntnisse gebracht, sondern vorhandene Probleme eher verschärft, als hilfreiche Wege aufzuzeigen",
bestätigte zeitgleich der Berliner Bischof Markus Dröge. „Das
Buch hat Fronten verhärtet, Vertrauen zerstört."[5] Das hatte auch
der damalige Bundesinnenminister Thomas de Maizière von
Beginn an bei Sarrazin so gesehen: „Meine Hauptkritik ist, dass
er mit seiner für ihn finanziell einträglichen Provokation eine
Debatte zerstören will. Er braucht für seine Thesen, dass er die

Erfolge, die es gibt, leugnet. Es ist doch nicht so, dass sich da endlich mal einer traut, Tabus aufzubrechen. Alle Themen, die er anspricht, sind längst in der Debatte."[6] Ganz ähnlich urteilte der Präsident des Bundesamtes für Migration und Flüchtlinge, Manfred Schmid. Er sah auch migrationspolitisch die Grundsätze in Frage gestellt, die „mühsam unter den großen Parteien erstritten" worden seien: auf die Integration der Zuwanderer zu setzen und das Land vorsichtig für neue Fachkräfte zu öffnen. „Dieser über zehn Jahre erreichte Konsens ist nun gefährdet".[7]

Die Sarrazin- und Kelek-freundliche stellvertretende Chefredakteurin der *Welt* und der *Berliner Morgenpost*, Andrea Seibel, deren journalistischer Weg von der linken *taz* bis an die Spitze von ‚Leitmedien' des Hauses Springer führte, hatte sich publizistisch von Beginn an um die „nachhaltigen Offenbarungen der Sarrazin-Debatte" bemüht.[8] Sie engagierte sich auch nach deren Auslaufen noch als geistige Nachlassverwalterin der Debatte und räsonierte im Mai 2011 bündig: „Deutschland ist durch Sarrazin klüger geworden."[9]. Das war für ‚Deutschland' richtig und falsch zugleich, wie entsprechende Umfragen zeigen.

Im Blick auf die Einwanderungsgesellschaft in Deutschland empfiehlt es sich zunächst einmal, mehr zu differenzieren und bei Wirkungseinschätzungen wenigstens die Mehrheitsbevölkerung ohne Migrationshintergrund und die gerade in der Sarrazin-Debatte besonders düpierte und geschmähte, immerhin millionenstarke muslimische Einwandererbevölkerung auseinander zu halten. Wer stattdessen bei Wirkungseinschätzungen in Integrationsfragen nur von ‚Deutschland' insgesamt redet und damit übersieht, dass heute in Deutschland jeder Fünfte sowie jedes dritte Kind einen Migrationshintergrund haben und in deutschen Großstädten der Gesamtanteil der Einwanderer heute schon bei 40 Prozent (z.B. Augsburg: 39,2 %; Frankfurt: 42,1 %) liegt[10], hat die Einwanderungsgesellschaft nicht zureichend im Blick.

Das dritte, im Frühjahr 2012 vorgelegte Integrationsbarometer des Sachverständigenrats hat gezeigt, dass die Sarrazin-Debatte zwar in der Tat zu einer intensiveren Beschäftigung mit Integrationsfragen und zu einer klareren Positionierung bei der Bewertung von Integration und Integrationspolitik geführt hat. Aber die fragwürdige Win-win-Beziehung zwischen dem Bestsellerautor und seiner Anhängerschaft in der Mehrheitsbevölkerung war ein desintegratives Geschäft zu Lasten Dritter; denn die Zeche für den bestenfalls begrenzten und historisch verspäteten Lerneffekt bei der Mehrheitsbevölkerung zahlten die Einwanderer und unter ihnen besonders die Muslime:

Schon ein Vergleich der einschlägigen Ergebnisse des ersten SVR-Barometers vom Frühjahr 2010 mit denen des zweiten vom Frühjahr 2011, deren Erhebungszeiträume (Ende 2009/Ende 2010) die Zeit vor der Sarrazin-Debatte und deren Höhepunkt im Herbst 2010 umschlossen, hatte gezeigt, dass in der Zuwandererbevölkerung (bei insgesamt noch immer positiven Werten) der noch Ende 2010 gemessene ausdrückliche Integrationsoptimismus deutlich zurückgegangen war: Ende 2009 teilten noch fast 22 Prozent der befragten Zuwanderer „voll und ganz" die Auffassung, dass Mehrheits- und Zuwandererbevölkerung „ungestört miteinander" lebten. Ende 2010 war dieser Wert auf 9 Prozent abgestürzt. Die winzige Zahl der Integrationspessimisten hingegen, die dieser Standardleitfrage des SVR-Barometers „gar nicht" zustimmen konnten, war im gleichen Zeitraum von 3,5 Prozent auf fast das Doppelte (6 %) gestiegen.

Die im Juli 2011 präsentierten Ergebnisse der elften, seit 1999 jährlich unter türkischstämmigen Zuwanderern in Nordrhein-Westfalen durchgeführten Mehrthemenbefragung der Stiftung Zentrum für Türkeistudien erbrachten den schärfsten Anstieg von „Diskriminierungserfahrungen" auf 81 Prozent seit zehn Jahren. Eine wachsende Zahl der Befragten habe das Gefühl, „unerwünscht zu sein" und „abgewiesen zu werden". Dies sei „auch das Resultat" der Sarrazin-Debatte, erklärte als Institutsleiter der deutsch-türkische Sozialpsychologe und Integrationsforscher Haci-Halil Uslucan, der auch Mitglied des SVR ist und dort von den Stiftungen nachgewählt wurde, als ich im

Sommer 2012 ausschied. Der NRW-Integrationsminister Guntram Schneider (SPD) beklagte, „die Sarrazin-Debatte habe das Klima bei den Zuwanderern erheblich belastet. Viele fühlten sich durch dessen Thesen über Integrationsunwilligkeit verletzt und ausgegrenzt." Es drohe eine bedenkliche „Re-Migration" in die Türkei, weil gerade „in Deutschland gut ausgebildete Akademiker" in die Heimat ihrer Eltern abwanderten. „Das ist ein Minusgeschäft", warnte Schneider.

Dennoch zeigte auch diese Umfrage das schon mehrfach erwähnte Paradox zwischen Integrationsverlauf und Integrationswahrnehmung, diesmal nicht aus der Sicht der Mehrheitsbevölkerung auf die muslimische, vorwiegend türkischstämmige Zuwandererbevölkerung, sondern bei der türkeistämmigen Zuwandererbevölkerung selbst. Trotz sprunghaft gestiegener Ausgrenzungsempfindungen belegten die Indikatoren weiterhin deutliche Integrationsfortschritte: Nur 2 Prozent der Befragten hatten sich zurückgezogen und lehnten jeden Kontakt zu Deutschen ab. 95 Prozent hingegen unterhielten Kontakte zu Deutschen, 40 Prozent sogar „enge freundschaftliche Beziehungen."[11]

Die vom Bundesministerium des Innern in Auftrag gegebene ‚Muslimstudie', die verschiedene Befragungen, auch die des SVR, vor und nach dem Erscheinen des Sarrazin-Buches und der daran anschließenden Mediendebatte vergleichend analysiert hat, enthält einen längeren, datengespickten „Exkurs: vor und nach Sarrazin". Er führt zu einem für das Integrationsverhalten der muslimischen Bevölkerung in Deutschland und damit für die Einwanderungsgesellschaft insgesamt möglicherweise „fatalen" Ergebnis.[12] Dabei muss freilich immer offen bleiben, in welchem Grade es sich dabei jeweils um einen „Sarrazin-Effekt" handelte; denn die auf eigene Umfragen gestützten Aussagen der Muslim-Studie sind nicht repräsentativ und überdies wurde die Erfahrungswelt der Befragten ja nicht etwa nur durch die Sarrazin-Rezeption bestimmt:

Für die Muslime deutscher Staatsangehörigkeit ergaben sich nur unscharfe Ergebnisse. Eine Art Ausgrenzungsgefühl sprach aus der signifikant stärker gewordenen Auffassung, „dass die Deutschen wollen, dass die zugereisten Muslime die Kultur ihres Herkunftslandes bewahren sollten". Das signalisierte ein Auseinanderfallen der wechselseitigen Einschätzungen und Erwartungshaltungen. Sollte dies ein ‚Sarrazin-Effekt' gewesen sein, so Exkurs-Autor Wolfgang Frindte, „hätten wir es mit einer fatalen Intergruppen-Konstellation zu tun, die der Integration sicher nicht sehr förderlich sein dürfte."[13]

Erheblich drastischer fiel das Ergebnis für die nichtdeutschen Muslime aus, für die ebenfalls die oben genannten Einschränkungen gelten: Das Interesse, „die Kultur unseres Herkunftslandes bewahren" zu wollen, stieg von knapp 52 Prozent auf rund 72 Prozent, das Gefühl einer „großen Verbundenheit mit der Gemeinschaft der Muslime" von 41 Prozent auf gut 70 Prozent. Die „Vorurteile gegenüber dem Westen" wuchsen von gut 33 Prozent auf knapp 53 Prozent und der „religiöse Fanatismus" stieg von knapp 26 Prozent auf knapp 49 Prozent. „Vorurteile gegenüber Juden" wuchsen von knapp 30 Prozent auf rund 33 Prozent, der „Hass gegenüber dem Umgang der westlichen Welt mit dem Islam" stieg von 11 Prozent auf knapp 27 Prozent und die Rechtfertigung, sich mit Gewalt gegen die „Bedrohung der islamischen Welt durch den Westen" zu verteidigen, wuchs von gut 7 Prozent auf 27 Prozent. Gesunken war einzig die Bereitschaft, „die deutsche Kultur übernehmen" zu wollen: von 37 Prozent auf knapp 14 Prozent.

Stimmungs- und Verhaltensänderungen solcher Dimension, die Naika Foroutan als emotionale und identifikatorische Abkehr vom Einwanderungsland zugunsten von regionalen oder lokalen Ersatzidentitäten[14] beschrieben hat, sind in einer Einwanderungsgesellschaft nicht ‚naturwüchsig'. Sie sind meist das Ergebnis jener aggressiven Mischung von Assimilations- und Exklusionsdruck, die für viele Muslime eine Grunderfahrung der stark ‚islamkritisch' unterlegten Sarrazin-Debatte war. Die Autoren, die bei der Interpretation ihrer hochdifferenzierten Ergebnisse wissenschaftliche Umsicht und Zurückhaltung hatten walten lassen, warnten zwar vor voreiligen Kausalschlüssen, kamen aber doch zu einer klaren Einschätzung: „Auch diese Ergebnisse würden – falls sie Folgen der Sarrazin-Debatten im September 2010 sind – zu fatalen Schlussfolgerungen führen. Die Debatten hätten dann nicht, wie [...] in manchen deutschen Medien behauptet [...] die Diskussion um die Integration der Muslime in Deutschland weiter angeregt, sondern ihr empfindlich geschadet."[15]

Sarrazin, der, wie sich mehrfach erwies, mit seiner öffentlichen Benotung von Texten schneller ist als mit deren Lektüre und damit selber just das betreibt, was er seinen Kritikern gerne vorhält, hatte sich voreilig gefreut mit der erwähnten, wieder einmal zu Lasten der Muslime skandaltreibenden Einschätzung, die von der *Bild*-Zeitung verbogenen Ergebnisse der ‚Muslimstudie' hätten seine fragwürdigen Thesen über die mangelhafte Integration von Muslimen „glänzend bestätigt".[16] In Wahrheit deutete die Studie darauf hin, dass sein Buch und die damit verbundene Diskussion der Integration der Muslime einen Bärendienst erwiesen hatten.

Neu beschädigt hat die Sarrazin-Debatte auch das gerade erst durch die Diskussion um das SVR-Jahresgutachten im Frühjahr 2010 kurzfristig aufgebesserte Image des Einwanderungslandes Deutschland im Ausland, wie irritierte Fragen ausländischer Journalisten nach einer Rückkehr der Fremdenfeindlichkeit in Deutschland immer wieder zeigten. „Die Sarrazin-Debatte hat dem Ansehen Deutschlands nicht geholfen. Das spricht sich herum bis nach China", mahnte bei einem Berlinbesuch Tamar Jacoby, New Yorker republikanische Politikmanagerin, Journalistin, Buchautorin und Kämpferin für eine Liberalisierung der amerikanischen Einwanderungsgesetze.[17]

Dadurch können potentielle qualifizierte Zuwanderer, nicht etwa nur ‚muslimischer' Glaubenszugehörigkeit, verprellt werden.[18] Der in den letzten Jahren verstärkte Anstieg des Zuzugs von qualifizierten Drittstaatsangehörigen von 1.200 (1998) auf über 21.000 (2010) hatte vorrangig mit der Aufhebung der Zuwanderungsschranken zu tun und nichts mit Attraktivitätssteigerung auf deutscher Seite oder gar mit jener ‚Willkommenskultur‘, deren abgedroschenen Leitbegriff man zum ‚Unwort des Jahres‘ wählen könnte. Das Gleiche gilt für die aktuellen starken Zuwanderungen nach Deutschland: für die Zuwanderung von qualifizierten Konjunktur- und Krisenflüchtlingen aus Süd- und Südoststaaten der EU, die eine – möglicherweise vergängliche – Ausgeburt akuter Not auf den Arbeitsmärkten der Ausgangsräume ist, und für die starke, ebenfalls vorwiegend gut qualifizierte, aber auch geringqualifizierte Segmente einschließende Zuwanderung aus den neuen EU-Staaten, die durch die EU-Osterweiterung ermöglicht worden ist und bei der die Roma-Zuwanderung im Vordergrund des öffentlichen Interesses steht.[19]

Auch in der weiteren Öffentlichkeit war die Wirkung der Sarrazin-Debatte in keiner Hinsicht ‚glänzend‘:

Sie hat die Desintegrationspublizistik und insbesondere die islamophobe publizistische Agitation und Denunziation bestärkt und in der Mehrheitsbevölkerung längst überwunden geglaubte ethno- und sozialbiologistische Denkmuster wieder erweckt und neu legitimiert.

In der millionenstarken muslimischen Einwandererbevölkerung hat sie schweren Schaden angerichtet, den man nicht ‚schönschreiben‘ kann. Sie hat das Grundvertrauen der Integrationsoptimisten erschüttert und die Befürchtungen der Integrationspessimisten bestärkt.

In der Mehrheitsbevölkerung hat die Sarrazin-Debatte zwar pragmatische Differenzierungen und aktive Positionierungen befördert, aber zum Teil um den Preis einer Forcierung fremdenfeindlicher Abwehrhaltungen gegenüber bestimmten, insbesondere muslimischen Einwanderergruppen. Sie hat also neben der pragmatischen Diskussion auch die altbekannte Empörungssemantik intensiviert, Abwehrhaltungen gruppenbezogen kanalisiert und damit die Diskussion deutlich hinter den Stand zurückgeworfen, der im Frühjahr 2010 mit dem national und international vielbeachteten SVR-Gutachten erreicht worden war.[20]

Auch Transparenz ist durch die Sarrazin-Debatte nicht in die nur angeblich ‚neue' öffentliche Integrationsdiskussion gekommen. Hier könnte man der Schlusspointe eines selber einigermaßen verworrenen Gedenkartikels von Necla Kelek zum einjährigen Jubiläum der Publikation des Sarrazin-Buches in der *FAZ* vom August 2011 durchaus zustimmen: „Ein Jahr nach Sarrazins Buch ist die Verwirrung größer denn je."[21] Das gilt allerdings nicht für den wissenschaftlichen Diskurs, für den die Sarrazin-Debatte inhaltlich belanglos blieb und den Necla Kelek schon lange nicht mehr überblickt.

Bei der Mehrheitsbevölkerung ohne Migrationshintergrund erscheint das umfragegestützte Meinungsspektrum zwar noch unübersichtlich, aber alarmierend: Die neueste, hier zuletzt noch erfasste, zwar methodisch problematische, aber als Tendenzmarker nützliche Studie über Rechtsextremismus und Fremdenfeindlichkeit in Deutschland[22] zeigt gebrochene bis gegensätzliche Werte für Ost- und Westdeutschland:

Im Osten, wo es bekanntlich vergleichsweise wenige Menschen mit Migrationshintergrund und erst recht kaum Muslime (z.B. Mecklenburg-Vorpommern: 0,1 %) gibt, ist die paradoxe Entwicklung der rechtsextremen Fremdenfeindlichkeit ohne Fremde[23] noch weiter im Alarmbereich fortgeschritten. „Rechtsextreme" Einstellungen haben sich im Osten innerhalb des letzten Jahrzehnts von 8,1 Prozent (2002) auf 15,8 Prozent (2012) nahezu verdoppelt, wobei seit 2010 (10,5 %), dem Jahr der Sarrazin-Debatte, ein enorm beschleunigter Anstieg zu verzeichnen ist. Mehr noch, die demoskopische Alterspyramide steht neuerdings geradewegs auf dem Kopf: Im Gegensatz zu früheren Befragungen dominiert als Vertreter von Chauvinismus, Sozialdarwinismus, NS-Verharmlosung und Befürworter einer rechtsautoritären Diktatur nicht mehr die Altersgruppe über 60 Jahre, sondern diejenige von 14-30 Jahren, die vor diesem Hintergrund wie eine Generation Rechtsextremismus erscheinen könnte.

Im Westen ist eine tendenziell gegenteilige Entwicklung zu beobachten, ein Rückgang „rechtsextremer" Einstellungen seit

2002 um 4,0 Prozent auf 7,3 Prozent, wobei der rückläufige Trend aber seit dem Jahr der Sarrazin-Debatte 2010 (7,6 %) scharf abflachte und bis 2012 nur mehr 0,3 Prozent betrug. Ob und inwieweit dies konkret mit Einflüssen der Sarrazin-Debatte und der durch sie enorm forcierten ‚Islamkritik' zu tun hat, lässt sich aus der Anlage der Studie nicht klar erkennen, aber die Kurven könnten jedenfalls auf einen Zusammenhang hindeuten.

Deutlich ist der Anstieg von in der Studie aufgrund ihrer Fragestellungen allerdings nur vage erfassten „islamkritischen" Positionierungen in Deutschland auf insgesamt fast 61 (60,8) Prozent (West: 58,6 %, Ost: 69,6 %) und von explizit „islamfeindlichen" Haltungen auf mehr als die Hälfte dieses Werts: 36 (36,2) Prozent (West: 35 %, Ost: 41,3 %). ‚Islamkritische' Publizistik und islamfeindliche Agitation haben zweifelsohne ihren Teil dazu beigetragen. Klar bleibt aber auch, dass es trotz aller fließenden Grenzen auch im Spiegel dieser Daten keine lineare Steigerung von ‚Islamkritik' zu Islamfeindschaft gibt.[24]

Die Zeit war aus den verschiedensten – durchaus nicht primär mit Migration und Integration zusammenhängenden – Gründen offenbar reif für eine öffentliche Empörungsexplosion und der Ökonom Sarrazin hat mit seinem Gespür für Marktchancen diesen explosiven Kairos erkannt. Er hat mit seinem Buch einen Stein ins Rollen gebracht, der im doppelten Sinne ein Stein des Anstoßes war: Sein Buch hat viele angezogen, andere angewidert und insgesamt eine Lawine angestoßen, die aber weniger befreite als zerstörte: Das in Gang gekommene argumentative Mischgeröll aus Demographie, Ökonometrie, Bildungsökonomie, Genetik und ‚Islamkritik' löste nicht, wie Necla Kelek bei der Buchvorstellung irrtümlich meinte, einen „Befreiungsschlag", sondern eher einen Kahlschlag aus.

In diesem Kahlschlag entfaltete sich, von der durch die Sarrazin-Debatte forcierten ‚Islamkritik' gedüngt und fast so rasant wachsend wie Münchhausens Mondbohnen, das Szenario der negativen Integration, getragen von dem nur scheinbaren Paradox einer Mehrheitsbevölkerung, die integrationsfreundlicher, zugleich aber islam- und auch muslimfeindlicher wurde. Nur scheinbar ist dieser Widerspruch im Wachstum von Gelassenheit gegenüber der Integration von Einwanderern und angespannter Skepsis gegenüber ‚dem‘ Islam sowie zunehmend auch ‚den‘ Muslimen, weil die Sarrazin-Debatte als nun angeblich ‚neue Integrationsdebatte‘ in Wahrheit eine eskapistische Ersatzdebatte verstärkte.

Bei dieser durch die unausgesetzt hämmernde ‚Islamkritik‘ in Gang gehaltenen Ersatzdebatte ging und geht es, wie gezeigt, um die integrative Selbstfindung und Selbstvergewisserung einer aus den verschiedensten Gründen verunsicherten Mehrheitsbevölkerung durch die tendenzielle Ausgrenzung der ‚islamkritisch‘ als identitätsstiftendes Gegenbild beschriebenen größten – muslimischen – Minderheit. Dieser im angloamerikanischen Kontext als ‚Alienation‘ und ‚Othering‘ (neudeutsch ‚Anderung‘) beschriebene identitätssichernde Auskreisungsdiskurs der negativen Integration mit seinen wechselnden Feindbildern ist aus der Migrations- und Integrationsgeschichte durchaus bekannt[25] und wird in Deutschland gerade neu erfahren bzw. sozialwissenschaftlich neu entdeckt.

Die Konturen der Flucht aus der überfälligen Debatte um die neue kollektive Identität der Einwanderungsgesellschaft mit ihren extensiv wachsenden Bindestrich-Identitäten in eine verzweifelt homogenitätsorientierte eskapistische Ersatzdebatte[26] zeigt ein Datenvergleich:

Vom Sachverständigenrat in seinen Integrations- und Migrationsbarometern 2010-2012 nach Migration und Integration, Migrations- und Integrationspolitik im engeren Sinne befragt, urteilte die Bürgergesellschaft durchaus rationaler und pragmatischer als viele politische Akteure zu glauben scheinen: Rund 50 Prozent der Befragten sahen und erwarteten Verbesserungen durch die Integrationspolitik, nur 10-20 Prozent rechneten mit Verschlechterungen. Fast 60 Prozent der Befragten sprachen sich für mehr Zuwanderung von Hochqualifizierten und fast 70 Prozent gegen eine verstärkte Zuwanderung von Niedrigqualifizierten aus.[27]

Migrationspolitisch war dies zweifelsohne eine stark utilitaristische Positionierung.[28] Dabei wurde überdies in der Diskussion der SVR-Ergebnisse, trotz aller Akzeptanz auch bei der Bundesregierung, meist die gefährliche Kehrseite dieser Positionierung übersehen: Wenn fast 70 Prozent der Befragten gegen eine weitere Zuwanderung von Geringqualifizierten votieren, ist damit eine utilitaristische Verstärkung der ohnehin virulenten, kulturrassistisch motivierten Abwehrhaltungen (,Zigeuner') gegenüber der Zuwanderung von meist gering oder doch wenig passfähig qualifizierten Roma aus Ost- und Südosteuropa vorprogrammiert. Sie könnte sich im Krisenfalle zu einem Konfliktszenario zuspitzen – wie Anfang der 1990er Jahre, als Hunderttausende von Roma-Flüchtlingen zugewandert waren. Aber diesmal kommen sie als EU-Bürger und können nicht mehr, wie damals, mehr oder minder zwangsweise in ihre Herkunftsgebiete ,rückgeführt' werden. Und abermals fehlt die dringend nötige gesellschaftspolitische Vermittlungsarbeit, sodass dieses Konfliktthema der überlasteten und mit Bordmitteln um seine Klärung bemühten Kommunen in der öffentlichen Diskussion zunehmend rechtspopulistischen bis rechtsextremistischen Kreisen überlassen wird. Bleibt zu hoffen, dass es nicht zu einem episodischen Nachvollzug der Exzesse der frühen 1990er Jahre kommt, die dann, wie anders, wieder einmal niemand absehen konnte ... –

Aber die SVR-Daten hatten jenseits des aufgeklärten utilitaristischen Eigeninteresses auch eine beachtliche humanitäre Komponente: Knapp 50 Prozent der Deutschen ohne Migrationshintergrund und ca. 40 Prozent der Befragten mit Migrationshintergrund sprachen sich für eine stärkere Aufnahme von Flüchtlingen aus, nur ein Drittel war dagegen. Dass dabei vorwiegend an die grundgesetzlich und verwaltungspraktisch stark eingeschränkte Aufnahme von ,echten' Flüchtlingen gedacht war, ändert nichts am Vorhandensein dieser, die rein utilitaristische relativierenden humanitären Komponente. Das sollte der vorzugsweise an angeblichen Abwehrhaltungen und Ängsten

361

der Bürger orientierten Flüchtlings- und Asylpolitik zu denken geben.

Weiterhin konnte im Sinne der für das SVR-Jahresgutachten 2012 abgestimmten Formel von einer verstärkten ‚Positionierung ohne Polarisierung' berichtet werden; denn die Zahl der Befragten, die die SVR-Leitfrage, ob das Zusammenleben in der Einwanderungsgesellschaft als ‚ungestört' erlebt werde, unsicher oder doch unentschieden mit ‚teils teils' beantwortet hatten, war von der Umfrage vor der Sarrazin-Debatte (Ende 2009) bis zu derjenigen nach der Debatte (Ende 2011) deutlich gesunken zugunsten klarerer Positionierungen. Die Mehrheitsbevölkerung ohne Migrationshintergrund hatte bei der Einschätzung von Migration/Migrationspolitik und von Integration/Integrationspolitik mithin in klarer erkennbaren Positionierungen zu großen Teilen ihren diskursiven Frieden mit sich selber gemacht. Aber die Basis bildete, wie schon angedeutet, ein Gesellschaftsvertrag zu Lasten Dritter. Es war die vom SVR nicht abgefragte, aber aus anderen Umfragen sprechende tendenzielle Exklusion der Muslime:

Auch andere Umfragen bestätigten die verhalten positiven Trendaussagen des SVR-Integrationsbarometers 2012 – von der letzten Studie der ‚Transatlantic Trends' 2011 bis zu den neuesten Ergebnissen der Bielefelder ‚Deutschen Zustände'. Die Umfragen zeigten wie die des SVR, dass die wachsende kulturelle Vielfalt in der Einwanderungsgesellschaft mehrheitlich positiv oder sogar als Bereicherung wahrgenommen wird.[29] Die Tatsache, dass zugleich die gemessenen Abwehrhaltungen gegenüber Muslimen wuchsen, hat Naika Foroutan als ein „Paradoxon des Pluralismus" interpretiert „nach dem Motto: Vielfalt ja, aber ohne Muslime!" Deshalb sei, so Foroutan zu Recht, der „Vielfaltsoptimismus anzuzweifeln, solange er die größte religiöse Minderheit in Deutschland nicht mitdenkt, denn Vielfalt ohne Muslime wäre schlussendlich ein inhärenter Widerspruch."[30]

Den tragenden islamophoben Abwehrargumenten gegen eine fortschreitende ‚Islamisierung Europas' fehlt jede empirische Basis, wie Naika Foroutan in ihrem detaillierten Gutachten gezeigt hat, das alle von Forschungseinrichtungen dazu ermittelten Daten zusammengetragen hat. „Deren wissenschaftliche Analyse ist leider im politischen Diskurs dem Bauchgefühl einer meinungsbildenden Mehrheit unterlegen", kritisiert Foroutan und meint damit insbesondere das ‚Bauchgefühl' der ‚islamkritischen' Publizisten und ihrer medialen Adepten. Mehr noch: „Trends und Ergebnisse, die in puncto Integrationsfortschritte von der Wissenschaft gemessen werden, verschärfen eher das Misstrauen gegenüber der Forschung, als dass sie zu einem Stimmungswechsel innerhalb der Gesellschaft führen."[31]

Dieses wissenschaftsfeindliche Misstrauen, insbesondere gegenüber der nur ‚sogenannten Migrationsforschung' aber ist in Deutschland, wie gezeigt, eine ganz besonders nachhaltige Leistung der in dieser Hinsicht erklärtermaßen forschungsfeindlichen publizistischen ‚Islamkritiker'. Der Nachhall ihrer ebenso flachen wie höhnischen wissenschaftsfernen und wissenschaftsfeindlichen Argumente lässt sich bei jedem Mausklick auf die Seiten der islamfeindlichen Netz- und Hetzwerke nachvollziehen.

In der weiteren Interpretation des Missverhältnisses von Wahrnehmung und Empirie indes unterscheidet sich mein Ansatz von demjenigen von Naika Foroutan, die zusammenfassend folgert: „Da die empirischen Daten jedoch nicht auf eine Islamisierung Europas schließen lassen, sich diese Sorge aber offenbar in großen Teilen der Bevölkerung hält, handelt es sich daher wohl eher um die Furcht vor einem diskursiven Einfluss oder vor erhöhter Repräsentation und Partizipation. [...] Dies kann als Hinweis darauf begriffen werden, dass es sich bei der sogenannten Integrationsdebatte nicht wirklich um Fragen der Integrierbarkeit von Islam oder Muslimen handelt, sondern um Stellvertreterkonflikte, um den Zugang zu sozialen, ökonomischen und kulturellen Ressourcen in einer immer stärker unter ökonomistischen Verteilungsgesichtspunkten strukturierten Gesellschaftsordnung."[32]

Aus meiner Sicht ist der islamfeindliche Widerspruch zwischen Empirie und Wahrnehmung zwar auch, aber nicht primär Ausdruck solcher Zugangs- und Teilhabekonkurrenzen. Wäre er dies, dann müsste er auch gegenüber anderen Zuwanderergruppen wirken, was erkennbar nicht der Fall ist. Für mich ist dieser Widerspruch, der Spannung in der tragenden Verstrebung eines Gewölbes ähnlich, geradezu konstitutiv für die erwähnte eskapistische Ersatzdebatte im Sinne der negativen Integration, auf die sich nun scheinbar alle einigen können – ausgenommen angeblich naive ,Gutmenschen', gefährliche wissenschaftliche ,Schönschreiber' und die Muslime selbst.

Aber jeder darf natürlich auch seine ,guten Muslime' haben. Nur ,der' Islam ist gefährlich, weil er schlicht das Gegenbild von allem ist, was ,uns' an Werten gemeinsam wichtig ist. Und ,der' Islam hat bekanntlich mit ,den' Muslimen zu tun, jedenfalls mit denen, die sich nicht hörbar und sichtbar von ihm distanzieren. Deshalb sind auch ,die' Muslime zumindest potentiell und latent gefährlich … – und schon schnappen die diskursiven Fallen der vulgärrationalistischen ,Islamkritik' zu. Diese einfältigen zirkulären Kurzschlüsse in einem geschlossenen Welt- und Feindbild sind heute dank des regen Wirkens der publizistischen Pioniere der ,Islamkritik' weithin öffentliches ,Gedankengut' geworden. Ihre Propagandisten haben damit die deutsche in die europäische Spitzengruppe der ,islamkritisch' bis islamfeindlich eingestellten Bevölkerungen[33] getragen, welch ein – verheerender – Erfolg.

Der diskursive Friede auf der Grundlage des Gesellschaftsvertrags zu Lasten Dritter ist in der demokratischen Einwanderungsgesellschaft ein gefährlicher Konsens; denn er beruht bei einem großen Teil der Mehrheitsbevölkerung auf dem tendenziellen Ausschluss der größten – muslimischen – Minderheit. Die angeblich ,neue Integrationsdebatte', die diesen Exklusionsmechanismus bedient, ist aus meiner Sicht deshalb eine eskapistische Ersatzdebatte anstelle der gefürchteten und darum verdrängten Debatte um die neue gemeinsame Identität in der Einwanderungsgesellschaft. Der Politikwissenschaftler Dieter Oberndörfer hat als kritischer Multikulturalist und konservativer Republikaner diese Debatte seit den 1990er Jahren vergeblich angemahnt.[34]

Es sei „höchste Zeit, den Antiislamismus gesellschaftlich als die korrupte, bigotte, intolerante, chauvinistische, verleumderische, ekelhafte, rassistische Hetzerei zu ächten, die er ist", warnte Kay Sokolowsky ein Jahr vor Sarrazins Buch, am Ende seiner 2009 vorgelegten Kritik der ‚Islamkritik' und fügte ein düsteres Prognostikon an: „Der Boden ist bestellt, die Saat geht schon auf, und wenn Politik und Medien die allgemeine Akzeptanz islamfeindlicher Slogans und Dogmen nicht schleunigst als enorme Gefährdung des inneren Friedens der Republik erkennen und brandmarken, dann wird demnächst auch geerntet werden."[35]

Auch Sokolowskys Warnung wurde überhört. Sein Buch erreichte keine der Bestseller-Listen, auf denen sich ‚islamkritische' Titel drängten. Die weitere Formation von ‚islamkritischen' und islamfeindlichen Strömungen zu einer machtvollen Bewegung im Schatten der Sarrazin-Debatte und die blutige Begegnung von Wortgewalt und Tatgewalt aber bestätigten seine Warnungen. Was er 2009 nicht wissen konnte, war, dass die von ihm befürchtete ‚Ernte' in Gestalt der Bombenattentate, Mord- und Raubzüge des NSU schon längst begonnen hatte.

Die Antwort auf die Herausforderung durch den demokratiefeindlichen Antiislamismus aber kann, von strafbaren Handlungen, Vorhaben und Vereinigungen abgesehen, nicht Sache von Verboten sein. Zensur ist ein Widerspruch zur Freiheit des Arguments und trifft ohnehin meist die Falschen. Beobachtung muss nötigenfalls sein – aber durch einen ‚Verfassungsschutz', der diesen Namen verdient.

Es geht vielmehr darum, anstelle der eskapistischen Ersatzdebatten endlich die Debatte um die neue kollektive Identität in der Einwanderungsgesellschaft zu wagen. Dazu braucht man politischen Mut und Durchhaltevermögen. Denn dabei geht es nicht um schnelle Patentlösungen, sondern um eine dauerhafte und sich stets neu stellende Aufgabe in der sich eigendynamisch weiter entfaltenden Einwanderungsgesellschaft. Einige Überlegungen dazu bietet das letzte Teilkapitel.

8.2 Das Ende der Ersatzdebatten: von negativer Integration zu neuer Identität in der Einwanderungsgesellschaft

Wichtig ist in der Einwanderungsgesellschaft nicht nur, wogegen man sich wehren muss, sondern auch, wofür man gemeinsam einstehen will. Dieses schon mehrfach erwähnte solidarische ‚Wir', das das tragende wechselseitige Grundvertrauen in der demokratischen Einwanderungsgesellschaft sichert, ist Extremisten auf allen Seiten ein Dorn im Auge; denn nichts ist für sie lähmender als Anerkennung durch Teilhabe und die gelebte Akzeptanz kultureller Vielfalt in sozialem Frieden. Deshalb auch gibt es eine intentionale Symbiose zwischen fundamentalistischen Islamisten und fundamentalistischen Antiislamisten – im islamophagen Kampfjargon von *Politically Incorrect* also zwischen den Anhängern von ‚Dschihad' und ‚Counter-Dschihad'. Gemeinsam ist ihnen die Verachtung der vermeintlich aus Schwäche geborenen angeblich ‚multikulturalistischen' demokratischen Einwanderungsgesellschaft und das Interesse an deren Destruktion.

In einem Zusammenbruch ihrer Werte und Strukturen mit Konflikten in Wohnumfeld, Nachbarschaft und letztlich expandierenden bürgerkriegsähnlichen Szenarien zunächst in großstädtischen Distrikten mit starker Zuwandererbevölkerung sehen beide Seiten in ihren desintegrativen Wahnvorstellungen eine Chance, sich als neue Ordnungsmächte zu gerieren, deren Waffen Terror und Gegenterror sind.[36] Auch Ansätze zur Verwirklichung solcher sozialparanoiden Vorstellungen können, wie die Terrorerfahrungen gezeigt haben, eminent gefährlich werden. Ihre Ausbreitung kann verhindert werden, wenn die demokratische Einwanderungsgesellschaft ihre Verfassung lebt, wenn sie sich also auf ihre verfassungsmäßigen Werte besinnt und deren Feinden auf dieser Grundlage in Freiheit entschieden, mutig und wehrhaft entgegentritt.

Nötig dazu ist einerseits die Ächtung der den sozialen und kulturellen Frieden in der Einwanderungsgesellschaft gefährdenden, geschickt an der Grenze der Verfassungskonformität operierenden Agitationen. Das gilt für aggressive Minderheiten ebenso wie für nicht minder aggressive, an der gleichen Grenze lavierende minderheitenfeindliche Gruppen aus der Mehrheitsbevölkerung, z.B. für die über die Religionskritik im engeren Sinne hinausgehende, pauschalisierende und eine ganze Glaubensgemeinschaft denunzierende vulgärrationalistische ‚Islamkritik'. Sie geriert sich als Retter des Abendlandes, betreibt aber in Wahrheit desintegrative Identitätssicherung der Mehrheit mithilfe der Auskreisung einer starken und in sich vielgestaltigen Minderheit, also negative Integration, auch um den Preis eines regelrechten Kulturkrieges, durch den ihre Agitation zu einer sich selbst erfüllenden Prophezeiung werden würde.

Nötig ist andererseits – trotz aller prekären Probleme der Selbstbeschreibung im Blick auf die jüngere deutsche Geschichte – eine klare und mutige Selbstbeschreibung von Einwanderungsgesellschaft und Einwanderungsland, heute selbstverständlich auch unter Beteiligung der Einwandererbevölkerung: Zu den Schleifspuren der verhängnisvollen und durch politische Amnesie nicht aus der Geschichte zu schaffenden jahrzehntelangen politischen Erkenntnisverweigerung in Sachen Migration und Integration gehört, dass es bis heute nicht gelungen ist, ein für alle in diesem Land Lebenden – Deutsche, Einwanderer und Ausländer – verstehbares Selbstbild zu entwickeln. Darin müssen die wirtschafts-, gesellschafts- und kulturpolitischen Dimensionen Migration und Integration ebenso ihren Ort finden wie die Menschen, die in dieser Einwanderungsgesellschaft leben und die zu einer beschreibbaren neuen gruppenübergreifenden Identität finden müssen, die im Alltag schon gelebt wird, aber noch keinen Namen hat.

In der neuen deutschen Einwandererelite hatten sich am Ende des ersten Jahrzehnts dieses Jahrhunderts die Warnungen vor einer Flucht in die negative Integration verstärkt. Das zeigen beispielhaft die kulturkritischen Einschätzungen des deutsch-türkischen Dichters und Schriftstellers Zafer Şenocak und der deutsch-iranischen Sozialwissenschaftlerin Naika Foroutan:

„Kann ein guter Deutscher wirklich nur sein, wer kein Türke mehr ist?", fragte Zafer Şenocak vor dem Hintergrund der zur kollektiven Empörungsdiskussion aufsteigenden Sarrazin-Debatte Anfang August 2010. Das Gegenteil einer polarisierenden Identitätsdebatte sei doch die „Durchlässigkeit an konstruierten Grenzen. Erst diese Durchlässigkeit ermöglicht das allmähliche Entstehen einer Avantgarde, einer erst einmal kleinen Gruppe von Menschen, die sich als Weltbürger verstehen; sie übernehmen Vorbildfunktionen, die für eine Einwanderungsgesellschaft unverzichtbar sind.

Doch die Wirklichkeit in Deutschland sieht anders aus. Zu dünn ist die Luft, in der eine solche Avantgarde sich frei entfalten könnte. Im Gegenteil: Die meisten selbständig denkenden Türken in Deutschland, die sich weder von deutschen noch türkischen Identitätsnostalgikern instrumentalisieren lassen, werden an den Rand gedrängt und unsichtbar gemacht. Bewegliche, nicht fixierte Identitäten werden nach wie vor mehr als Gefährdung, denn als Chance wahrgenommen. Übrig bleiben die Wasserträger einer verunsicherten, nach Selbstbestätigung lechzenden Mehrheitsgesellschaft und diejenigen unter den Einwanderern, die sich abschotten und somit das Gesamtbild komplett machen.

Herkunft und Lebenswirklichkeit zu einer nicht konfliktfreien, aber fast immer produktiven, vor allem beweglichen Identität zu verbinden, diese Beweglichkeit ist das Kapital jeder spätmodernen Gesellschaft. In Deutschland aber wird dieses Kapital nicht nur vergeudet, es wird auch innerlich und rhetorisch abgelehnt. Die Erhöhung des Selbst durch die Stigmatisierung des Anderen mag einer durch Einwanderung verunsicherten Gesellschaft vorübergehende Erleichterung verschaffen. Doch letztlich erweist sie ihr einen Bärendienst. Denn die hohe Warte, von der man auf andere herabschaut, hat keine Fundamente. Sie offenbart lediglich einen Abgrund."[37]

Naika Foroutan hatte in einer kulturkritischen Gesellschaftsdiagnose über die Spannung zwischen Realität, „gefühlter Empirie" und insbesondere dem „Bauchgefühl" von durch den kulturellen Wandel verunsicherten „lauten Männern" in Deutschland schon Ende 2009 geschrieben:

„Während die Realität uns Menschen mit muslimischem Migrationshintergrund also durchaus bescheinigt, dass wir uns aktiv einfügen wollen, ohne unsere kulturellen Wurzeln zu vergessen, dass uns eine erhöhte Frustrationstoleranz und höhere psychische Robustheit zugeschrieben werden, dass man auf Expertenseite unsere Sprachkompetenz als Bereicherung schätzt und unsere Vermittlerrolle im kulturellen Dialog hervorhebt, unser Empathievermögen und unsere Flexibilität lobt, und während wir langsam beginnen, uns als das neue weltoffene Gesicht Deutschlands zu präsentieren, als multi-ethnische ‚Neue Deutsche', beobachten wir eine rückständige, realitätsferne, griesgrämige und von Ur-Ängsten dominierte Empirie der öffentlichen Meinung.

Während unsere hybride Identität uns in die Lage versetzt, ‚Mehr-Heimigkeit' als Ressource zu empfinden und unsere antagonistischen Identitätsspole zu nutzen […], wundern wir uns teils still, teils sprachlos, teils machtlos, teils traurig, teils resigniert und teils voller Wut über die Wirkungsgewalt von Themen, die mit ihrer Diskursmacht alles auf eine Homogenisierung der Identität reduzieren.

Während ein Großteil von uns längst eine postintegrative Perspektive eingenommen hat und wir in unserem Deutschland bereits angekommen sind, legt sich über diese wirkliche, messbare und nachweisbare Wahrheit die träge Matrix der Hyperrealität – die Sehnsucht nach einem alten Deutschland, das vielleicht ein bisschen bunt, aber bitte ohne ‚die Muslime' daherkommen sollte. Diese Hyperrealität dominiert die Wahrnehmungswelt und in Folge leider unsere Lebenswirklichkeit: Mit steigenden Integrationserfolgen, Bildungsaufstieg und unserer Präsenz im Elitenraum, mit Deutsch als ‚Muttersprache' und Muslimen als Nachrichtensprechern und Kulturpreisträgern beginnt die fiktive Konstante der kollektiven Identitätszuschreibung – ‚Deutsch-Sein‘ – als letzte sichere Ressource zu bröckeln. Dies lässt Abwehrmechanismen in der Mehrheitsgesellschaft wuchern, die ihre Identität dadurch zu festigen versucht, dass sie uns als ‚Andere‘ markiert."[38]

Unter dem Eindruck der Sarrazin-Debatte hat Naika Forou-tan dann im Herbst 2010 in einem immer wieder nachgedruckten kleinen Aufsatz von einer demonstrativen Selbstfindung der neuen Einwandererelite berichtet. Sie positioniert sich zunehmend selbstsicher und in kultureller Pionierfunktion gegenüber durch die kulturelle Eigendynamik der Einwanderungsgesellschaft verunsicherten Kreisen der Mehrheitsbevölkerung, die von geschäftstüchtigen rückwärtsgewandten Identitätsideologen und überassimilierten Opportunisten mit Migrationshintergrund in ihren kulturalistischen Abwehrreflexen bestärkt werden:

„Seitdem die ‚Sarrazin-Debatte‘ offensichtliche Exklusionsmechanismen zu Tage förderte, die bis tief in die Mitte der Gesellschaft hinein vertreten werden, sind auch überraschend klare Selbstverteidigungsreaktionen bei Menschen mit Migrationshintergrund zu beobachten. Aus den multiplen Wir-Identitäten, welche die Zugehörigkeitskontexte dieser Menschen mitbestimmen, artikuliert sich immer häufiger der Gedanke einer neuen deutschen Identität ‚in between‘. Offen wird eine Stimmung verhandelt, in der trotzig ein ‚wir gehören dazu‘ und ‚das ist auch unser Land‘ artikuliert wird. Als hätte ein Moment der Angst um den Verlust der Heimat das Bewusstsein geschaffen, dass man ein postmodernes Bekenntnis artikulieren möchte.

In dieses Bekenntnis reihen sich auch jene Herkunftsdeutschen ein, für die die Debatte die Frage aufwirft, mit wem man sich selbst in seinem Land eher assoziiert und mit wem man eine vergleichbare Ideenwelt oder aber eine Vorstellung von Zukunft teilt. Eine parodierende Variante dessen lautete in den 1980er Jahren: ‚Ausländer, lasst uns mit den Deutschen nicht allein.‘ Geändert hat sich seitdem, dass diese ‚Ausländer‘ zu einem wesentlichen Bestandteil Deutschlands geworden sind. Dabei bedeutet die Idee, sich Deutschland ohne Multikulturalität nicht mehr vorstellen zu wollen, keineswegs, dass man religiösem Extremismus nicht aktiv entgegenträte – nein: man tritt ihm nur gemeinsam entgegen – genauso wie dem Rechtspopulismus.

Deutschland ist nach der ,Sarrazin-Debatte' ein gespaltenes Land. Aber die Trennlinie verläuft nur oberflächlich zwischen ,den Muslimen' und ,dem Rest' und nur temporär zwischen Menschen mit Migrationshintergrund und jenen ohne. Die Trennlinie verläuft zwischen den ,alten' und den ,neuen' Deutschen und ihrer jeweiligen Vision von der Zukunft ihres Landes. Es sind zwei unterschiedliche Vorstellungen von Deutschland, die hier aufeinanderprallen. Das neue Deutschland wird sich in der Zukunft nicht mehr durch Herkunft, Genetik und Abstammungsstrukturen definieren können – dies erlaubt schon der demografische Wandel nicht mehr. Es wird sich trotzdem nicht abschaffen – es wird nur ethnisch und kulturell vielfältiger sein. Und Deutschsein gilt dann als Chiffre für die Zugehörigkeit zu einem gemeinsamen Land."[39]

Für ein so konzipiertes neues, Zusammenhalt stiftendes Selbstbild der Einwanderungsgesellschaft aber brauchen wir gemeinsam erarbeitete Grundorientierungen – nicht nur wogegen, sondern auch wofür.[40] Und wir brauchen darauf gegründete Spielregeln, von denen die wichtigsten schon im Grundgesetz stehen, das aber hierzulande offenkundig nicht eben jeder kennt. Zu diesen Grundorientierungen und Spielregeln gehört auch eine über passive Toleranz hinausgehende aktive Akzeptanz von Zuwanderung als wirtschaftlichem Kräftezuwachs und als kultureller Bereicherung im Sinne des kanadischen Mottos ,Vielfalt ist unsere Kraft' (,diversity is our strength'). Das ist das Gegenteil von Xenophobie und Kulturrassismus, von ,Islamkritik' und Islamfeindschaft.[41]

Nötig zu alldem ist, durchaus im Sinne der Orientierungskurse im Paket der Integrationskurse für Zuwanderer, ein lebensbegleitendes Orientierungsangebot für alle in der Einwanderungsgesellschaft, also auch für Bürger ohne den sogenannten

Migrationshintergrund: Das reicht von der vorschulischen Erziehung, schulischen Bildung und beruflichen Ausbildung über die Kommunikation am Arbeitsplatz bis hin zur kultursensiblen Altenpflege.

Dieses neue Orientierungsangebot sollte sich ebenso in einer entsprechenden Ausrichtung aller publikumsintensiven öffentlichen Einrichtungen spiegeln, in denen, Umfragen zu Folge, von Zuwanderern nach wie vor die meisten Diskriminierungen erfahren oder doch empfunden werden – von den bei Umfragen noch immer besonders beklagten Umgangsformen im Ausländer- oder Einwohnermeldeamt bis zu Kundenpflege und Literaturangebot in der Stadtbibliothek. Die Zeiten der sozialtherapeutischen Integrationsförderung durch Maßnahmen und von ‚kultureller Toleranz‘ als herablassendem Zugeständnis von ‚Einheimischen‘ gegenüber aus anderen Kulturen stammenden ‚Fremden‘ sind vorbei. Kulturelle Toleranz gegenüber – ebenso einheimischen – Einwanderern kann in der Einwanderungsgesellschaft nur als Akzeptanz kultureller Vielfalt auf Augenhöhe funktionieren.

In der Einwanderungsgesellschaft ist Integrationsförderung als Teilhabeförderung für Menschen mit und ohne Migrationshintergrund also ein Zentralbereich der Gesellschaftspolitik. Der Sachverständigenrat deutscher Stiftungen für Integration und Migration hat, wie erwähnt, seiner Arbeit die 2004 entwickelte, teilbereichsorientierte Integrationsdefinition des Sachverständigenrats für Zuwanderung und Integration (Zuwanderungsrat) zugrunde gelegt. Danach ist soziale Integration die messbare Teilhabe an den zentralen Bereichen des gesellschaftlichen Lebens. Das gilt ausdrücklich für Menschen mit wie ohne Migrationshintergrund. Integrationspolitik in diesem Sinne ist also ein Thema für alle in der Einwanderungsgesellschaft.

Deshalb sollte es auch – teilbereichsorientierte – ‚Integrationskurse‘ für alle geben können. Im Grunde gibt es sie ja schon längst – denn was sonst sind, wohlverstanden, die ‚Wiedereingliederungsmaßnahmen‘ am Arbeitsmarkt, wenn sie sich nicht in einem bloßen Bewerbungskarussell erschöpfen? Es sollte darüber hinaus auch das Angebot von allgemeinen Orientierungskursen für Menschen ohne Migrationshintergrund zum besseren Verständnis der Einwanderungsgesellschaft geben. Das ist das, was ich vor Jahren schon als ein Angebot von ‚Integrationskursen für Deutsche‘ gefordert habe.

Der Souverän aber ist der Auftraggeber von Politik. Er ist nicht jener verrotzte Zögling mit Lernstörungen im Sandkasten, der von seinen vermeintlichen politischen Erziehungsberechtigten nur mit möglichst ungefährlichem Spielzeug bedacht werden darf und im Übrigen vor seinen Ängsten vor Zuwanderung und Integration zu beschützen ist, die die Politik angeblich ‚ernst nehmen‘ muss. Der Souverän ist vielmehr, wie am Beispiel der migrationspolitischen Antworten im SVR-Barometer 2012 gezeigt, im Blick auf anstehende steuerungspolitische Entscheidungen deutlich belastbarer, als von vielen politischen Akteuren vermutet.

Als Gefahren unbedingt ernst zu nehmen hingegen sind Ängste und Abwehrhaltungen gegenüber ‚dem Islam‘, die nicht Thema der SVR-Integrationsbarometer sind. Diese Einstellungen aber sind nicht nur von ‚islamkritischer‘ Publizistik und antiislamischer Agitation geschürt, sondern auch durch populistische Konzessionen von Politikern an diese Stimmungstreiber verstärkt worden, gerade auf dem Höhepunkt der Sarrazin-Debatte im Herbst 2010. Nur ein einziges Beispiel sei hier genannt: Der bayerische Ministerpräsident Seehofer empfahl im Oktober 2010, die Grenzen vor Türken und Arabern zu schließen und votierte gegen eine Zuwanderung „aus fremden Kulturkreisen" (ohne die gerade Bayern zweifelsohne nicht entstanden wäre). In seiner Rede zum politischen Aschermittwoch am 9. März 2011 garantierte er unter tosendem Applaus schließlich sogar einen Kampf „bis zur letzten Patrone" gegen kulturfremde Einwanderung.[42]

Opportunistische Anbiederungen dieser Art zeugen nicht von politischer Bodenhaftung und Standfestigkeit, sondern von einem demagogischen Populismus, der ebenso gefährlich ist wie die

‚Islamkritik' selbst. Es gilt hier eine doppelte Angstschwelle zu überschreiten: die Angst der Politik vor dem Bürger als Wähler und die Angst der Bürger vor einer Politik, die sich zunehmend dem Souverän entzieht. Wer das nicht begreift, sollte nachsitzen und dabei zur Strafe Max Weber auswendig lernen müssen.

Integration ist ein Zentralbereich der Gesellschaftspolitik. Umso weniger darf, wie gezeigt, diese gesellschaftspolitische Schlüsseldimension der Einwanderungsgesellschaft als experimentelle Spielwiese dem konzeptionell überforderten Bundesministerium des Innern überlassen bleiben. Die partielle Neuordnung der Ressortzuständigkeiten in Sachen Integrationspolitik allein ist aber nicht genug. Im kulturellen und mentalen Stress der sich rasant entfaltenden, viele Strukturen und Lebensformen von Grund auf verändernden Einwanderungsgesellschaft sind auch ressortübergreifend überzeugende gesellschaftspolitische Konzeptionsstärke und Handlungskraft, Führungsstärke und Verantwortungsbereitschaft in Regierungsverantwortung gefragt, wenn aus engagierten Bürgern nicht noch mehr ‚Wutbürger', Nicht- oder Protestwähler werden sollen.

Gelingt dieser Kurswechsel nicht, dann könnte Deutschland in den Weg anderer europäischer Länder einbiegen mit einem starken Wachstum völkischer, von charismatischen Demagogen geführter Strömungen und Parteien, zumal Einwanderungs- und Integrationsfragen ein bewährtes „Sprungbrett rechtspopulistischer Parteien" sind.[43] Die konnten hierzulande bislang noch im vorhandenen Parteienspektrum aufgefangen werden. Zugleich aber formieren sich in Deutschland kulturrassistische Strömungen wie die vulgärrationalistische ‚Islamkritik' auf der einen und völkisch-neurechte Kleinstparteien und Splittergruppen wie ‚Pro Deutschland' und die ‚Identitären' auf der anderen Seite zu einer ‚Bewegung', die in vorauseilender Ersatzfunktion schon jene negative Integration propagiert, die in anderen Staaten von fremdenfeindlichen Parteien betrieben wird.[44]

Vielleicht brauchen diese Strömungen und ‚Bürgerbewegungen' auch in Deutschland nur noch ein Sammelbecken und einen charismatischen Führer, um gefährliche Sprengkräfte zu entfalten.[45] Das aber wäre nur eine scheinbare ‚Normalisierung' des deutschen Wegs in Europa; denn sie stünde im langen Schatten einer düsteren Geschichte, die sich gerade in Minderheitenfragen deutlich von derjenigen anderer moderner europäischer Einwanderungsländer unterscheidet.

Wir brauchen zugleich eine bewusst gelebte Vorbildrolle von Politik im Umgang mit den Themen Migration und Integration. Das ist ein Feld, in dem zu lange zu viele opportunistisch-populistische Fehler gemacht wurden, die in der Einwanderungsgesellschaft grob fahrlässig sind. Gelingt dies nicht, könnte viel aus dem Ruder laufen – was man im selbstgerechten politischen Rückblick aus der Zukunft heute vielleicht, wieder einmal, ‚zwar schreiben, aber doch gar nicht wissen' könnte ...

Unser Umgang mit den Themen Einwanderung, Integration und Islam ist an einem kritischen Punkt angelangt. Jetzt muss sich zeigen, ob der Schock der NSU-Verbrechen noch einen verantwortlichen Lernprozess einleiten kann oder ob das erlebte demagogische Spiel mit gefährlichen Vorurteilen anhält oder wiederkehrt, das den Umschlag von Kritik in Gewalt weiter forcieren könnte.

Dann könnte der kulturelle und soziale Friede in der Einwanderungsgesellschaft in Deutschland nachhaltig destabilisiert werden, auch durch terroristische Angriffe mit konspirativen Unterstützerkreisen. Das würde die rasch berühmt gewordene Botschaft des neuen Bundespräsidenten Joachim Gauck in seiner Antrittsrede vom 23. März 2012 an die Adresse der „rechtsextremen Verächter unserer Demokratie" auf eine harte Probe stellen: „Euer Hass ist unser Ansporn. Wir lassen unser Land nicht im Stich. Wir schenken Euch auch nicht unsere Angst. Ihr werdet Vergangenheit sein und unsere Demokratie wird leben!"[46]

Anmerkungen

1 Klaus J. Bade, Was man verdrängt, das kann man nicht gestalten. Die große Ratlosigkeit. Einwanderungsprobleme ohne Einwanderungspolitik, in: Frankfurter Rundschau, 21.11.1994 (gekürzte Fassung meines Hauptreferats auf dem ersten Symposium der Deutschen Nationalstiftung in Weimar am 4.11.1994 zum Thema: ‚Einwanderung in Deutschland – politische Aufgabe und gesellschaftliche Herausforderung‘).

2 S. Anm. 14, S. 38.

3 Am Orde, Sabine: Migrationsforscher Klaus J. Bade. „Es mangelt an einem solidarischen Wir", Interview in: taz.de/Die Tageszeitung, 10.2.2009.

4 ‚Mittelschicht sucht Sündenböcke‘. Integrationsbeauftragter Piening zieht Bilanz, in: Berliner Zeitung, 19.3.2012.

5 Bischof Dröge. Sarrazin-Buch hat Vertrauen zerstört, in: Katholische Nachrichtenagentur, 13.3.2012.

6 Thomas de Maizière über den Fall Thilo Sarrazin. Interview Armin Käfer/Thomas Maron, in: Badische Zeitung, 2.9.2010.

7 Zitiert nach: Preuß, Roland: Unsinn in allen Schattierungen, in: sueddeutsche.de, 12.10.2010.

8 Seibel, Andrea: Die nachhaltigen Offenbarungen der Sarrazin-Debatte. Interview mit Necla Kelek und Monika Maron, in: Die Welt Online, 27.9.2012; vgl. u.v.a.: dies./Faruhn, Joachim/Schumacher, Hajo: Thilo Sarrazin. „Ich bin kein Rassist", in: Berliner Morgenpost, 28.8.2010; Seibel, Andrea: ‚Nicht Sarrazin, sondern die Diskussion spaltet das Land.‘ Interview mit Necla Kelek und Monika Maron, in: Die Welt Online, 2.9.2010; Seibel, Andrea/Broder, Henryk M.: „Das ist die Wut der Pharisäer", Interview mit Thilo Sarrazin, in: Die Welt Online, 10.1.2012.

9 Seibel, Andrea: Deutschland ist durch Sarrazin klüger geworden, in: Die Welt Online, 9.5.2011.

10 Foroutan, Muslimbilder in Deutschland, S. 28.

11 Türkische Zuwanderer fühlen sich ‚unerwünscht‘, in: Die Welt Online, 19.7.2011.

12 Hierzu s. Kap. 7.2.

13 Frindte u.a., Lebenswelten junger Muslime in Deutschland, S. 585.

14 Foroutan, Muslimbilder in Deutschland, S. 52 f.

15 Frindte u.a, Lebenswelten junger Muslime in Deutschland, S. 591 f.; vgl. Şenol, Ekrem: Die Spielregeln, der Teufelskreis und die logischen Folgen der Sarrazin-Debatte, in: MiGAZIN, 5.3.2012.

16 S. Anm. 33, S. 345.

17 ‚Ihr Deutschen braucht mehr Bindestrich-Identitäten‘. Interview mit Tamar Jacoby, in: Berliner Zeitung, 22.1.2011.

18 Tamar Yacoby (New York) im Interview mit der Berliner Zeitung: „Die Sarrazin-Debatte hat dem Ansehen Deutschlands nicht geholfen. Das spricht sich rum bis nach China." ‚Ihr Deutschen braucht mehr Bindestrich-Identitäten‘. Interview mit Tamar Jacoby, in: Berliner Zeitung, 22.1.2011.

19 Ette u.a.: Die Entwicklung der Zuwanderung hochqualifizierter Drittstaatsangehöriger nach Deutschland.

20 In diesem Sinne auch: Benz, Die Feinde aus dem Morgenland, S. 97-99.

21 Kelek, Necla: Sarrazin. Ein Jahr danach, in: Frankfurter Allgemeine Zeitung, 31.8.2011.

22 Decker u.a., Die Mitte im Umbruch; vgl. Anm. 2, S. 343.

23 Vgl. Anm. 7, S. 38.

24 Decker u.a., Die Mitte im Umbruch, S. 86-100, 117.

25 Bade (Hrsg.), Deutsche im Ausland – Fremde in Deutschland; Lucassen, The Immigrant Threat.

26 Aus der Forschungsperspektive der Gruppenbezogenen Menschenfeindlichkeit: Andreas Zick/Beate Küpper, Zusammenhalt durch Ausgrenzung?

27 Bade u.a., Integration im föderalen System, S. 22.

28 So die treffende Interpretation von N. Foroutan, Muslimbilder in Deutschland, S. 8 f.

29 Bertelsmann-Stiftung, Zuwanderer identifizieren sich mit Deutschland; Auffassung der Ostdeutschen über Ausländer (Umfrage Bundesverband ‚Volkssolidarität‘), in: MiGAZIN, 30.7.2009; Kontakte zwischen Zuwanderern und Deutschen nehmen zu (Umfrage Institut für Demoskopie Allensbach), in: ebd., 7.9.2009; Breiter Zuspruch für Einwanderungspolitik in Deutschland (Umfrage German Marshall Fund), in: ebd., 8.12.2009; Personen mit türkischem Migrationshintergrund weisen einen hohen Integrationswillen in die deutsche Gesellschaft auf (Umfrage Info GmbH/Liljeberg Research International), in: Newsletter Migration und Bevölkerung, Sept. 2012; Zick/Küpper, Zusammenhalt durch Ausgrenzung?, S. 171 f.

30 Foroutan, Muslimbilder in Deutschland, 8 f.

31 Ebd., S. 55.

32 Ebd., S. 57.

33 Hierzu die Daten und Schaubilder ebd., S. 17-22.

34 Vgl. z.B. Oberndörfer, Die offene Republik; ders., Der Wahn des Nationalen; ders., Assimilation, Multikulturalismus oder kultureller Pluralismus; ders., Deutschland in der Abseitsfalle.

35 Sokolowsky, Feindbild Moslem, S. 146, 183.

36 Vgl. dazu die Einschätzung von Kai Hafez, die von der „derzeitigen Schizophrenie Europas zwischen dem Liberalismus weiter Teile des politischen Systems und der Intoleranz weiter Teile der Gesellschaften" ausgeht: „Für die Zukunft gibt es zwei denkbare Szenarien: einen Zerfall der politischen Ordnungen mit unabsehbaren Folgen oder eine kulturelle und gesellschaftliche Entwicklung, wobei sich das bürgerliche Europa zumindest in Teilen von den negativen Toleranz ab- und der positiven Anerkennung der muslimischen Minderheit zuwendet, so dass ein neuer Konsens einer multikulturellen liberalen Gesellschaft entstünde." (Hafez, Freiheit, Gleichheit und Intoleranz, S. 131 f., 134 f., 139).

37 Şenocak, Zafer: Migration als Einbahnstraße, in: dradio.de, Reihe: Essay und Diskurs, 1.8.2010.

38 Foroutan, Naika: Wahrheit und Gefühl, in: Frankfurter Rundschau, 18.12.2009.

39 Foroutan, Neue Deutsche, Postmigranten und Bindungs-Identitäten.

40 Hierzu zuletzt: Schneider u.a., Belonging; Pries (Hrsg.), Zusammenhalt durch Vielfalt?; Sennett, Was unsere Gesellschaft zusammenhält.

41 Grundlegend hierzu: Hafez, Freiheit, Gleichheit und Intoleranz, S. 297-322; vgl. Forst, Rainer: Toleranz im Konflikt; ders., Toleranz und Anerkennung.

42 Seehofer befürwortet Einwanderungsstopp für ‚fremde Kulturkreise‘, in: Faz.Net 9.10.2010; Bade, Abwehrhaltungen und Willkommenskultur.

43 Lochocki, Immigrationsfragen. Sprungbrett rechtspopulistischer Parteien; vgl.: Langenbach/Schellenberg (Hrsg.), Ist Europa auf dem ‚rechten‘ Weg?; Goodwin, Right Response. Understanding and Countering Populist Extremism in Europe.

44 Überblick: Reinfeldt, Populismus – eine politische Technologie; vgl. Anm. 4, S. 16, Anm. 37, S. 140.

45 Beachtenswert erscheint mir hier im Blick auf die ihrer Grenznähe zu rechtsextremistischen Vereinigungen wegen zum Teil vom Verfassungsschutz beobachteten ‚Pro‘-Bewegungen Kay Sokolowskys „Vermutung, erhebliche Teile der ‚autochthonen‘ Deutschen wären bereit, einer Partei zu folgen, die den Antiislamismus professioneller, im Ton moderater und vor allem mit weniger personeller Nähe zur NPD vertritt, als die selbsternannten ‚Bürgerbewegungen‘ es zur Zeit tun" (Sokolowsky, Feindbild Moslem, S. 144 f.)

46 Bundespräsidialamt, Bundespräsident Joachim Gauck nach seiner Vereidigung zum Bundespräsidenten im Deutschen Bundestag.

9. Literatur

(Medienbeiträge nur in den Anmerkungen)

AK Grüne MuslimInnen NRW: Keine Auszeichnung für Diffamierungen! Kein Freiheitspreis für Necla Kelek!, 2010, http://www.petitionen24.com/kelek/.

Akbas, Melda: So wie ich will. Mein Leben zwischen Moschee und Minirock, München 2010.

Allianz-Kulturstiftung: Reden über Europa 2011. Audio-Mitschnitt, Berlin 2012, http://www.allianz-kulturstiftung.de/dokumente_videos_de_und_en/11_reden_ueber_europa_240611_audio.mp3.

Amirpur, Katajun: Die Muslimisierung der Muslime, in: Sezgin, Hilal (Hrsg.), Manifest der Vielen – Deutschland erfindet sich neu, Berlin 2011, S. 197-203.

Anger, Christina/Erdmann, Vera/Plünnecke, Axel/Riesen, Ilona: Integrationsrenditen. Volkswirtschaftliche Effekte einer besseren Integration von Migranten, Köln 2010.

argumente-netzwerk antirassistische bildung e.V./DGB (Hrsg.): Flächenbrand – Extrem rechte Strukturen in der Grenzregion von Westerwald, Mittelhessen und Siegerland, Berlin 2010.

Arikan, Erkan/Ham, Murat: Jung, erfolgreich, türkisch. Ein etwas anderes Porträt der Migranten in Deutschland, Bergisch Gladbach 2009.

Asa, Muhammad: Die Botschaft des Koran: Übersetzung und Kommentar, Ostfildern 2009 (Originalausgabe: The Message of The Qur'an, 1980).

Asa, Muhammad: Der Weg nach Mekka, Ostfildern 1997 (Originalausgabe: The Road to Mecca, 1954).

Autorengruppe Bildungsberichterstattung: Bildung in Deutschland 2012. Ein indikatorengestützter Bericht mit einer Analyse zur kulturellen Bildung im Lebenslauf, Bielefeld 2012.

Aydin, Yasar: Der Diskurs um die Abwanderung Hochqualifizierter türkischer Herkunft in die Türkei, HWWI Policy Paper 9, Hamburg Mai 2009.

Baas, Timo/Brückner, Herbert: Mehr Chancen als Risiken für Deutschland. IAB-Kurzbericht 10/2011, Institut für Arbeitsmarkt- und Berufsforschung, Nürnberg 2011.

Baasner, Frank (Hrsg.): Migration und Integration in Europa, Baden-Baden 2010.

Babka von Gostomski, Christian: Fortschritte der Integration. Zur Situation der fünf größten in Deutschland lebenden Ausländergruppen, Nürnberg 2010.

Bachinger, Eva Maria/Schenk, Martin: Die Integrationslüge. Antworten in einer hysterisch geführten Auseinandersetzung, Wien 2012.

378

Bade, Klaus J.: Friedrich Fabri und der Imperialismus in der Bismarckzeit. Revolution, Depression, Expansion, Freiburg i.Br. 1975.

Bade, Klaus J.: Massenwanderung und Arbeitsmarkt im deutschen Nordosten von 1880 bis zum Ersten Weltkrieg. Überseeische Auswanderung, interne Abwanderung und kontinentale Zuwanderung, [in: Archiv für Sozialgeschichte, 20. 1980, S. 265-323] wieder abgedruckt in: ders., Sozialhistorische Migrationsforschung. Hrsg. v. Michael Bommes und Jochen Oltmer. Studien zur Historischen Migrationsforschung. Bd. 13, Göttingen 2004, S. 89-158.

Bade, Klaus J.: ,Kulturkampf' auf dem Arbeitsmarkt. Bismarcks ,Polenpolitik' 1885-1890, [in: Pflanze, Otto (Hrsg.): Innenpolitische Probleme des Bismarckreichs, München 1983, S. 121-142] wieder abgedruckt in: ders., Sozialhistorische Migrationsforschung. Hrsg. v. Michael Bommes und Jochen Oltmer. Studien zur Historischen Migrationsforschung. Bd. 13, Göttingen 2004, S. 159-184.

Bade, Klaus J.: Vom Auswanderungsland zum Einwanderungsland? Deutschland 1880-1980. Mit einem Geleitwort des Präsidenten der Bundesanstalt für Arbeit J. Stingl, Berlin 1983.

Bade, Klaus J.: ,Preußengänger' und ,Abwehrpolitik'. Ausländerbeschäftigung, Ausländerpolitik und Ausländerkontrolle auf dem Arbeitsmarkt in Preußen vor dem Ersten Weltkrieg, [in: Archiv für Sozialgeschichte, 24. 1984, S. 91-162] wieder abgedruckt in: ders., Sozialhistorische Migrationsforschung. Hrsg. v. Michael Bommes und Jochen Oltmer. Studien zur Historischen Migrationsforschung. Bd. 13, Göttingen 2004, S. 215-302.

Bade, Klaus J. (Hrsg.): Auswanderer – Wanderarbeiter – Gastarbeiter. Bevölkerung, Arbeitsmarkt und Wanderung in Deutschland seit der Mitte des 19. Jahrhunderts. Mit einem Geleitwort des Präsidenten der Bundesanstalt für Arbeit, J. Stingl, 2 Bde., Ostfildern 1984.

Bade, Klaus J.: Die neue Einwanderungssituation und die Bringschuld der Politik, in: Vierteljahrschrift der Stiftung Christlich-Soziale Politik, 6. 1991, H. 4, S. 18-19.

Bade, Klaus J.: Von der Ratlosigkeit der Politik und der Sprachlosigkeit zwischen Politik und Wissenschaft, in: Vierteljahrschrift der Stiftung Christlich-Soziale Politik, 6. 1991, H. 4, S. 20-21.

Bade, Klaus J. (Hrsg.): Deutsche im Ausland – Fremde in Deutschland. Migration in Geschichte und Gegenwart, München 1992.

Bade, Klaus J.: Ausländer – Aussiedler – Asyl. Eine Bestandsaufnahme, München 1994.

Bade, Klaus J. (Hrsg.): Das Manifest der 60. Deutschland und die Einwanderung, München 1994.

Bade, Klaus J.: Homo Migrans. Wanderungen aus und nach Deutschland. Erfahrungen und Fragen, Essen 1994.

Bade, Klaus J.: Gestalten statt verdrängen. Migration und Integration von

Ausländern, in: Soziale Ordnung. Zeitschrift der Christlich-Demokratischen Arbeitnehmerschaft (CDA) Deutschlands, 48. 1995, H. 2, S. 12-13.

Bade, Klaus J.: Europa in Bewegung. Migration vom späten 18. Jahrhundert bis zur Gegenwart, München 2000 [Neuausgabe zus. m. J. Oltmer 2013].

Bade, Klaus J.: Nachholende Integrationspolitik, in: Zeitschrift für Ausländerrecht und Ausländerpolitik (ZAR), 25. 2005, H. 7, S. 218-222.

Bade, Klaus J.: Versäumte Integrationschancen und nachholende Integrationspolitik, in: ders./Hiesserich, Hans-Georg (Hrsg.): Nachholende Integrationspolitik und Gestaltungsperspektiven der Integrationspraxis, Göttingen 2007, S. 21-95.

Bade, Klaus J.: Leviten lesen. Migration und Integration in Deutschland, in: IMIS-Beiträge, 2007, H. 31, S. 43-64.

Bade, Klaus J.: Von der Arbeitswanderung zur Einwanderungsgesellschaft. Festrede in der Frankfurter Paulskirche am 5.11.2009, Berlin 2009, http://www.kjbade.de/bilder/frankfurtpaulskirche_05_11_09.pdf.

Bade, Klaus J.: „Mehr Sachlichkeit und konstruktives politisches Engagement". Die „Sarrazin-Debatte" und die Folgen, in: Neue Gesellschaft/Frankfurter Hefte, 2010, H. 11.

Klaus J. Bade, ‚Integration in der Einwanderungsgesellschaft'. Festvortrag zum Festakt ‚Zehn Jahre Stuttgarter Bündnis für Integration', Stuttgart 4.10.2011, http://kjbade.de/bilder/20111004_Integration%20in%20der%20Einwanderungsgesellschaft.pdf.

Bade, Klaus J.: Migration und Integration in Deutschland. Pragmatismus und Hysterie. Vortrag auf dem Kirchentag der EKD in der Frauenkirche zu Dresden – 3.6.2011, in: Runge/Ueberschär (Hrsg.): ... da wird auch dein Herz sein, S. 80-113.

Bade, Klaus J.: Abwehrhaltungen und Willkommenskultur in der Einwanderungsgesellschaft, in: Bertelsmann-Stiftung (Hrsg.): Deutschland, öffne dich! Willkommenskultur und Vielfalt in der Mitte der Gesellschaft verankern, Gütersloh 2012, S. 45-56.

Bade, Klaus J.: Integration in Deutschland. Sach- und Panikdebatten, Vortrag auf der 1. Nürnberger Integrationskonferenz, in: Dokumentation – 1. Nürnberger Integrationskonferenz, Nürnberg 2012, S. 31-40.

Bade, Klaus J.: Integration in Deutschland ist viel besser als ihr Ruf, in: Palais Biron – Das Magazin für Vordenker, 2012, H. 1, S. 28-32.

Bade, Klaus J.: Nach Sarrazin – Hintergründe, Ursachen und Wirkung einer deutschen Debatte, in: Schneiders (Hrsg.): Verhärtete Fronten, S. 119-124.

Bade, Klaus J.: Kritische Politikbegleitung in der Einwanderungsgesellschaft: Der Sachverständigenrat deutscher Stiftungen für Integration und Migration (SVR), in: Bundesnetzwerk Bürgerschaftliches Engagement (Hrsg.): Engagement macht stark!, 2012, Nr. 2, S. 149-153.

Bade, Klaus J.: Migration und Integration: Historische Erfahrungen und aktuelle Herausforderungen. Festvortrag zum Landesjubiläum, in: Stadt

Freiburg i.Br., Büro für Migration und Integration (Hrsg.): Vielfalt macht den Unterschied. Migration und Integration in Baden-Württemberg und in Freiburg, Freiburg i.Br. 2013.

Bade, Klaus J./Bauer, Thomas/D'Amato Gianni/Fassmann, Heinz/Karakaşoğlu, Yasemin/Langenfeld, Christine/Neumann, Ursula/Pries, Ludger/Schiffauer, Werner/Mitarb. d. SVR-GmbH: Integration im föderalen System. Bund, Länder und die Rolle der Kommunen. SVR-Jahresgutachten 2012 mit Integrationsbarometer, Berlin 2012, http://www.svr-migration.de/content/wp-content/uploads/2012/05/SVR_JG_2012_WEB.pdf.

Bade, Klaus J./Bommes, Michael/Oltmer, Jochen (Hrsg.): Nachholende Integrationspolitik – Problemfelder und Forschungsfragen (IMIS-Beiträge, H. 34), Osnabrück 2008.

Bade, Klaus J./Bommes, Michael/Fassmann, Heinz/Karakaşoğlu, Yasemin/Langenfeld, Christine/Neumann, Ursula/Schiffauer, Werner/Straubhaar, Thomas/Vertovec, Steven/Mitarb. d. SVR-GmbH: Einwanderungsgesellschaft 2010. Jahresgutachten 2010 mit Integrationsbarometer, Berlin 2010, http://www.svr-migration.de/wp-content/uploads/2010/11/svr_jg_2010.pdf.

Bade, Klaus J./Bommes, Michael/Fassmann, Heinz/Karakaşoğlu, Yasemin/Langenfeld, Christine/Neumann, Ursula/Schiffauer, Werner/Straubhaar, Thomas/Vertovec, Steven/Mitarb. d. SVR-GmbH: Migrationsland 2011. Jahresgutachten 2011 mit Migrationsbarometer, Berlin 2011, http://www.svr-migration.de/wp-content/uploads/2011/04/jg_2011.pdf.

Bade, Klaus J./Emmer, Pieter C./Lucassen, Leo/Oltmer, Jochen (Hrsg.): Enzyklopädie Migration in Europa vom 17. Jahrhundert bis zur Gegenwart, Paderborn 2007.

Bade, Klaus J./Emmer, Pieter C./Lucassen, Leo/Oltmer, Jochen (Hrsg.): The Encyclopedia of European Migration and Minorities. From the Seventeenth Century to the Present, Cambridge 2011.

Bade, Klaus J./Hiesserich, Hans-Georg (Hrsg.): Nachholende Integrationspolitik und Gestaltungsperspektiven der Integrationspraxis. Göttingen. Mit einem Beitrag von Bundesinnenminister Wolfgang Schäuble, Göttingen 2007.

Bade, Klaus J./Kolb, Holger/SVR-GmbH: Qualifikation und Migration. Potenziale und Personalpolitik in der 'Firma' Deutschland, Berlin 2009, http://www.svr-migration.de/wp-content/uploads/2009/05/informations-papier_qualifikation-und-migration_druckfassung.pdf.

Bade, Klaus J./Oltmer, Jochen: Normalfall Migration. Deutschland im 20. und frühen 21. Jahrhundert, Bonn 2004 [überarb. Neuausgabe 2013].

Bahners, Patrick: Fanatismus der Aufklärung. Zur Kritik der Islamkritik, in: Blätter für deutsche und internationale Politik, 2010, H. 9, S. 105-118.

Bahners, Patrick: Die Panikmacher. Die deutsche Angst vor dem Islam, München 2011.

Bauer, Thomas: Die Kultur der Ambiguität. Eine andere Geschichte des Islams, Berlin 2011.

Baumgärtner, Maik/Böttcher, Marcus: Das Zwickauer Terror-Trio. Ereignisse, Szene, Hintergründe, Berlin 2012.

Beck, Ulrich/Beck-Gernsheim, Elisabeth: Fernliebe. Lebensformen im globalen Zeitalter, Berlin 2011.

Beck-Gernsheim, Elisabeth: Türkische Bräute und die Migrationsdebatte in Deutschland, in: Aus Politik und Zeitgeschichte, 2006, H. 1/2, S. 32-37.

Beck-Gernsheim, Elisabeth: Wir und die Anderen. Kopftuch, Zwangsheirat und andere Missverständnisse, Frankfurt/M. 2007.

Beckenbach, Niels (Hrsg.): Wege zur Bürgergesellschaft. Gewalt und Zivilisation in Deutschland Mitte des 20. Jahrhunderts, Berlin 2005.

Bellers, Jürgen (Hrsg.): Zur Sache Sarrazin. Wissenschaft – Medien – Materialien, Berlin 2010.

Benz, Wolfgang (Hrsg.): Islamfeindschaft und ihr Kontext. Dokumentation der Konferenz ‚Feindbild Muslim – Feindbild Jude‘, Berlin 2009.

Benz, Wolfgang: Antisemitismus und ‚Islamkritik‘. Bilanz und Perspektive, Berlin 2011.

Benz, Wolfgang: Die Feinde aus dem Morgenland. Wie die Angst vor den Muslimen unsere Demokratie gefährdet, München 2012.

Benz, Wolfgang: Vorurteile gegen Muslime. Feindbild Islam, in: Pelinka, Anton (Hrsg.): Vorurteile. Ursprünge, Formen, Bedeutung, Berlin 2012, S. 205-220.

Benz, Wolfgang/Pfeiffer, Thomas (Hrsg.): ‚Wir oder die Scharia‘? Islamfeindliche Kampagnen im Rechtsextremismus, Schwalbach/Ts. 2011.

Bertelsmann-Stiftung: Zuwanderer identifizieren sich mit Deutschland, Pressemeldung, 15.6.2009, http://www.bertelsmann-stiftung.de/cps/rde/xchg/bst/hs.xsl/nachrichten_96355.htm.

Bertelsmann-Stiftung: Sarrazin bleibt Lösungen für ein zukunftsfähiges Deutschland schuldig, Gütersloh 25.8.2010, http://www.bertelsmann-stiftung.de/cps/rde/xchg/bst/hs.xsl/nachrichten_102863.htm.

Bertelsmann-Stiftung: ‚Deutschland schafft sich nicht ab‘. Faktencheck der Bertelsmann-Stiftung zur Integration von Migranten, Pressemeldung, Gütersloh 23.9.2010, http://www.bertelsmann-stiftung.de/cps/rde/xchg/bst/hs.xsl/nachrichten_103249.htm.

Bertelsmann-Stiftung: Deutschland – Auswanderungsland?, Gütersloh 16.11.2010, http://www.bertelsmann-stiftung.de/cps/rde/xchg/bst/hs.xsl/nachrichten_104054.htm.

Bielefeldt, Heiner: Menschenrechte in der Einwanderungsgesellschaft. Plädoyer für einen aufgeklärten Multikulturalismus, Bielefeld 2007.

Bielefeldt, Heiner: Das Islambild in Deutschland. Zum öffentlichen Umgang mit der Angst vor dem Islam, in: Schneiders (Hrsg.): Islamfeindlichkeit, S. 167-200.

Bota, Alice/Pham, Khuê/Topçu, Özlem: Wir neuen Deutschen. Wer wir sind – was wir wollen, Frankfurt/M. 2012.

Brettfeld, Katrin/Wetzels, Peter: Muslime in Deutschland. Integration, Integrationsbarrieren, Religion und Einstellungen zu Demokratie, Rechtsstaat und politisch-religiös motivierter Gewalt, Berlin 2007.

Broder, Henryk M.: Hurra, wir kapitulieren! Von der Lust am Einknicken, Berlin 2006.

Buck, Elena/Dölemeyer, Anne/Erxleben, Paul/Kausch, Stefan/Mehrer, Anne/ Rodatz, Mathias/Schubert, Frank/Wiedemann, Gregor (Hrsg.): Ordnung. Macht. Extremismus. Effekte und Alternativen des Extremismus-Modells, Wiesbaden 2011.

Bundesagentur für Arbeit: Perspektive 2025. Fachkräfte für Deutschland, Nürnberg 2011.

Bundesministerium für Arbeit und Soziales (BMAS): Fachkräftesicherung. Ziele und Maßnahmen der Bundesregierung, Berlin 2011, http://www.bmas.de/ portal/52120/property=pdf/2011__06__22__fachkraefte.pdf.

Bundespräsidialamt: ‚Vielfalt schätzen – Zusammenhalt fördern‘. Rede von Bundespräsident Christian Wulff zum 20. Jahrestag der Deutschen Einheit am 3. Oktober 2010 in Bremen, Berlin 2010, http://www.bundespraesident. de/SharedDocs/Reden/DE/Christian-Wulff/Reden/2010/10/20101003_ Rede_Anlage.pdf?__blob=publicationFile.

Bundespräsidialamt: Bundespräsident Joachim Gauck nach seiner Vereidigung zum Bundespräsidenten im Deutschen Bundestag am 23. März 2012 in Berlin, Berlin 23.3.2012, http://www.bundespraesident.de/SharedDocs/Downloads/ DE/Reden/2012/03/120323-Vereidigung-des-Bundespraesidenten.pdf ;jsessionid=5056F067DA0A01D274BF8A2BF28FD3FA.2_cid285?__ blob=publicationFile.

Bundespräsidialamt: Gedenkfeier ‚Lichtenhagen bewegt sich‘. Rede des Bundespräsidenten Joachim Gauck zum 20. Jahrestag der fremdenfeindlichen Angriffe auf das ‚Sonnenblumenhaus‘ am 26.8.2012 in Rostock, Berlin 2012, http://www.bundespraesident.de/SharedDocs/Reden/DE/Joachim-Gauck/ Reden/2012/08/120826-Rostock.html.

Bundesregierung: Perspektiven für eine gemeinsame Zukunft. Regierungserklärung des Bundesministers des Innern Dr. W. Schäuble, zur Deutschen Islamkonferenz vor dem Deutschen Bundestag am 28. September 2006 in Berlin, Berlin 2006, http://www.bundesregierung.de/ Content/DE/Bulletin/2006/09/__Anlagen/93-1-bmi-islamkonferenz-bt,property=publicationFile.pdf.

Bundesregierung: Konzept Fachkräfte, Berlin 22.6.2011, http://www.bundesregierung.de/nn_1272/Content/DE/Artikel/2011/06/2011-06-22-fachkraefte-fuer-deutschland.html.

Bundesregierung: Fakten zur Integration, Berlin 2011, http://www.bundesre-

gierung.de/nn_1031350/Webs/Breg/integration/Content/StatischeSeiten/
bildung-anerkennung-auslaendischer-abschluesse.html.

Bundschuh, Stephan/Drücker, Ansgar/Jagusch, Birgit (Hrsg.): Islamfeindlichkeit. Aspekte, Stimmen, Gegenstrategien. Reader für MultiplikatorInnen in der Jugend- und Bildungsarbeit, Düsseldorf 2012.

Burger, Rudolf: So wie heute gelebt, ist Islam mit der Demokratie nicht kompatibel, Bern 28.5.2011, http://www.derbund.ch/bern/So-wie-heute-gelebt-ist-Islam-mit-der-Demokratie-nicht-kompatibel-/story/28160757.

Buschkowsky, Heinz: Neukölln ist überall, Berlin 2012.

Çağlar, Gazi: Der Mythos vom Krieg der Zivilisationen. Der Westen gegen den Rest der Welt. Eine Replik auf Samuel P. Huntingtons ‚Kampf der Kulturen‘, Münster 2002.

Caldwell, Christopher: Reflections on the Revolution in Europe. Immigration, Islam, and the West, New York 2009.

Card, David/Dustmann, Christian/Preston, Ian: Immigration, Wages, and Compositional Amenities, in: Journal of the European Economic Association, 10. 2012, H. 1, S. 78-119.

Cöster, Anna Caroline: Ehrenmorde in Deutschland, Marburg 2009.

Cremer, Hendrik: „Rassismus"? Die Debatte zu Aussagen von Thilo Sarrazin hat verdeutlicht, wie eng der Begriff in Deutschland verstanden wird, in: Heinz/Kluge (Hrsg.): Einwanderung – Bedrohung oder Zukunft? Mythen und Fakten zur Integration, S. 233-249.

Daimagüler, Mehmet: Kein schöner Land in dieser Zeit. Das Märchen von der gescheiterten Integration, Gütersloh 2011.

Data4U – Gesellschaft für Kommunikationsforschung, Türkische Migranten fühlen sich in Deutschland gut integriert. Sarrazin-Debatte kaum wahrgenommen, Pressemitteilung, Berlin 28.9.2010, http://www.data4u-online.de/2010/09/sarrazin-debatte-kaum-wahrgenommen/.

Decker, Oliver/Kiess, Johannes/Brähler, Elmar/Melzer, Ralf: Die Mitte im Umbruch. Rechtsextreme Einstellungen in Deutschland 2012, Bonn 2012.

Deissner, David/Ellerbeck, Thomas/Stieber, Benno (Hrsg.): WIR. 19 Leben in einem neuen Deutschland, München 2011.

Deutscher Bundestag: Antwort der Bundesregierung auf die Kleine Anfrage der Abgeordneten Ulla Jelpke, Sevim Dağdelen, Petra Pau, weiterer Abgeordneter und der Fraktion DIE LINKE. Drucksache 17/3421. Ergänzende Informationen zur Asylstatistik für das dritte Quartal 2010, Berlin 12.11.2010, http://dipbt.bundestag.de/dip21/btd/17/037/1703744.pdf.

Diehl, Claudia/Dixon, David: Zieht es die Besten fort? Ausmaß und Formen der Abwanderung deutscher Hochqualifizierter in die USA, in: Kölner Zeitschrift für Soziologie und Sozialpsychologie, 57. 2005, H. 4, S. 714-734.

Druwe, Ulrich: Rechtsextremismus. Methodologische Bemerkungen zu einem politikwissenschaftlichen Begriff, in: Falter, Jürgen W./Jaschke, Hans-Gerd/

Winkler, Jürgen R. (Hrsg.): Rechtsextremismus. Ergebnisse und Perspektiven der Forschung, Opladen 1996, S. 66-80.

Elias, Norbert/Scotson, John L.: Etablierte und Außenseiter, Frankfurt/M. 1993.

Engels, Dietrich/Köller, Regine/Koopmans, Ruud/Höhne, Jutta: Zweiter Integrationsindikatorenbericht erstellt für die Beauftragte der Bundesregierung für Migration, Flüchtlinge und Integration, Köln/Berlin, Dezember 2011.

Ernst & Young, Technologie: Talente und Toleranz. Wie zukunftsfähig ist Deutschland? Weltweite Unternehmensbefragung, Stuttgart 2010, http://www.ey.com/Publication/vwLUAssets/Wie_zukunftsfaehig_ist_Deutschland_2010/$FILE/Wie%20zukunftsfaehig%20ist%20Deutschland%20EY.pdf.

Ette, Andreas/Rühl, Stefan/Sauer, Lenore: Die Entwicklung der Zuwanderung hochqualifizierter Drittstaatsangehöriger nach Deutschland, in: Zeitschrift für Ausländerrecht und Ausländerpolitik, 2012, Nr. 1/2, S. 14-20.

Ette, Andreas/Sauer, Lenore: Abschied vom Einwanderungsland Deutschland? Die Migration Hochqualifizierter im europäischen und internationalen Vergleich. Policy Paper im Auftrag der Bertelsmann-Stiftung, Gütersloh 2010, http://www.bertelsmann-stiftung.de/bst/de/media/xcms_bst_dms_32641_32664_2.pdf.

Ette, Andreas/Sauer, Lenore: Auswanderung aus Deutschland. Daten und Analysen zur internationalen Migration deutscher Staatsbürger, Wiesbaden 2010.

Ette, Andreas/Sauer, Lenore: Abschied für immer oder auf Zeit, in: Forschung & Lehre, 2011, Nr. 2, S. 100-102.

Farrokhzad, Schahrzad: ‚Ich versuche immer, das Beste zu geben.‘ Akademikerinnen mit Migrationshintergrund. Gesellschaftliche Rahmenbedingungen und biographische Erfahrungen, Berlin 2007.

Fassmann, Heinz: Die Messung des Integrationsklimas. Das Integrationsbarometer des SVR, in: Leviathan, 39. 2011, H. 1, S. 99-124.

Fincke, Gunilla: Abgehängt, chancenlos, unwillig? Eine empirische Reorientierung von Integrationstheorien zu MigrantInnen der zweiten Generation in Deutschland, Wiesbaden 2009.

Foroutan, Naika: Neue Deutsche, Postmigranten und Bindungs-Identitäten. Wer gehört zum neuen Deutschland?, in: Aus Politik und Zeitgeschichte, 2010, H. 46-47, S. 9-15.

Foroutan, Naika: Muslimbilder in Deutschland. Wahrnehmungen und Ausgrenzungen in der Integrationsdebatte, in: WISO Diskurs. Expertisen und Dokumentationen zur Wirtschafts- und Sozialpolitik, November 2012, S. 1-68.

Foroutan, Naika/Canan, Coşkun: Vom Mythos der Stagnation – Fakten zur Bildungsbeteiligung von Personen mit türkischem Migrationshintergrund in Deutschland, in: Heinz/Kluge (Hrsg.): Einwanderung – Bedrohung oder Zukunft?, S. 174-196.

Foroutan, Naika/Müller, Tim/Canan, Coskun/Sollorz, Rafael: Stellungnahme zur Studie ‚Lebenswelten junger Muslime in Deutschland‘, Berlin, 1.3.2012, http://www.heymat.hu-berlin.de/stellungnahme_lebenswelten_junger_muslime2012.

Foroutan, Naika/Schäfer, Korinne/Canan, Coskun/Schwarze, Benjamin: Sarrazins Thesen auf dem Prüfstand. Ein empirischer Gegenentwurf zu Thilo Sarrazins Thesen zu Muslimen in Deutschland, Berlin 2010, http://www.heymat.hu-berlin.de/sarrazin2010.

Forst, Rainer: Toleranz im Konflikt. Geschichte, Gehalt und Gegenwart eines umstrittenen Begriffs, Frankfurt/M. 2003.

Forst, Rainer: Toleranz und Anerkennung, in: Agustin, Christian/Wienand, Johannes/Winkler, Christiane (Hrsg.), Religiöser Pluralismus und Toleranz in Europa, Wiesbaden 2006, S. 78-83.

Friedrich, Sebastian (Hrsg.): Rassismus in der Leistungsgesellschaft. Analysen und kritische Perspektiven zu den rassistischen Normalisierungsprozessen der ‚Sarrazindebatte‘, Münster 2011.

Frindte, Wolfgang/Boehnke, Klaus/Kreikenbom, Henry/Wagner, Wolfgang: Lebenswelten junger Muslime in Deutschland, Berlin 2012.

Fuchs, Christian/Goetz, Fuchs: Die Zelle. Rechter Terror in Deutschland, Reinbek 2012.

Ganser, Daniele: NATO-Geheimarmeen in Europa. Inszenierter Terror und verdeckte Kriegsführung, Zürich 2008.

Geißler, Heiner: Die Neue Soziale Frage, Freiburg i.Br. 1976.

Geißler, Heiner: Ou Topos. Suche nach dem Ort, den es geben müsste, Hamburg 2011 [1. Ausg. Köln 2009].

Geißler, Rainer: Massenmedien und die Integration ethnischer Minderheiten in Deutschland, Bielefeld 2009.

Gensing, Patrick: Terror von rechts. Die Nazi-Morde und das Versagen der Politik, Berlin 2012.

Geulen, Christian: Geschichte des Rassismus, München 2007.

Goodwin, Matthew: Right Response. Understanding and Countering Populist Extremism in Europe. A Chatham House Report, London 2011.

Gorelik, Lena: „Sie können aber gut Deutsch!" Warum ich nicht mehr dankbar sein will, dass ich hier leben darf, und Toleranz nicht weiterhilft, München 2012.

Hacettepe University (Ankara) – Migration and Politics Research Centre, SEK-POL/Data4U: Die Gefühle und die Meinungen der türkischen Migranten in Deutschland über die rassistische Neo-Nazi-Mordserie. Deutschland – Dezember 2011, Ankara 2011, http://www.hugo.hacettepe.edu.tr/folien_zur_pressemitteilung.pdf.

Hafez, Kai: Freiheit, Gleichheit und Intoleranz. Der Islam in der liberalen Gesellschaft Deutschlands und Europas, Bielefeld [2013].

Haller, Michael/Niggeschmidt, Martin (Hrsg.): Der Mythos vom Niedergang der Intelligenz. Von Galton zu Sarrazin. Die Denkmuster und Denkfehler der Eugenik, Wiesbaden 2012.

Haug, Sonja, Jugendliche Migranten – muslimische Jugendliche. Gewalttätigkeit und geschlechterspezifische Einstellungsmuster. Kurzexpertise für das Bundesministerium für Familie, Senioren, Frauen und Jugend, Berlin 2010, http://www.bmfsfj.de/RedaktionBMFSFJ/Abteilung2/Pdf-Anlagen/gewalttaetigkeit-maennliche-muslimische-jugendliche,property=pdf,bereic h=bmfsfj,sprache=de,rwb=true.pdf.

Haug, Sonja/Müssig, Stephanie/Stichs, Anja: Muslimisches Leben in Deutschland, Nürnberg 2009.

Häusler, Alexander (Hrsg.): Rechtspopulismus als ,Bürgerbewegung'. Kampagnen gegen Islam und Moscheebau und kommunale Gegenstrategien, Wiesbaden 2008.

Häusler, Alexander: Antiislamischer Rechtspopulismus in der extremen Rechten – die ,PRO'-Bewegung als neue Kraft, in: Braun, Stephan/Geisler, Alexander/Gerster, Martin (Hrsg.): Strategien der extremen Rechten. Hintergründe – Analysen – Antworten, Wiesbaden 2009, S. 130-147.

Häusler, Alexander/Killguss, Hans-Peter (Hrsg.): Feindbild Islam. Rechtspopulistische Kulturalisierung des Politischen. Dokumentation zur Fachtagung vom 13. September 2008 der NS-Dokumentationszentrum Köln, Köln 2008.

Häusler, Alexander/Stollreiter, Susanne (Hrsg.): Die ,PRO-Bewegung' und der antimuslimische Kulturrassismus von Rechtsaußen, in: Expertisen für Demokratie. FES Forum, 2011, H. 1.

Häusler, Alexander/Virchow, Fabian (Hrsg.): Handbuch Rechtsextremismus. Bd. 1: Analysen, Wiesbaden 2012.

Heilemann, Ullrich (Hrsg.): Demografischer Wandel in Deutschland. Befunde und Reaktionen, Berlin 2010.

Heinrich Böll-Stiftung (Hrsg.): Braune Ökologen. Hintergründe und Strukturen am Beispiel Mecklenburg-Vorpommerns. Schriften zur Demokratie, Bd. 26, Rostock 2012.

Heinz, Andreas: Intelligenz versus Integration? Die gefährliche Konstruktion der ,gefährlichen Klassen', in: ders./Kluge (Hrsg.): Einwanderung – Bedrohung oder Zukunft?, S. 54-79.

Heinz, Andreas/Kluge, Ulrike (Hrsg.): Einwanderung – Bedrohung oder Zukunft? Mythen und Fakten zur Integration, Frankfurt/M./New York 2012.

Heitmeyer, Wilhelm (Hrsg.): Deutsche Zustände. Folge 9, Frankfurt/M. 2010.

Heitmeyer, Wilhelm: Gruppenbezogene Menschenfeindlichkeit (GMF) in einem entsicherten Jahrzehnt, in: ders. (Hrsg.): Deutsche Zustände. Folge 10, Berlin 2012.

Heitmeyer, Wilhelm: Gruppenbezogene Menschenfeindlichkeit (GMF) in einem entsicherten Jahrzehnt, in: ders. (Hrsg.): Deutsche Zustände. Folge 10, S. 15-41.

Helbling, Marc (Hrsg.): Islamophobia in the West. Measuring and Explaining Attitudes, London 2012.

Heni, Clemens: Schadenfreude. Islamforschung und Antisemitismus in Deutschland nach 9/11, Berlin 2011.

Hilscher, Anja/Grossmann, Annemarie: Imageproblem. Das Bild vom bösen Islam und meine bunte muslimische Welt, Gütersloh 2012.

Hoerder, Dirk: Cultures in Contact. World Migrations in the Second Millennium, Durham 2002.

Holert, Tom/Terkessidis, Mark: Fliehkraft. Gesellschaft in Bewegung – Von Migranten und Touristen, Köln 2006.

Holzner, Christian/Munz, Sonja/Übelmesser, Silke, Fiskalische Wirkung der Auswanderung ausgewählter Berufsgruppen. Studie im Auftrag des Sachverständigenrats deutscher Stiftungen für Integration und Migration GmbH, Berlin 2009, http://www.svr-migration.de/wp-content/uploads/2009/09/fiskalische-bilanz-auswanderer_final2.pdf.

Hughes, Thomas Patrick: Lexikon des Islam, Wiesbaden 1995.

Hunn, Karin: Nächstes Jahr kehren wir zurück ... Die Geschichte der türkischen ‚Gastarbeiter' in der Bundesrepublik, Göttingen 2005.

Huntington, Samuel: Kampf der Kulturen. Die Neugestaltung der Weltpolitik im 21. Jahrhundert, München 1996 (Erstausgabe: The Clash of Civilizations and the Remaking of World Order, New York 1996).

Jäger, Margarete/Kauffmann, Heiko (Hrsg.): Skandal und doch normal. Impulse für eine antirassistische Praxis, Münster 2012.

Jäger, Margarete/Wamper, Jürgen: Die Anschläge in Norwegen in den deutschsprachigen Medien. Zur Verknüpfung von Terror und Islam sowie Rechtsextremismus und Krankheit, in: Jäger/Kauffmann (Hrsg.): Skandal und doch normal, S. 126-145.

Jung, Dorothea: Politically Incorrect. Die Allianz der Islamhasser, in: Blätter für deutsche und internationale Politik, 2010, H. 11, S. 13-16.

Kaddor, Lamya: Muslimisch – weiblich – deutsch! Mein Weg zu einem zeitgemäßen Islam, München 2010.

Karakaşoğlu-Aydın, Yasemin: Muslimische Religiosität und Erziehungsvorstellungen. Eine empirische Untersuchung zu Orientierungen bei türkischen Lehramts- und Pädagogik-Studentinnen in Deutschland, Frankfurt/M. 2000.

Karakaşoğlu, Yasemin/Boos-Nünning, Ursula: Viele Welten leben. Zur Lebenssituation von Mädchen und jungen Frauen mit Migrationshintergrund in Deutschland, Münster 2005.

Karakaşoğlu, Yasemin/Gruhn, Mirja/Wojciechowicz, Anna: Interkulturelle Schulentwicklung unter der Lupe. (Inter-)Nationale Impulse und Herausforderungen für Steuerungsstrategien am Beispiel Bremen, Münster 2011.

Kasselt, Julia: Ehrenmord in Deutschland, Diss. Marburg 2009.

Kasselt, Julia/Oberwittler, Dietrich: Ehrenmorde in Deutschland. 1996-2005. Eine Untersuchung auf der Basis von Prozessakten, Köln 2011.

Kelek, Necla: Die fremde Braut. Ein Bericht aus dem Inneren des türkischen Lebens in Deutschland, Köln 2005.

Kelek, Necla: Dankesrede anlässlich der Verleihung des Geschwister Scholl-Preises, München 2005, http://www.geschwister-scholl-preis.de/preistraeger_2000-2009/2005/kelek.php.

Kelek, Necla: Die verlorenen Söhne. Plädoyer für die Befreiung des türkisch-muslimischen Mannes, Köln 2006.

Kelek, Necla: Teilnahme von muslimischen Kindern – insbesondere Mädchen – am Sport-, Schwimm- und Sexualkundeunterricht an staatlichen Schulen. Teilnahme an Klassenfahrten, Berlin, Februar 2006, http://www.bamf.de/SharedDocs/Anlagen/DE/Publikationen/Expertisen/kelek-expertise.pdf?__blob=publicationFile.

Kelek, Necla: Buchvorstellung – Deutschland schafft sich ab, Berlin 31.8.2010, http://www.youtube.com/watch?v=mYOQwbOjlE0&feature=related.

Kelek, Necla: Chaos der Kulturen. Die Debatte um Islam und Integration, 2012.

Kermani, Navid: Gott ist schön. Das ästhetische Erleben des Koran, München 1999.

Kermani, Navid: Iran. Die Revolution der Kinder, München 2000.

Kermani, Navid: Dynamit des Geistes. Martyrium, Islam und Nihilismus, Göttingen 2002.

Kermani, Navid: Schöner neuer Orient. Berichte von Städten und Kriegen, München 2003.

Kermani, Navid: Der Schrecken Gottes. Attar, Hiob und die metaphysische Revolte, München 2005.

Kermani, Navid: Strategie der Eskalation. Der Nahe Osten und die Politik des Westens, Göttingen 2005.

Kermani, Navid: Wer sind wir? Deutschland und seine Muslime, München 2009.

Kersten, Jens/Neu, Claudia/Vogel, Berthold: Demografie und Demokratie. Zur Politisierung des Wohlfahrtsstaates, Hamburg 2012.

Kiess, Johannes: Rechtsextrem – extremistisch – demokratisch – wie denn nun? Der prekäre Begriff ‚Rechtsextremismus' in der Einstellungsforschung, in: Buck u.a.(Hrsg.): Ordnung. Macht. Extremismus, S. 240-260.

Kluge, Ulrike/Bostanci, Seyran: MigrantInnen als Bedrohung. Die neue Diskursfähigkeit einst abgelegter Weltbilder, in: Heinz/Kluge (Hrsg.): Einwanderung – Bedrohung oder Zukunft?, S. 16-35.

Kolmer, Christian: Gläubige Menschen – eine verdrängte Minderheit. Religion in den Medien 2007-2012, in: Atmaca, Delal/Schatz, Roland (Hrsg.): Integrations-Index 2012, Zürich 2012, S. 38-58.

Königseder, Angelika: Feindbild Islam, in: Jahrbuch für Antisemitismusforschung, 17. 2008, S. 17-44.

Kopke, Christoph/Rensmann, Lars: Die Extremismus-Formel. Zur politischen Karriere einer wissenschaftlichen Ideologie, in: Blätter für deutsche und internationale Politik, 45. 2000, H. 12, S. 1451-1462.

Knopp, Anke/Walther, Claudia: Bilder in den Köpfen. Stimmungen, Urteile, Vorurteile: Umfragen zum Umgang mit Vielfalt, in: Atmaca, Delal/Schatz, Roland (Hrsg.): Integrations-Index 2012, Zürich 2012, S. 75-106.

Kraske, Marion: Das Kartell der Verharmloser. Wie deutsche Behörden systematisch rechtsextremen Alltagsterror bagatellisieren, Berlin 2012.

Kreuzhuber, Margit: Rot-Weiß-Rot-Karte. Vortrag gehalten auf der Konferenz ‚Arbeitsmarkt – und er bewegt sich doch! Wegfall der Übergangsfristen und Rot-Weiß-Rot Karte‘, Wien 7.4.2011.

Kühn, Heinz: Stand und Weiterentwicklung der Integration der ausländischen Arbeitnehmer und ihrer Familien in der Bundesrepublik Deutschland. Memorandum des Beauftragten der Bundesregierung, Bonn 1979, http://www.migration-online.de/data/khnmemorandum_1.pdf.

Kytir, Josef: Wer sind die Deutschen in Österreich?, in: Integration im Fokus, 4. 2008, S. 14-17.

Langenbach, Nora/Schellenberg, Britta (Hrsg.): Ist Europa auf dem ‚rechten‘ Weg? Rechtsextremismus und Rechtspopulismus in Europa, Berlin 2011.

Laschet, Armin: Die Aufsteigerrepublik. Zuwanderung als Chance, Köln 2009.

Leggewie, Claus/Meier, Horst: Nach dem Verfassungsschutz. Plädoyer für eine neue Sicherheitsarchitektur der Berliner Republik, Berlin 2012.

Leicht, Imke: Multikulturalismus auf dem Prüfstand. Kultur, Identität und Differenz in modernen Einwanderungsgesellschaften, Berlin 2009.

Lenk, Kurt: Ideologie. Ideologiekritik und Wissenssoziologie, Neuwied a.R. 1961.

Ljubic, Nicol (Hrsg.): Schluss mit der Deutschenfeindlichkeit! Geschichten aus der Heimat, Hamburg 2012.

Lochocki, Timo: Immigrationsfragen. Sprungbrett rechtspopulistischer Parteien, in: Aus Politik und Zeitgeschichte, 62. 2012, H. 5/6, S. 30-36.

Loeffelholz, Hans Dietrich von: Demografischer Wandel und Migration. Erfahrungen, Perspektiven und Option zu ihrer Steuerung, in: Heilemann (Hrsg.): Demografischer Wandel in Deutschland, S. 93-128.

Löffler, Berthold: Integration in Deutschland. Zwischen Assimilation und Multikulturalismus, München 2011.

Lucassen, Leo: The Immigrant Threat. The Integration of Old and New Migrants in Western Europe since 1850, Urbana, Ill. 2005.

Luft, Stefan: Skandal und Konflikt. Deutsch-türkische Themen, Bonn 14.10.2011, http://www.bpb.de/geschichte/deutsche-geschichte-nach-1945/anwerbeabkommen/43223/skandal-und-konflikt?p=all.

Mecheril, Paul/Dirim, Inci/Gomolla, Mechthild/Hornberg, Sabine/Stojanov, Krassimir (Hrsg.): Spannungsverhältnisse. Assimilationsdiskurse und interkulturell-pädagogische Forschung, Münster 2010.

Micksch, Jürgen (Hrsg.): Antimuslimischer Rassismus. Konflikt als Chance, Frankfurt/M. 2009.

Milewski, Nadja: Fertility of Immigrants. A Two-Generational Approach in Germany. Demographic Research Monographs, Hamburg 2010.

Mintzel, Alf: Multikulturelle Gesellschaften in Europa und Nordamerika. Konzepte. Streitfragen. Analysen. Befunde, Passau 1997.

Mirbach, Thomas/Schaak, Torsten/Triebl, Katrin: Zwangsverheiratungen in Deutschland. Anzahl und Analyse von Beratungsfällen, Opladen 2011.

Müller, Henning Ernst: Lebenswelten junger Muslime in Deutschland. Innenminister gibt Ergebnisse der eigenen Studie verzerrt wieder, München 1.3.2012, http://blog.beck.de/2012/03/01/lebenswelten-junger-muslime-in-deutschland-innenminister-gibt-ergebnisse-der-eigenen-studie-verzerrt-wieder-m.

Muslimfeindschaft – Phänomen und Gegenstrategien. Fachtagung der Deutschen Islam Konferenz, Berlin 4./5.12.2012 (deutsche-islam-konferenz.de/ DIK/DE/DIK/ArbeitDIK/AG-Praevention/TagungMuslimfeindlichkeit/ tagung-muslimfeindlichkeit-node.html).

Nagel, Tilman: Staat und Glaubensgemeinschaft im Islam, 2 Bde., Zürich 1981.

Nagel, Tilman: Geschichte der islamischen Theologie, München 1994.

Nagel, Tilman: Das islamische Recht. Eine Einführung, Westhofen 2001.

Nagel, Tilman: Der Koran. Einführung, Texte, Erläuterungen, München 2002.

Nagel, Tilman: Mohammed – Leben und Legende, München 2008.

Nagel, Tilman: Der Koran und sein religiöses und kulturelles Umfeld, München 2010.

Nagel, Tilman: Mohammed – 20 Kapitel über den Propheten der Muslime, München 2010.

Nolte, Ernst: Die dritte radikale Widerstandsbewegung. Der Islamismus, Berlin 2009.

Oberndörfer, Dieter: Die offene Republik. Zur Zukunft Deutschlands und Europas, Freiburg i.Br. 1991.

Oberndörfer, Dieter: Der Wahn des Nationalen. Die Alternative der offenen Republik, Freiburg i.Br. 1993.

Oberndörfer, Dieter: Assimilation, Multikulturalismus oder kultureller Pluralismus. Zum Gegensatz zwischen kollektiver Nationalkultur und der kulturellen Freiheit der Republik, in: Bade, Klaus J. (Hrsg.): Migration – Ethnizität – Konflikt. Systemfragen und Fallstudien, Osnabrück 1995, S. 127-147.

Oberndörfer, Dieter: Deutschland in der Abseitsfalle, Freiburg i.Br. 2005.

Oberndörfer, Dieter: Muslime als normale Staatsbürger, in: Micksch (Hrsg.): Antimuslimischer Rassismus, S. 50-56.

Obinger, Sengül: Löwinnenherz. Wie ich mir die Freiheit erkämpfte und dabei fast das Leben verlor, Freiburg i.Br. 2011.

Oltmer, Jochen: Globale Migration. Geschichte und Gegenwart, München 2012.

Özdemir, Cem/Schuster, Wolfgang (Hrsg.): Mitten in Deutschland. Deutsch-Türkische Erfolgsgeschichten, Freiburg i.Br. 2011.

Parusel, Bernd/Schneider, Jan: Deckung des Arbeitskräftebedarfs durch Zuwanderung. Working Paper 32, Kontaktstelle für das Europäische Migrationsnetzwerk/BAMF, Nürnberg 2010.

Paul, Jobst: Das Entwürdigende in Worte fassen. Das Unwort des Jahres 2011 verweist auf die kulturellen Dimensionen des Institutionellen Rassismus, in: Jäger/Kauffmann (Hrsg.): Skandal und doch normal, S. 68-78.

Pavkovic, Gari: Die Allianz gegen eine differenzierte Darstellung der Realität im Einwanderungsland Deutschland. Das Beispiel FAZ und Necla, Leserbrief (Ms.) an die Frankfurter Allgemeine Zeitung, 11.5.2011, http://kjbade.de/bilder/20110511_FAZ-und-Necla-Kelek-Kelek.pdf.

Pfahl-Traughber, Armin: Feindschaft gegenüber Muslimen? Kritik des Islam? Begriffe und ihre Unterschiede aus menschenrechtlicher Perspektive, in: Benz/Pfeiffer (Hrsg.): ‚Wir oder die Scharia‘?, S. 59-70.

Pichler, Edith: Junge Italiener zwischen Inklusion und Exklusion. Eine Fallstudie, Berlin 2010.

Pörksen, Bernhard/Detel, Hanne: Der entfesselte Skandal. Das Ende der Kontrolle im digitalen Zeitalter, Köln 2012.

Pollack, Detlef: Studie ‚Wahrnehmung und Akzeptanz religiöser Vielfalt‘. Bevölkerungsumfrage des Exzellenzclusters ‚Religion und Politik‘ unter Leitung von Detlev Pollack, Münster 2010, http://www.uni-muenster.de/imperia/md/content/religion_und_politik/aktuelles/2010/12_2010/studie_wahrnehmung_und_akzeptanz_religioeser_vielfalt.pdf.

Pollack, Detlef/Müller, Olaf/Rosta, Gergely/Friedrichs, Nils/Yendell, Alexander: Grenzen der Toleranz. Wahrnehmung und Akzeptanz religiöser Vielfalt in Europa, Berlin [2012].

Prantl, Heribert: Laudatio anlässlich der Verleihung des Geschwister Scholl-Preises an Necla Kelek, München 2005, http://www.geschwister-scholl-preis.de/preistraeger_2000-2009/2005/laudatio_prantl.php.

Pries, Ludger (Hrsg.): Zusammenhalt durch Vielfalt? Bindungskräfte der Vergesellschaftung im 21. Jahrhundert, Wiesbaden 2012.

Prognos AG: Arbeitslandschaft 2030. Auswirkungen der Wirtschafts- und Finanzkrise, Basel 2010.

Radtke, Frank-Olaf: Die Illusion der meritokratischen Schule. Lokale Konstellationen der Produktion von Ungleichheit im Erziehungssystem, in: IMIS-Beiträge, 2004, H. 23, S. 143-179.

Radtke, Frank-Olaf: Kulturen sprechen nicht. Die Politik grenzüberschreitender Dialoge, Hamburg 2011.

Räthzel, Nora: 30 Jahre Rassismusforschung. Begriff, Erklärungen, Methoden, Perspektiven, in: Jäger/Kauffmann (Hrsg.): Skandal und doch normal, S. 190-220.

Rechtsextremismus, Themenh. v. Aus Politik und Zeitgeschichte, 2012, H. 18-19.

Reinfeldt, Sebastian: Populismus – eine politische Technologie, in: Jäger/Kauffmann (Hrsg.): Skandal und doch normal, S. 146-159.

Riesebrodt, Martin: Die Rückkehr der Religionen. Fundamentalismus und der ‚Kampf der Kulturen‘, München 2001.

Rinne, Ulf/Zimmermann, Klaus F.: Fünf Jahre EU-Osterweiterung. Schlechte Noten für deutsche Abschottungspolitik, Bonn 2009, http://ftp.iza.org/sp14.pdf.

Rohe, Mathias: Der Islam. Alltagskonflikte und Lösungen. Rechtliche Perspektiven, Tübingen 2001.

Rohe, Mathias: Das islamische Recht. Geschichte und Gegenwart. München 2009.

Röhl, Klaus Rainer: Höre Deutschland. Wir schaffen uns nicht ab. Materialien zur Sarrazin-Debatte, Wien 2011.

Runge, Rüdiger/Ueberschär, Ellen (Hrsg.): ... da wird auch dein Herz sein. Theologie und Glaube, Gesellschaft und Politik, Welt und Umwelt. Gütersloh 2011.

Sachverständigenrat deutscher Stiftungen für Integration und Migration (SVR): Qualifikation und Migration. Potenziale und Personalpolitik in der ‚Firma‘ Deutschland, Berlin 2009, http://www.svr-migration.de/content/wp-content/uploads/2009/05/090528_druckfassung_qualifikation-und-migration.pdf.

Sachverständigenrat deutscher Stiftungen für Integration und Migration (SVR): Stellungnahme Prof. Dr. Klaus J. Bade, Vorsitzender des Sachverständigenrats deutscher Stiftungen für Integration und Migration (SVR), zu dem am 23. August im Spiegel erschienenen Artikel von Thilo Sarrazin ‚Was tun?‘, Berlin 23.8.2010, http://www.svr-migration.de/?page_id=47.

Sachverständigenrat deutscher Stiftungen für Integration und Migration (SVR): Umfrage. Sarrazin-Debatte trübt Zuversicht bei Zuwanderern in Deutschland. SVR sieht ‚Eigentor‘, Berlin 10.1.2011, http://www.svr-migration.de/?page_id=2633.

Sachverständigenrat deutscher Stiftung für Integration und Migration (SVR): Migration, Integration, Politik und wissenschaftliche Politikberatung in Deutschland. Symposium anlässlich des Abschieds von Prof. Dr. Klaus J. Bade als Gründungsvorsitzendem des Sachverständigenrats deutscher Stiftungen für Integration und Migration (SVR), 30.8.2012, Berlin 2012 (www.svr-migration.de).

Sachverständigenrat zur Begutachtung der gesamtwirtschaftlichen Entwicklung: Herausforderungen des demografischen Wandels. Expertise im Auftrag der Bundesregierung, Wiesbaden 2011, fileadmin/dateiablage/Expertisen/2011/expertise_2011-demografischer-wandel.pdf.

Sarrazin, Thilo: Ökonomie und Logik der historischen Erklärung. Zur Wissenschaftslogik der New Economic History, Bonn 1974.

Sarrazin, Thilo: Der Euro. Chance oder Abenteuer?, Bonn 1997.

Sarrazin, Thilo: Der Euro, Bonn 1998.

Sarrazin, Thilo: Reform der Finanzverfassung, Bonn 1998.

Sarrazin, Thilo: Ansatzpunkte für eine europäische Arbeitsmarkt- und Beschäftigungspolitik, Bonn 1999.

Sarrazin, Thilo: Gestaltung der Zukunftsfähigkeit Berlins in Zeiten knapper Kassen, Berlin 2004.

Sarrazin, Thilo: Regionale bzw. kommunale Entwicklungen im Bereich der Wohnungs- und Städtebaupolitik, Berlin 2007.

Sarrazin, Thilo: Deutschland schafft sich ab. Wie wir unser Land aufs Spiel setzen, München 2010.

Sarrazin, Thilo: Deutschland schafft sich ab. Wie wir unser Land aufs Spiel setzen, München 2012 (Taschenbuchausgabe).

Sarrazin, Ursula: Hexenjagd. Mein Schuldienst in Berlin, München 2012.

Sauter, Sven: Der ‚Fall Kelek'. Die Politik der Differenz und ihre (fatalen) Effekte, in: Mecheril u.a. (Hrsg.): Spannungsverhältnisse, S. 35-58.

Schachtschneider, Karl Albrecht: Grenzen der Religionsfreiheit am Beispiel des Islam, Berlin 2010.

Schiffauer, Werner: Die Gewalt der Ehre. Erklärungen zu einem türkisch-deutschen Sozialkonflikt, Frankfurt/M. 1983.

Schiffauer, Werner: Die Bauern von Subay. Das Leben in einem türkischen Dorf, Stuttgart 1987.

Schiffauer, Werner: Die Migranten aus Subay. Türken in Deutschland. Eine Ethnographie, Stuttgart 1991.

Schiffauer, Werner: Fremde in der Stadt: Zehn Essays über Kultur und Differenz, Frankfurt 1997.

Schiffauer, Werner: Die Gottesmänner. Türkische Islamisten in Deutschland, Frankfurt/M. 2000.

Schiffauer, Werner: Der unheimliche Muslim – Staatsbürgerschaft und zivilge-sellschaftliche Ängste, in: Wohlrab-Sahr, Monika (Hrsg.): Konfliktfeld Islam in Europa, Baden-Baden 2007, S. 111-133.

Schiffauer, Werner: Parallelgesellschaften. Wie viel Wertekonsens braucht unsere Gesellschaft? Für eine kluge Politik der Differenz, Bielefeld 2008.

Schiffauer, Werner: Die Bekämpfung des legalistischen Islamismus, in: ders./Krüger-Potratz, Marianne (Hrsg.): Migrationsreport 2010. Fakten – Analysen – Perspektiven (Rat für Migration), Frankfurt/M./New York 2010, S. 161-200.

Schiffauer, Werner: Nach dem Islamismus. Die Islamische Gemeinschaft Milli Görüs. Eine Ethnographie, Berlin 2010.

Schiffer, Sabine: Die Darstellung des Islams in der Presse. Sprache, Bilder und Suggestionen. Eine Auswahl von Techniken und Beispielen, Würzburg 2005.

Schiffer, Sabine/Wagner, Constantin: Antisemitismus und Islamophobie. Ein Vergleich, Wassertrüdingen 2009.

Schirrmacher, Frank: Das Methusalem-Komplott, München 2004.

Schmid, Hansjörg: Islam im europäischen Haus. Wege zu einer interreligiösen Sozialethik, Freiburg i.Br. 2012.

Schmidt, Sibylle/Krämer, Sybille/Voges, Ramon (Hrsg.): Politik der Zeugenschaft. Zur Kritik einer Wissenschaftspraxis, Bielefeld 2011.

Schneider, Irene: Der Islam und die Frauen, München 2011.

Schneider, Jens/Chávez, Leo/DeSipio, Louis/Waters, Mary: Belonging, in: Crul, Maurice/Mollenkopf, John (Hrsg.): The Changing Face of World Cities.

Young Adult Children of Immigrants in Europe and the United States, New York 2012, S. 206-232.

Schneiders, Thorsten Gerald (Hrsg.): Islamfeindlichkeit. Wenn die Grenzen der Kritik verschwimmen, Wiesbaden 2009.

Schneiders, Thorsten Gerald (Hrsg.): Verhärtete Fronten. Der schwere Weg zu einer vernünftigen Islamkritik, Wiesbaden 2012.

Schröder, Kristina, Deutschenfeindlichkeit ist Rassismus, Berlin 11.10.2010, http://www.cdu.de/archiv/2370_31685.htm.

Schwarz, Patrik (Hrsg.): Die Sarrazin-Debatte. Eine Provokation – und die Antworten, Hamburg 2010.

Schwarzer, Alice: Die falsche Toleranz. Auszug aus dem Vorwort von Alice Schwarzer in ‚Die Gotteskrieger und die falsche Toleranz‘, Köln 2002, http://www.aliceschwarzer.de/publikationen/aliceschwarzer-artikel-essays/kernthemen/alice-schwarzer-ueber-islamismus/die-falsche-toleranz/.

Schwarzer, Alice (Hrsg.): Die große Verschleierung. Für Integration, gegen Islamismus, Köln 2010.

Schweizerische Eidgenossenschaft, Bundesamt für Statistik (BfS): Migration und Integration – Detaillierte Daten. Ausländische Wohnbevölkerung – Wanderung, Neuchâtel 2011, http://www.bfs.admin.ch/bfs/portal/de/index/themen/01/07/blank/data/03.html.

Sen, Amartya: Die Identitätsfalle. Warum es keinen Krieg der Kulturen gibt, München 2010 (Erstausgabe: Identity and Violence. The Illusion of Destiny, New York 2006).

Senatsverwaltung für Arbeit, Integration und Frauen, Pienings kritische Abschiedsbilanz. Reform des Aufenthalts- und Staatsbürgerrechts überfällig, Berlin 21.6.2012, http://www.berlin.de/sen/aif/presse/archiv/20120621.1200.371792.html.

Sennett, Richard: Zusammenarbeit. Was unsere Gesellschaft zusammenhält, Berlin 2012.

Şenocak, Zafer: Atlas des tropischen Deutschland, Berlin 1992.

Şenocak, Zafer: War Hitler Araber?, Berlin 1994.

Şenocak, Zafer: Gefährliche Verwandtschaft, München 1998.

Şenocak, Zafer: Das Land hinter den Buchstaben. Deutschland und der Islam im Umbruch, München 2006.

Şenocak, Zafer: Deutschsein. Eine Aufklärungsschrift, Hamburg 2011.

Şenocak, Zafer: Zwischenruf zu Mordserien. ZDF heute journal, Mainz 17.11.2011, http://www.zdf.de/ZDFmediathek/beitrag/video/1496378/Zwischenruf-Zafer-Senocak-zu-Mordserien/beitrag/video/1496378/Zwischenruf-Zafer-Senocak-zu-Mordserien.

Sezer, Kamuran/Dağlar, Nilgün: Die Identifikation der TASD mit Deutschland. Abwanderungsphänomen der TASD beschreiben und verstehen, Krefeld 2009, http://www.migration-online.de/data/tasdspektrum2_2.pdf.

Sezgin, Hilal (Hrsg.): Manifest der Vielen. Deutschland erfindet sich neu, Berlin 2011.

Shooman, Yasemin: Islamfeindschaft im World Wide Web, in: Jahrbuch für Antisemitismusforschung, 17. 2008, S. 69-96.

Shooman, Yasemin: Kronzeuginnen der Anklage? Zur Rolle muslimischer Sprecherinnen in aktuellen Islam-Debatten, in: Schmidt/Krämer/Voges, (Hrsg.): Politik der Zeugenschaft, S. 330-352.

Shooman, Yasemin: Vom äußeren Feind zum Anderen im Inneren. Antimuslimischer Rassismus im Kontext europäischer Migrationsgesellschaften, in: Jäger/Kauffmann (Hrsg.): Skandal und doch normal, S. 159-171.

Shooman, Yasemin: Das Zusammenspiel von Kultur, Religion, Ethnizität und Geschlecht im antimuslimischen Rassismus, in: Aus Politik und Zeitgeschichte, 2012, H. 16/17, S. 53-57.

Skelton-Robinson, Thomas: Rechtsterrorismus in Deutschland. Vom Dutschke-Attentat bis zur Zwickauer Zelle, Hamburg 2012.

Sokolowsky, Kay: Feindbild Moslem, Berlin 2009.

Sokolowsky, Kay: Islamhass? Alles halb so wild – Wie die deutschen Medien mit dem Mord an Marwa El-Sherbini umgehen, Berlin, November 2009, http://www.migration-boell.de/web/diversity/48_2318.asp.

Sowell, Thomas: Migrations and Cultures. A World View, New York 1996.

SPD-Bundestagsfraktion: Härtere Strafen für fremdenfeindliche Gewalttaten. Pressemitteilung, Berlin 17.1.2012, http://www.spdfraktion.de/presse/pressemitteilungen/Härtere_Strafen_für_fremdenfeindliche_Gewalttaten.

Stahl, Daniel: Nazi-Jagd. Südamerikas Diktaturen und die Ahndung von NS-Verbrechen, Göttingen 2013.

Stanicic, Sascha: Anti-Sarrazin. Argumente gegen Rassismus, Islamfeindlichkeit und Sozialdarwinismus, Köln 2011.

Statistik Austria: Migration und Integration. Zahlen, Daten, Indikatoren, Wien 6.9.2010, http://www.statistik.at/dynamic/wcmsprod/idcplg?IdcService=GET_NATIVE_FILE&dID=77473&dDocName=050010.

Statistisches Bundesamt: Wanderungen 2010. Deutlich mehr Personen nach Deutschland zugezogen, Wiesbaden 9.5.2011, https://www.destatis.de/DE/PresseService/Presse/Pressemitteilungen/2011/05/PD11_180_12711.html.

Statistisches Bundesamt: Bevölkerung Deutschlands bis 2060. Ergebnisse der 12. koordinierten Bevölkerungsvorausberechnung, Wiesbaden 2009.

Staud, Toralf/Radke, Johannes: Neue Nazis, Köln 2012.

Stern, Elisabeth/Grabner, Roland/Neubauer, Aljoscha: Warum Haut- und Haarfarbe nichts mit genetisch bedingten Intelligenzunterschieden zu tun haben, in: Heinz/Kluge (Hrsg.): Einwanderung – Bedrohung oder Zukunft?, S. 80-93.

Stöss, Richard: Rechtsextremismus im Wandel, Berlin 2010.

Sundermeyer, Olaf: Rechter Terror in Deutschland, München 2012.

Terkessidis, Mark: Kulturkampf – Volk, Nation, der Westen und die Neue Rechte, Köln 1995.

Terkessidis, Mark: Psychologie des Rassismus, Wiesbaden 1998.

Terkessidis, Mark: Migranten, Hamburg 2000.

Terkessidis, Mark: Die Banalität des Rassismus. Migranten zweiter Generation entwickeln eine neue Perspektive, Bielefeld 2004.

Terkessidis, Mark: Interkultur, Berlin 2010.

Tezcan, Levent: Das muslimische Subjekt. Verfangen im Dialog der Deutschen Islam Konferenz, Konstanz 2012.

Toprak, Ahmet/Nowacki, Katja: Gewaltphänomene bei männlichen, muslimischen Jugendlichen mit Migrationshintergrund und Präventionsstrategien. Expertise im Auftrag des Bundesministeriums für Familie, Senioren, Frauen und Jugend, Berlin 2010, http://www.bmfsfj.de/RedaktionBMFSFJ/Abteilung2/Pdf-Anlagen/gewaltphaenomene-maennliche-muslimischen-jugendliche,property=pdf,bereich=bmfsfj,sprache=de,rwb=true.pdf.

Turan, Hakan: Necla Kelek kritisch gelesen. Eine Seite aus ‚Die fremde Braut‘, 9.2.2011, http://andalusian.de/index.php/blog-kategorien/item/necla-kelek-kritisch-gelesen-eine-seite-die-fremde-braut-1.

Turkishpress: Necla Kelek. Wahrheit oder doch nur Show?, 19.8.2012, http://www.youtube.com/watch?v=f99-5qplpAk.

Türkische Gemeinde in Deutschland: Morde aufklären, Opfer unterstützen, Rassismus bekämpfen. Erklärung zivilgesellschaftlicher Organisationen, Berlin, 30.1.2012, http://www.tgd.de/2012/01/30/morde-aufklaren-opfer-unterstutzen-rassismus-bekampfen/.

Türkmen, Inan: Wir kommen, Wien 2012.

Ulfkotte, Udo: Propheten des Terrors. Das geheime Netzwerk der Islamisten, München 2001.

Ulfkotte, Udo: Der Krieg in unseren Städten. Wie radikale Islamisten Deutschland unterwandern, Frankfurt/M. 2003.

Ulfkotte, Udo: Heiliger Krieg in Europa. Wie die radikale Muslimbruderschaft unsere Gesellschaft bedroht, Frankfurt/M. 2007.

Ulfkotte, Udo: SOS Abendland. Die schleichende Islamisierung Europas, Rottenburg am Neckar 2008.

Ulfkotte, Udo: Kein Schwarz. Kein Rot. Kein Gold. Armut für alle im „Lustigen Migrantenstadl", Rottenburg am Neckar 2010.

Ulfkotte, Udo: Albtraum Zuwanderung. Lügen, Wortbruch, Volksverdummung, Rottenburg am Neckar 2011.

Uslucan, Haci-Halil: Muslime zwischen Diskriminierung und Opferhaltung, in: Schneiders, Thorsten Gerald (Hrsg.): Islamverherrlichung. Wenn die Kritik zum Tabu wird, Wiesbaden 2009, S. 367-377.

Uslucan, Haci-Halil: Dabei und doch nicht mittendrin. Die Integration türkeistämmiger Zuwanderer, Berlin 2011.

Vertovec, Steven: Towards Post-Multiculturalism? Changing Communities, Conditions and Contexts of Diversity, in: International Social Science Journal, 61. 2010, H. 199, S. 83-95.

Vertovec, Steven: Super-Diversity and its Implications, in: Ethnic and Racial Studies, 30. 2007, H. 6 (New Directions in the Anthropology of Migration and Multiculturalism), S. 1024-1054.

Vogel, Wolfram: Die Migration im Hintergrund. Strukturen der Integrationspolitik in Deutschland, in: Baasner (Hrsg.): Migration und Integration in Europa, S. 43-56.

Wehler, Hans-Ulrich: Ein Buch trifft ins Schwarze. Anstatt über Sarrazins Thesen zu diskutieren, erteilt die regierende Klasse dem Autor ein politisches Berufsverbot (7.10.2010), in: Schwarz (Hrsg.): Die Sarrazin-Debatte. Eine Provokation – und die Antworten, S. 150-154.

Weidner, Stefan: Manual für den Kampf der Kulturen. Warum der Islam eine Herausforderung ist, Frankfurt/M. 2008.

Weidner, Stefan: Aufbruch in die Vernunft. Islamdebatten und islamische Welt zwischen 9/11 und den arabischen Revolutionen, Bonn 2011.

Weidner, Stefan: Vom Nutzen und Nachteil der Islamkritik für das Leben, in: Aus Politik und Zeitgeschichte, 2011, H. 13/14, S. 9-15.

Weiss, Volker: Deutschlands Neue Rechte. Angriff der Eliten. Von Spengler bis Sarrazin, Paderborn 2011.

Wimmer, Andreas: Kultur als Prozess. Zur Dynamik des Aushandelns von Bedeutungen, Wiesbaden 2005.

Woellert, Franziska/Kröhnert, Steffen/Sippel, Lilli/Klingholz, Reiner: Ungenutzte Potenziale. Zur Lage der Integration in Deutschland, Berlin 2009.

ZDF-Forum am Freitag, Das System Islam. Kamran Safiarian spricht mit der Islamkritikerin Necla Kelek, Mainz 16.7.2010, http://www.zdf.de/ZDFmediathek/beitrag/video/1089036/Necla-Kelek-ueber-muslimische-Frauen#/beitrag/video/1089020/Das-System-Islam.

ZDF-Forum am Freitag, Necla Kelek über muslimische Frauen, Mainz 16.7.2010, http://www.zdf.de/ZDFmediathek/beitrag/video/1089036/Necla-Kelek-ueber-muslimische-Frauen#/beitrag/video/1089036/Necla-Kelek-über-muslimische-Frauen.

Zick, Andreas: Das Potenzial in Deutschland. Islamfeindliche Einstellungen in der Bevölkerung, in: Benz/Pfeiffer (Hrsg.): ‚Wir oder die Scharia'?, S. 31-47.

Zick, Andreas/Hövermann, Andreas/Krause, Daniela: Die Abwertung von Ungleichwertigen. Erklärung und Prüfung eines erweiterten Syndroms der Gruppenbezogenen Menschenfeindlichkeit, in: Heitmeyer (Hrsg.): Deutsche Zustände. Folge 10, Berlin 2012, S. 64-86.

Zick, Andreas/Küpper, Beate: Zusammenhalt durch Ausgrenzung? Wie die Klage über den Zerfall der Gesellschaft und die Vorstellung von kultureller Homogenität mit Gruppenbezogener Menschenfeindlichkeit zusammenhängen, in: ebd., S. 152-176.

Zick, Andreas/Küpper, Beate/Hövermann, Andreas: Die Abwertung der Anderen. Eine europäische Zustandsbeschreibung zu Intoleranz, Vorurteilen und Diskriminierung, Berlin 2011.

Zimmermann, Klaus F./Bauer, Thomas K./Bonin, Holger/Fahr, René/Hinte, Holger: Arbeitskräftebedarf bei hoher Arbeitslosigkeit. Ein ökonomisches Zuwanderungskonzept für Deutschland, Berlin 2002.

WOCHEN
SCHAU
VERLAG
... ein Begriff für politische Bildung

Argumentations-
training

Klaus-Peter Hufer

Argumente am Stammtisch

Erfolgreich gegen Parolen, Palaver und Populismus

Der Autor stellt Merkmale, Muster und Handlungs-möglichkeiten, beruhend auf wissenschaftlich gesicherten Erkenntnisse, bei der Konfrontation mit „Stammtischparolen" dar. Mit dem Buch sollen Menschen ermutigt werden, im Alltag couragiert einzugreifen. Inhaltlich spannt sich der Bogen vom allgemeinen Politikverdruss über antidemokra-tische Ressentiments, Sexismus, Fremdenfeind-lichkeit bis hin zum Rechtsextremismus.

ISBN 978-3-89974245-9
144 S., € 10,00

Klaus-Peter Hufer

Argumentations-training gegen Stammtischparolen

Materialien und Anleitungen für Bildungsarbeit und Selbstlernen

Wem ist es nicht schon einmal begegnet? Onkel Albert wettert beim Familienfest, der freundliche Nachbar bringt starke Sprüche am Gartenzaun, das Publikum beim Fußball skandiert Parolen – was kann man dazu eigentlich sagen? Dieser Band liefert Ihnen die richtigen Argumente für das private Umfeld und für die Bildungsarbeit.

ISBN 978-3-87920-054-2,
128 S., € 10,00

INFOSERVICE: Neuheiten für Ihr Fachgebiet unter **www.wochenschau-verlag.de** I Jetzt anmelden!

A.-Damaschke-Str. 10, 65 824 Schwalbach/Ts., Tel.: 06196/86065, Fax: 06196/86060, info@wochenschau-verlag.de